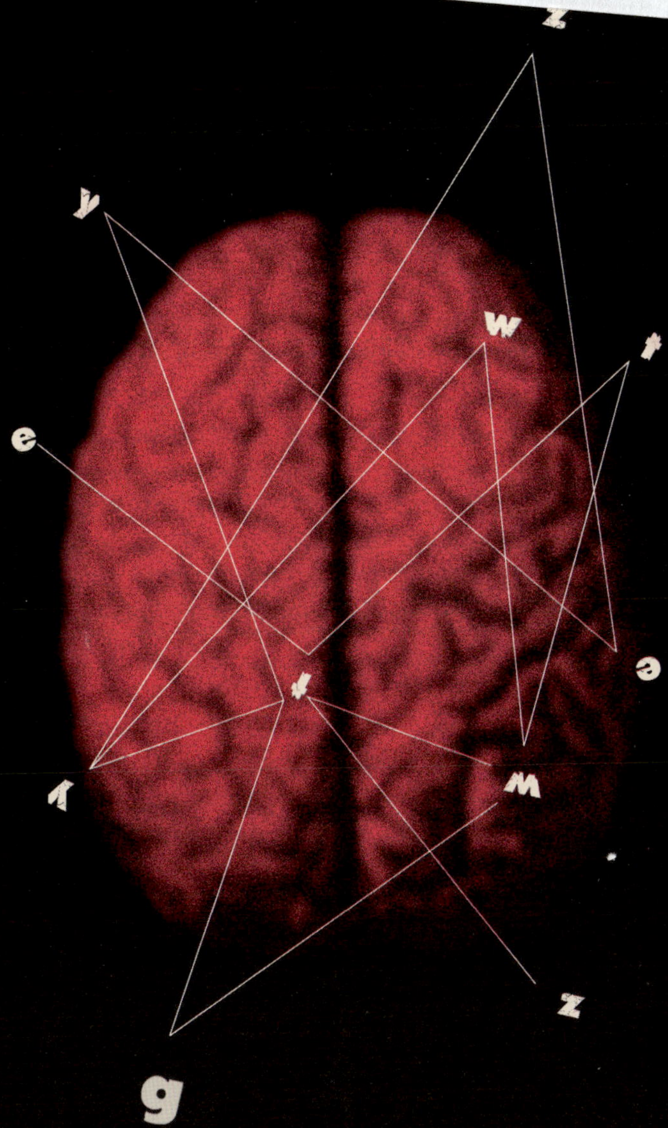

SERVIÇO SOCIAL DO COMÉRCIO
Administração Regional no Estado de São Paulo

Presidente do Conselho Regional
Abram Szajman
Diretor Regional
Luiz Deoclecio Massaro Galina

Conselho Editorial
Carla Bertucci Barbieri
Jackson Andrade de Matos
Marta Raquel Colabone
Ricardo Gentil
Rosana Paulo da Cunha

Edições Sesc São Paulo
Gerente Iã Paulo Ribeiro
Gerente adjunto Francis Manzoni
Editorial Jefferson Alves de Lima
Assistente: Antonio Carlos Vilela
Produção Gráfica Fabio Pinotti
Assistente: Ricardo Kawazu

ATLAS DA IA

Tradução: Humberto do Amaral

Kate Crawford

Poder, política e os custos planetários da inteligência artificial

edições sesc

Tradução Humberto do Amaral
Preparação Leandro dos Santos Rodrigues
Revisão Edgar Costa Silva e Tulio Kawata
Projeto gráfico, capa e diagramação André Hellmeister / Estúdio Collages
Ilustrações de capa e miolo André Hellmeister

Dados Internacionais de Catalogação na Publicação (CIP)

C32a Crawford, Kate
Atlas da I. A.: poder, política e os custos planetários da inteligência artificial / Kate Crawford; tradução de Humberto do Amaral. – São Paulo: Edições Sesc São Paulo, 2025. –
380 p. il.

Bibliografia
ISBN: 978-85-9493-328-7

1. Inteligência Artificial. 2. Relações de poder. 3. Política. 4. Economia. 5. Custos ambientais. 6. Custos sociais. 7. Custos humanos. 8. Relações éticas. 9. Tecnologia. 10. Logística em inteligência artificial. I. Título. II. Amaral, Humberto do.

CDD 006.3

Elaborada por Maria Delcina Feitosa CRB/8-6187

Edições Sesc São Paulo
Rua Serra da Bocaina, 570 – 11º andar
03174-000 – São Paulo SP Brasil
Tel. 55 11 2607-9400
edicoes@sescsp.org.br
sescsp.org.br/edicoes
/edicoessescsp

Para Elliott e Margaret

NOTA À EDIÇÃO BRASILEIRA

Em *Atlas da IA*, Kate Crawford examina criticamente a inteligência artificial, apresentando-a como um sistema global interligado de tecnologia e poder. Longe de ser apenas um avanço técnico, a IA é uma infraestrutura com raízes profundas em dinâmicas políticas, econômicas e ambientais. Como mostra a autora, o impacto dessa infraestrutura no cotidiano em geral é desconhecido pelos cidadãos e, até mesmo, ocultado pelas *big techs*.

Kate Crawford traça um panorama que vai das minas de lítio aos conjuntos de dados, revelando como a IA depende de recursos naturais, trabalho humano precarizado e vastas estruturas computacionais. A extração de minérios, o uso excessivo de água e energia, e a coleta maciça de informações operam sob um modelo econômico que transfere custos sociais e ambientais para comunidades marginalizadas e governos, enquanto, como ela aponta, as grandes corporações colhem os benefícios.

Crawford argumenta que a IA reforça desigualdades ao automatizar decisões em setores como segurança, mercado de trabalho e crédito, frequentemente baseadas em dados enviesados e classificações reducionistas, marginalizando cidadãos de acordo com sua aparência. A suposta objetividade dos algoritmos mascara processos históricos de exclusão, reproduzindo e reforçando preconceitos de gênero, raça e status socioeconômico.

Ao conectar temas globais à realidade local, o conteúdo do livro dialoga diretamente com o trabalho desenvolvido pelo Sesc São Paulo, que, entre suas muitas atividades, se dedica a promover a educação para a cidadania e a sustentabilidade. Por meio de projetos que aliam cultura, conhecimento e consciência ambiental, o Sesc contribui para um debate mais amplo a respeito do papel da tecnologia na sociedade.

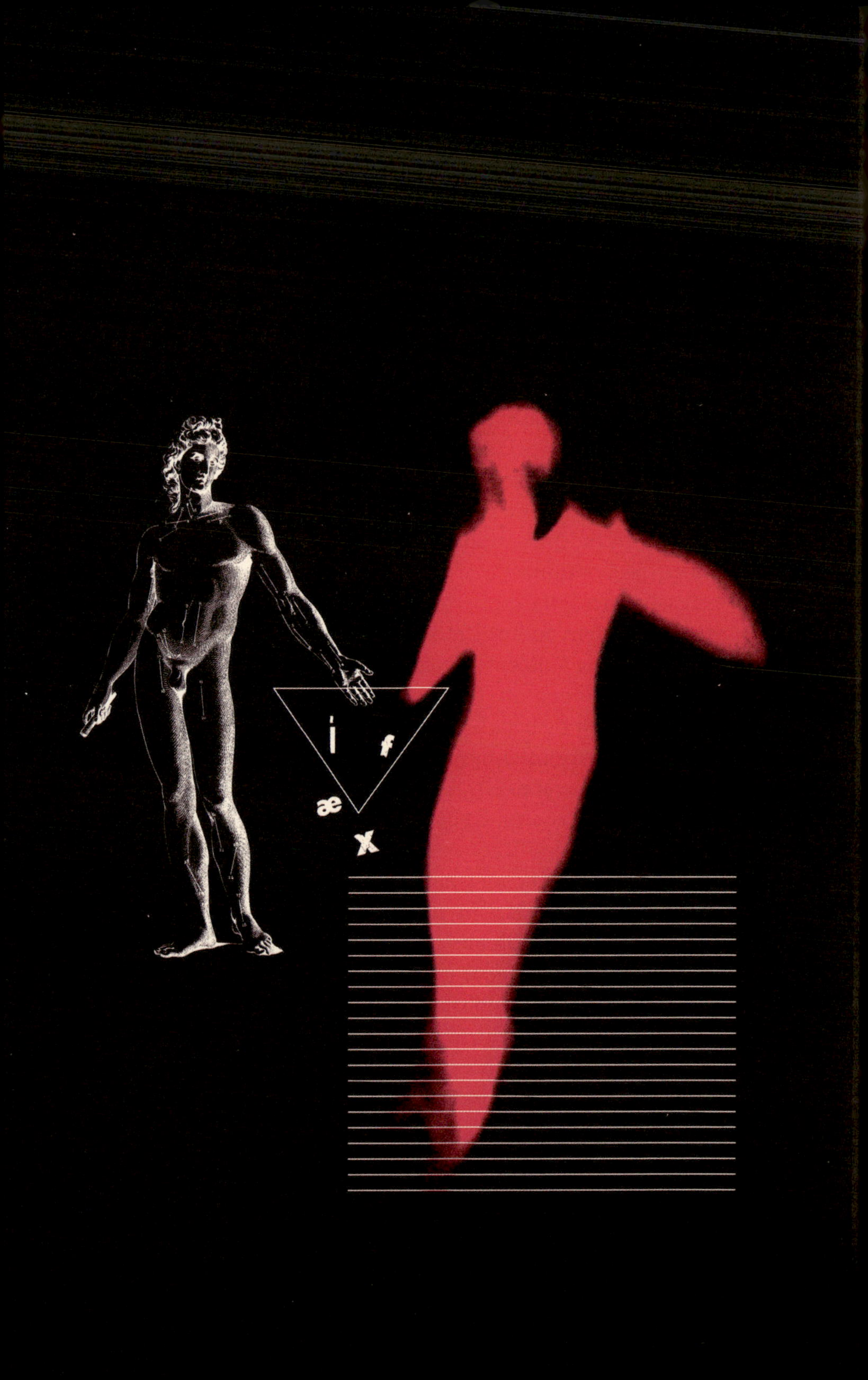
i
f
æ
x

INTRODUÇÃO

O cavalo mais inteligente do mundo

No final do século 19, a Europa ficou fascinada com um cavalo chamado Hans. Conhecido como "Hans Esperto", era nada menos que uma maravilha: conseguia resolver problemas de matemática, dizer a hora, identificar dias em um calendário, diferenciar notas musicais e soletrar palavras e frases. As pessoas se amontoavam para assistir enquanto o garanhão alemão batia os cascos para resolver problemas complexos e chegava de forma consistente à resposta correta. "Quanto são dois mais três?" Hans batia diligentemente o casco no chão cinco vezes. "Em que dia da semana estamos?" Ele então batia o casco em cada uma das letras de uma tábua construída especialmente para isso e soletrava a resposta certa. Hans dominava até mesmo questões mais complexas, como: "Estou pensando em um número. Subtraio nove e o resultado é três. Qual é o número?". Em 1904, Hans Esperto já era uma celebridade internacional, e o *New York Times* o consagrou como o "maravilhoso cavalo de Berlim; ele faz quase tudo, menos falar"[1].

O adestrador de Hans era um professor de matemática aposentado, chamado Wilhelm von Osten, que tinha um fascínio antigo pela inteligência animal. Von Osten já havia tentado e fracassado em ensinar números cardinais a filhotes de gato e de urso, mas foi só quando começou a trabalhar com seu próprio cavalo que obteve sucesso. Primeiro, ensinou Hans a contar ao segurar a perna do cavalo, mostrar um número para ele e, depois, bater com o casco o número correto de vezes. Não demorou até que Hans respondesse com o número exato de batidas para o resultado de operações simples de adição. Mais tarde, von Osten introduziu uma lousa com todas as letras do alfabeto, de modo que Hans pudesse bater um número para cada uma delas. Após dois anos de treinamento, o adestrador ficou assombrado com a consistência na apreensão de conceitos intelectuais avançados pelo cavalo. E, assim, os dois pegaram a estrada para provar que animais podiam raciocinar. Hans se tornou o fenômeno viral da *belle époque*.

No entanto, muitas pessoas não se convenceram, e o Conselho de Educação da Alemanha criou uma comissão investigativa para pôr à prova as afirmações científicas de von Osten. A "Comissão Hans", liderada pelo psicólogo e filósofo Carl Stumpf e por seu assistente Oskar Pfungst, incluía um diretor de circo, um professor aposentado, um zoólogo, um veterinário e um oficial de cavalaria. Mas, mesmo depois de um interrogatório extenso, tanto na presença como na ausência de seu adestrador, Hans manteve o histórico de respostas corretas, e a comissão não encontrou evidências de fraude. Como Pfungst escreveu mais tarde, Hans se apresentava diante de "milhares de espectadores, apreciadores de cavalos, adestradores de primeira categoria especializados em truques, e nenhum deles, ao longo de muitos meses de observação, conseguiu encontrar algum tipo de código" entre o cavalo e quem fazia as perguntas a ele[2].

A comissão descobriu que os métodos empregados por von Osten se assemelhavam mais ao "ensino de crianças nas escolas fundamentais" do que ao adestramento animal, e eram "dignos de análise científica"[3]. Mas Stumpf e Pfungst ainda tinham dúvidas. Um achado, em particular, os inquietava:

Wilhelm von Osten e Hans Esperto.

nas ocasiões em que quem perguntava não sabia a resposta, ou estava postado mais longe, Hans raramente acertava. Isso levou Pfungst e Stumpf a considerar se Hans percebia as respostas por algum tipo de sinalização involuntária.

Como Pfungst viria a descrever em seu livro de 1911, essa intuição estava certa: a postura, a respiração e a expressão facial de quem fazia as perguntas mudavam subitamente perto do momento em que a resposta certa se aproximava e faziam com que Hans parasse de bater o casco[4]. Mais tarde, Pfungst testou essa hipótese com cobaias humanas e confirmou os resultados. O que mais o fascinava nessa descoberta era que, de modo geral, as pessoas que faziam perguntas não percebiam que estavam oferecendo indicações ao cavalo. A solução para a charada de Hans Esperto, escreveu Pfungst, estava no direcionamento inconsciente vindo de quem formulava as questões[5]. O cavalo havia sido treinado para produzir os resultados que seu dono queria ver – ainda que, para o público, essa não parecesse a inteligência extraordinária que todos tinham imaginado.

A história de Hans Esperto é atrativa sob vários aspectos: a relação entre desejo, ilusão e ação; o mercado dos espetáculos; o modo como antropomorfizamos o não humano; de que forma surgem os vieses; e a política da inteligência. Hans inspirou um termo na psicologia para certo tipo de armadilha conceitual: o "Efeito Clever Hans" [efeito Hans Esperto], ou efeito de expectativa do observador, que descreve a influência das pistas involuntárias que o condutor do experimento transmite a seus objetos de estudo. A relação entre Hans e von Osten aponta para os mecanismos complexos com que os vieses se inserem em sistemas e para o modo como as pessoas acabam envolvidas com os fenômenos que analisam. Hoje, a história de Hans é usada no aprendizado de máquina como um lembrete de que nem sempre podemos ter certeza daquilo que um modelo aprendeu a partir dos dados que recebeu[6]. Mesmo um sistema que pareça operar espetacularmente bem durante sua fase de treinamento pode fazer previsões desastradas quando apresentado a dados novos no mundo real.

Isso leva à questão central deste livro: como a inteligência é "criada" e quais armadilhas podem ser geradas a partir daí? À primeira vista, a história de Hans Esperto é a narrativa de como um homem construiu uma inteligência ao treinar um cavalo para seguir dicas e imitar uma cognição semelhante à humana. Mas, em outro nível, vemos que a prática dessa criação da inteligência era consideravelmente mais ampla. A empreitada dependeu da validação de múltiplas instituições, incluindo a universidade, as escolas, a ciência, o público e os militares. Mas também havia um mercado para von Osten e seu incrível cavalo – os investimentos emocionais e econômicos que impulsionaram as turnês, as matérias de jornal e as palestras. Autoridades burocráticas se reuniram para medir e testar as habilidades do animal. Uma constelação de interesses financeiros, culturais e científicos teve algum papel na construção da inteligência de Hans, bem como teve interesse em saber se ela era realmente tão impressionante quanto aparentava ser.

Podemos ver duas mitologias distintas em operação. O primeiro mito é o de que sistemas não humanos (sejam computadores ou cavalos) são análogos à mente humana. Essa perspectiva pressupõe que, com treinamento suficiente, ou com recursos suficientes, seja possível criar do zero uma inteligência similar à humana, mas deixa de abordar as formas fundamentais pelas quais os humanos são seres corpóreos, relacionais e situados no interior de ecologias mais amplas. O segundo mito é o de que a inteligência é algo que existe de forma independente, como se fosse algo natural e distinto das forças sociais, culturais, históricas e políticas. Na verdade, o conceito de inteligência causou danos imensuráveis ao longo dos séculos e foi empregado para justificar relações de dominação que vão da escravidão à eugenia[7].

Essas mitologias são particularmente fortes na área da inteligência artificial, na qual a crença de que a inteligência humana possa ser formalizada e reproduzida por máquinas tem sido um axioma desde meados do século 20. Assim como a inteligência de Hans foi considerada similar à de um humano, cuidadosamente cultivada como a de uma criança no ensino fundamental, também os sistemas de IA foram repetidamente descritos como formas de inteligência simples, mas semelhantes à humana. Em 1950, Alan Turing previu que, "no final do século, o uso de palavras e de opiniões abalizadas terá mudado tanto que será possível falarmos em máquinas que pensam sem a expectativa de sermos questionados"[8]. Em 1958, o matemático John von Neumann afirmou que o sistema nervoso humano era "*prima facie* digital"[9]. Ao ser perguntado certa vez se máquinas eram capazes de pensar, Marvin Minsky, professor do MIT, respondeu: "É claro que conseguem; nós somos capazes de pensar, e nós somos 'máquinas de carne'"[10]. Mas nem todos estavam convencidos disso. Joseph Weizenbaum, inventor pioneiro no campo da IA e criador do primeiro programa *chatbot*, conhecido como ELIZA, acreditava que a ideia de humanos como meros sistemas de processamento de informações era uma concepção extremamente simplista para a inteligência e que isso impulsionava a "fantasia grandiloquente e perversa" de que os cientistas de IA seriam capazes de criar máquinas que aprenderiam "do mesmo modo como as crianças aprendem"[11].

Essa tem sido uma das discussões centrais na história da inteligência artificial. Em 1961, o MIT sediou uma série de palestras, intitulada "Management and the Computer of the Future" [Administração e o computador do futuro]. Para discutir os rápidos avanços da computação digital, foi convocado um elenco de estrelas da ciência da computação, incluindo Grace Hopper, J. C. R. Licklider, Marvin Minsky, Allen Newell, Herbert Simon e Norbert Wiener. Na conclusão do evento, John McCarthy defendeu com ousadia que as diferenças entre tarefas humanas e maquínicas eram uma ilusão. O que realmente existiria seriam apenas algumas tarefas humanas que exigiriam mais tempo para serem formalizadas e solucionadas por máquinas[12].

Receoso, no entanto, de que os engenheiros ali reunidos "nem sequer tivessem considerado a possibilidade de que o cérebro possa processar informações de um modo completamente diferente de um computador", o professor de filosofia Hubert Dreyfus apresentou um contraponto[13]. Em uma obra posterior, *What Computers Can't Do* [O que os computadores não conseguem fazer], Dreyfus apontou o fato de que a inteligência e a *expertise* humanas estão profundamente apoiadas em muitos processos inconscientes e subconscientes, enquanto os computadores exigem que todos os processos e dados sejam explicitados e formalizados[14]. Como resultado, aspectos menos formais da inteligência precisam ser abstraídos, eliminados ou abordados de forma aproximada pelos computadores, o que os torna incapazes de processar informações sobre situações da mesma forma que os humanos.

Muito da IA mudou desde os anos 1960, incluindo uma transição de sistemas simbólicos para a onda mais recente de furor ao redor de técnicas de aprendizado de máquina. De vários modos, os primeiros embates em torno do que a IA conseguiria fazer foram esquecidos – e o ceticismo se dissipou. Desde meados dos anos 2000, a IA se expandiu rapidamente como área acadêmica e como indústria. Agora, um número pequeno de corporações poderosas de tecnologia implementa sistemas de IA em escala planetária, e esses sistemas são mais uma vez aclamados como comparáveis ou mesmo superiores à inteligência humana.

Ainda assim, a história de Hans Esperto nos lembra de quão restrito é o que consideramos ou reconhecemos como inteligência. Hans aprendeu a imitar tarefas dentro de um espectro bastante limitado: adicionar, subtrair e soletrar. Isso reflete uma perspectiva estreita para aquilo que cavalos e humanos conseguem fazer. Hans já realizava feitos impressionantes de comunicação interespécie, de apresentação diante do público e de conservação de uma paciência considerável, mas nada disso contava como inteligência. Nas palavras da autora e engenheira Ellen Ullman, essa crença de que a mente é como um computador – e vice-versa – "infectou décadas do pensamento nas ciências cognitivas e da computação" e deu lugar a uma espécie de "pecado original" da área[15]. Trata-se da ideologia do dualismo cartesiano na inteligência artificial: de forma tacanha, a IA é considerada como uma inteligência desencarnada, removida de toda e qualquer relação com o mundo material.

O que é a IA? Nem inteligente, nem artificial

Façamos a pergunta enganosamente simples: o que é a inteligência artificial? Caso perguntemos isso a alguém na rua, talvez a resposta envolva a Siri, da Apple, o serviço de nuvem da Amazon, os carros da Tesla ou o algoritmo de busca do Google. Caso perguntemos a especialistas em aprendizado profundo [*deep learning*], é possível que recebamos uma resposta técnica sobre como redes neurais são organizadas em dezenas de camadas a que são atribuídos pesos e limiares e que recebem "dados rotulados"[16] que podem ser classificados de formas que ainda não sabemos explicar completamente[17]. Enquanto discutia sistemas especialistas[18] em 1978, o professor Donald Michie descreveu a IA como um processo de refino do conhecimento em que "podem ser alcançadas uma confiabilidade e uma competência de programação cujos níveis ultrapassam em muito aquele que já foi e talvez até mesmo venha futuramente a ser obtido por um especialista humano não assistido"[19]. Em um dos manuais mais populares sobre o assunto, Stuart Russell e Peter Norvig declaram que a IA é a tentativa de entender e construir entidades inteligentes. "A inteligência está relacionada principalmente a uma ação racional", afirmam os autores. "No caso ideal, um agente inteligente adota a melhor ação possível em uma situação"[20].

Toda forma de definição para o que é "inteligência artificial" trabalha em um determinado sentido e estabelece molduras para como o conceito será entendido, medido, valorado e governado. Caso sua acepção seja estabelecida por marcas comerciais de infraestruturas corporativas, então seu horizonte terá sido determinado pelos departamentos de *marketing* e de publicidade e propaganda. Caso os sistemas de IA sejam vistos como mais confiáveis e racionais do que qualquer especialista humano poderia ser e como capazes de adotar "a melhor ação possível", então a sugestão será a de que as tomadas de decisão de alto impacto na saúde, na educação e na justiça criminal deverão ser confiadas a eles. Quando o enfoque está todo nas técnicas algorítmicas específicas, decorre disso que a continuidade do progresso técnico seja a única coisa que importa, sem considerações pelos custos computacionais dessas abordagens e seus impactos de amplo alcance sobre um planeta cada vez mais sob pressão.

Em contraste, neste livro argumentarei que a IA não é nem *inteligente* nem *artificial*. Em vez disso, ela é corpórea e material, feita com recursos naturais, combustíveis, trabalho, infraestruturas, logística, histórias e classificações humanas. Sistemas de IA não são autônomos, racionais ou capazes de discernir o que quer que seja sem que sejam treinados de forma extensiva e computacionalmente intensiva com vastos conjuntos de dados ou com regras e recompensas predefinidas. Na verdade, a inteligência artificial como conhecemos depende inteiramente de um conjunto muito mais amplo de estruturas políticas e sociais. E, devido ao capital necessário para a construção da IA em escala, e consideradas as visões de mundo que são otimizadas por ela, seus sistemas são, em última instância, projetados para servir aos interesses dominantes existentes. Nesse sentido, a inteligência artificial é um registro do poder.

Neste livro, exploraremos como a inteligência artificial é feita – no sentido mais amplo possível – e quais são as forças econômicas, políticas, culturais e históricas que a moldam. Uma vez que conectemos a IA a essas estruturas e sistemas sociais mais amplos, poderemos escapar da noção de que a inteligência artificial integra um domínio puramente técnico. Em um nível fundamental, a IA é composta de práticas técnicas e sociais, de instituições e infraestruturas, de política e cultura. O raciocínio computacional e o trabalho corpóreo estão profundamente interligados: os sistemas de IA ao mesmo tempo refletem e produzem relações sociais e entendimentos sobre o mundo.

Vale notar que o termo "inteligência artificial" pode criar desconforto na comunidade da ciência da computação. A expressão foi entrando e saindo de moda ao longo das décadas e é usada mais no *marketing* do que por pesquisadores. Na literatura técnica, normalmente o termo mais empregado é "aprendizado de máquina". Ainda assim, a nomenclatura da IA é frequentemente abraçada nas temporadas de busca de financiamento, quando os capitalistas de risco chegam com seus talões de cheque, ou nas ocasiões em que os pesquisadores querem chamar a atenção da imprensa para um novo resultado científico. Como consequência, o termo é tanto usado como rejeitado, de maneiras que mantêm seu significado em fluxo. Para meus propósitos, usarei "IA" para falar sobre a formação industrial gigantesca que inclui política, trabalho, cultura e capital. Quando me referir ao aprendizado de máquina, estarei falando de um leque de abordagens técnicas (que, na verdade, também são sociais e infraestruturais, ainda que raramente sejam abordadas nesses termos).

Mas há razões significativas *por que* essa área tem concentrado tanto de sua atenção nas descobertas técnico-algorítmicas, nas melhorias incrementais em produtos e no aumento de conveniência. As estruturas de poder na intersecção entre tecnologia, capital e governança se beneficiam muito dessa análise estreita e abstrata. Para compreender como a IA é fundamentalmente política, precisamos ir além das redes neurais e do reconhecimento de padrões estatísticos para, em vez disso, perguntar *o que* está sendo otimizado *para quem* – e *quem* toma essas decisões. Assim, poderemos retraçar as implicações dessas escolhas.

Enxergando a IA como um atlas

De que forma um atlas poderia nos ajudar a entender como a inteligência artificial é feita? Um atlas é um tipo inusitado de livro. Trata-se de uma coleção de partes díspares, com mapas cuja resolução varia entre uma fotografia de satélite do planeta até os detalhes amplificados de um arquipélago. Quando abrimos um atlas, podemos estar à procura de informações específicas sobre um lugar em particular – ou talvez apenas estejamos vagando, seguindo nossa curiosidade e encontrando rotas inesperadas e novas perspectivas. Como a historiadora da ciência Lorraine Daston observa, todos os atlas científicos buscam educar o olhar, concentrar a atenção do observador em detalhes reveladores e em características significativas[21]. Um atlas nos apresenta um ponto de vista particular sobre o mundo, com o *imprimatur* da ciência – escalas e razões, latitudes e longitudes – e um senso de forma e consistência.

Além de uma coleção científica, um atlas é, na mesma medida, um ato de criatividade – uma intervenção subjetiva, política e estética. Ele é pensado pelo filósofo francês Georges Didi-Huberman como algo que habita o paradigma estético da forma visual e o paradigma epistêmico do saber. Ao implicar ambos, esse tipo de livro mina a ideia de que ciência e arte possam em algum momento estar completamente separadas[22]. Em vez disso, o atlas nos oferece a possibilidade de reler o mundo, de estabelecer novas ligações entre pedaços díspares e de "remontá-lo sem acreditar resumi-lo nem esgotá-lo"[23].

Talvez minha explicação favorita sobre como uma abordagem cartográfica pode ser útil venha da física e crítica da tecnologia Ursula Franklin: "Os mapas representam empreitadas intencionais: eles são criados para ser úteis, para auxiliar o viajante a cruzar o fosso entre o conhecido e o ainda incógnito; são testamentos do conhecimento e do entendimento coletivos"[24].

Em sua melhor expressão, os mapas nos oferecem um compêndio de rotas abertas – formas compartilhadas de conhecer – que podem ser misturadas e combinadas para a criação de novas interconexões. Mas também há mapas de dominação, mapas nacionais em que o território é entalhado ao longo das falhas geológicas do poder: desde as intervenções diretas do estabelecimento de fronteiras sobre espaços contestados até a revelação das rotas dos impérios. Ao invocar um atlas, sugiro que precisamos de novas formas para compreender os impérios da inteligência artificial. Precisamos de uma teoria da IA que considere os Estados e as corporações que a impulsionam e dominam, a mineração extrativista que deixa marcas no planeta, a captura maciça de dados e as práticas trabalhistas profundamente desiguais e cada vez mais exploratórias que lhe servem de sustentação. Essa é a tectônica de placas do poder na IA. Uma abordagem topográfica oferece perspectivas e escalas diferentes que vão além das promessas abstratas da inteligência artificial e dos modelos mais recentes de aprendizado de máquina. Ao percorrermos as muitas paisagens diferentes da computação e observarmos como elas se conectam, procuraremos entender a IA em um contexto mais amplo[25].

Mas há outra característica dos atlas que os torna relevantes aqui. A área da IA está explicitamente tentando capturar o planeta em uma forma computacionalmente legível. Isso não é tanto uma metáfora, é antes uma ambição direta da indústria. O setor de IA está criando e normalizando seus próprios mapas proprietários[26], nos quais o movimento, a comunicação e o trabalho humanos são observados de cima, como de um ponto de vista onisciente e centralizado. Alguns cientistas de IA declararam o desejo de capturar o mundo e de suplantar outras formas de conhecimento. A professora de IA Fei-Fei Li descreve seu projeto ImageNet como voltado a "mapear todo o mundo dos objetos"[27]. Em seu manual, Russell e Norvig descrevem a inteligência artificial como "relevante para qualquer tarefa intelectual; é verdadeiramente um campo universal"[28]. Woody Bledsoe, um dos fundadores da inteligência artificial e pioneiro em experimentos com reconhecimento facial, não faz rodeios: "no longo prazo, a IA é a *única* ciência"[29]. Trata-se de um desejo de criar não um atlas do mundo, mas *o* atlas – o modo predominante de ver. Esse impulso colonizador centraliza o poder na área da IA: ele determina como o mundo é medido e definido enquanto, ao mesmo tempo, nega que essa seja uma atividade inerentemente política.

Em vez de reivindicar uma universalidade, este livro oferecerá uma abordagem parcial, e, ao trazer você como companhia em minhas investigações, espero mostrar como minhas perspectivas se formaram. Encontraremos algumas paisagens computacionais muito visitadas e outras menos conhecidas: os poços das minas, os longos corredores de *data centers* devoradores de energia, os arquivos de crânios, os bancos de dados de imagens e os galpões iluminados por lâmpadas fluorescentes dos armazéns de encomendas *on-line*. A inclusão desses lugares se dá não só para ilustrar a construção material da IA e de suas ideologias, mas também para "iluminar os aspectos inevitavelmente subjetivos e políticos do mapeamento e para oferecer alternativas às abordagens hegemônicas e de autoridade – que frequentemente são naturalizadas e reificadas", como escreve a estudiosa de mídias Shannon Mattern[30].

Os modelos para a compreensão e para a responsabilização de sistemas se baseiam há muito tempo em ideais de transparência. Como escrevi – em parceria com o estudioso de mídias Mike Ananny –, conseguir *ver* um sistema é algo às vezes equiparado a ser capaz de saber como ele funciona e quem o governa[31]. Mas essa tendência tem limitações graves. No caso da IA, não há uma caixa preta única a ser aberta, um segredo a ser exposto, mas uma multiplicidade de sistemas entrelaçados de poder. Assim, a transparência total é uma meta impossível. Em vez disso, adquirimos uma melhor compreensão do papel desempenhado pela IA no mundo ao interagirmos com suas arquiteturas materiais, com seus ambientes contextuais e com as políticas prevalentes e ao retraçarmos como todas essas coisas estão conectadas.

Neste livro, meu pensamento foi influenciado pelas disciplinas do direito, da filosofia política e dos estudos da ciência e da tecnologia e por minha experiência de trabalho tanto em universidades quanto em um laboratório industrial de pesquisas em IA por quase uma década. Ao longo desses anos, muitos colegas e comunidades generosos mudaram a forma como vejo o mundo: o mapeamento é sempre um exercício coletivo, e este não é uma exceção[32]. Agradeço aos estudiosos que criaram novas formas para compreendermos os sistemas sociotécnicos, incluindo Geoffrey Bowker, Benjamin Bratton, Wendy Chun, Lorraine Daston, Peter Galison, Ian Hacking, Stuart Hall, Donald MacKenzie, Achille Mbembe, Alondra Nelson, Susan Leigh Star e Lucy Suchman, entre muitos outros. Este livro se beneficiou de muitas conversas presenciais e da leitura das obras recentes de autores que estudam a política da tecnologia, incluindo Mark Andrejevic, Ruha Benjamin, Meredith Broussard, Simone Browne, Julie Cohen, Sasha Costanza-Chock, Virginia Eubanks, Tarleton Gillespie, Mar Hicks, Tung-Hui Hu, Yuk Hui, Safiya Umoja Noble e Astra Taylor.

Como ocorre com qualquer livro, este texto surgiu de experiências vividas específicas e que, portanto, impuseram limitações. Como alguém que viveu e trabalhou nos Estados Unidos na última década, meu enfoque tendeu para a indústria de IA nos centros de poder ocidentais. Mas meu objetivo não é a criação de um atlas global completo – uma ideia que em si mesma evoca a apropriação e o controle colonial. No lugar disso, a visão de um autor só poderá ser parcial, baseada em observações e interpretações locais, naquilo a que a geógrafa Samantha Saville chama de uma "geografia humilde", que reconhece as perspectivas específicas de cada um em vez de reivindicar uma objetividade ou uma maestria[33].

Assim como existem muitos modos de fazer um atlas, também há muitos futuros possíveis para o uso que a IA terá no mundo. O alcance cada vez maior dos sistemas de IA pode parecer inevitável, mas é contestável e incompleto. As visões subjacentes da área não surgiram de forma autônoma; em vez disso, foram construídas a partir de um conjunto específico de crenças e perspectivas. Os principais cartógrafos do atlas contemporâneo da IA fazem parte de um grupo pequeno e homogêneo de pessoas que, instaladas em um punhado de cidades, trabalham nesta que atualmente é a indústria mais rica do mundo. Assim como os *mappae mundi* medievais europeus, que ilustravam conceitos religiosos e clássicos ao lado de coordenadas, os mapas confeccionados pela indústria da IA são intervenções políticas, e não reflexos neutros do mundo. Escrito em oposição ao espírito da lógica colonial do mapeamento, este livro acolhe histórias, locações e bases de conhecimento diferentes para entender melhor o papel da IA no mundo.

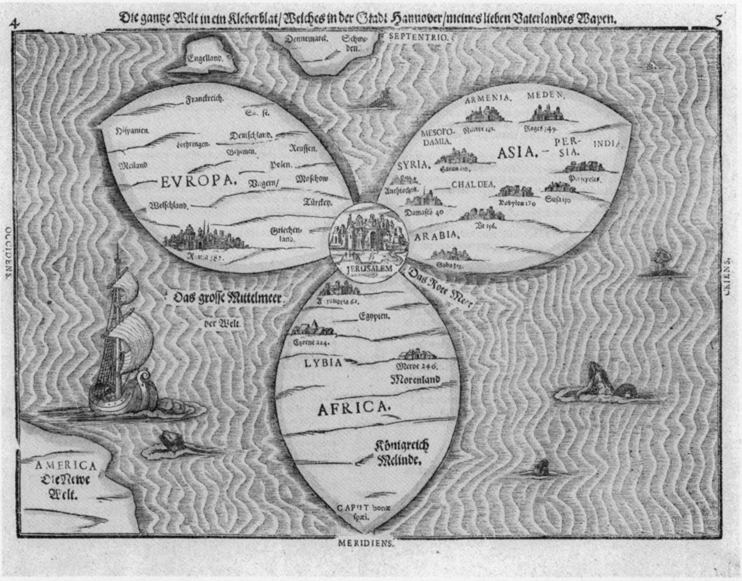

O *mappa mundi* de Heinrich Bünting, conhecido como *O mundo em uma folha de trevo*, que simboliza a Trindade cristã, com a cidade de Jerusalém no centro do mundo. Extraído de *Itinerarium Sacrae Scripturae* (Magdeburg, 1581).

Topografias da computação

Como, no atual momento do século 21, a IA é conceitualizada e construída? O que está em jogo na virada para a inteligência artificial, e que tipos de políticas estão contidos na forma como esses sistemas mapeiam e interpretam o mundo? Quais são as consequências sociais e materiais da inclusão da IA e dos sistemas algorítmicos a ela relacionados nos sistemas de tomada de decisão de instituições sociais na educação e na saúde, nas finanças e nas operações governamentais, na contratação e nas interações no ambiente de trabalho, nos sistemas de comunicação e no Judiciário? Este livro não é uma história sobre códigos e algoritmos ou sobre as ideias mais recentes sobre visão computacional, processamento de linguagem natural ou aprendizado por reforço. Isso já foi feito em muitas outras obras. Tampouco se trata de uma abordagem etnográfica para uma única comunidade e para os efeitos da IA sobre as experiências de trabalho, de habitação ou saúde dos membros dela – ainda que sem dúvida precisemos de livros que tratem desses temas.

Em vez disso, teremos aqui uma visão expandida da inteligência artificial, encarada como uma *indústria extrativista*. A criação dos sistemas contemporâneos de IA depende da exploração da energia e de recursos minerais do planeta, de trabalho barato e de dados em escala. Para observar isso em ação, faremos uma série de jornadas a lugares que revelam o processo de confecção da IA.

No capítulo Terra, começaremos nas minas de lítio de Nevada, um dos muitos locais de extração mineral necessários para alimentar a computação contemporânea. A mineração é a atividade em que vemos a política extrativista da IA em sua forma mais literal. A demanda do setor de tecnologia por terras raras, petróleo e carvão é enorme, mas quem arca com os custos verdadeiros dessa extração nunca é a indústria em si.

Do lado do *software*, a construção de modelos para o processamento de linguagem natural e para a visão computacional tem uma fome gigantesca de energia, e a concorrência pela produção de modelos mais rápidos e eficientes levou a métodos computacionalmente gananciosos que expandem a pegada de carbono da IA. Das últimas árvores da Malásia sangradas para a produção do látex usado nos primeiros cabos subterrâneos transatlânticos até os enormes lagos artificiais de resíduos tóxicos na Mongólia Interior, retraçamos os lugares ambientais e humanos de nascimento das redes planetárias de computadores e vemos como elas continuam a terraformar o planeta.

O capítulo Trabalho mostra como a inteligência artificial é feita de esforço humano. Olhamos para os trabalhadores digitais que recebem alguns centavos de dólar para clicar em microtarefas que fazem com que os sistemas de dados pareçam mais inteligentes do que são[34]. Nossa jornada nos levará para dentro dos armazéns da Amazon, onde empregados são obrigados a acompanhar a cadência algorítmica de um vasto império logístico, e visitaremos os açougueiros nas linhas de desmontagem de Chicago, onde carcaças animais são dissecadas e preparadas para o consumo. E ouviremos os protestos dos trabalhadores que lutam contra a forma como os sistemas de IA estão aumentando a vigilância e o controle exercido pelos patrões.

A história do trabalho também é uma história sobre o tempo. A coordenação das ações de humanos com os movimentos repetitivos dos robôs e das linhas de montagem sempre envolveu o controle sobre os corpos no espaço e no tempo[35]. Da invenção do cronômetro até o TrueTime, do Google, o processo de coordenação do tempo está no âmago da gestão do ambiente de trabalho. As tecnologias de IA tanto exigem como produzem condições para uma gestão temporal cada vez mais granular e precisa. A coordenação do tempo requer informações cada vez mais detalhadas sobre o que as pessoas estão fazendo e também sobre como e quando o fazem.

O capítulo Dados se concentra no papel dos dados. Todo material digital acessível ao público – incluindo dados particulares e potencialmente prejudiciais – está propenso a ser colhido para formar os conjuntos de dados de treinamento que são usados para produzir modelos de IA. Há conjuntos de dados gigantescos repletos de *selfies* e de fotografias de gestos de mão, de pessoas dirigindo carros, de bebês chorando, de textos tirados de grupos de discussão *on-line* dos anos 1990 – tudo para aprimorar algoritmos que realizam funções como reconhecimento facial, previsão de linguagem e detecção de objetos. Quando essas coleções de dados deixam de ser vistas como materiais particulares de algumas pessoas e passam a ser consideradas meramente como *infraestrutura*, o sentido ou contexto específico de cada imagem ou vídeo é tido como irrelevante. Para além dos problemas graves de privacidade e das questões relacionadas ao atual capitalismo de vigilância, as condutas contemporâneas de trabalho com dados em IA suscitam preocupações éticas, metodológicas e epistemológicas profundas[36].

E como todos esses dados são usados? No capítulo Classificação, olhamos para as práticas de classificação nos sistemas de inteligência artificial, aquilo a que a socióloga Karin Knorr Cetina chama de "maquinário epistêmico"[37]. Vemos como os sistemas contemporâneos usam rótulos para prever identidades humanas e se valem frequentemente da binaridade de gênero, de categorias raciais essencializadas e de avaliações problemáticas para o caráter e para os limites de crédito das pessoas. Aqui, indícios valem por todo um sistema, representações substituem o real e a expectativa é a de que modelos primários sejam aplicados no lugar da complexidade infinita da subjetividade humana. Ao olhar para como as classificações são feitas, vemos de que modo esquemas técnicos reforçam hierarquias e amplificam desigualdades. O aprendizado de máquina nos apresenta um regime de raciocínio normativo que, ao se fortalecer, assume a forma de uma poderosa racionalidade de governo.

Desse ponto, viajaremos para as cidades montanhosas de Papua-Nova Guiné para explorar a história do reconhecimento de afetos – a ideia de que as expressões faciais guardam a chave para revelar o estado emocional interno das pessoas. O capítulo Afetos considera a afirmação do psicólogo Paul Ekman de que há um pequeno conjunto de estados emocionais universais que podem ser lidos diretamente em nossos rostos. Empresas de tecnologia estão agora implementando essa ideia em sistemas de reconhecimento de afetos como parte de uma indústria cujo valor estimado é de mais de 17 bilhões de dólares[38]. Mas há uma controvérsia científica considerável em torno da detecção de emoções, tida na melhor das hipóteses como incompleta e, na pior, como enganosa. Apesar da instabilidade de premissas, essas ferramentas estão sendo rapidamente implementadas em sistemas de contratação de empregados, educação e vigilância.

No capítulo Estado, olhamos para as formas pelas quais os sistemas de IA são usados como ferramentas de poder estatal. O passado e o presente militares da inteligência artificial moldaram as práticas de vigilância, extração de dados e avaliação de riscos que vemos hoje em dia. As interconexões profundas entre o setor de tecnologia e os militares estão agora sendo direcionadas para que se encaixem a uma forte agenda nacionalista. Enquanto isso, as ferramentas extralegais usadas pela comunidade da inteligência agora se dispersaram e passaram do mundo militar para o setor da tecnologia comercial, no qual estão disponíveis para uso em salas de aula, delegacias de polícia, ambientes de trabalho e agências de emprego. A lógica militar que moldou os sistemas de IA hoje é parte das engrenagens de governos locais e está enviesando ainda mais as relações entre Estados e cidadãos.

O capítulo "Conclusão: Poder" avalia de que forma a inteligência artificial funciona como uma estrutura de poder que combina infraestrutura, capital e trabalho. Do motorista de Uber "cutucado"[39] ao imigrante ilegal rastreado, passando pelos inquilinos de moradias populares que lutam contra sistemas de reconhecimento facial em suas casas, os sistemas de IA são construídos com a lógica do capital, do policiamento e da militarização – e essa combinação alarga ainda mais as assimetrias de poder que já existem. Tais formas de ver dependem dos movimentos gêmeos de abstração e extração: uma abstração que nos afasta de suas condições materiais de produção ao mesmo tempo que há uma maior extração de informações e recursos daqueles que são menos capazes de resistir.

Mas, assim como é possível rejeitar os sistemas que perpetuam a opressão, essa lógica também pode ser contestada. Conforme as condições da Terra comecem a mudar, poderemos esperar ouvir chamamentos coletivos por uma maior proteção de dados, por direitos trabalhistas, justiça climática e igualdade racial. Quando esses movimentos interconectados por justiça participam do modo como entendemos a inteligência artificial, concepções diferentes de política planetária se tornam possíveis.

Extração, poder e política

Desse modo, a inteligência artificial é uma ideia, uma infraestrutura, uma indústria, uma forma de exercer poder e um modo de ver; também é uma manifestação de um capital altamente organizado sustentado por vastos sistemas de extração e de logística, com cadeias de suprimentos que recobrem o planeta inteiro. Todas essas coisas são parte do que é a inteligência artificial – uma expressão formada por duas palavras a que corresponde um conjunto complexo de expectativas, ideologias, desejos e medos.

A IA pode parecer uma força espectral – como o elemento não corpóreo da computação –, mas esses sistemas podem ser tudo, menos abstratos. Eles são infraestruturas físicas que estão remodelando a Terra enquanto, ao mesmo tempo, alteram a forma como o mundo é visto e entendido.

É importante que nos confrontemos com esses muitos aspectos da inteligência artificial – sua maleabilidade, sua desordem e seu alcance espacial e temporal. A promiscuidade da IA como termo, sua propensão a ser reconfigurada, também significa que ela pode ser colocada em uso de uma grande quantidade de formas: pode se referir a qualquer coisa, desde dispositivos de consumo, como o Amazon Echo, até sistemas de processamento de *back-end*[40] sem nome, desde publicações técnicas muito específicas até as maiores companhias industriais do mundo. Mas isso também pode ser útil. A extensão do termo "inteligência artificial" nos autoriza a considerar todos esses elementos e como eles estão profundamente imbricados: da política dos serviços de inteligência à coleta maciça de dados; da concentração industrial do setor de tecnologia ao poderio militar geopolítico; do desenraizamento do meio ambiente às formas de discriminação que estão em curso.

Nossa tarefa consiste em continuarmos sensíveis ao terreno e observarmos as alterações e os sentidos plásticos do termo "inteligência artificial" – como um recipiente em que várias coisas são colocadas e, depois, removidas –, porque isso também é parte da história.

Dito de forma direta, a inteligência artificial é, hoje, um agente que modela o conhecimento, a comunicação e o poder. Essas reconfigurações estão acontecendo no nível da epistemologia, dos princípios da justiça, da organização social, da expressão política, da cultura, dos entendimentos sobre o corpo humano, das subjetividades e das identidades: o que somos e o que podemos ser. Mas é possível ir além. No processo de remapeamento e de intervenção no mundo, a inteligência artificial é a política por outros meios – ainda que raramente seja reconhecida como tal. Essa política é conduzida pelas Grandes Casas da IA, formadas por mais ou menos meia dúzia de empresas que dominam a computação planetária de larga escala.

Muitas instituições sociais são hoje influenciadas por essas ferramentas e métodos, que moldam o quanto elas valem e como decisões são tomadas enquanto criam uma série complexa de efeitos cascata. A intensificação do poder tecnocrático está em curso há bastante tempo, mas agora o processo se acelerou. Em parte, isso se deve à concentração de capital industrial em um momento de austeridade econômica e de terceirização que inclui cortes em sistemas de bem-estar social e em instituições que, no passado, atuaram como freios para o poder do mercado. É por isso que devemos enfrentar a IA como uma força política, econômica, cultural e científica. Como observam Alondra Nelson, Thuy Linh Tu e Alicia Headlam Hines, "disputas em torno da tecnologia estão sempre ligadas a lutas maiores por mobilidade econômica, espaço para movimentação política e construção de comunidades"[41].

Estamos em uma conjuntura crítica que exige que façamos perguntas difíceis sobre a forma como a IA é produzida e adotada. Precisamos perguntar: o que é a IA? Que formas de política ela propaga? Quais são os interesses a que ela serve e sobre quem recaem os maiores riscos de danos? Onde o uso da IA deveria ser limitado? As respostas para essas questões não serão fáceis. Mas tampouco estamos diante de uma situação insolúvel ou de um ponto de não retorno – formas distópicas de pensamento podem nos paralisar, impedir a tomada de atitude e bloquear intervenções urgentemente necessárias[42]. Como escreve Ursula Franklin, "no fim, a viabilidade da tecnologia, assim como da democracia, depende da prática da justiça e do reforço dos limites ao poder"[43].

Este livro defende que a abordagem dos problemas fundacionais da IA e da computação planetária exige a conexão entre as questões do poder e da justiça: da epistemologia aos direitos trabalhistas, da extração de recursos à proteção de dados, da desigualdade racial às mudanças climáticas.

Para tanto, precisamos expandir nossa compreensão em relação àquilo que está atualmente em curso nos impérios da IA, para conseguir enxergar o que está em risco e tomar decisões coletivas melhores sobre o que deveria vir a seguir.

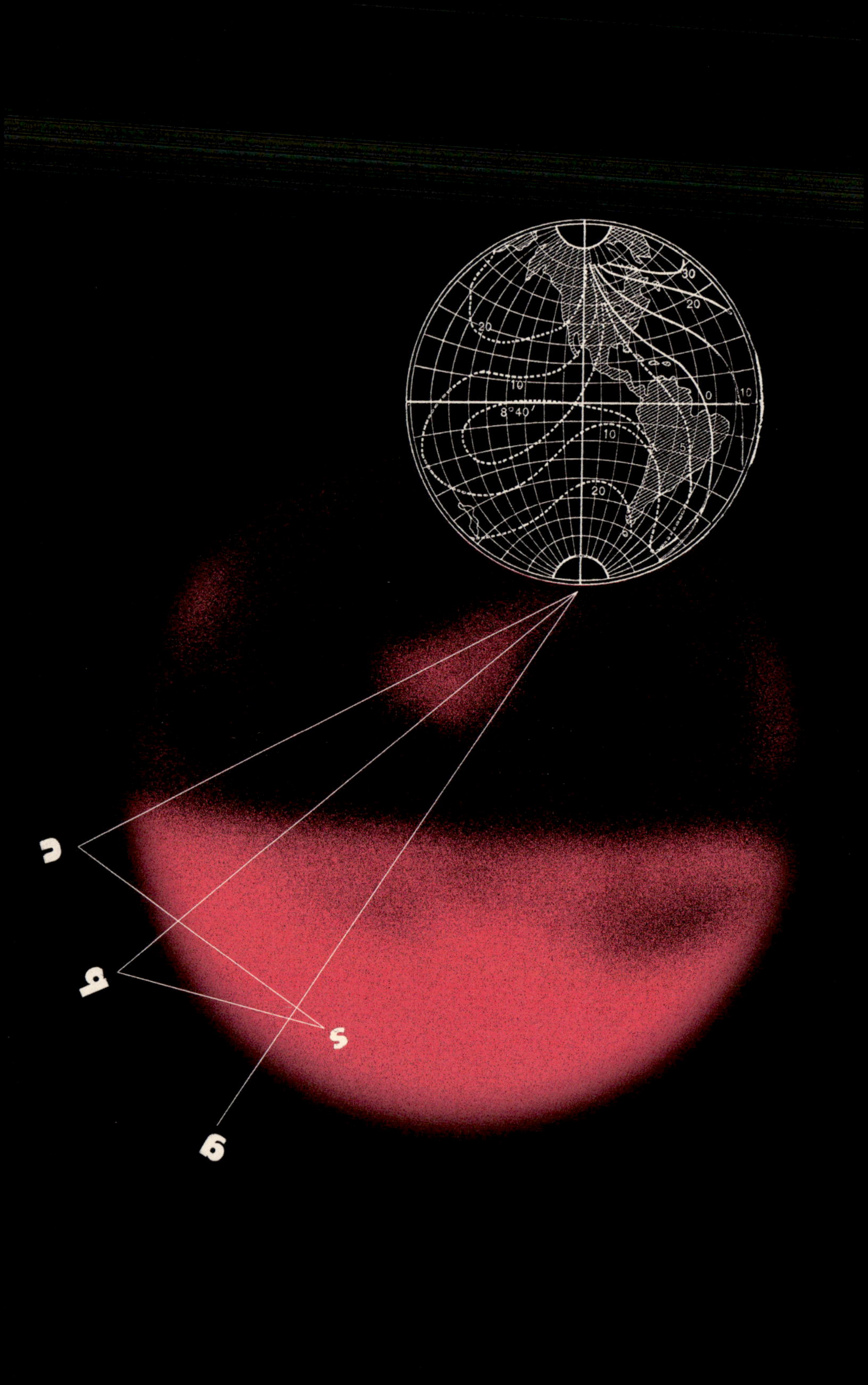
30
20
20
10
0
10
8°40'
10
5
20

TERRA

O Boeing 757 sobrevoa San Jose em sua aproximação final do Aeroporto Internacional de São Francisco. Conforme o avião se alinha com a pista de pouso, a asa esquerda desce e revela uma vista aérea da região mais icônica do setor de tecnologia. Lá embaixo estão os grandes impérios do Vale do Silício. Cintilando ao sol, o círculo preto gigantesco do quartel-general da Apple se espalha como uma lente fotográfica destampada. Depois, o quartel-general do Google, abrigado perto do Aeroporto Federal Moffett, da Nasa. Esse já foi um local--chave para a Marinha dos Estados Unidos durante a Segunda Guerra Mundial e a Guerra da Coreia, mas, agora, o Google o arrendou por sessenta anos, e executivos seniores estacionam ali os seus jatinhos particulares. Perto do Google, estão os grandes galpões fabris da Lockheed Martin, onde a empresa aeroespacial e produtora de armas constrói centenas de satélites destinados a observar do alto as atividades na Terra. Depois, perto da ponte Dumbarton, surge a sequência de prédios atarracados que abrigam o Facebook, cercados por estacionamentos gigantes próximos aos lagos salinos sulfúricos de Ravenswood Slough. Desse ponto de vista, as ruas sem saída genéricas dos subúrbios e os edifícios de altura mediana na linha do horizonte de Palo Alto dizem pouco de sua verdadeira riqueza, poder e influência. Há apenas algumas sugestões de sua centralidade na economia global e na infraestrutura computacional do planeta.

Estou aqui para aprender sobre a inteligência artificial e do que ela é feita. Mas, para isso, vou precisar sair completamente do Vale do Silício.

No aeroporto, pulo numa van e dirijo para leste. Cruzo a ponte San Mateo-Hayward e passo pelo Laboratório Nacional Lawrence Livermore, onde Edward Teller dirigiu sua pesquisa em armas termonucleares nos anos que se seguiram à Segunda Guerra Mundial. Não demora até que o sopé da Sierra Nevada desponte detrás das cidades de Stockton e Manteca, no vale Central. Aqui, as estradas sobem sinuosas pelas altas formações de granito de Sonora Pass e descem do lado oriental das montanhas, em direção a vales cobertos de uma grama salpicada por papoulas douradas. Florestas de pinheiros dão lugar às águas alcalinas do lago Mono e às formações desérticas da província geológica da Bacia e Cordilheira. Para reabastecer, encosto em Hawthorne, Nevada, lar do maior depósito de munições do mundo, onde o Exército dos Estados Unidos estoca armamentos nas dezenas de zigurates recobertos de areia que povoam o vale em fileiras bem alinhadas. Dirigindo pela rodovia 265 do estado de Nevada, vejo um Vortac solitário ao longe, uma grande torre de rádio em formato de pino de boliche que foi projetada numa era anterior ao GPS. Sua função era única: transmitir "estou aqui" para toda aeronave que passasse, um ponto fixo de referência em um terreno solitário.

Meu destino é a comunidade não incorporada[1] de Silver Peak, no vale Clayton, Nevada, onde vivem cerca de 125 pessoas, dependendo de como você contar. A cidade mineradora, uma das mais antigas do estado, foi quase abandonada em 1917 depois que o solo foi completamente esvaziado de prata e ouro. Umas poucas edificações da época da corrida do ouro ainda estão de pé, ruindo sob o sol do deserto. A cidade pode ser pequena, com mais carros abandonados do que pessoas, mas ela abriga algo excepcionalmente raro. Silver Peak está empoleirada na beira de um enorme lago subterrâneo de lítio. A valiosa salmoura de lítio sob a superfície é bombeada do subsolo para lagos abertos, de um verde iridescente, para que evapore. Os lagos podem ser vistos a quilômetros de distância pelo brilho que emanam quando refletem a luz do sol. De perto, a vista é diferente. Canos pretos de aparência alienígena brotam do solo e serpenteiam pela terra incrustada de sal, entrando e saindo de trincheiras enquanto transportam seu coquetel salgado para os tanques de evaporação.

Aqui, em um bolsão remoto em Nevada, está um dos lugares em que o material da IA é feito.

A mina de lítio de Silver Peak. Fotografia de Kate Crawford.

Minerando IA

O vale Clayton se conecta ao Vale do Silício de um modo bastante parecido com a forma como as áreas de extração de ouro do século 19 se ligavam à São Francisco da época. A história da mineração, assim como a da devastação que é deixada para trás, é comumente ignorada na amnésia estratégica que acompanha as narrativas do progresso tecnológico. Como o geógrafo histórico Gray Brechin aponta, São Francisco foi construída com os ganhos da extração de ouro e prata nas terras da Califórnia e de Nevada no século 19[2]. A cidade foi criada pela mineração. Essas mesmas terras foram tomadas do México com o Tratado de Guadalupe Hidalgo, em 1848, ao final da Guerra Mexicano-Americana, quando já estava claro para os colonos que aquelas seriam áreas altamente valiosas de extração de ouro. Era um exemplo clássico, observa Brechin, do antigo adágio segundo o qual "o comércio segue a bandeira, mas a bandeira segue a picareta"[3]. Milhares de pessoas foram expulsas de suas casas durante essa considerável expansão territorial dos Estados Unidos. Depois da imperial invasão estadunidense das antigas terras mexicanas, os mineiros se instalaram. A terra foi explorada até que os rios estivessem contaminados e as florestas circundantes, destruídas.

Desde a Antiguidade, o ramo da mineração só é lucrativo porque não precisa responder por seus custos verdadeiros – dentre os quais se incluem os danos ambientais, a doença e a morte de mineiros e a perda das comunidades desalojadas. Em 1555, Geórgio Agrícola, conhecido como pai da mineralogia, observou que "está claro para todos que a mineração causa um prejuízo maior do que o valor dos metais produzidos por ela"[4]. Em outras palavras, aqueles que lucram com a mineração o fazem apenas porque os custos serão suportados por outras pessoas, tanto vivas como as que ainda não nasceram. É fácil atribuir um preço aos metais preciosos, mas qual é o valor exato da vida selvagem, de um rio limpo, do ar respirável, da saúde das comunidades locais? Isso nunca foi estimado, e, assim, um cálculo simples veio à tona: extraiam tudo o mais rápido possível. Esse era o "avance rápido e quebre coisas"[5] de uma outra época. O resultado foi que o vale Central foi devastado e, como um turista observou em 1869, "juntos, tornados, enchentes, terremotos e vulcões dificilmente causariam um estrago maior ou espalhariam ruína e destruição para mais longe do que [os] estabelecimentos de garimpo de ouro [...] Não há direito que a mineração respeite na Califórnia. É esse o interesse supremo"[6].

Conforme São Francisco seguiu extraindo riquezas gigantescas das minas, foi fácil para sua população se esquecer de onde tudo aquilo provinha. As minas estavam localizadas longe da cidade que enriqueciam, e esse isolamento permitiu que os habitantes urbanos continuassem a ignorar aquilo que acontecia com as montanhas, os rios e os trabalhadores que alimentavam suas fortunas. Mas havia pequenos lembretes por toda parte. Os novos prédios da cidade usavam a mesma tecnologia empregada nas profundezas do vale Central para transporte e suporte à vida. Os sistemas de polias que desciam os mineiros pelos poços das minas eram virados de cabeça para baixo e adaptados como elevadores para içar pessoas até o topo dos arranha-céus da cidade[7]. Brechin sugere que devemos pensar os edifícios de São Francisco como paisagens de mineração invertidas. Os minérios extraídos dos buracos no solo eram vendidos para criar andares no ar; quanto mais fundo desciam as extrações, mais alto as grandes torres de escritórios se esticavam pelos céus.

São Francisco voltou a enriquecer. Antes, o que garantia as fortunas era o minério de ouro; agora, é a extração de substâncias como os cristais brancos de lítio, conhecidos no mercado de mineração como "ouro cinza"[8]. A indústria de tecnologia passou a ser o novo interesse supremo, e as cinco maiores companhias do mundo em capitalização de mercado têm escritórios na cidade: Apple, Microsoft, Amazon, Facebook e Google. Ao andar pelos galpões de *startups* no bairro de SoMa, onde outrora mineiros viviam em barracas, vemos carros de luxo, redes de cafeterias bancadas por capitalistas de risco e ônibus suntuosos com *insulfilm* que, transportando trabalhadores até seus escritórios em Mountain View ou Menlo Park, trafegam por vias privadas[9]. Mas, a apenas uma pequena caminhada de distância, está a rua Division, uma avenida de várias pistas entre os bairros de SoMa[10] e Mission, onde fileiras de barracas voltaram a abrigar pessoas que não têm para onde ir. No rescaldo do *boom* da tecnologia, São Francisco tem agora uma das taxas mais altas de pessoas em situação de rua dos Estados Unidos[11]. O relator especial das Nações Unidas para a habitação adequada considerou "inaceitável" essa violação de direitos humanos, já que, em contraste com o número recorde de bilionários que vivem nas proximidades, milhares de pessoas ali instaladas não são atendidas em necessidades básicas como água, saneamento e serviços de saúde[12]. Os maiores benefícios da extração foram capturados por poucos.

Neste capítulo, atravessaremos Nevada, San José e São Francisco, assim como Indonésia, Malásia, China e Mongólia: de desertos a oceanos. Também percorreremos períodos do tempo histórico, do conflito no Congo e dos lagos negros artificiais de hoje à paixão vitoriana pelo látex branco. As escalas mudarão, serão ajustadas de rochas para cidades, de árvores para megacorporações, de vias de transporte transoceânico para a bomba atômica. Mas, em todo esse super-sistema planetário, veremos a lógica da extração – uma retirada constante de minerais, água e combustíveis fósseis sustentada pela violência das guerras, da poluição, da extinção e do esgotamento. Os efeitos da computação de larga escala podem ser encontrados na atmosfera, nos oceanos, na crosta terrestre, no tempo profundo do planeta e nos impactos brutais sobre populações desfavorecidas ao redor do mundo. Para que possamos entender tudo isso, precisamos de uma visão panorâmica da escala planetária da extração computacional.

Paisagens da computação

Estou dirigindo pelo vale do deserto em uma tarde de verão para ver os mecanismos desse *boom* de mineração mais recente. Peço a meu telefone que me leve ao perímetro dos lagos de lítio e, preso por um cabo USB branco, ele me responde do painel do veículo, onde se empoleira desajeitado. O vasto leito seco do lago de Silver Peak se formou milhões de anos atrás, durante o final do Período Terciário. Ele é rodeado por estratificações encrostadas que se elevam em linhas de cumeada formadas por calcário preto, quartzito verde e ardósia cinza e vermelha[13]. O lítio foi descoberto aqui depois que a área foi esquadrinhada em busca de minerais estratégicos como potassa durante a Segunda Guerra Mundial. O metal macio e prateado foi minerado apenas em quantidades modestas nos cinquenta anos seguintes – até que se tornasse um material altamente valioso para o setor de tecnologia.

Em 2014, a Rockwood Holdings S/A, uma mineradora de lítio, foi adquirida pela indústria química Albemarle Corporation por 6,2 bilhões de dólares. Trata-se da única mina de lítio em operação nos Estados Unidos. Isso faz com que Silver Peak seja um local de intenso interesse para Elon Musk e muitos outros magnatas da tecnologia. E por uma única razão: baterias recarregáveis. O lítio é um elemento crucial para a produção delas. Baterias de celular, por exemplo, geralmente contêm cerca de 8,5 gramas do mineral. Cada carro elétrico Model S da Tesla precisa de aproximadamente 63 quilos de lítio para seu módulo de baterias[14]. Esses tipos de bateria nunca foram pensados para abastecer uma máquina tão gastadora como um carro, mas atualmente são a única opção disponível para o mercado de massa[15]. Todas essas baterias têm vida útil limitada; uma vez degradadas, elas são descartadas como resíduo.

A Gigafábrica da Tesla está a cerca de 300 quilômetros ao norte de Silver Peak. É a maior fábrica de baterias de lítio do planeta. A Tesla é a maior consumidora de baterias de íon-lítio do mundo; a empresa compra grandes volumes delas da Panasonic e da Samsung e as reembala para seus carros e carregadores residenciais. Estima-se que a empresa use mais de 28 mil toneladas de hidróxido de lítio por ano – metade do consumo total do planeta[16]. Na verdade, seria mais exato descrever a Tesla como uma empresa de baterias, e não de veículos[17]. A escassez iminente de minerais essenciais como o níquel, o cobre e o lítio representa um risco para a empresa e torna o lago de lítio de Silver Peak altamente desejável[18]. Garantir o controle da mina significa garantir o comando da oferta doméstica dos Estados Unidos.

Como muitos já mostraram, o carro elétrico está longe de ser uma solução perfeita para as emissões de dióxido de carbono[19]. A mineração, a fundição, a exportação, a montagem e o transporte que integram a cadeia de suprimentos das baterias têm um impacto negativo considerável sobre o ambiente e, depois, sobre as comunidades afetadas por suas degradações. De toda a energia usada para recarregar essas baterias, apenas uma pequena quantidade é produzida por sistemas domésticos de energia solar. Mas, na maioria dos casos, o carregamento de um carro elétrico exige o uso de energia da rede de distribuição, na qual, atualmente, menos de 1/5 de toda a eletricidade dos Estados Unidos é gerado por fontes renováveis[20]. Até agora, nada disso refreou a determinação das montadoras de automóveis de concorrer com a Tesla, o que está pressionando o mercado de baterias e acelerando a extração de reservas cada vez mais minguadas dos minerais necessários.

A computação e o comércio globais dependem de baterias. O termo "inteligência artificial" pode evocar ideias de algoritmos, dados e arquiteturas de nuvem, mas nada disso poderá funcionar sem os minerais e os recursos que constroem os componentes centrais da computação. Baterias recarregáveis de íon-lítio são essenciais para dispositivos móveis e *laptops*, para assistentes digitais domésticos e para a energia de reserva dos *data centers*. Elas estão na base da internet e de toda plataforma de comércio que funcione *on-line*, desde o *internet banking* e o varejo até as transações da bolsa de valores. Muitos aspectos da vida moderna foram transferidos para "a nuvem" sem maiores considerações quanto a esses custos materiais. Nosso trabalho e nossas vidas pessoais, nossos interesses políticos – tudo acontece em um mundo de arquiteturas de computadores em rede a que acessamos dos dispositivos que seguramos nas mãos e que contêm lítio em seu interior.

A mineração que dá forma à IA é ao mesmo tempo literal e metafórica. O novo extrativismo da mineração de dados também abarca e impulsiona o antigo extrativismo da mineração tradicional. As pilhas necessárias para alimentar os sistemas de inteligência artificial vão muito além da multiplicidade de camadas técnicas das pilhas da modelagem de dados[21], do *hardware*, dos servidores e das redes. A integração de ponta a ponta da cadeia de suprimentos da IA avança sobre o capital, o trabalho e os recursos da Terra – e exige quantidades enormes de cada um deles[22]. A nuvem, que é a espinha dorsal da indústria da inteligência artificial, é formada por pedras, salmouras de lítio e petróleo bruto.

Em seu livro *A Geology of Media* [Uma geologia das mídias], o teórico Jussi Parikka sugere que pensemos as mídias não do ponto de vista de Marshall McLuhan – em que elas são extensões dos sentidos humanos –, mas como extensões da Terra[23]. As mídias computacionais de hoje participam dos processos geológicos (e climatológicos), desde a transformação dos materiais terrestres em infraestruturas e dispositivos até o abastecimento desses novos sistemas com reservas de petróleo e gás natural. A reflexão sobre as mídias e a tecnologia como processos geológicos permite que consideremos o esgotamento radical dos recursos não renováveis que são necessários para impulsionar as tecnologias do momento atual. Cada objeto na rede estendida de um sistema de IA, dos roteadores às baterias e aos *data centers*, é construído com o uso de elementos que precisaram de bilhões de anos para se formar no interior do planeta.

Da perspectiva do tempo profundo, ao construir dispositivos frequentemente projetados para durar apenas alguns poucos anos, como Amazon Echos e iPhones, estamos extraindo a história geológica da Terra a serviço de uma fração de segundo no tempo tecnológico contemporâneo. A Associação dos Consumidores de Tecnologia dos Estados Unidos observa que a vida útil média de um celular é de meros 4,7 anos[24]. Esse ciclo de obsolescência alimenta a compra de mais dispositivos, eleva os lucros e aumenta os incentivos para práticas de extração não sustentável. Depois de um processo lento de formação, esses minerais, elementos e materiais passam, então, por um período extraordinariamente rápido de escavação, processamento, amalgamação, fusão e transporte logístico – e viajam milhares de quilômetros em suas transformações. Depois do descarte dos resíduos e dos rejeitos, aquilo que havia começado como minério removido do solo é transformado em dispositivos que serão usados e descartados. Em última instância, eles acabarão em aterros para resíduos eletrônicos, em lugares como Gana e Paquistão. O ciclo de vida de um sistema de IA é marcado do nascimento à morte por muitas cadeias fractais de suprimentos: modos de exploração do trabalho humano e dos recursos naturais e formas de concentração maciça de poder corporativo e geopolítico. E, ao longo de toda essa cadeia, o ciclo é mantido em funcionamento graças ao consumo contínuo e de larga escala de energia.

O extrativismo que construiu São Francisco ecoa nas práticas do setor de tecnologia que hoje está instalado nessa mesma cidade[25]. Os ecossistemas colossais da IA dependem de muitos tipos de extração: da colheita de dados em nossas atividades e expressões diárias até o esgotamento dos recursos naturais e a exploração, ao redor do globo, do trabalho necessário para que essa vasta rede planetária possa ser construída e mantida. E a IA extrai muito mais de nós e do planeta do que se costuma imaginar. A área da baía de São Francisco é o nódulo central da mitologia da IA, mas precisaremos fazer uma travessia para muito além dos Estados Unidos para ver as múltiplas camadas do legado de danos humanos e ambientais que têm alimentado a indústria de tecnologia.

A camada mineralógica

As minas de lítio de Nevada são apenas alguns dos lugares em que materiais são extraídos da crosta terrestre para a produção de IA. Há muitos lugares como elas, incluindo o Salar de Uyuni, no sudoeste da Bolívia – a região mais rica de lítio do mundo e, portanto, um local de tensões políticas constantes – e áreas do Congo Central, da Mongólia, da Indonésia e dos desertos da Austrália Ocidental. Esses também são exemplos de lugares de nascimento da IA na geografia maior da extração industrial. Sem os minerais dessas regiões, a computação contemporânea simplesmente não funciona. Mas suas reservas estão cada vez mais baixas.

Em 2020, cientistas do U. S. Geological Survey [Serviço Geológico dos Estados Unidos] publicaram uma relação de 23 minerais que estão em alto "risco de desabastecimento" para fabricantes, o que significa que, caso deixem de estar disponíveis, indústrias inteiras – incluindo o setor de tecnologia – serão completamente paralisadas[26]. Os minerais críticos incluem os elementos de terras raras disprósio e neodímio, usados no interior dos alto-falantes dos iPhones e dos motores dos veículos elétricos; germânio, usado nos dispositivos militares infravermelhos para soldados e drones; e cobalto, que melhora a *performance* das baterias íon-lítio.

Há dezessete elementos de terras raras: lantânio, cério, praseodímio, neodímio, promécio, samário, európio, gadolínio, térbio, disprósio, hólmio, érbio, túlio, itérbio, lutécio, escândio e ítrio. Eles são processados e incorporados a *laptops* e *smartphones* e permitem que esses dispositivos sejam menores e mais leves. Também podem ser encontrados em telas coloridas, alto-falantes, lentes de câmeras, baterias recarregáveis, discos rígidos e muitos outros componentes. As terras raras são elementos-chave em sistemas de comunicação, de cabos de fibra ótica e amplificação do sinal nas torres de comunicação celular a satélites e tecnologia de GPS. Mas a extração desses minerais do solo frequentemente vem acompanhada de violência local e geopolítica. A mineração é e sempre foi uma empreitada brutal. Como escreve Lewis Mumford, "a mineração foi a indústria-chave que proporcionou o financiamento das guerras e aumentou o conteúdo metálico da aglutinação de capital, o tesouro da guerra: por outro lado, ela fez avançar a industrialização de armamentos e enriqueceu investidores em ambos os processos"[27]. Para entender os negócios da IA, precisamos considerar a guerra, a fome e a morte que a mineração traz a tiracolo.

A legislação recente dos Estados Unidos que regula alguns desses dezessete elementos de terras raras apenas sugere as devastações associadas à extração deles. A lei Dodd-Frank, de 2010, teve como foco principal a reforma do setor financeiro no rescaldo da crise de 2008. Ela incluiu uma determinação específica sobre os chamados *minerais de conflito* – os recursos naturais extraídos em zonas de conflito e que, depois, são vendidos para custear a conflagração. As corporações que empregassem ouro, estanho, tungstênio e tântalo vindos de regiões ao redor da República Democrática do Congo agora estavam obrigadas a apresentar relatórios que permitissem rastrear de onde esses minerais vinham e verificar se a venda deles estava financiando milícias armadas na região[28]. Assim como os "diamantes de conflito", o termo "minerais de conflito" mascara o sofrimento profundo e a matança abundante do setor de mineração. Os lucros da mineração financiaram operações militares no conflito de décadas na região do Congo e serviram de combustível para a morte de milhares e a expulsão de milhões de pessoas[29]. Além disso, as condições de trabalho no interior das minas frequentemente equivalem a uma forma moderna de escravidão[30].

Levou mais de quatro anos de esforços contínuos para que a Intel desenvolvesse uma compreensão básica de sua própria cadeia de suprimentos[31]. Trata-se de uma cadeia complexa, com mais de 16 mil fornecedores em mais de cem países, que oferecem materiais diretamente para os processos de produção, para as ferramentas e para as máquinas das fábricas da empresa, assim como para seus serviços de logística e empacotamento[32]. Além disso, a Intel e a Apple foram criticadas por auditar apenas as fundições – e não as minas em si – no processo de verificação para garantir que um mineral não provinha de zonas de conflito. As gigantes de tecnologia avaliavam estabelecimentos de fundição situados fora do Congo, e frequentemente as auditorias eram realizadas por agentes locais. Assim, mesmo a certificação pela indústria de tecnologia de que seus produtos não têm relação com zonas de conflito é, hoje, questionada[33].

A companhia de tecnologia holandesa Philips também afirmou que estava trabalhando para que sua cadeia de suprimentos fosse "livre de conflitos". Assim como a Intel, a Philips tem dezenas de milhares de fornecedores, e cada um deles responde por partes do processo de produção da empresa[34]. Em uma etapa anterior, esses fornecedores estão, eles mesmos, ligados a milhares de fabricantes de componentes, que adquirem materiais tratados por dezenas de fundições.

As fundições, por sua vez, compram seus insumos de um número desconhecido de vendedores, que lidam diretamente com mineradoras, tanto legais como ilegais, para adquirir os diversos minerais que acabam nos componentes dos computadores[35].

De acordo com a fabricante de computadores Dell, as complexidades das cadeias de suprimento de metais e de minérios representam desafios quase intransponíveis à produção de componentes eletrônicos livres de conflito. Os elementos são "lavados" por um número tão vasto de entidades ao longo da cadeia que o rastreamento de suas origens se mostra impossível – ou ao menos é o que afirmam os fabricantes dos produtos finais, caso concedamos algum grau de confiança para o que eles afirmam quanto às práticas que impulsionam seus próprios lucros[36].

Assim como acontecia nas minas que serviram São Francisco no século 19, a extração para o setor de tecnologia é feita enquanto os custos reais permanecem longe da vista. A ignorância quanto à cadeia de suprimentos é uma parte integral do capitalismo, desde a forma como as empresas se protegem por meio de contratos de terceirização de serviços e de fornecimento até o modo como as mercadorias são vendidas e propagandeadas para os consumidores. Mais do que uma espécie plausível de desconhecimento, isso passou a ser uma modalidade bastante corriqueira de má-fé: a mão esquerda não pode saber o que a direita está fazendo, o que exige formas cada vez mais extravagantes, barrocas e complexas de distanciamento.

Ainda que a mineração para o financiamento de guerras seja um dos casos mais extremos de extração predatória, a maioria dos minerais não são provenientes diretamente de zonas de guerra. Isso não significa, no entanto, que sejam livres de sofrimento humano e de destruição ambiental. O enfoque nos minerais de conflito, ainda que importante, também vem sendo utilizado para desviar a atenção dos danos causados pela mineração de modo geral. Caso visitemos as principais regiões de extração mineral para sistemas computacionais, encontraremos as histórias reprimidas de rios lavados pelo ácido, de paisagens desenraizadas e da extinção de espécies de plantas e animais outrora essenciais para as ecologias locais.

Lagos pretos e látex branco

Em Baotou, a maior cidade da Mongólia Interior, existe um lago artificial de lama preta tóxica. Ele cheira a enxofre e se estende até onde a vista alcança, com mais de nove quilômetros de diâmetro. O lago preto contém mais de 180 milhões de toneladas de resíduos de pó de processamento de minérios[37]. Ele foi criado pelo escoamento de subprodutos das minas Baya Obo, nas proximidades – e que, segundo se estima, contêm quase 70% das reservas de terras raras do mundo. Trata-se do maior depósito de elementos de terras raras do planeta[38].

A China fornece 95% das terras raras do mundo. Como observa o escritor Tim Maughan, essa dominação de mercado se deve muito menos à tecnologia do país do que à disposição em assumir os danos ambientais provenientes da extração[39]. Ainda que terras raras como neodímio e cério sejam relativamente comuns, a utilização delas exige um processo insalubre de dissolução em grandes volumes de ácidos sulfúrico e nítrico. São esses banhos de ácido que produzem os reservatórios de resíduos venenosos que abastecem o lago morto de Baotou. Esse é apenas um dos lugares que estão transbordando daquilo a que Myra Hird, estudiosa do meio ambiente, chama de “resíduos que queremos esquecer”[40].

Até hoje, os usos eletrônicos, ópticos e magnéticos ímpares dos elementos de terras raras não foram igualados por nenhum outro metal, mas a desproporção entre minerais utilizáveis e resíduos tóxicos é extrema. O estrategista de recursos naturais David Abraham descreve a mineração em Jiangxi, na China, de disprósio e térbio, usados em uma variedade de dispositivos de alta tecnologia. Ele escreve: "apenas 0,2% da argila minerada contém os valiosos elementos de terras raras. Isso significa que 99,8% da terra removida na mineração de terras raras é descartada como resíduo, chamado 'rejeito', que é despejado de volta nas montanhas e nos rios", com a criação de novos poluentes como o amônio[41]. Para refinar uma tonelada desses elementos de terras raras, "a Sociedade Chinesa de Terras Raras estima que o processo produza 75 mil litros de água ácida e uma tonelada de resíduos radioativos"[42].

Cerca de 5 mil quilômetros ao sul de Baotou estão as pequenas ilhas indonésias de Bangka e Belitung, perto da costa da Sumatra. Bangka e Belitung produzem 90% do estanho, usado em semicondutores, da Indonésia. A Indonésia é o segundo maior produtor desse metal no mundo, atrás apenas da China. A corporação nacional de estanho do país, PT Timah, abastece de forma direta companhias como a Samsung, assim como as fabricantes de materiais de soldagem Chernan e Shenmao, que, por sua vez, abastecem a Sony, a LG e a Foxconn – todas elas fornecedoras da Apple, da Tesla e da Amazon[43].

Nessas pequenas ilhas, mineiros do mercado paralelo, sem vínculos oficiais de emprego, sobem em barcos pontões improvisados e, com varas de bambu, raspam o fundo do mar antes de mergulhar para sugar o estanho com tubos gigantes parecidos com aspiradores. Os mineiros vendem a intermediários o estanho encontrado; estes também coletam minérios de minas autorizadas e misturam os materiais antes de vendê-los para empresas como a Timah[44]. Totalmente desregulamentado, o processo acontece longe de qualquer proteção trabalhista ou ambiental formal. Como a repórter investigativa Kate Hodal relata, "a mineração de estanho é um negócio lucrativo, mas destrutivo, que deixou cicatrizes na paisagem da ilha, passou por cima de fazendas e florestas, exterminou reservas pesqueiras e recifes de corais e comprometeu o turismo nas belas praias cercadas de palmeiras. O dano pode ser mais bem observado de cima, de onde bolsões de floresta exuberante se juntam a trechos enormes de terra laranja estéril. Onde não foram dominados pelas minas, esses lugares são salpicados de sepulturas, muitas contendo os corpos de mineiros que morreram em séculos de escavação de estanho"[45]. As minas estão por toda parte: nos quintais, na floresta, ao lado das estradas, nas praias. Uma paisagem de ruína.

É uma prática de vida comum que nos concentremos no mundo que está imediatamente à nossa frente – o mundo que vemos e cheiramos e tocamos todos os dias. Ele nos ancora onde estamos, com nossas comunidades e nossos lugares e preocupações conhecidos. Mas, para vermos as cadeias de suprimento da IA como um todo, precisamos fazer uma varredura global e procurar por padrões; precisamos ser sensíveis às diferentes formas que as histórias e os danos apresentam de lugar para lugar e, ainda assim, mantêm-se profundamente interconectados pelas forças múltiplas de extração.

Podemos ver esses padrões ao longo do espaço, mas também os encontramos ao longo do tempo. Os cabos telegráficos transatlânticos são a infraestrutura essencial que transporta dados entre os continentes, um emblema da comunicação e do capital globais. Também são um produto material do colonialismo, com seus padrões de extração, conflito e destruição ambiental. No final do século 19, uma árvore específica do Sudeste Asiático chamada *Palaquium gutta* ocupou o centro de um *boom* na produção de cabos. Essa árvore, encontrada principalmente na Malásia, produz um látex branco leitoso natural chamado guta-percha. Depois que o cientista inglês Michael Faraday publicou um estudo na *Philosophical Magazine* [Revista Filosófica] em 1848 sobre o uso desse material como isolante elétrico, a guta-percha rapidamente se tornou a queridinha do mundo da engenharia. Engenheiros passaram a vê-la como a solução para o problema do isolamento de cabos telegráficos, que lhes possibilitaria suportar as condições severas e variáveis do leito oceânico. Os filamentos retorcidos de fio de cobre precisavam de quatro camadas de seiva orgânica das árvores para protegê-los contra a penetração da água e para carregar as correntes elétricas.

Conforme o ramo da telegrafia submarina crescia, o mesmo acontecia com a demanda por troncos de *Palaquium gutta*. O historiador John Tully descreve como trabalhadores locais malaios, chineses e Dayak eram mal remunerados pelo trabalho perigoso da derrubada das árvores e da lenta coleta do látex[46]. O látex era processado e, depois, vendido dos mercados de Singapura ao mercado britânico, onde se transformava, dentre outras coisas, em metros e metros de revestimento para cabos submarinos que se enovelavam ao redor do mundo. Como aponta a estudiosa de mídias Nicole Starosielski, "estrategistas militares viam os cabos como o modo mais eficiente e seguro de comunicação com as colônias – e, por implicação, de controle sobre elas"[47]. A rota dos cabos submarinos de hoje ainda retraça as primeiras redes coloniais entre os centros e as periferias do império[48].

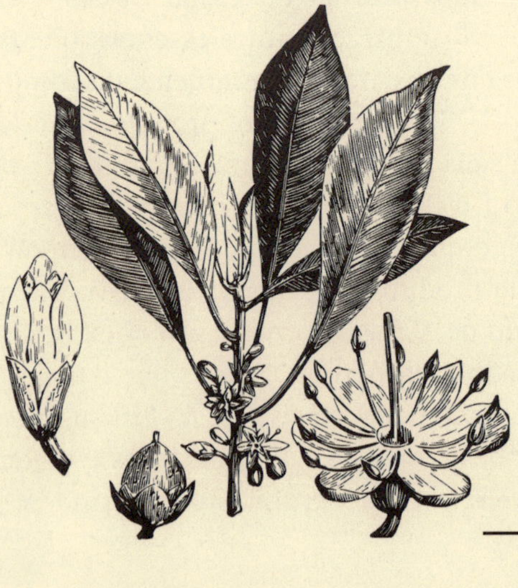

Palaquium gutta

Uma *Palaquium gutta* madura podia render cerca de 310 gramas de látex. Mas, em 1857, o primeiro cabo transatlântico tinha por volta de 2.900 quilômetros de comprimento e pesava 2 mil toneladas – o que exigiu cerca de 250 toneladas de guta-percha. A produção de apenas uma tonelada desse material requeria por volta de 900 mil troncos de árvore. As selvas da Malásia e de Singapura foram esvaziadas; a *Palaquium gutta* desapareceu já no começo dos anos 1880. Em um esforço desesperado para salvar a cadeia de suprimentos, os britânicos aprovaram uma lei em 1883 que proibia a coleta de látex, mas a árvore já estava praticamente extinta[49].

O desastre ambiental vitoriano da guta-percha no alvorecer da sociedade da informação global mostra como as relações entre a tecnologia e seus materiais, ambientes e práticas laborais estão entrelaçadas[50]. Assim como os vitorianos precipitaram o desastre ecológico em favor de seus primeiros cabos, também as mineradoras e cadeias globais de suprimento de hoje colocam ainda mais em perigo o delicado equilíbrio ecológico de nossa era.

Há ironias sombrias nas pré-histórias da computação planetária. Atualmente, são os sistemas de IA de larga escala que conduzem formas de extração ambiental, de dados e humana, mas, desde a era vitoriana, a computação algorítmica emergiu do desejo de gerenciar e controlar a guerra, as populações e as mudanças climáticas. A historiadora Theodora Dryer descreve como o cientista inglês Karl Pearson, figura fundadora da estatística matemática, buscou resolver incertezas de planejamento e de administração com o desenvolvimento de novas arquiteturas de dados que incluíssem desvios padrão e técnicas de correlação e regressão. Seus métodos, por sua vez, estavam profundamente imbricados com a ciência da raça, já que Pearson – ao lado de seu mentor, o estatístico e fundador da eugenia *sir* Francis Galton – acreditava que a estatística poderia ser "o primeiro passo em uma investigação sobre o possível efeito de um processo seletivo sobre qualquer característica de uma determinada raça"[51].

Como Dryer escreve, "já no final da década de 1930, essas arquiteturas de dados – técnicas de regressão, desvio padrão e correlações – se tornariam as ferramentas predominantes para a interpretação de informações sociais e estatais no palco mundial. Ao acompanhar os nódulos e as rotas do comércio global, o 'movimento matemático-estatístico' do entreguerras se transformou em uma vasta empreitada"[52]. Essa empreitada continuou a se expandir depois da Segunda Guerra Mundial, conforme novos sistemas computacionais eram usados, em áreas como a previsão do tempo, para espremer uma maior produtividade da agricultura industrial de larga escala em períodos de seca[53]. A partir dessa perspectiva, a computação algorítmica, a estatística computacional e a inteligência artificial foram desenvolvidas no século 20 para enfrentar desafios sociais e ambientais, mas seriam mais tarde utilizadas para intensificar a extração e a exploração industrial e para esgotar ainda mais os recursos ambientais.

O mito da tecnologia limpa

Mesmo que os minerais sejam a coluna vertebral da IA, a energia elétrica ainda é o sangue que corre em suas veias. A computação avançada raramente é considerada em termos de pegada de carbono, combustíveis fósseis e poluição; metáforas como "a nuvem" sugerem algo delicado que flutua dentro de uma indústria natural e verde[54]. Os servidores estão escondidos em *data centers* que não chamam atenção, e suas qualidades poluentes são bem menos visíveis do que os rastros de fumaça das chaminés das usinas termoelétricas que os alimentam. O setor de tecnologia propagandeia intensamente suas políticas ambientais, iniciativas sustentáveis e planos para o enfrentamento das complicações climáticas com o uso da IA como ferramenta de resolução de problemas. Tudo isso é parte da imagem pública cuidadosamente produzida de uma indústria de tecnologia sustentável com zero emissão de carbono. Na realidade, é necessária uma quantidade monstruosa de energia para fazer funcionar as infraestruturas computacionais da Amazon Web Services ou da Azure, da Microsoft, e a pegada de carbono dos sistemas de IA que rodam nessas plataformas continua a crescer[55].

Como Tung-Hui Hu escreve em *A Prehistory of the Cloud* [Uma pré-história da nuvem], "a nuvem é uma tecnologia extrativa e de uso intensivo de recursos que, ao converter água e eletricidade em poder computacional, produz uma quantidade considerável de danos ambientais que são, então, mantidos longe de nossa vista"[56]. O enfrentamento dessa infraestrutura de uso intensivo de energia é agora foco de grande atenção. A indústria está, sem dúvida, fazendo esforços significativos para que o consumo de energia nos *data centers* seja mais eficiente e para aumentar o uso de energias renováveis. Mas a pegada de carbono da infraestrutura computacional do mundo já alcançou aquela que foi deixada no ápice da indústria da aviação – e continua a subir em ritmo acelerado[57]. As estimativas variam, com pesquisadores como Lotfi Belkhir e Ahmed Elmeligi calculando que, em 2040, o setor de tecnologia contribuirá com 14% das emissões de gases do efeito estufa, enquanto uma equipe sueca prevê que somente a demanda de eletricidade dos *data centers* aumentará cerca de quinze vezes até 2030[58].

Ao olharmos mais de perto a capacidade computacional necessária para a construção de modelos de IA, vemos como o desejo por um aumento exponencial de velocidade e de precisão está cobrando um preço alto do planeta. As demandas de processamento para o treinamento de modelos de IA e, assim, seu consumo de energia, são áreas ainda emergentes da investigação. Um dos primeiros artigos nesse campo veio da pesquisadora de IA Emma Strubell e de sua equipe na Universidade de Massachusetts Amherst, em 2019. Com um enfoque na tentativa de entender a pegada de carbono dos modelos de processamento de linguagem natural (PLN), os autores começaram o rodar modelos de IA por centenas de milhares de horas computacionais para esboçar possíveis estimativas[59]. Os números iniciais foram impressionantes. A equipe de Strubell descobriu que o treinamento de um único modelo de PLN produzia mais de trezentas toneladas de emissões de dióxido de carbono, o equivalente a toda a vida útil de cinco carros a gasolina (incluindo a fabricação) ou a 125 voos de ida e volta entre Nova York e Pequim[60].

Pior: os pesquisadores observaram que esse cálculo é, no mínimo, uma estimativa otimista. Ele não reflete a escala comercial real em que empresas como Apple e Amazon operam, coletando, por toda a internet, conjuntos de dados, com os quais alimentarão seus próprios modelos de PLN para fazer com que sistemas de IA como Siri e Alexa soem mais humanos. Mas a quantidade exata de consumo de energia utilizada pelos modelos de IA do setor de tecnologia é desconhecida; essa informação é tão protegida quanto os segredos corporativos. Também aqui a economia dos dados tem como premissa a preservação de uma falta de conhecimento ambiental.

No campo da IA, a maximização dos ciclos computacionais para aumentar a *performance* é uma prática comum e que está em sintonia com a crença de que quanto maior, melhor. Como Rich Sutton, da empresa de IA DeepMind, descreve: "Métodos que alavanquem a computação são, em última instância, os mais eficientes – e de longe"[61]. A técnica computacional de testagem de força bruta nas sessões de treinamento de IA – a reunião sistemática de mais dados, com o uso de mais ciclos computacionais até que um resultado melhor seja alcançado – levou a um aumento acentuado no consumo de energia. A OpenAI estima que a quantidade de computação utilizada desde 2012 para treinar um único modelo de IA decuplicou a cada ano. Isso se deve ao fato de que os desenvolvedores "encontram repetidamente novas formas de usar mais *chips* em paralelo e estão dispostos a pagar os custos econômicos de fazê-lo"[62]. Considerações em termos apenas de preços econômicos afastam do campo de vista os custos locais e ambientais mais amplos da queima de ciclos computacionais como forma de criação de eficiências incrementais. A tendência ao "maximalismo computacional" tem impactos ecológicos profundos.

Os *data centers* estão entre os maiores consumidores mundiais de energia[63]. O abastecimento dessas máquinas multinível depende de redes de transmissão de energia térmica, nuclear ou renovável. Algumas corporações estão respondendo à inquietação crescente ao redor do consumo energético da computação de larga escala; a Apple e o Google afirmam que são "carbono neutras" (o que significa que compensam suas emissões com a compra de créditos de carbono) e a Microsoft promete se tornar carbono negativa até 2030. Mas, dentro dessas empresas, os trabalhadores têm pressionado por reduções de emissões em todas as áreas, e não apenas naquilo que enxergam como uma compra de indulgências movida pelo senso de culpa ambiental[64]. Além disso, a Microsoft, o Google e a Amazon licenciam, todas elas, suas plataformas de IA, suas forças de trabalho de engenheiros e suas estruturas para companhias de combustíveis fósseis e as ajudam a encontrar e a extrair recursos do solo, o que impulsiona ainda mais essa indústria, que é a maior responsável pelas mudanças climáticas antropogênicas.

Para além dos Estados Unidos, mais nuvens de dióxido de carbono continuam a subir. A indústria de *data centers* da China tira do carvão 73% de sua energia, com a emissão de cerca de 99 milhões de toneladas de CO_2 em 2018[65]. E estima-se que o consumo de eletricidade na infraestrutura de *data centers* nesse país aumentará em 2/3 até 2023[66]. O Greenpeace soou o alarme quanto à demanda energética colossal das maiores companhias de tecnologia do país e argumentou que "as principais companhias de tecnologia da China, incluindo Alibaba, Tencent e GDS, precisam aumentar dramaticamente sua escala de abastecimento por energia limpa e disponibilizar dados de consumo energético"[67]. Mas os impactos duradouros da energia a carvão ultrapassam todas as fronteiras nacionais e estão por toda parte. A natureza planetária da extração de recursos e suas consequências vão muito além daquilo que o Estado-nação foi projetado para enfrentar.

A água nos conta outra das histórias do verdadeiro custo da computação. A história do uso da água nos Estados Unidos é cheia de batalhas e negociações secretas e, assim como acontece na computação, os acordos fechados são acompanhados de perto pelos envolvidos. Um dos maiores *data centers* estadunidenses pertence à National Security Agency [Agência de Segurança Nacional] (NSA) e fica em Bluffdale, no estado de Utah. É impossível, porém, visitar diretamente o Intelligence Community Comprehensive National Cybersecurity Initiative Data Center [*Data center* da Iniciativa Abrangente de Cibersegurança Nacional da Comunidade de Inteligência], inaugurado no final de 2013. Contudo, dirigindo pelos subúrbios adjacentes, encontrei um balão de retorno em uma colina tomada por artemísias e, de lá, vi mais de perto o edifício que se esparrama por 112 mil metros quadrados. O prédio emana um tipo de poder simbólico da nova era de captura governamental de dados, já apareceu em filmes como *Cidadãoquatro* e foi retratado em milhares de matérias jornalísticas sobre a NSA. Ao vivo, no entanto, ele parece genérico e prosaico, uma mistura de contêiner gigante e conjunto de escritórios do governo.

A luta por água começou antes mesmo da abertura oficial do *data center*, dada sua localização no território esturricado pelas secas de Utah[68]. Jornalistas locais tentaram confirmar a exatidão da estimativa de consumo diário de 6,4 milhões de litros de água, mas a NSA inicialmente se negou a compartilhar os dados de uso, censurou todos os detalhes que constavam dos registros públicos e afirmou que essa informação era uma questão de segurança nacional. Ativistas antivigilância criaram manuais que encorajavam o fim do oferecimento do apoio material da água e da energia à vigilância e formularam estratégias em que os controles legais sobre o uso da água poderiam ajudar a fechar o estabelecimento[69]. Mas a cidade de Bluffdale já havia firmado um acordo de vários anos com a NSA, segundo o qual a cidade venderia água a valores muito inferiores ao de mercado em troca do crescimento econômico que a construção do prédio prometia trazer para a região[70]. A geopolítica da água está agora profundamente combinada com os mecanismos e as políticas dos *data centers*, da computação e da força – em todos os sentidos. Da encosta desértica que alteia o repositório de dados da NSA, toda essa contestação e esse obscurecimento ao redor da água fazem sentido: esta é uma paisagem com limitações específicas, e a água que é usada para esfriar os servidores está sendo tirada de comunidades e *habitats* que dependem dela para viver.

Assim como o trabalho sujo do setor de mineração estava bastante afastado das empresas e dos moradores dos centros urbanos que mais lucravam com ele, também a maioria dos *data centers* está muito distante dos principais centros populacionais, em desertos ou em subúrbios semi-industriais. Isso contribuiu para nossa noção de que a nuvem é invisível e tem uma existência abstrata, quando, na verdade, ela é bastante material e afeta o meio ambiente e o clima de formas que estão longe de ser totalmente percebidas e consideradas. A nuvem está na terra e, para continuar crescendo, precisa de recursos cada vez maiores e de camadas de logística e de transporte em movimento constante.

A camada logística

Até aqui, consideramos os componentes materiais da IA, dos elementos de terras raras até a energia. Ao ancorar nossa análise nas materialidades específicas da IA – as coisas, os lugares e as pessoas –, podemos ver com mais nitidez como as partes operam no interior de sistemas de poder mais amplos. Consideremos, por exemplo, as máquinas logísticas globais que deslocam minerais, combustível, *hardware*, trabalhadores e dispositivos de IA de consumo ao redor do planeta[71]. O espetáculo atordoante de logística e produção apresentado por empresas como a Amazon não seria possível sem o desenvolvimento e a aceitação generalizada de um objeto de metal padronizado: o contêiner. Assim como os cabos submarinos, os contêineres fazem a ligação entre as indústrias globais de comunicação, transporte e capital no exercício material daquilo a que os matemáticos chamam de "transporte ótimo" – nesse caso, a otimização de espaços e recursos ao longo das rotas comerciais do mundo.

Os contêineres padronizados (também eles produzidos com elementos básicos da terra, como carbono e ferro transformados em aço) permitiram a explosão da indústria moderna de transporte de mercadorias, o que, por sua vez, possibilitou a concepção e a modelagem do planeta como uma fábrica gigante. O contêiner é a única unidade de valor que – como uma peça de Lego – pode viajar como parte modular de um sistema de entregas mais amplo por milhares de quilômetros antes de chegar a sua destinação final. Em 2017, a capacidade dos navios porta-contêineres no comércio marítimo – dominado por empresas que incluem a Maersk, da Dinamarca, a MSC, da Suíça, e o Grupo CMA CGM, da França, cada uma delas com centenas de embarcações próprias – alcançou aproximadamente 250 milhões de toneladas de porte de carga[72]. Para esses empreendimentos comerciais, o transporte de cargas é uma forma relativamente barata de navegar o sistema vascular da fábrica global – porém, nele estão ocultos custos externos muito maiores. Assim como tendem a negligenciar as realidades físicas e os custos da infraestrutura de IA, a cultura popular e a mídia raramente abordam a indústria de transporte marítimo. A autora Rose George chama essa condição de "cegueira marítima"[73].

Nos últimos anos, os navios de transporte foram responsáveis por 3,1% das emissões globais de dióxido de carbono – mais do que o total produzido pela Alemanha[74]. A fim de minimizar seus custos internos, a maioria das companhias de transporte por contêiner usa volumes enormes de combustíveis de baixa qualidade, o que leva a quantidades maiores de enxofre atmosférico e outras substâncias tóxicas. Estima-se que um navio porta-contêineres emita tanta poluição quanto 50 milhões de carros, e 60 mil mortes por ano são atribuídas indiretamente às emissões da marinha mercante[75].

Mesmo fontes favoráveis à indústria, como o World Shipping Council [Conselho Mundial de Transporte Marítimo], admitem que milhares de contêineres são perdidos por ano e afundam até o leito oceânico ou flutuam para longe[76]. Alguns deles carregam substâncias tóxicas que vazam nos oceanos; outros liberaram milhares de patinhos de borracha que há décadas aparecem em praias ao redor do mundo[77]. Tipicamente, os trabalhadores passam quase seis meses no mar, frequentemente com turnos longos e sem acesso à comunicação externa.

Também aqui os custos mais pesados da logística global são suportados pela atmosfera da Terra, pelo ecossistema oceânico e por trabalhadores mal remunerados. Os imaginários corporativos da IA fracassam em retratar os prejuízos duradouros e as longas histórias dos materiais usados para a construção das infraestruturas computacionais ou de energia necessárias para alimentá-las. O rápido crescimento da computação em nuvem – que é retratada como favorável ao meio ambiente – tem, paradoxalmente, levado a uma expansão nas fronteiras de extração de recursos. Portanto, somente considerando esses custos ocultos, essas coleções mais amplas de agentes e sistemas, poderemos entender o que a guinada para uma automação cada vez maior significará. Isso exigirá um trabalho a contrapelo do imaginário tecnológico geral, que funciona de modo completamente desvinculado das questões terrenas. Assim como uma busca *on-line* por imagens que correspondam ao termo "IA" nos retorna dezenas de figuras de cérebros resplandecentes e de linhas azuladas de código que flutuam no espaço, há uma resistência poderosa à abordagem das materialidades dessas tecnologias. Em vez disso, começamos pela Terra, com a extração e com as histórias do poder industrial e, depois, consideramos como esses padrões se repetem em sistemas de trabalho e dados.

IA como megamáquina

No final dos anos 1960, o historiador e filósofo da tecnologia Lewis Mumford desenvolveu o conceito de *megamáquina* para ilustrar como, não importa quão grandes sejam, todos os sistemas são constituídos do trabalho de muitos agentes humanos individuais[78]. Para Mumford, o Projeto Manhattan foi o momento definidor da megamáquina moderna, cujos meandros foram escondidos não só do público, mas até mesmo dos milhares de pessoas que trabalharam nele em locais discretos e seguros espalhados por todos os Estados Unidos. Um total de 130 mil trabalhadores operaram em segredo absoluto sob a direção dos militares para desenvolver uma nova arma que pode ter matado 237 mil pessoas (segundo estimativas conservadoras) quando bombas atômicas atingiram Hiroshima e Nagasaki em 1945. O desenvolvimento dessa arma dependeu de uma complexa e secreta cadeia de suprimentos, logística e trabalho humano.

A inteligência artificial é outro tipo de megamáquina, um conjunto de abordagens tecnológicas que depende de infraestruturas industriais, cadeias de suprimentos e trabalho humano e que, mesmo que se estenda ao redor do globo, se mantém obscura. Vimos como a IA é muito mais do que apenas bancos de dados e algoritmos, modelos de aprendizado de máquinas e álgebra linear. Ela é metamórfica: depende da manufatura, do transporte e do trabalho físico; de *data centers* e de cabos subterrâneos que traçam linhas entre continentes; de dispositivos pessoais e de suas matérias-primas; de sinais de transmissão que cortam os ares; de conjuntos de dados produzidos esquadrinhando a internet; e de ciclos computacionais contínuos. Tudo isso tem um custo.

Observamos as relações entre cidades e minas, entre empresas e cadeias de suprimentos – e as topografias de extração que as conectam. A natureza fundamentalmente entrelaçada da produção, da manufatura e da logística nos lembra que as minas que impulsionam a IA estão por toda parte: não estão situadas apenas em locais escondidos; são difusas e se espalham pela geografia da terra naquilo a que Mazen Labban chama de "a mina planetária"[79]. Isso não significa negar os muitos locais específicos em que a mineração voltada à tecnologia está acontecendo. Em vez disso, Labban observa que a mina planetária expande e reconstitui a extração em novos arranjos e estende suas práticas para novos espaços e interações ao redor do globo.

A descoberta de novos métodos para a compreensão das raízes materiais e humanas profundas dos sistemas de IA é crucial neste momento da história, em que os impactos das mudanças climáticas antropogênicas já começam a se manifestar com força. Mas falar é mais fácil do que fazer. Em parte, isso acontece porque muitas das indústrias que integram a cadeia dos sistemas de IA ocultam os custos contínuos de suas operações. Além disso, a escala necessária para a construção dos sistemas de inteligência artificial é complexa demais, é ofuscada demais pela legislação de propriedade intelectual e está mergulhada demais na complexidade logística e técnica para que consigamos olhar para esses sistemas em sua totalidade. Mas o objetivo, aqui, não é tentar fazer com que esses agregados complexos fiquem transparentes: em vez de buscar ver *dentro* deles, faremos conexões *através* de múltiplos sistemas para entender como eles funcionam em relação um com o outro[80]. Desse modo, nosso caminho seguirá as histórias sobre os custos ambientais e trabalhistas da IA e os colocará em contexto com as práticas de extração e classificação que estão entrançadas com a vida diária. Será pensando sobre essas questões em conjunto que conseguiremos trabalhar rumo a uma maior justiça.

As ruínas de Blair. Fotografia de Kate Crawford.

Faço mais uma viagem a Silver Peak. Antes de chegar à cidade, paro a van no acostamento para ler uma placa castigada pelo clima. É o Marco Histórico 174 do estado de Nevada, dedicado à criação e à destruição de uma pequena cidade chamada Blair. Em 1906, a Pittsburgh Silver Peak Gold Mining

Company [Companhia de Mineração de Ouro Silver Peak de Pittsburgh] comprou as minas da região. À espera de um *boom*, especuladores de terras adquiriram todos os terrenos disponíveis ao redor de Silver Peak, junto com os direitos hídricos correspondentes, e fizeram com que os preços disparassem artificialmente, alcançando valores recorde. Depois, a mineradora fez uma sondagem alguns quilômetros mais ao norte e declarou que aquele seria o local de uma nova cidade: Blair. Construíram um moinho de cianeto de cem pilões – o maior do estado – para lixívia de minérios e abriram a estrada de ferro de Silver Peak, que corre de Blair Junction até as linhas principais de Tonopah e Goldfield. Por um breve período, a cidade vicejou. Apesar das condições severas de trabalho, muitas centenas de pessoas vieram de todos os cantos em busca de empregos. Mas, com tanta atividade de mineração, o cianeto começou a envenenar o solo, e os veios de ouro e de prata começaram a escassear e desaparecer. Já em 1918, Blair estava praticamente deserta. A cidade chegou ao fim em doze anos. As ruínas estão marcadas em um mapa local – a uma caminhada de apenas 45 minutos.

É um dia escaldante no deserto. Os únicos sons audíveis são os das reverberações metálicas das cigarras e o ruído de um ou outro avião de passageiros. Decido começar a subir a colina. Quando chego ao conjunto de construções de pedra no topo da longa estrada de terra, estou exausta de tanto calor. Decido me abrigar dentro dos restos desmoronados do que um dia foi a casa de um minerador de ouro. Pouca coisa sobrou: louças quebradas, cacos de garrafas de vidro, algumas latas enferrujadas. Nos anos de vida de Blair, vários bares prosperaram nas proximidades, e um hotel de dois andares dava as boas-vindas aos visitantes. Agora, tudo não passa de uma aglomeração de fundações arruinadas.

Pelo espaço em que costumava haver uma janela, a vista se estende até o fundo do vale. Sou surpreendida pela ideia de que, em breve, Silver Peak também será uma cidade fantasma.

A extração atual da mina de lítio é agressiva em resposta à alta demanda, e ninguém sabe por quanto tempo durará. As estimativas mais otimistas são de quarenta anos, mas o fim pode chegar muito antes disso. Aí, as piscinas de lítio sob Clayton Valley terão sido exauridas – extraídas para baterias destinadas a lixões. E Silver Peak voltará à vida anterior de espaço vazio e quieto, à margem de um antigo lago salino finalmente esgotado.

TRABALHO

Ao entrar no amplo centro de distribuição da Amazon em Robbinsville, no estado de Nova Jersey, a primeira coisa que vejo é uma placa grande que diz "RELÓGIO DE PONTO". Ela se projeta para fora de uma das colunas amarelas de concreto que se espalham pelo vasto espaço logístico de 112 mil metros quadrados. Esse é um armazém de distribuição importante para objetos menores – um nódulo central de distribuição para o nordeste dos Estados Unidos. Projetado para acelerar a entrega de pacotes, o edifício oferece um espetáculo atordoante de logística e padronização contemporâneas. Dezenas de placas de relógios de ponto aparecem em intervalos regulares ao longo da entrada. Cada segundo de trabalho está sendo monitorado e contabilizado. Os trabalhadores – conhecidos como "associados" – devem se posicionar diante dos *scanners* assim que chegam. As salas de descanso esparsas e iluminadas por lâmpadas fluorescentes também têm seus próprios relógios de ponto – com mais placas para ressaltar que todos os que forem escaneados entrando ou saindo estão sendo rastreados. Assim como os pacotes são escaneados no depósito, também os trabalhadores são monitorados para a maior eficiência possível: eles só podem tirar quinze minutos de descanso por turno, com um intervalo não remunerado de trinta minutos para refeições. Os turnos têm dez horas de duração.

Esse é um dos centros de distribuição mais novos, que contam com robôs para mover as pesadas estantes carregadas de bandejas com produtos. Os robôs Kiva, alaranjados e brilhantes, deslizam suavemente pelo piso de concreto como aranhas-d'água enérgicas enquanto seguem uma lógica programada que faz com que girem em círculos preguiçosos e, então, fixem um percurso em direção ao próximo trabalhador à espera das bandejas. Depois, seguem adiante, carregando uma torre de compras que pode pesar até aproximadamente uma tonelada e meia. Esse exército de robôs rastejantes representa um tipo de eficiência aparentemente sem esforços: eles carregam, eles giram, eles avançam, eles repetem. Fazem um zunido baixo, mas quase inteiramente abafado pelo som ensurdecedor das correias transportadoras aceleradas que atuam como as artérias daquela fábrica. São 22 quilômetros de esteiras que se movem sem interrupções nesse espaço. O resultado é um rugido constante.

Enquanto os robôs executam seu balé algoritmicamente coordenado por detrás de alambrados, os trabalhadores da fábrica estão bem menos serenos. A ansiedade de bater o "índice de coleta" – o número de itens que precisam selecionar e embalar dentro do tempo disponibilizado – está claramente cobrando seu preço. Muitos dos trabalhadores que encontrei em minhas visitas usam algum tipo de bandagem terapêutica. Vejo faixas em joelhos, em cotovelo, protetores de pulso. Quando menciono que muitas pessoas parecem machucadas, o empregado da Amazon que me guia pela fábrica aponta para as máquinas espaçadas em intervalos regulares, que estão "fornidas com analgésicos comuns para todos que precisarem".

A robótica se tornou parte central do arsenal logístico da Amazon e, embora as máquinas pareçam bem-cuidadas, a contraparte dos corpos humanos parece ter sido deixada para depois. Os trabalhadores estão ali para completar tarefas específicas e complicadas que não podem ser feitas por robôs: coletar e confirmar visualmente que todos os objetos de formas estranhas que as pessoas querem serão entregues em suas respectivas casas, de capinhas de celular a detergentes, no menor tempo possível. Os humanos são o tecido conjuntivo necessário para colocar os pedidos em contêineres e em caminhões para serem entregues aos consumidores. Mas eles não são o componente mais valioso ou de maior confiança na máquina da Amazon. Ao final do dia, todos os associados devem passar por detectores de metal. Essa é uma medida antifurto eficiente, dizem-me.

Trabalhadores e relógios de ponto no centro de distribuição da Amazon no município de Robbinsville, em Nova Jersey. AP Photo/Julio Cortez.

Dentro das camadas da internet, uma das unidades de medida mais comuns é o pacote de rede – uma unidade básica de dados a serem enviados de um local e entregues a outro. Na Amazon, a unidade de medida básica é a caixa de papelão pardo, esse conhecido recipiente de transporte doméstico estampado com uma flexa curvada que simula um sorriso humano. Cada pacote de rede tem uma marcação temporal conhecida como *tempo de vida*. Os dados precisam chegar ao destino antes que o tempo de vida expire. Na Amazon, a caixa de papelão também tem um *tempo de vida*, que é pautado pelas exigências de frete do consumidor. Se a caixa atrasar, isso afeta a marca e, em última instância, os lucros da Amazon. Por isso, uma atenção enorme tem sido dedicada a um algoritmo de aprendizado de máquina que esteja em sintonia com os dados relativos ao melhor tamanho, peso e resistência das caixas de papelão ondulado e dos envelopes de papel pardo. Aparentemente sem nenhuma ponta de ironia, esse algoritmo é chamado "A Matriz" [*The Matrix*][1]. Sempre que alguém relata um produto quebrado, isso se torna um ponto de dados sobre que tipo de caixa deverá ser usado no futuro. Da próxima vez que o produto for enviado, a Matriz atribuirá a ele automaticamente, sem interferência humana, um novo tipo de caixa. Os trabalhadores, no entanto, são forçados a uma readaptação contínua, o que torna mais difícil aplicar conhecimentos e se habituar ao trabalho.

O controle sobre o tempo é um tema consistente no império logístico da Amazon, e os corpos dos trabalhadores são postos para funcionar de acordo com as cadências da lógica computacional. A Amazon é a segunda maior empregadora do setor privado, e várias companhias se esforçam para emular a abordagem dela. Muitas grandes corporações estão investindo pesado em sistemas automatizados, em uma tentativa de extrair volumes cada vez maiores de trabalho de um número menor de trabalhadores. As lógicas da eficiência, da vigilância e da automação estão todas convergindo para a virada atual em direção a abordagens computacionais para a gestão do trabalho. Os centros de distribuição híbridos humano-robóticos da Amazon são um lugar central para entender as perdas e os ganhos alcançados por esse compromisso com a eficiência automatizada. A partir deles, podemos começar a considerar a questão de como trabalho, capital e tempo estão entrelaçados nos sistemas de IA.

Em vez de debater se os humanos serão substituídos por robôs, este capítulo se concentrará em analisar como a experiência do trabalho está mudando diante de um aumento na vigilância, na avaliação algorítmica e na modulação do tempo. Dito de outro modo, em vez de perguntar se os robôs tomarão o lugar dos humanos, estou interessada em como os humanos são cada vez mais tratados como robôs, e no que isso significa para o papel de trabalhador. Muitas formas de trabalho são recobertas pelo termo "inteligência artificial", o que esconde o fato de que frequentemente certas tarefas mecânicas são realizadas por pessoas para sustentar a impressão de que as máquinas são capazes de executar essas atividades. Mas a computação de larga escala está profundamente enraizada na exploração de corpos humanos, dos quais se alimenta.

Caso queiramos entender o futuro do trabalho no contexto da inteligência artificial, precisamos começar pela compreensão das experiências passadas e presentes dos trabalhadores. As abordagens para a maximização da extração do valor produzido pelos trabalhadores variam de reformulações das técnicas clássicas das fábricas de Henry Ford até um leque de ferramentas que, auxiliadas por aprendizado de máquina, são projetadas para aumentar a granularidade do rastreamento, da arquitetura de escolhas e dos processos de avaliação. Este capítulo mapeará as geografias do trabalho passado e presente, das casas de inspeção de Samuel Bentham até as teorias de administração do tempo, de Charles Babbage, e de microadministração de corpos humanos, de Frederick Winslow Taylor. Ao longo do caminho, veremos como a IA é construída com base justamente (entre outras coisas) nos esforços humanos do trabalho em multidão [*crowdwork*], na privatização do tempo, no levantamento, no deslocamento e nos esforços pesados aparentemente infinitos envolvidos na organização de embalagens. A partir da linhagem da fábrica mecanizada, emerge um modelo que valoriza cada vez mais a conformidade, a padronização e a interoperabilidade – e igualmente aplicável para produtos, processos e humanos.

Pré-histórias da IA no ambiente de trabalho

Ainda que frequentemente seja contada como uma história sobre o futuro, a automação do ambiente laboral já é uma experiência há muito estabelecida no trabalho contemporâneo. Com sua ênfase em unidades de produção consistentes e padronizadas, a linha de montagem industrial possui equivalentes nas indústrias de serviços – do varejo aos restaurantes. O trabalho secretarial vem sendo gradualmente automatizado desde a década de 1980 e, agora, é emulado por assistentes de IA altamente feminizados como Siri, Cortana e Alexa[2]. Os chamados trabalhadores do conhecimento, aqueles empregados de colarinho branco que se supunham menos ameaçados pelas forças que impelem a automação, percebem que estão cada vez mais sujeitos à vigilância no ambiente de trabalho, a processos de automação e a um apagamento da divisão entre tempo de trabalho e de lazer (ainda que mulheres raramente tenham experimentado essa divisão, algo já demonstrado por teóricas feministas como Silvia Federici e Melissa Gregg)[3]. Trabalhos de todas as estirpes tiveram que se adaptar significativamente para que fossem interpretáveis e entendidos por sistemas baseados em *software*[4].

O refrão comum para a expansão dos sistemas de IA e da automação de processos é o de que estamos vivendo uma época de colaboração benéfica entre humanos e IA. Mas essa colaboração não foi negociada em igualdade de condições. Seus termos têm como base uma assimetria significativa de poder – há em algum momento a escolha de *não* colaborar com sistemas algorítmicos? Quando uma empresa introduz uma nova plataforma de IA, os trabalhadores raramente podem optar por ficar de fora. Trata-se menos de uma colaboração do que de uma interação forçada, em que se espera que os trabalhadores se requalifiquem, acompanhem o ritmo e aceitem sem questionamentos todo novo desenvolvimento tecnológico.

Em vez de representar uma mudança radical nas formas consolidadas de trabalho, a tomada do ambiente laboral pela IA seria mais bem entendida como um retorno às velhas práticas de exploração industrial que estavam bem estabelecidas nos anos 1890 e no início do século 20. Nessa época, a análise do trabalho fabril já levava em conta as máquinas, e as tarefas eram cada vez mais subdivididas em ações menores, que exigiam habilidades irrisórias, mas esforço máximo. De fato, a atual expansão da automação do trabalho dá continuidade a dinâmicas históricas mais amplas, inerentes ao capitalismo industrial. Desde o surgimento das primeiras fábricas, os trabalhadores depararam com ferramentas, máquinas e sistemas eletrônicos cada vez mais poderosos, que desempenharam um papel na mudança de como o trabalho é gerenciado e, ao mesmo tempo, transferiram mais valor para os empregadores. Estamos testemunhando novos refrões de um tema antigo. A diferença crucial é que, hoje, os empregadores observam, avaliam e modulam partes íntimas do ciclo do trabalho e dos dados corporais – até o menor micromovimento – que antes estavam fora de questão.

Há muitas pré-histórias da IA no ambiente de trabalho; uma delas é a da automação generalizada de atividades produtivas comuns na Revolução Industrial. Em *A riqueza das nações*, o economista político do século 18 Adam Smith apontou pela primeira vez para a divisão e subdivisão de tarefas de produção como base tanto para o aprimoramento da produtividade como para uma mecanização cada vez maior[5]. Smith observou que, ao identificar e analisar as várias etapas envolvidas na produção de um determinado item, era possível dividi-las em passos cada vez menores, de modo que um produto antes feito inteiramente por um artesão experiente pudesse ser agora construído por uma equipe de trabalhadores não qualificados equipados com ferramentas projetadas especificamente para cada tarefa. Assim, a escala de produção de uma fábrica poderia ser aumentada de modo significativo sem um incremento equivalente nos custos do trabalho.

Os desenvolvimentos na mecanização foram importantes, mas apenas quando combinados a uma abundância crescente de energia derivada dos combustíveis fósseis eles puderam levar a um aumento maciço nas capacidades produtivas das sociedades industriais. Esse aumento na produção ocorreu de mãos dadas com uma grande transformação no trabalho em face do maquinário no ambiente laboral. Concebidas inicialmente como dispositivos para a economia de esforços, as máquinas fabris tinham como objetivo auxiliar os trabalhadores em suas atividades diárias, mas rapidamente se tornaram o centro da atividade produtiva e moldaram a velocidade e o caráter do trabalho. Os motores a vapor movidos a carvão e petróleo podiam conduzir ações mecânicas contínuas que influenciavam o ritmo do trabalho na fábrica. O trabalho deixou de ser primariamente um produto do esforço humano e assumiu um caráter cada vez mais maquínico, com trabalhadores que se adaptavam às necessidades da máquina e a seus ritmos e cadências particulares. Valendo-se de Smith, Karl Marx observou, já em 1848, que a automação abstraía o trabalho na produção de objetos finalizados e transformava o trabalhador em "acessório autoconsciente de uma máquina"[6].

A integração dos corpos dos trabalhadores às máquinas foi a tal ponto concluída que os primeiros industrialistas conseguiram ver os próprios empregados como matérias-primas a serem geridas e controladas como se fossem apenas mais um recurso. Usando de sua influência política local e da repressão por força bruta que podiam comprar com dinheiro, os donos de fábricas buscaram direcionar e restringir o modo como os trabalhadores se deslocavam dentro das cidades fabris, e às vezes até os impediam de emigrar para regiões menos mecanizadas do mundo[7].

Isso também significou um controle cada vez maior sobre o tempo. O ensaio formativo do historiador E. P. Thompson explora como a Revolução Industrial demandava tanto uma maior sincronização do trabalho quanto disciplinas temporais mais rígidas[8]. A transição para o capitalismo industrial trouxe novas divisões do trabalho, novas formas de supervisão, novos relógios, novas multas e novas folhas de ponto – tecnologias que também influenciaram a forma como as pessoas vivenciavam o tempo. A cultura também foi uma ferramenta poderosa. Durante os séculos 18 e 19, a propaganda sobre o trabalho duro assumiu a forma de panfletos e ensaios sobre a importância da disciplina e de sermões sobre as virtudes de acordar cedo e trabalhar diligentemente pelo máximo de tempo possível[9]. O uso do tempo passou a ser visto em termos tanto morais como econômicos: entendido como moeda, ele poderia ser bem gasto ou desperdiçado. Mas, quanto mais regimes rígidos de tempo eram impostos nas oficinas e fábricas, mais os empregados começavam a reagir – e a fazer demandas a respeito do tempo. Já no século 19, os movimentos trabalhistas lutavam fortemente pela redução das jornadas de trabalho, que podiam chegar a 16 horas por dia. O próprio tempo se tornou uma questão crucial nas reivindicações.

A manutenção de uma força de trabalho eficiente e disciplinada nas primeiras fábricas exigia novos sistemas de vigilância e controle. Uma dessas invenções dos anos iniciais da manufatura industrial foi a casa de inspeção, organizada na forma de um círculo que deixava todos os trabalhadores da fábrica à vista de seus supervisores, que acompanhavam suas atividades a partir de escritórios situados em uma plataforma elevada no centro do prédio. Desenvolvida na Rússia da década de 1780 pelo engenheiro naval inglês Samuel Bentham, no tempo em que esteve empregado pelo príncipe Potemkin, essa disposição permitia que supervisores experientes mantivessem os olhos sobre seus subordinados não qualificados – a maioria deles camponeses russos que Bentham alugava de Potemkin – à procura de sinais de maus hábitos de trabalho. E também permitia que o próprio Bentham mantivesse os olhos sobre os supervisores em busca de indícios de indisciplina. Os supervisores, em sua maioria mestres construtores navais recrutados na Inglaterra, eram um grande estorvo para Bentham, devido à tendência que tinham a beber e a entrar em discordâncias mesquinhas uns com os outros. "Toda manhã, a maior parte do meu tempo é ocupada por disputas entre meus oficiais", reclamou Bentham[10]. Conforme sua frustração foi crescendo, o engenheiro embarcou na elaboração de um novo projeto, que maximizaria sua capacidade de manter olhos vigilantes sobre os oficiais e o sistema como um todo. Com a visita de seu irmão mais velho, o filósofo utilitarista Jeremy Bentham, a casa de inspeção de Samuel se tornou a inspiração para o famoso panóptico, um projeto de prisão-modelo que contava com uma torre de vigilância central a partir da qual os guardas poderiam supervisionar os prisioneiros em suas celas[11].

Desde *Vigiar e punir*, de Michel Foucault, tem sido um lugar-comum considerar a prisão como ponto de origem da sociedade de vigilância de hoje, com o mais velho dos Bentham como seu precursor ideológico. Na verdade, a prisão panóptica deve suas origens ao trabalho do jovem Bentham no contexto dos primeiros estabelecimentos manufatureiros[12]. O panóptico começou como um mecanismo do ambiente de trabalho bem antes de ser conceitualizado para prisões.

Enquanto em grande medida o trabalho de Samuel Bentham na casa de inspeção desapareceu de nossa memória coletiva, a história por trás dele permanece como parte de nosso léxico compartilhado. A casa de inspeção era parte de uma estratégia coordenada pelo empregador de Bentham, o príncipe Potemkin, que desejava cair nas graças da corte de Catarina, a Grande, com a demonstração do potencial para a modernização da Rússia rural e para a transformação do campesinato em uma força de trabalho manufatureira moderna. A casa de inspeção foi construída para servir como espetáculo para dignitários e investidores visitantes – do mesmo modo que as assim chamadas aldeias Potemkin, pouco mais do que fachadas decoradas que, projetadas para distrair os observadores, discretamente ocultavam as paisagens rurais empobrecidas.

E essa é apenas uma genealogia. Muitas outras histórias do trabalho moldaram as práticas de observação e controle. As colônias latifundiárias das Américas usaram o trabalho forçado para manter culturas de exportação como açúcar, e os donos de escravizados dependiam de sistemas de vigilância constante. Como Nicholas Mirzoeff descreve em *The Right to Look* [O direito de olhar], um papel central na economia latifundiária era o do feitor, que supervisionava o fluxo de produção no engenho escravagista colonial – e essa supervisão significava gerenciar o trabalho dos escravos dentro de um sistema de violência extrema[13]. Como um produtor descreveu em 1814, o papel do feitor era o de "nunca deixar o escravo ficar em inação por um instante que fosse; ele mantém a fabricação do açúcar sob vigilância e não sai do engenho em nenhuma ocasião"[14]. Esse regime de supervisão também dependia do suborno de alguns escravos com comida e roupas para que fossem alistados como uma rede expandida de vigilância que também mantinha a disciplina e a velocidade do trabalho quando o feitor estava ocupado[15].

Hoje, o papel de supervisão no ambiente de trabalho moderno é delegado primariamente a tecnologias de vigilância.

A classe dos administradores emprega um amplo leque de tecnologias para vigiar seus empregados, dentre as quais se incluem o rastreamento de movimentos por aplicativo, a análise de *feeds* de redes sociais, a comparação de padrões de resposta a *e-mails* e de marcação de reuniões e o uso de "cutucões" [*nudging*] para que trabalhem mais rápido e com mais eficiência. Os dados dos empregados são usados para fazer previsões sobre quem tem mais chances de ser bem-sucedido (de acordo com parâmetros estreitos e quantificáveis), quem talvez divirja das metas da empresa e quem pode estar organizando os outros trabalhadores para a luta. Algumas dessas tecnologias usam técnicas de aprendizado de máquina, enquanto outras consistem em sistemas algorítmicos mais simplistas. Conforme a IA se torna mais prevalente no ambiente de trabalho, muitos dos outros sistemas básicos de monitoramento e rastreamento estão sendo expandidos com novas capacidades preditivas para se tornar mecanismos cada vez mais invasivos de gerenciamento de trabalhadores, controle de ativos e extração de valor.

A IA Potemkin e os Turcos Mecânicos

Um dos fatos menos reconhecidos da inteligência artificial é a quantidade de trabalhadores sub-remunerados necessária para ajudar a construir, manter e testar sistemas de IA. Esse trabalho invisível assume muitas formas – trabalho na cadeia de suprimentos, trabalho em multidão sob demanda e trabalhos tradicionais na indústria de serviços. Formas de exploração laboral existem em todos os estágios de produção da IA, desde o setor de mineração, em que recursos são extraídos e transportados para criar as infraestruturas centrais dos sistemas de IA, até o lado dos *softwares*, em que forças de trabalho pulverizadas recebem alguns centavos para cada microtarefa que executam. Mary Gray e Sid Suri se referem a esse trabalho oculto como "trabalho fantasma"[16]. Lilly Irani o chama de "automação movida a humanos"[17]. Esses estudiosos chamaram atenção para as experiências dos trabalhadores em multidão – ou microtrabalhadores – que desempenham as tarefas digitais repetitivas que estão na base dos sistemas de IA, como a rotulação de milhares de horas de dados de treinamento e a revisão de conteúdos suspeitos ou prejudiciais. São os trabalhadores que desempenham as tarefas repetitivas nas quais as afirmações sobre a mágica da IA se escoram – mas que raramente recebem o crédito por fazer os sistemas funcionarem[18].

Ainda que seja essencial para a sustentação dos sistemas de IA, esse trabalho é normalmente muitíssimo mal remunerado. Um estudo da Organização Internacional do Trabalho das Nações Unidas fez uma pesquisa com 3.500 trabalhadores em multidão de 75 países que rotineiramente ofereciam seus trabalhos em plataformas populares de microtarefas como Amazon Mechanical Turk, Figure Eight, Microworkers e Clickworker. O relatório descobriu que, mesmo que a maioria dos entrevistados tivesse uma formação considerável, frequentemente com especializações em ciência e tecnologia, um número substancial deles ganhava valores abaixo dos salários mínimos locais[19]. Do mesmo modo, aqueles que trabalham com moderação de conteúdo – avaliando vídeos violentos, discursos de ódio e formas de crueldade *on-line* a serem deletadas – também eram mal pagos. Estudiosos de mídias como Sarah Roberts e Tarleton Gilespie mostraram que esse tipo de trabalho pode deixar formas duradouras de trauma psicológico[20].

Mas os sistemas de IA não funcionariam sem ele. A comunidade de pesquisa técnica em IA depende do trabalho barato e terceirizado em multidão [*crowd-sourced*] para muitas tarefas que não podem ser realizadas por máquinas. Entre 2008 e 2016, as aparições do termo "*crowdsourcing*" em artigos científicos passaram de menos de mil para mais de 20 mil – o que faz sentido, dado que a Mechanical Turk foi lançada em 2005. Mas, nesse mesmo intervalo de tempo, houve muito pouco debate sobre quais questões éticas poderiam estar envolvidas na dependência de uma força de trabalho que comumente recebe bem menos do que um salário mínimo[21].

Claro, há fortes incentivos para ignorar essa dependência do trabalho sub-remunerado proveniente de todas as partes do mundo. Todo o trabalho feito – desde o "tagueamento" de imagens para os sistemas de visão computacional até a conferência dos resultados esperados dos algoritmos – refina os sistemas de IA de forma muito mais rápida e barata, sobretudo quando comparado ao pagamento de estudantes para fazer essas mesmas tarefas (como era tradicional). Por isso, de modo geral, o problema tem sido ignorado, e, como observou uma equipe de pesquisa em trabalho em multidão, os clientes que usam essas plataformas "têm a expectativa de que a realização do trabalho aconteça de forma barata, 'sem atrito' e sem supervisão, como se a plataforma não fosse uma interface com trabalhadores humanos, mas um amplo computador sem custos vivos"[22]. Em outras palavras, os clientes tratam os empregados humanos como pouco mais do que máquinas, já que reconhecer o trabalho deles e compensá-los de modo justo faria com que a IA fosse mais cara e menos "eficiente".

Às vezes, há uma determinação direta para que os trabalhadores finjam ser sistemas de IA. A *startup* de assistentes digitais pessoais x.ai afirmou que seu agente de IA, chamado Amy, podia, "como por mágica, marcar reuniões" e lidar com muitas tarefas mundanas diárias. Mas uma investigação detalhada da Bloomberg feita pela jornalista Ellen Huet revelou que não havia nada de inteligência artificial ali. "Amy" era cuidadosamente controlada e reprogramada por um time de trabalhadores terceirizados que estava no controle dos longos barbantes que a moviam. De modo similar, o assistente pessoal do Facebook, M, contava com a intervenção humana regular de um grupo de trabalhadores pagos para revisar e editar cada uma de suas mensagens[23].

O fingimento de IA é um trabalho exaustivo. Em algumas ocasiões, os trabalhadores da x.ai faziam turnos de 14 horas de anotações de *e-mails* com o objetivo de sustentar a ilusão de que o serviço era automatizado e funcionava 24 horas por dia, todos os dias. Ao final da noite, eles não podiam parar de trabalhar até que as filas de *e-mails* estivessem finalizadas. "Saí me sentindo completamente entorpecido e esvaziado de qualquer tipo de emoção", um empregado contou a Huet[24].

Poderíamos considerar isso como um tipo de IA Potemkin – pouco mais do que uma fachada, projetada para mostrar aos investidores e à mídia crédula como um sistema automatizado seria, quando, na verdade, ainda depende do trabalho humano nos bastidores[25]. Em uma leitura generosa, essas fachadas são uma ilustração daquilo que o sistema poderá ser capaz de fazer quando estiver integralmente concretizado, funcionando como um "produto minimamente viável" que é projetado para demonstrar um conceito. Em uma leitura menos generosa, sistemas de IA Potemkin são uma forma de enganação perpetrada por vendedores de tecnologia ansiosos por reivindicar uma fatia do lucrativo espaço da tecnologia. Mas, enquanto não houver outras formas para a criação de IA em larga escala que não usem nos bastidores o trabalho humano de forma extensiva, essa continuará a ser a lógica central para explicar como a IA funciona.

A escritora Astra Taylor descreveu esse tipo de sobrevenda de sistemas de alta tecnologia que não são realmente automatizados como "falstomação" [*fauxtomation*: falsa automação][26]. Esses sistemas automatizados aparentam fazer o trabalho antes executado por pessoas, mas na verdade estão meramente coordenando o trabalho humano em segundo plano. Taylor cita os quiosques de autoatendimento em restaurantes de *fast-food* e os caixas de autoatendimento em supermercado como exemplos de lugares em que o trabalho dos empregados parece ter sido substituído por um sistema automatizado, mas nos quais, na verdade, o trabalho de inserção de dados foi simplesmente transferido de um empregado remunerado para o consumidor. Enquanto isso, muitos sistemas *on-line* que oferecem decisões aparentemente automatizadas, como a remoção de entradas em duplicidade ou a exclusão de conteúdos ofensivos, são na realidade movidos a humanos que trabalham de suas casas em listas intermináveis de tarefas mundanas[27]. De modo muito similar às aldeias decoradas e às oficinas-modelo de Potemkin, muitos sistemas automatizados valiosos, para funcionar, contêm uma combinação de trabalhadores digitais sub-remunerados trabalhando por peça, e consumidores que passam a assumir a execução de atividades não remuneradas. Enquanto isso, as empresas buscam convencer os investidores e o público geral de que são as máquinas inteligentes que estão fazendo o trabalho.

O que está em jogo com esse artifício? Os custos reais do trabalho da IA estão sendo consistentemente minimizados e disfarçados, mas as forças que conduzem essa encenação são bem mais do que simples truques de *marketing*. Elas são parte de uma tradição de exploração e desqualificação de trabalhadores, na qual as pessoas devem executar mais trabalhos entediantes e repetitivos para reabastecer os sistemas automatizados, com resultados que podem ser menos eficientes ou confiáveis que os da prática laboral que está sendo substituída. Mas essa abordagem pode ser *amplificada em escala* – com redução dos custos de produção e aumento dos lucros, ao mesmo tempo que há um obscurecimento da dependência real de trabalhadores remotos pagos com salários de subsistência, assim como um despejo de tarefas adicionais de manutenção e verificação de erros sobre os consumidores.

A "falstomação" não substitui diretamente o trabalho humano; em vez disso, ela o realoca e o dispersa no espaço e no tempo. Ao fazer isso, ela aumenta a desconexão entre trabalho e valor e, desse modo, desempenha uma função ideológica.

Alienados dos resultados de seus trabalhos e desconectados de outras pessoas que desempenhem as mesmas funções, os trabalhadores ficam propensos a ser mais facilmente explorados por seus patrões. Isso fica evidente nos índices extremamente baixos de compensação que os trabalhadores em multidão recebem ao redor do mundo[28]. Esses e outros tipos de trabalhadores envolvidos com a "falstomação"o se veem diante do fato bastante real de que o trabalho que realizam é intercambiável com o de qualquer um dos milhares de outros trabalhadores com quem competem nas plataformas. A qualquer momento eles podem ser substituídos por outro "trabalhador em multidão" [*crowdworker*] – ou, possivelmente, por um sistema mais automatizado.

Em 1770, o inventor húngaro Wolfgang von Kempelen construiu um complexo jogador de xadrez mecânico. Kempelen montou um gabinete de madeira com engrenagens, detrás do qual se sentava um homem mecânico em tamanho real que podia jogar xadrez contra oponentes humanos e ganhar. Essa engenhoca extraordinária foi exibida pela primeira vez na corte da imperatriz Maria Teresa da Áustria e, depois, visitou dignitários e ministros, deixando todos absolutamente convencidos de que se tratava de um autômato inteligente. A máquina realista trajava um turbante, calças bufantes e um casaco de peles para passar a impressão de que era um "mago oriental"[29]. Em uma época em que as elites de Viena bebiam café turco e vestiam seus servos com fantasias turcas; essa aparência racializada sinalizava uma alteridade exótica[30]. A máquina veio a ser conhecida como o Turco Mecânico. Mas o autômato jogador de xadrez era uma ilusão intricada: escondido na câmara interna do gabinete, um mestre enxadrista humano operava a máquina por dentro, completamente fora da vista dos presentes.

Cerca de 250 anos depois, o boato ainda vive. A Amazon escolheu nomear sua plataforma de *crowdsourcing* como "Amazon Mechanical Turk" [Turco Mecânico Amazon], apesar das associações com o racismo e a enganação. Na plataforma da Amazon, trabalhadores reais permanecem fora da vista de todos a serviço de uma ilusão de que os sistemas de IA são autônomos e magicamente inteligentes[31]. A motivação inicial da Amazon para construir seu Turco Mecânico surgiu dos fracassos de seus próprios sistemas de inteligência artificial, que não eram capazes de detectar adequadamente páginas de produtos em duplicidade em seu *site* de varejo. Depois de uma série de tentativas vãs e dispendiosas de resolução do problema, os engenheiros de projeto alistaram humanos para tapar os buracos desses sistemas otimizados[32]. Agora, o Mechanical Turk conecta empresas e uma massa invisível e anônima de trabalhadores que lutam uns contra os outros pela oportunidade de trabalhar em uma série de microtarefas. O Mechanical Turk é uma oficina de trabalho maciçamente dispersa em que humanos imitam e aprimoram sistemas de IA ao conferirem e corrigirem processos algorítmicos. É isso que o executivo-chefe da Amazon, Jeff Bezos, chama descaradamente de "inteligência artificial *artificial*"[33].

Esses exemplos de IAs Potemkin estão por toda parte. Alguns são evidentes: quando vemos na rua um dos modelos da atual safra de carros autônomos, também vemos um operador humano no assento do motorista, pronto para assumir o controle do veículo ao primeiro sinal de problemas. Outros são menos visíveis, como quando trocamos mensagens com uma interface de atendimento via internet. Interagimos apenas com as fachadas que ocultam os mecanismos internos, projetadas para esconder as várias combinações de trabalho maquínico e humano em cada interação. Não somos informados se estamos recebendo uma resposta do sistema em si ou de um operador humano pago para responder em nome dele.

Se há uma incerteza crescente quanto a estarmos interagindo com um sistema de IA ou não, o sentimento é recíproco. Em um paradoxo que muitos de nós já vivenciaram – e ostensivamente com o objetivo de comprovar a identidade humana real na leitura de uma página da internet –, precisamos convencer o reCAPTCHA do Google de nossa humanidade. Assim, selecionamos diligentemente múltiplas caixas que contenham carros, prédios ou números de casas. Fazendo isso, estamos treinando os algoritmos de reconhecimento de imagens do Google de graça. Mais uma vez, o mito da IA barata e eficiente depende de camadas de exploração, incluindo a extração de trabalho não remunerado em massa para a afinação dos sistemas de IA das empresas mais ricas do planeta.

As formas contemporâneas de inteligência artificial não são nem inteligentes, nem artificiais. Em vez disso, podemos – e devemos – falar do trabalho físico duro dos trabalhadores nas minas, do trabalho fabril repetitivo nas linhas de montagem, do trabalho cibernético nas *sweatshops*[34] cognitivas de programadores terceirizados, dos trabalhadores em multidão mal remunerados do Mechanical Turk e do trabalho imaterial não remunerado dos usuários diários. É nesses lugares que vemos como a computação planetária depende da exploração do trabalho humano em toda a extensão da cadeia de suprimentos da extração.

Visões de desmontagem e automação do ambiente de trabalho: Babbage, Ford e Taylor

Charles Babbage é bem conhecido como inventor do primeiro computador mecânico. Nos anos 1820, Babbage desenvolveu a ideia da *máquina diferencial*, uma máquina de calcular projetada para gerar tabelas matemáticas e astronômicas em uma fração do tempo necessário para calculá-las a mão. Já na década de 1830, o inventor dispunha de um projeto conceitual viável para a *máquina analítica*, um computador mecânico programável completo de aplicação geral com um sistema de cartões perfurados que continham instruções[35].

Babbage também sentia uma grande atração pela teoria social liberal e escreveu extensivamente sobre a natureza do trabalho – onde combinou seus interesses em computação e automação de trabalhadores. Nos passos de Adam Smith, observou a divisão do trabalho como meio de otimização da produção fabril e de geração de eficiências. Babbage, no entanto, foi além e defendeu que a corporação industrial poderia ser entendida como análoga a um sistema computacional. Assim como um computador, ela incluía múltiplas unidades especializadas que realizavam tarefas específicas, todas em coordenação para produzir um dado corpo de trabalho, mas cujo conteúdo laboral necessário para o produto finalizado era em grande medida invisibilizado pelo processo como um todo.

Em seus escritos mais especulativos, Babbage imaginava fluxos perfeitos de trabalho que percorriam o sistema e poderiam ser visualizados em tabelas de dados e monitorados por podômetros e relógios de repetição[36]. Com uma combinação de computação, vigilância e disciplina laboral, argumentava Babbage, seria possível impor níveis ainda mais altos de eficiência e controle de qualidade[37]. Era uma visão estranhamente profética. Foi apenas muito recentemente, com a adoção da inteligência artificial no ambiente de trabalho, que esses objetivos gêmeos pouco usuais para a computação e a automação de trabalhadores se tornaram possíveis em grande escala.

O pensamento econômico de Babbage se desenvolveu a partir do de Smith, mas ambos divergiam de modo importante. Para Smith, o valor econômico de um objeto era entendido em relação com o custo do trabalho necessário para produzi-lo. Na versão de Babbage, no entanto, o valor em uma fábrica derivava do investimento no planejamento dos processos manufatureiros, e não da força de trabalho dos empregados. A verdadeira inovação estaria no processo logístico, enquanto os trabalhadores simplesmente desempenhariam as tarefas definidas e operariam as máquinas conforme fossem instruídos.

Para Babbage, o papel do trabalho na cadeia de produção do valor era majoritariamente negativo: fosse por indisciplina, ferimentos, absenteísmo ou atos de resistência, os trabalhadores podiam não conseguir realizar suas tarefas no tempo prescrito pelas máquinas de precisão que operavam. Como observado pelo historiador Simon Schaffer, "aos olhos de Babbage, as fábricas pareciam motores e máquinas de calcular perfeitos como computadores. A força de trabalho não era uma fonte potencial de valor, mas de problemas – ela poderia fazer com que as tabelas errassem ou com que as fábricas falhassem"[38]. A fábrica é concebida como uma calculadora racional com uma única fraqueza: a força de trabalho humana, frágil e pouco confiável.

A teoria de Babbage foi, evidentemente, muitíssimo influenciada por um tipo de liberalismo financeiro que fez com que o trabalho fosse visto como um problema que precisava ser contido pela automação. Havia pouca consideração pelos custos humanos dessa automação ou pela forma como ela poderia ser colocada em uso para melhorar as condições de trabalho dos empregados fabris. Em vez disso, o maquinário idealizado por Babbage visava, em primeiro lugar, à maximização dos retornos financeiros dos donos de fábricas e de seus investidores. Em uma veia similar, os atuais proponentes da IA no ambiente de trabalho oferecem uma visão para a produção que prioriza a eficiência, o corte de gastos e os lucros mais altos no lugar de, digamos, ajudar os empregados com a exclusão de atividades repetitivas e exaustivas. Como Astra Taylor argumenta, "o tipo de eficiência a que os tecno-evangelistas aspiram enfatiza a padronização, a simplificação e a velocidade, e não a diversidade, a complexidade e a interdependência"[39]. Isso não deveria nos surpreender: trata-se do resultado necessário do modelo de negócios padrão de empresas com fins lucrativos, em que a maior preocupação é o valor das ações. Estamos vivendo o resultado de um sistema em que as companhias precisam extrair o máximo de valor possível. Enquanto isso, 94% de todos os novos empregos gerados nos Estados Unidos entre 2005 e 2015 foram criados na forma de "trabalho alternativo" – funções que estão de fora do emprego assalariado em tempo integral[40]. Conforme as empresas colhem os benefícios do aumento da automação, as pessoas trabalham em média jornadas mais longas, em cumulação de empregos, por salários menores e sem garantias trabalhistas.

O mercado da carne

Dentre as primeiras indústrias a implementar o tipo de linha de produção mecanizada vislumbrado por Babbage estava a indústria frigorífica de Chicago nos anos 1870. O gado era levado por trens até os portões dos currais; após passarem pelos gargalos de entrada dos prédios adjacentes, os animais andavam em fila até o abate, depois as carcaças eram conduzidas por várias estações de corte e de limpeza com o uso de um sistema mecanizado de ganchos que formava aquilo que veio a ser conhecido como *linha de desmontagem*. Os produtos finalizados podiam ser despachados para mercados longínquos em vagões refrigerados especialmente projetados para isso[41]. O historiador do trabalho Harry Braverman observou que os currais de Chicago concretizavam a visão de Babbage para a automação e para a divisão do trabalho de forma tão absoluta que as técnicas humanas necessárias em qualquer ponto da linha de desmontagem podiam ser realizadas por praticamente qualquer pessoa[42]. Inteiramente mercadorizados, eles mesmos, como as carnes processadas que preparavam, os trabalhadores sem qualificação recebiam o mínimo possível e eram substituídos ao primeiro sinal de problema.

Quando escreveu *The Jungle* [A selva], seu romance angustiante sobre a pobreza da classe trabalhadora, Upton Sinclair o situou nos frigoríficos de Chicago. Ainda que sua intenção fosse ressaltar as dificuldades dos trabalhadores imigrantes em favor de uma visão política socialista, o livro produziu um efeito completamente diferente. Os retratos das doenças e da carne estragada levaram a um clamor público quanto à sanidade alimentar e resultaram na aprovação do Meat Inspection Act [Lei da Inspeção de Carne] em 1906. Mas o enfoque nos trabalhadores foi ignorado. Instituições poderosas, desde a indústria frigorífica até o Congresso, estavam preparadas para intervir para melhorar os métodos de produção, mas o enfrentamento de questões mais fundamentais sobre as dinâmicas laborais exploratórias que mantinham o sistema inteiro de pé estava fora de cogitação. A persistência desse padrão realça como o poder responde às críticas: seja com carcaças ou reconhecimento facial, a resposta é aceitar a regulamentação nas franjas, mas deixar intocada a lógica subjacente de produção.

Linha de desmontagem da Armour Beef, 1952.
Cortesia da Chicago Historical Society.

Duas outras figuras assomam no horizonte da história da automação do ambiente de trabalho: Henry Ford, cuja linha de montagem móvel do início dos anos 1920 foi inspirada nas linhas de desmontagem de Chicago, e Frederick Winslow Taylor, o fundador da administração científica. Taylor forjou a própria carreira nos anos finais do século 19 com o desenvolvimento de uma abordagem sistemática para a gestão do ambiente de trabalho – uma abordagem que se concentrou nas minúcias dos movimentos do corpo dos trabalhadores. Enquanto a noção de divisão do trabalho de Smith e de Babbage pretendia oferecer uma forma de distribuir as atividades entre pessoas e ferramentas, Taylor restringiu sua atenção à inclusão de subdivisões microscópicas nas ações de cada trabalhador.

O cronômetro, sendo a tecnologia mais recente para a contagem precisa do tempo, viria a se tornar um instrumento-chave de vigilância no ambiente de trabalho, tanto para supervisores no chão de fábrica quanto para engenheiros de produção. Taylor cronometrou trabalhadores para realizar estudos que incluíam segmentações detalhadas do tempo levado para realizar cada movimento físico envolvido em uma determinada tarefa. Seu livro *Princípios da administração científica* estabeleceu um sistema para a quantificação dos movimentos do corpo dos trabalhadores com vistas à extração de um arranjo de ferramentas e processos de trabalho de eficiência otimizada. O objetivo era alcançar o máximo de produtividade com o mínimo de custos[43]. O sistema servia de exemplo à descrição de Marx para a dominação do tempo medido no relógio: "O tempo é tudo, o homem não é mais nada; quando muito, ele é a carcaça do tempo"[44].

A Foxconn, maior fabricante de eletrônicos do mundo e responsável pela produção dos iPhones e iPads da Apple, é um exemplo vívido de como os trabalhadores são reduzidos a corpos animais que realizam tarefas estritamente controladas. A empresa ficou conhecida por seus protocolos de administração rígidos e militarizados depois de uma onda de suicídios em 2010[45]. Apenas dois anos mais tarde, o presidente da companhia, Terry Gou, descreveu seus mais de um milhão de empregados da seguinte maneira: "Como seres humanos também são animais, a gestão de um milhão de animais me dá muita dor de cabeça"[46].

O controle do tempo se transforma em outro modo de administrar os corpos. Nas indústrias de serviços e de *fast-food*, o tempo é medido no nível dos segundos. Trabalhadores da linha de montagem que prepara hambúrgueres no McDonald's são avaliados de acordo com o cumprimento de metas – como processar os pedidos nos computadores em cinco segundos, montar um sanduíche em vinte e dois segundos e embrulhar a comida em catorze segundos[47]. A adesão estrita ao relógio exclui do sistema a margem para erros. O menor atraso (um cliente que demore demais para pedir, uma máquina de café que enguice, um empregado que adoeça e falte) pode resultar em uma reação em cadeia de atrasos, com o disparo de alarmes e de notificações da administração.

Mesmo antes de chegarem às linhas de montagem, os empregados do McDonald's já têm seu tempo gerido e rastreado. Um sistema de escalonamento algorítmico que incorpora análises de dados históricos e modelos de previsão de demanda determina as alocações de turnos dos funcionários, o que leva a cronogramas de trabalho que podem variar de semana a semana ou mesmo de um dia para outro. Uma ação judicial coletiva de 2014 contra os restaurantes do McDonald's na Califórnia ressaltou que as franquias são guiadas por *softwares* que oferecem previsões algorítmicas para a razão empregado-vendas e instruem os gerentes a reduzir rapidamente a equipe quando há uma queda de demanda[48]. Empregados relataram terem sido instruídos a atrasar o registro de entrada em seus turnos e, em vez de bater o ponto, ficarem por perto, prontos para voltar ao trabalho caso o restaurante começasse a ficar cheio de novo. Como os funcionários são pagos apenas pelo tempo registrado no relógio de ponto, o processo alegava que isso significava uma supressão de salários por parte da empresa e de seus franqueados[49].

As alocações de tempo algoritmicamente determinadas variam de turnos extremamente curtos, de uma hora de duração ou menos, até períodos bastante longos em momentos de muita atividade – a depender de qual deles for mais lucrativo. O algoritmo não considera os custos humanos de ter que esperar, de chegar ao trabalho e ser imediatamente mandado para casa ou de não conseguir prever o próprio cronograma e planejar a própria vida. Esse roubo de tempo auxilia na eficiência da empresa, mas diretamente à custa dos trabalhadores.

Tempo administrado, tempo privatizado

O empreendedor de *fast-food* Ray Kroc, que ajudou a transformar o McDonald's em uma franquia global, juntou-se à linhagem de Smith, Babbage, Taylor e Ford quando projetou a linha de montagem padronizada para os sanduíches e fez com que seus empregados a seguissem sem maiores reflexões. Vigilância, padronização e redução das habilidades individuais necessárias estavam na base do método de Kroc. Como os pesquisadores do trabalho Clare Mayhew e Michael Quinlan afirmam a respeito do processo padronizado do McDonald's, "o sistema de administração fordista registrava o trabalho e as tarefas de produção nos mínimos detalhes. Ele exigia uma participação documentada constante e implicava um controle detalhado de cada um dos processos individuais de trabalho. Todo trabalho conceitual era quase completamente removido das tarefas a serem executadas"[50].

A minimização do tempo gasto em cada estação – ou "ciclo de tempo" – se tornou um objeto de intenso escrutínio dentro das fábricas fordistas, com engenheiros que dividiam tarefas em fragmentos cada vez menores para que pudessem ser otimizadas e automatizadas, com supervisores que reforçavam a disciplina sempre que os trabalhadores não acompanhavam o ritmo. Os supervisores – e mesmo o próprio Henry Ford – frequentemente podiam ser vistos percorrendo a fábrica de ponta a ponta com o cronômetro na mão para registrar o tempo dos ciclos e observar alguma possível discrepância na produtividade das estações[51].

Hoje, os patrões podem vigiar seus empregados de forma passiva, sem ter que andar pelos andares da fábrica. No lugar disso, os trabalhadores marcam o início dos turnos com uma passada de crachá ou com a colocação das digitais em leitores conectados a relógios de ponto eletrônicos. Eles trabalham em frente a dispositivos medidores de tempo que indicam os minutos e os segundos restantes para a finalização da tarefa exigida antes que um gerente seja notificado. Eles se sentam em estações de trabalho equipadas com sensores que relatam constantemente suas temperaturas corporais, distâncias de colegas, o tempo que passam olhando *sites* em vez de realizar as tarefas designadas e assim por diante. A WeWork, o colosso de *coworking* que se autodestruiu ao longo de 2019, equipava silenciosamente seus espaços de trabalho com equipamentos de vigilância, em uma tentativa de criar novas formas de monetização de dados. Sua aquisição, naquele mesmo ano, da *startup* de analítica espacial Euclid causou preocupações, com a sugestão de que haveria um plano de rastrear os clientes dos *coworkings* conforme eles se deslocassem pelos escritórios[52]. A Domino's Pizza acrescentou sistemas de visão computacional a suas cozinhas para inspecionar as pizzas finalizadas e garantir que os funcionários as preparassem de acordo com os padrões estabelecidos[53]. As justificativas para esses aparatos de vigilância são a produção de entradas em sistemas de escalonamento algorítmico que modulam ainda mais o tempo de trabalho e a coleta de sinais comportamentais que possam ser correlacionados com indicativos de alto ou baixo desempenho – ou que sejam simplesmente vendidos para corretores de dados [*data brokers*] como uma forma de aquisição de *insights*.

Em seu ensaio "How Silicon Valley Sets Time" [Como o Vale do Silício estabelece o tempo], a professora de sociologia Judy Wajcman afirma que os objetivos das ferramentas de rastreamento de tempo e a composição demográfica do Vale do Silício não são uma coincidência[54]. A força de trabalho de elite do Vale do Silício "é ainda mais jovem, mais masculina e mais integralmente comprometida com a ideia de trabalhar todas as horas do dia" e, ao mesmo tempo, cria ferramentas de produtividade que têm como premissa uma espécie de corrida impiedosa, do tipo "o vencedor leva tudo", pela eficiência máxima[55]. Isso significa que engenheiros jovens, em sua maioria homens sem responsabilidades familiares ou comunitárias, estão construindo as ferramentas que policiarão ambientes de trabalho muito diferentes para a quantificação da produtividade e da desejabilidade dos empregados. O tipo de funcionário *workaholic* que vara a noite de tanto trabalhar, frequentemente glorificado pelas *startups* de tecnologia, transformou-se em um modelo em relação ao qual os outros empregados são medidos, o que produz a visão de um trabalhador-padrão que é masculinizado, meticuloso e dependente do cuidado mal ou não remunerado de outras pessoas.

Tempo privado

A coordenação do tempo ficou ainda mais granular nas formas tecnológicas de administração do ambiente de trabalho. O Manufacturing Automation Protocol [Protocolo de Automação de Produção] da General Motors, por exemplo, foi uma das primeiras tentativas de oferecer soluções padronizadas para problemas comuns de coordenação de robôs de produção, incluindo a sincronização de relógios[56]. No devido tempo, outros protocolos de sincronização mais genéricos que pudessem ser entregues via redes ethernet e TCP/IP vieram à tona, incluindo o Protocolo de Tempo para Redes (NTP) e, mais tarde, o Protocolo de Tempo de Precisão (PTP), e cada um dos quais gerou uma variedade de implementações concorrentes em vários sistemas operacionais. Tanto o NTP como o PTP funcionam ao estabelecer uma hierarquia de relógios ao longo de uma rede, com um relógio "mestre" que pauta os relógios "escravos".

A imagem mestre-escravo está espalhada por toda a engenharia e por toda a computação. Um dos primeiros usos dessa metáfora racista remonta a 1904, na descrição de relógios astronômicos em um observatório na Cidade do Cabo[57]. Mas foi só nos anos 1960 que a terminologia mestre-escravo se disseminou, particularmente depois de ser usada na computação, começando com o sistema de tempo compartilhado da Universidade de Dartmouth. Os matemáticos John Kemeny e Thomas Kurtz desenvolveram um programa de tempo compartilhado para acesso a recursos computacionais depois de uma sugestão do pioneiro da IA John MacCarthy. Como escreveram na revista *Science* em 1968, "primeiro, toda a computação dos usuários acontece em um computador escravo, enquanto o programa executivo (o 'cérebro' do sistema') reside no computador mestre. Assim, é impossível que um programa defeituoso ou fugitivo do computador escravo 'danifique' o programa executivo e, desse modo, paralise o sistema inteiro"[58]. A implicação problemática de que controle equivale a inteligência continuaria a moldar a área da IA por décadas. E, como Ron Eglash argumentou, a fraseologia usada ecoa fortemente o discurso pré-Guerra Civil dos Estados Unidos sobre escravos fugidos[59].

A terminologia mestre-escravo tem sido vista como ofensiva por muitos e já foi removida do Python, uma linguagem de programação comum no aprendizado de máquina, e do Github, uma plataforma de desenvolvimento de *software*.

Mas ela ainda persiste em uma das estruturas computacionais mais caras do mundo. O Google Spanner – que recebeu esse nome porque abarca [*spans*] o planeta inteiro – é um banco de dados gigantesco, globalmente distribuído e replicado sincronicamente. Ele é a infraestrutura que serve de base ao Gmail, ao motor de buscas, aos anúncios e a todos os serviços distribuídos do Google.

Nessa escala de funcionamento ao redor de todo o planeta, o Spanner realiza a sincronização do tempo em milhões de servidores em centenas de *data centers*. Cada *data center* tem uma "unidade de tempo mestre" que recebe constantemente o tempo GPS. Mas, como os servidores compartilhavam uma variedade de relógios mestres, havia leves latências de rede e derivas de relógio. Como solucionar essa incerteza? A resposta foi criar um novo protocolo de tempo distribuído – uma forma proprietária de tempo –, de modo que todos os servidores pudessem ficar em sincronia independentemente de onde estivessem no planeta. Sem nenhuma ironia, o Google chamou esse novo protocolo de TrueTime [TempoVerdadeiro].

O TrueTime do Google é um protocolo de tempo distribuído que funciona ao estabelecer relações de confiança entre os relógios locais dos *data centers*, de modo que possam decidir com quais de seus semelhantes querem ser sincronizados. Por se beneficiar de níveis suficientemente baixos de latência de rede e de um número suficientemente grande de relógios confiáveis, incluindo receptores GPS e relógios atômicos que oferecem um grau de precisão extremamente alto, o TrueTime permite que um conjunto distribuído de servidores garanta que eventos possam ocorrer em uma determinada sequência ao longo da rede em uma área muito ampla[60].

O que é mais impressionante no sistema de tempo privatizado do Google é como o TrueTime administra a incerteza quando há uma deriva de relógio em servidores individuais. "Se a incerteza é grande, o Spanner desacelera para esperar que ela passe", explicam os pesquisadores da empresa[61]. Trata-se de uma encarnação da fantasia de desacelerar o tempo (ou de controlá-lo de acordo com nossa vontade) e de submeter o planeta a um código único de tempo proprietário. Caso pensemos na experiência humana do tempo como algo que oscila e que é subjetivo, que desacelera ou acelera a depender de onde e com quem estamos, então essa será uma experiência social do tempo. O TrueTime tem a capacidade de criar escalas de tempo mutáveis que estão sob controle de um relógio mestre centralizado. Assim como Isaac Newton imaginou uma forma absoluta de tempo que existiria independentemente de observadores, o Google inventou sua própria forma de tempo universal.

Formas de propriedade do tempo já vêm sendo usadas há algumas centenas de anos para fazer com que as máquinas funcionem sem interrupções. Os magnatas das ferrovias do século 19 tinham suas próprias formas de tempo. Na Nova Inglaterra, em 1849, por exemplo, todos os trens estavam instruídos a adotar "o tempo verdadeiro de Boston, tal como oferecido por William Bond & Son, rua Congress, número 26"[62]. Como Peter Galison documentou, os executivos das ferrovias não eram muito afeitos a ter que adotar outros horários, a depender do estado pelo qual seus trens viajavam, e o administrador-geral da Estrada de Ferro New York & New England disse que usar outros horários era "um incômodo e uma grande inconveniência, além de inútil para todos em quem eu consiga pensar"[63]. Mas, depois de uma colisão frontal que matou catorze pessoas em 1853, houve uma pressão imensa para coordenar todos os relógios com o uso da nova tecnologia do telégrafo.

Assim como a inteligência artificial, o telégrafo foi aclamado como uma tecnologia unificadora que expandiria as capacidades dos seres humanos. Em 1889, lorde Salisbury se gabou de que o telégrafo havia "reunido toda a humanidade em um grande e único patamar"[64]. Empresas, governos e militares usaram o aparelho para compilar o tempo em uma matriz coerente e apagaram formas mais locais de contagem das horas. E o telégrafo foi dominado por um dos primeiros grandes monopólios industriais, a Western Union. O teórico das comunicações James Carey argumenta que, além de alterar as fronteiras temporais e espaciais da interação humana, o telégrafo permitiu uma nova forma de capitalismo monopolista: "um novo corpo de leis, teoria econômica, arranjos políticos, técnicas de administração, estruturas organizacionais e fundamentações científicas com os quais se podia justificar e tornar efetivo o desenvolvimento de uma corporação monopolística de propriedade e controle privados"[65]. Ainda que essa interpretação sugira um tipo de determinismo tecnológico naquilo que era composto de uma série de desenvolvimentos complexos, é justo dizer que o telégrafo – em conjunto com o cabo transatlântico – permitiu que os poderes imperiais mantivessem um controle mais centralizado sobre suas colônias.

O telégrafo fez com que o tempo fosse uma das principais atenções do comércio. Em vez de explorar a diferença de preços entre regiões com a compra a baixos valores e a venda com altos lucros em locais diferentes, agora os comerciantes negociavam entre fusos horários: nas palavras de Carey, um deslocamento do espaço para o tempo, da arbitragem de preços para o mercado futuro[66]. Os fusos horários privatizados dos *data centers* são apenas o exemplo mais recente disso. A organização infraestrutural do tempo age como um tipo de "macrofísica do poder", que determina novas lógicas de informação em um nível planetário[67]. Um poder como esse é necessariamente centralizador e cria ordens de sentido que são extremamente difíceis de enxergar, e mais ainda de romper.

A contestação do tempo centralizado é parte vital dessa história. Nos anos 1930, quando desejava ter mais controle sobre sua cadeia global de suprimentos, Henry Ford montou uma área de extração de borracha e uma fábrica de processamento nas profundezas da floresta amazônica brasileira, em uma cidade chamada Fordlândia. Ford contratou trabalhadores locais para processar a borracha que seria enviada a Detroit, mas as tentativas de imposição de seu processo rigidamente controlado de produção sobre a população local saíram pela culatra. Trabalhadores revoltados destruíram os relógios da fábrica e estraçalharam os dispositivos usados para controlar os horários de entrada e saída de cada empregado.

Relógio de ponto de Fordlândia, destruído em um tumulto em dezembro de 1930. Da coleção do Henry Ford Museum.

Outras formas de insurgência se concentraram na inclusão de atritos no processo de trabalho. O anarquista francês Émile Pouget usou o termo "sabotagem" para se referir ao equivalente a "andar devagar" pelo chão de fábrica, quando os trabalhadores desaceleravam intencionalmente seus ritmos de trabalho[68]. O objetivo era diminuir a eficiência, reduzir o valor do tempo como moeda. Ainda que sempre existam modos de resistir à temporalidade imposta do trabalho, isso fica muito mais difícil com formas de monitoramento algorítmico e de vídeo – à medida que a relação entre trabalho e tempo passa a ser observada cada vez mais de perto.

Das modulações pontuais de tempo nas fábricas às grandes modulações temporais na escala das redes de computação planetária, a definição do tempo é uma estratégia bem-estabelecida para a centralização de poder. Os sistemas de inteligência artificial permitiram uma maior exploração do trabalho distribuído ao redor do mundo para tirar vantagem de topologias econômicas desiguais. Simultaneamente, o setor de tecnologia está criando para si mesmo um terreno global de tempo estável para fortalecer e acelerar seus objetivos empresariais. O controle do tempo – por meio de relógios para igrejas, trens ou *data centers* – sempre foi uma função do controle da ordem política. Mas essa batalha por controle nunca foi tranquila e se caracteriza como um conflito de larga escala. Os trabalhadores têm descoberto formas de intervir e de resistir, mesmo quando os desenvolvimentos tecnológicos foram impostos a eles ou apresentados como melhorias desejáveis – e sobretudo quando os únicos aprimoramentos tinham como objetivo aumentar a vigilância e o controle da empresa.

Estabelecendo o índice

A Amazon se esforça muito para controlar o que os membros do público podem ver quando entram em um de seus centros de distribuição. Ouvimos falar dos salários mínimos de 15 dólares/hora e das vantagens concedidas a empregados que aguentem permanecer por mais de um ano, e somos levados a salas de descanso intensamente iluminadas com palavras de ordem corporativas orwellianas pintadas nas paredes: “Frugalidade”, “Conquiste a confiança dos outros” e “Viés de ação”. Com pequenas apresentações ensaiadas, os guias oficiais da Amazon explicam alegremente o que está acontecendo nas paradas, que são predeterminadas. Toda pergunta sobre as condições de trabalho é cuidadosamente respondida para pintar o retrato mais positivo possível. Mas há sinais de infelicidade e disfunção muito mais difíceis de controlar.

Lá embaixo, no andar da separação de mercadorias, onde os associados devem pegar caixas cinza cheias de compras a serem despachadas, lousas brancas mostram vestígios de reuniões recentes. Uma delas tinha múltiplas reclamações de que as caixas eram empilhadas alto demais e de que a necessidade de se esticar muito para apanhá-las estava causando dores e ferimentos significativos. Quando perguntado sobre isso, o guia da Amazon respondeu rapidamente que essa preocupação estava sendo enfrentada com a redução da altura da correia transportadora em seções-chave. Isso era visto como um sucesso: uma reclamação havia sido registrada e medidas foram tomadas. O guia aproveitou essa oportunidade para explicar pela segunda vez que era por essa razão que não havia necessidade de sindicatos ali, já que "os associados têm muitas oportunidades para interagir com seus gerentes", enquanto a sindicalização só interferiria na comunicação[69].

Mas, perto da saída do prédio, passei por uma transmissão ao vivo de mensagens de trabalhadores em uma tela grande, encimada por uma placa que dizia: "A Voz dos Associados". Ali, as coisas estavam bem menos envernizadas. As mensagens passavam rapidamente com reclamações sobre mudanças arbitrárias de cronogramas, a impossibilidade de marcar férias perto de feriados e a perda de ocasiões familiares como aniversários. Respostas padronizadas da administração pareciam ser múltiplas variações do tema "agradecemos sua opinião".

"Já chega. Amazon, queremos que você nos trate como humanos, e não como robôs."[70] Essas são palavras de Abdi Muse, o diretor-executivo do Awood Center, em Minneapolis, uma organização comunitária que luta pelas condições de trabalho das populações da África Oriental em Minnesota. De fala tranquila, Muse é um defensor dos trabalhadores dos armazéns da Amazon que estão pressionando por melhores condições de trabalho. Muitos trabalhadores de sua comunidade, em Minnesota, foram contratados pela Amazon, que os recrutou ativamente e acrescentou alguns edulcorantes na proposta de emprego, como o transporte gratuito para o trabalho.

O que a Amazon não propagandeou foi "o índice" ["*the rate*"] – a métrica de produtividade dos trabalhadores que pauta os centros de distribuição e que rapidamente se tornou insustentável e, de acordo com Muse, desumana. Os trabalhadores começaram a sofrer com altos níveis de estresse, ferimentos e doenças. Muse explicou que, caso os índices caiam por três vezes, os trabalhadores são demitidos, independentemente de por quanto tempo tenham trabalhado no armazém. Alguns empregados contaram sobre como precisam pular pausas para usar o banheiro por medo de terem um desempenho abaixo do esperado.

Mas, no dia em que nos encontramos, Muse estava otimista. Mesmo que a Amazon explicitamente desencoraje a sindicalização, grupos informais de trabalhadores estavam brotando por todos os Estados Unidos e realizando protestos. Muse sorria de orelha a orelha enquanto relatava que a organização dos trabalhadores estava começando a causar um impacto. "Algo incrível está acontecendo", ele me contou. "Amanhã, um grupo de funcionárias da Amazon deixará seus postos de trabalho. É um grupo muito corajoso de mulheres, e elas são as verdadeiras heroínas."[71] De fato, naquela noite, aproximadamente sessenta empregados de depósito vestidos com seus coletes amarelos obrigatórios deixaram seus postos de trabalho em um centro de entregas em Eagan, Minnesota. Eram em sua maioria mulheres de ascendência somali e, segurando cartazes sob a chuva, demandavam melhorias como um aumento de salário para os turnos da noite e limitações de peso para as caixas[72]. Apenas alguns dias antes, trabalhadores da Amazon em Sacramento, na Califórnia, haviam protestado contra a demissão de uma funcionária que excedera em uma hora sua licença pelo falecimento de um parente. Duas semanas antes disso, mais de mil funcionários da Amazon realizaram a primeira greve de colarinho-branco da história da empresa, motivados por sua pegada de carbono maciça.

Depois de algum tempo, representantes da Amazon em Minnesota aceitaram negociar. Eles estavam dispostos a discutir muitas questões, mas nunca "o índice". "Eles nos disseram para esquecermos 'o índice'", contou Muse. "Podemos falar sobre outras coisas, mas o índice é nosso modelo de negócios. Não podemos mudar isso."[73] Os trabalhadores ameaçaram interromper as negociações, mas a Amazon não cederia. "O índice" era uma questão central para os dois lados, mas também era a mais difícil de alterar. Diferentemente de outras disputas trabalhistas locais, em que os supervisores diretamente envolvidos talvez pudessem fazer concessões, o índice era estabelecido com base no que os executivos e os trabalhadores de tecnologia em Seattle – bastante afastados do chão do armazém – haviam decidido (e haviam inclusive programado a infraestrutura de distribuição computacional da Amazon para otimizar o processo). Se os armazéns locais ficassem fora de sincronia, o tempo de entrega da Amazon estaria sob ameaça. Trabalhadores e organizadores começaram a enxergar isso como um problema real. Com base nisso, estão passando a mudar de enfoque em direção à construção de um movimento que perpasse fábricas e setores diferentes da força de trabalho da Amazon para enfrentar as questões centrais de poder e de centralização representadas pelo ritmo incansável do "índice" em si mesmo.

Como vimos, essas lutas pela soberania do tempo têm uma história. A IA e o monitoramento algorítmico são apenas as tecnologias mais recentes no longo desenvolvimento histórico das fábricas, dos instrumentos de medição do tempo e das arquiteturas de supervisão. Agora, muito mais setores – de motoristas de Uber e trabalhadores de armazéns da Amazon até engenheiros bem-remunerados do Google – se percebem como parte de uma luta compartilhada. Isso foi articulado com bastante propriedade pela diretora-executiva da New York Taxi Workers Alliance [Aliança de Trabalhadores de Táxi de Nova York], Bhairavi Desai, que apresentou a questão nos seguintes termos: "Os trabalhadores sempre sabem. Eles estão nas ruas construindo solidariedades uns com os outros, parados em faróis vermelhos, na frente de restaurantes ou em filas de hotéis, porque sabem que, para prosperar, precisam se unir"[74]. Formas de exploração dos trabalhadores movidas pela tecnologia são um problema generalizado em muitas indústrias. Os trabalhadores estão lutando contra a lógica da produção e contra a ordem do tempo em que devem trabalhar. As estruturas de tempo jamais são completamente inumanas, mas são mantidas muito próximas do limite que a maioria das pessoas é capaz de tolerar.

A solidariedade intersetores na organização dos trabalhadores não é nenhuma novidade. Muitos movimentos, como aqueles liderados por sindicatos tradicionais, conectaram trabalhadores de indústrias diferentes para conquistar as vitórias das horas extras remuneradas, da segurança no ambiente de trabalho, das licenças-maternidade e paternidade e dos finais de semana remunerados. Mas, depois que *lobbies* empresariais poderosos e governos neoliberais erodiram os direitos e as proteções trabalhistas nas últimas várias décadas e limitaram as vias para a organização e a comunicação entre os trabalhadores, o apoio intersetorial passou a ser mais difícil[75]. Agora, os sistemas de extração e supervisão movidos por IA se tornaram o *locus* compartilhado para que organizadores de reivindicações trabalhistas lutem como um *front* unificado[76].

O lema "Somos todos trabalhadores de tecnologia" passou a ser comum em cartazes nos protestos relacionados à tecnologia, ostentado igualmente por programadores, faxineiros, trabalhadores de refeitório e engenheiros[77]. A frase pode ser lida de múltiplas maneiras: ela exige que o setor de tecnologia reconheça a força de trabalho mais ampla que é usada para a fabricação de seus produtos, de suas infraestruturas e do funcionamento de seus ambientes de trabalho. Ela também nos lembra de que uma quantidade muito grande de trabalhadores usa *laptops* e dispositivos móveis para trabalhar, interagir em plataformas como Facebook ou Slack, e está sujeita a formas de sistemas de IA no ambiente de trabalho para padronização, rastreamento e avaliação. Isso preparou o terreno para uma forma de solidariedade construída em torno do trabalho de tecnologia. Mas há riscos no destaque dado à tecnologia e aos trabalhadores de tecnologia nestas que são lutas mais generalizadas e duradouras. Todos os tipos de trabalhadores estão sujeitos a infraestruturas técnicas de extração que buscam controlar e analisar até o último grão de tempo – muitos dos quais não têm identificação nenhuma com o setor ou com o trabalho de tecnologia. As histórias do trabalho e da automação nos lembram de que o que está em jogo é a produção de condições mais justas para todo trabalhador, e essa meta mais ampla não deveria depender da expansão do significado de "trabalho de tecnologia" como forma de aquisição de legitimidade. Todos temos um interesse coletivo na forma que o trabalho assumirá no futuro.

DADOS

Com os olhos voltados para algo fora do enquadramento, como se se recusasse a reconhecer a presença da câmera, uma jovem olha para cima. Na próxima fotografia, os olhos estão fixos a meia distância. Outra imagem mostra a mesma mulher, mas com os cabelos bagunçados e cabisbaixa. Nessa sequência, assistimos à passagem do tempo enquanto ela envelhece e as rugas ao redor da boca avançam e se aprofundam. No quadro final, ela parece ferida e desanimada. Estamos diante de fotografias de fichamentos policiais tiradas nas múltiplas prisões ao longo de muitos anos na vida da retratada. Essas imagens fazem parte de uma coleção conhecida como NIST Special Database 32 – Multiple Encounter Dataset [Base de Dados Especial 32 do NIST – Conjunto de Dados de Múltiplos Encontros], que está disponível na internet para pesquisadores que queiram testar seus *softwares* de reconhecimento facial[1].

Esse conjunto de dados é um dos vários mantidos pelo National Institute of Standards and Technology [Instituto Nacional de Padrões e Tecnologia] (NIST), um dos laboratórios de ciências físicas mais antigos e respeitados dos Estados Unidos e, agora, parte do Departamento de Comércio. O NIST foi criado em 1901 para fortalecer a infraestrutura nacional de mensuração e para criar padrões que pudessem concorrer com os rivais econômicos do país no mundo industrializado, como a Alemanha e o Reino Unido. O NIST é responsável por tudo, desde registros eletrônicos de saúde até arranha-céus resistentes a terremotos e relógios atômicos. Ele se tornou a agência da mensuração: do tempo, dos protocolos de comunicação, de estruturas cristalinas inorgânicas, da nanotecnologia[2]. O propósito do NIST é fazer com que os sistemas sejam interoperáveis com o estabelecimento e a manutenção de padrões – e, hoje, isso também inclui o desenvolvimento de padrões para a inteligência artificial. Uma das estruturas de teste que ele mantém é a de dados biométricos.

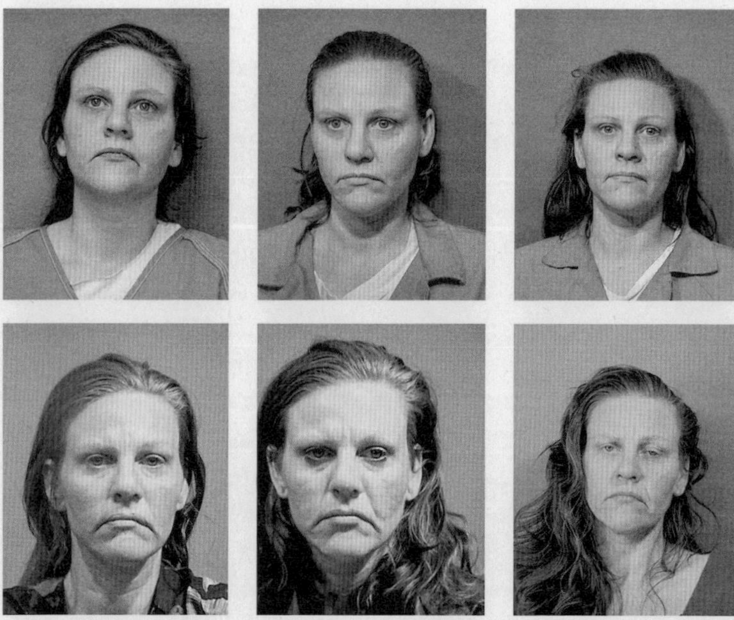

Imagens do NIST Special Database 32 – Multiple Encounter Dataset (Meds). Instituto Nacional de Padrões e Tecnologia, Departamento de Comércio dos Estados Unidos.

Descobri o banco de fotos de fichamentos policiais em 2017, quando estava pesquisando os arquivos de dados do NIST. A coleção biométrica é bastante extensa. O NIST vem colaborando há mais de cinquenta anos com o FBI para o reconhecimento automatizado de impressões digitais e já desenvolveu métodos para avaliar a qualidade dos leitores das impressões e dos sistemas de imagens[3]. Depois dos ataques terroristas de 11 de setembro de 2001, o NIST passou a integrar uma resposta nacional para a criação de padrões biométricos para a verificação e o rastreamento de pessoas que entrem nos Estados Unidos[4]. Esse foi um ponto de virada para a pesquisa em reconhecimento facial; o enfoque inicial no policiamento interno foi alargado para o controle de pessoas que cruzem as fronteiras nacionais[5].

Em si, as imagens de inquéritos policiais são devastadoras. Algumas pessoas têm ferimentos, hematomas e olhos roxos visíveis; outras estão angustiadas e chorando. Também há aquelas que encaram a câmera com olhos perdidos. O Special Dataset 32 contém milhares de fotografias de pessoas já falecidas com múltiplas prisões, tiradas à medida que iam aguentando repetidos encontros com o sistema de justiça criminal. As pessoas nos conjuntos de dados de fotografias criminais são apresentadas como pontos de dados; não há histórias, contextos ou nomes. Como os retratos são feitos no momento em que são levadas à delegacia de polícia, não está claro se essas pessoas foram denunciadas, se foram absolvidas ou presas. Todas são apresentadas da mesma forma.

O sentido da inclusão dessas imagens no banco de dados do NIST passou do uso para a identificação de indivíduos nos sistemas de policiamento à utilização como linhas de base para o teste de sistemas comerciais e acadêmicos de IA de detecção de rostos. Em sua análise sobre as fotografias policiais, Allan Sekula afirmou que os retratos de inquérito são parte de uma tradição de realismo técnico que pretendia "oferecer um medidor fisionômico padrão do criminoso"[6].

Há duas abordagens distintas na história da fotografia policial, observa Sekula. Criminologistas como Alphonse Bertillon, que inventou esse tipo de retrato, concebiam-no como um tipo de máquina de identificação biográfica necessária para a detecção de criminosos contumazes. De outro lado, Francis Galton, estatístico e figura fundadora da eugenia, usava os retratos compostos de prisioneiros como forma de constatação de um "tipo criminoso" biologicamente determinado[7]. Galton estava trabalhando em um paradigma fisionômico cuja meta era encontrar uma aparência generalizada que pudesse ser utilizada para identificar traços profundos de caráter a partir da aparência externa. Quando são usados como dados de treinamento, os retratos de inquérito deixam de funcionar como ferramentas de identificação e passam a ficar a serviço do aprimoramento de uma forma automatizada de visão. Podemos pensar nisso como um formalismo galtoniano. As fotos são usadas para detectar os componentes matemáticos básicos dos rostos, para "reduzir a natureza à sua essência geométrica"[8].

Retratos de inquérito formam parte dos arquivos usados para testar algoritmos de reconhecimento facial. Os rostos no Multiple Encounter Dataset se transformaram em imagens padronizadas, um substrato técnico para a comparação da precisão algorítmica. Em colaboração com a Intelligence Advanced Research Projects Activity [Atividade de Projetos de Pesquisa Avançada de Inteligência] (IARPA), o NIST realiza torneios com esses retratos em que pesquisadores competem para descobrir qual algoritmo é mais rápido e preciso. As equipes lutam para derrotar umas às outras em tarefas como a verificação da identidade dos rostos ou a localização de uma face a partir de um *frame* de um vídeo de câmeras de segurança[9]. Os vencedores festejam suas vitórias; elas podem trazer fama, ofertas de emprego e o reconhecimento de toda a indústria[10].

Nem as pessoas retratadas nessas fotografias, nem as famílias delas, são consultadas quanto à utilização das imagens, e provavelmente nem sequer têm ideia de que fazem parte das plataformas de testes de IA. Os retratados raramente são considerados, e são poucos os engenheiros que chegarão a olhá-los mais de perto. Como um documento do NIST os descreve, eles existem puramente para "refinar ferramentas, técnicas e procedimentos para o reconhecimento facial que seja compatível com Next Generation Identification [Identificação de Próxima Geração] (NGI), comparação forense, treinamento, análise e conformidade de imagens faciais e intercâmbios de padrões interagência"[11]. A descrição do Multiple Encounter Dataset observa que muitas das pessoas retratadas exibem sinais de violências sofridas, como cicatrizes, hematomas e curativos. Mas o documento conclui que esses sinais são "difíceis de interpretar devido à falta de uma verdade básica para comparação com uma amostra 'limpa'"[12]. Essas pessoas não são vistas como indivíduos, mas como parte de um recurso técnico compartilhado – só mais um componente de dados do programa Facial Recognition Verification Testing [Teste de Verificação de Reconhecimento Facial], o padrão de excelência da área.

Em anos de pesquisa sobre como os sistemas de IA são construídos, examinei centenas de conjuntos de dados, mas os bancos de dados de retratos de inquérito do NIST são particularmente perturbadores, porque representam o modelo do que estaria por vir. Não se trata apenas do *páthos* devastador das imagens em si mesmas. Tampouco é algo que se limite à invasão de privacidade que elas representam, já que os suspeitos e prisioneiros não têm o direito de recusar que suas fotografias sejam tiradas. A questão é que as bases de dados do NIST anteciparam o surgimento de uma lógica que agora invadiu o setor de tecnologia de ponta a ponta: a crença inamovível de que todas as coisas não passam de dados à espera de ser capturados. Não importa onde uma fotografia foi tirada, se ela reflete um momento de vulnerabilidade ou de dor ou se representa uma forma de humilhação do retratado.

Capturar e utilizar o que quer que esteja disponível se tornou algo tão normalizado em toda a indústria que poucas pessoas param para questionar a política subjacente a esse processo.

Nesse sentido, os retratos de fichamento são o marco zero da atual abordagem para a criação de IA. O contexto – e o exercício do poder – que essas imagens representam é considerado irrelevante porque, em si mesmas, elas já não existem como objetos distintos. Desprovidas de sentidos ou pesos éticos, elas não são vistas como imagens de indivíduos ou representação do poder estrutural no sistema carcerário. Considera-se que todos os sentidos pessoais, sociais e políticos foram neutralizados. Defendo que isso representa uma transição da *imagem* para a *infraestrutura*, na qual o significado ou o cuidado que poderia ser dedicado à imagem de um indivíduo ou ao contexto por trás de uma cena se presume apagado no momento em que ela se torna parte da massa agregada que movimentará um sistema mais amplo. Tudo é tratado como dado a ser processado por funções, como material a ser ingerido para aprimorar o desempenho técnico. Essa é uma premissa central na ideologia da extração de dados.

Os sistemas de aprendizado de máquina são treinados com imagens como essas todos os dias – imagens que, sem contexto e sem consentimento, foram tiradas da internet ou de instituições governamentais. Elas são tudo, menos neutras. Elas representam histórias pessoais, desigualdades estruturais e todas as injustiças que têm acompanhado os legados dos sistemas de policiamento e prisional dos Estados Unidos. Mas a pressuposição de que essas imagens possam de algum modo servir como material apolítico e inerte influencia como e o que uma ferramenta de aprendizado de máquina "vê". Um sistema de visão computacional pode detectar um rosto ou um prédio, mas não é capaz de apreender por que uma pessoa estava dentro de uma delegacia de polícia ou qualquer tipo de contexto social e histórico ligado àquele momento. Em última análise, as instâncias específicas dos dados – o retrato de um rosto, por exemplo – não são consideradas relevantes para o treinamento de um modelo de IA. Tudo o que importa é um agregado suficientemente variado. Qualquer das imagens individuais poderia ser facilmente substituída por outra sem alterar o modo como o sistema funciona. De acordo com essa visão de mundo, sempre há mais dados a serem capturados no baú de tesouros globalmente distribuído e em constante crescimento da internet e das plataformas de redes sociais.

Desse modo, uma pessoa vestida com um uniforme de prisão e colocada diante de uma câmera é desumanizada como se não passasse de mais um dado. A história dessas imagens, do modo como foram adquiridas e sobre seus contextos institucionais, pessoais e políticos, não é considerada relevante. As coleções de retratos policiais são usadas como todos os outros recursos úteis de imagens gratuitas de rostos bem-iluminados – elementos de comparação para fazer com que as ferramentas de reconhecimento facial funcionem. E, como ferramentas, os rostos de pessoas falecidas, de suspeitos e de prisioneiros são usados para ajustar os sistemas de reconhecimento facial que a polícia e a vigilância de fronteiras usam para monitorar e prender mais pessoas.

A última década assistiu a uma captura dramática de materiais digitais para a produção de IA. Esses dados são a base para a criação de sentidos no setor – não como representações clássicas do mundo com sentidos individuais, mas como coleções maciças de dados para abstrações e operações de máquina. Essa captura de larga escala passou a ser tão fundamental para a área da IA que deixou de ser questionada. Mas como chegamos aqui? Que concepções sobre os dados facilitaram essa remoção de contexto, significado e especificidade? Como os dados de treinamento são adquiridos, entendidos e usados no aprendizado de máquina? De que formas eles limitam *quais partes* do mundo a IA interpreta e *como*? Que modalidades de poder essas abordagens aprimoram e possibilitam?

Neste capítulo, mostrarei como os dados se tornaram a força motriz para o sucesso da IA e de sua mitologia e de que modo tudo o que esteja disponível de imediato está sendo capturado. No entanto, mesmo com a intensificação das assimetrias de poder que essa abordagem padrão provoca, suas implicações mais profundas raramente são enfrentadas. A indústria de IA cultivou um tipo de pragmatismo implacável com práticas de manejo de dados pautadas pela pouca atenção ao contexto, ao cuidado ou ao consentimento, ao mesmo tempo que promoveu a ideia de que a coleta maciça de dados para a criação de sistemas lucrativos de "inteligência" computacional é necessária e justificada. Isso levou a uma metamorfose profunda em que todas as formas de imagem, texto, som e vídeo são reduzidas a dados brutos para sistemas de IA e à crença de que, neste caso, os fins justificam os meios. Mas seria preciso perguntar: quem se beneficiou mais com essa transformação e por que essas narrativas dominantes ao redor dos dados persistiram? E, como vimos nos capítulos anteriores, a lógica da extração que moldou o relacionamento com a terra e com o trabalho humano também é um atributo do modo como os dados são usados e compreendidos na área da IA. Observando de perto os dados de treinamento como exemplos centrais no conjunto do aprendizado de máquina, começamos a enxergar o que está em jogo com essa transformação.

Treinando máquinas para ver

É útil pensar no porquê de atualmente os sistemas de aprendizado de máquina dependerem de quantidades tão enormes de dados. Um exemplo prático do problema é a visão computacional, a subárea da inteligência artificial voltada a ensinar máquinas a detectar e interpretar imagens. Por razões que raramente são reconhecidas no campo da ciência da computação, o projeto de interpretação de imagens é uma empreitada profundamente complexa e relacional. Imagens são coisas incrivelmente escorregadias, carregadas de múltiplos significados potenciais, questões insolúveis e contradições. Ainda assim, hoje é uma prática comum nos primeiros passos para a criação de um sistema de visão computacional apanhar milhares – ou mesmo milhões – de imagens da internet, criar uma série de classificações para organizá-las e usá-las como base para o modo como o sistema perceberá a realidade observável. Essas vastas coleções são chamadas de conjuntos de dados de treinamento e constituem aquilo a que os desenvolvedores de IA frequentemente se referem como "verdade básica" [*ground truth*][13]. Desse modo, o que é verdade depende não tanto da representação factual ou de uma realidade consensual, mas, mais comumente, de uma mistura de imagens apanhadas de quaisquer das várias fontes *on-line* que estejam disponíveis.

No aprendizado de máquina supervisionado, engenheiros humanos inserem dados de treinamento rotulados em um computador. Dois tipos distintos de algoritmo entram, então, em cena: *de aprendizagem* e *de classificação*. O algoritmo de aprendizagem é treinado nesses exemplos de dados rotulados; ele depois informa ao algoritmo de classificação como analisar melhor a relação entre novas entradas e o resultado-alvo (ou previsão) desejado. A intenção pode ser prever, por exemplo, se há um rosto em uma imagem ou se um *e-mail* é *spam*. Quanto mais exemplos de dados corretamente rotulados houver, melhor o algoritmo se sairá na produção de previsões exatas. Há muitos tipos de modelos de aprendizado de máquina, incluindo redes neurais, regressão logística e "árvores de decisão"[14]. Os engenheiros escolherão um modelo com base no que estiverem construindo – seja um sistema de reconhecimento facial ou uma forma de detecção de sentimentos em redes sociais – e o adaptarão a seus recursos computacionais.

Pensemos na tarefa de construção de um sistema de aprendizado de máquina que consiga detectar a diferença entre fotografias de maçãs e laranjas. Primeiro, o desenvolvedor precisa coletar, rotular e treinar uma rede neural com milhares de imagens rotuladas de maçãs e laranjas. Do lado do *software*, o algoritmo conduz uma sondagem estatística nas imagens e desenvolve um modelo para reconhecer a diferença entre as duas categorias. Se tudo seguir de acordo com o planejado, o modelo treinado conseguirá distinguir a diferença entre novas imagens de maçãs e laranjas que sejam apresentadas a ele pela primeira vez.

Mas se, em nosso exemplo, todas as imagens de treino de maçãs forem vermelhas e não contiverem nenhuma verde, então o sistema de aprendizado de máquina deduzirá que "todas as maçãs são vermelhas". Isso é conhecido como *inferência indutiva*, uma hipótese aberta baseada nos dados disponíveis – diferente de uma *inferência dedutiva*, que decorre logicamente de uma premissa[15]. Dependendo do modo como esse sistema tenha sido treinado, uma maçã verde sequer seria reconhecida como maçã. Desse modo, os conjuntos de dados de treinamento estão no âmago de como a maioria dos sistemas de aprendizado de máquina faz inferências. Eles servem como a matéria-prima principal que os sistemas de IA usam para formar a base de suas previsões.

Os dados de treinamento também definem mais do que apenas os recursos dos algoritmos de aprendizado de máquina. Eles são usados para avaliar como esses algoritmos estão operando ao longo do tempo. Assim como puros-sangues premiados, os algoritmos de aprendizado de máquina são constantemente colocados para competir uns contra os outros em torneios ao redor do mundo para ver quem funcionará melhor com um determinado conjunto de dados. Esses conjuntos de dados de referência se tornam o alfabeto base de uma *língua franca*, com a convergência de muitos laboratórios de diversos países em torno de conjuntos canônicos para definir quem conseguirá superar os outros. Um dos torneios mais conhecidos é o ImageNet Challenge, em que pesquisadores competem para ver qual método consegue classificar e detectar objetos e cenas com o maior grau de precisão[16].

Uma vez que tenham sido estabelecidos como padrões de referência úteis, em geral os conjuntos de treinamento são adaptados, desenvolvidos e expandidos. Como veremos no próximo capítulo, surge uma espécie de genealogia de conjuntos de dados de treinamento – eles herdam a lógica aprendida de exemplos anteriores e, depois, dão origem a conjuntos subsequentes. O ImageNet, por exemplo, se vale da taxonomia de palavras herdada do influente conjunto de dados lexicais dos anos 1980 conhecido como WordNet; e o WordNet é herdeiro de muitas fontes, incluindo o Brown Corpus, de um milhão de palavras, publicado em 1961. Os conjuntos de dados de treinamento repousam sobre os ombros de classificações e coleções mais antigas. Como uma enciclopédia em constante expansão, as formas anteriores continuam, mas novos itens são acrescentados com o passar das décadas.

Desse modo, os dados de treinamento são os alicerces sobre os quais os sistemas de aprendizado de máquina contemporâneos são construídos[17]. Esses conjuntos de dados moldam as fronteiras epistêmicas que regem o modo como a IA opera e, nesse sentido, criam limites para como ela consegue "ver" o mundo. Mas os dados de treinamento são uma forma quebradiça de verdade básica – e mesmo as maiores coletâneas de dados não conseguem escapar dos escorregões fundamentais que ocorrem quando um mundo infinitamente complexo é simplificado e fatiado em categorias.

Uma breve história da demanda de dados

"O mundo chegou a uma era de dispositivos complexos baratos e muito confiáveis; e podemos esperar que algumas coisas resultem daí." Foi o que disse Vannevar Bush, o inventor e administrador que supervisionou o Projeto Manhattan como diretor do Escritório de Pesquisa e Desenvolvimento Científicos e que, mais tarde, foi fundamental para a criação da National Science Foundation [Fundação Nacional de Ciência]. Era julho de 1945; as bombas ainda não haviam sido lançadas sobre Hiroshima e Nagasaki, e Bush tinha uma teoria sobre um novo tipo de sistema de conexão de dados que ainda não havia nascido. Ele vislumbrava as "máquinas algorítmicas avançadas do futuro" que funcionariam em velocidades extremamente altas e "selecionariam os próprios dados e os manipulariam de acordo com suas instruções". Mas as máquinas precisariam de quantidades monumentais de dados: "Essas máquinas terão apetites gigantescos. Cada uma delas receberá instruções e dados de uma sala inteira de garotas armadas de perfuradores de cartões e, a cada poucos minutos, entregará folhas com resultados computados. Sempre haverá muito o que computar nas atividades minuciosas de milhões de pessoas fazendo coisas complicadas"[18].

A "sala inteira de garotas" a que Bush se referiu eram os locais em que as perfuradoras de cartões faziam o trabalho do dia a dia da computação. Como as historiadoras Jennifer Light e Mar Hicks mostraram, essas mulheres eram frequentemente tratadas como dispositivos de entrada para registros de dados inteligíveis. Na realidade, o papel delas foi tão importante quanto o dos engenheiros que projetaram os computadores digitais durante a guerra[19]. Mas o relacionamento entre os dados e o maquinário de processamento já estava sendo imaginado como uma relação de consumo infinito. As máquinas seriam famintas por dados e sem dúvida haveria um horizonte amplo de material a ser extraído de milhões de pessoas.

Nos anos 1970, os pesquisadores de inteligência artificial exploravam principalmente aquilo que é chamado de "abordagem de sistema especialista": uma programação baseada em regras que visa a reduzir o campo de ações possíveis com a articulação de formas de raciocínio lógico. Mas não demorou até que ficasse evidente que essa abordagem era frágil e impraticável nos ambientes do mundo real, onde um conjunto de regras raramente conseguia lidar com a incerteza e a complexidade[20]. Novas abordagens eram necessárias. Já em meados dos anos 1980, os laboratórios de pesquisa estavam se voltando para abordagens probabilísticas ou de força bruta. De forma resumida, passou-se a usar uma grande quantidade de ciclos computacionais para calcular o máximo de opções possíveis em busca de resultados otimizados.

Um exemplo significativo é o do grupo de reconhecimento de fala da IBM Research. O problema do reconhecimento de fala havia sido enfrentado primariamente com o uso de métodos linguísticos, mas então os teóricos da informação Fred Jelinek e Lalit Bahl formaram um novo grupo, que incluía Peter Brown e Robert Mercer (muitos antes de Mercer se tornar um bilionário e se associar à Cambridge Analytica, à Breitbart News e à campanha presidencial de Donald Trump, em 2016). Eles tentaram algo diferente. A técnica que empregaram acabou por produzir os precursores dos sistemas de reconhecimento de fala que estão por trás da Siri e do Dragon Dictate, assim como em sistemas de tradução de máquina como o Google Tradutor e o Microsoft Translator.

Em vez de tentar ensinar aos computadores uma abordagem baseada em regras que usassem princípios gramaticais e atributos linguísticos, esses pesquisadores começaram a usar métodos estatísticos que se concentravam mais em avaliar com que frequência as palavras apareciam umas em relação com as outras. Para que essa abordagem estatística funcionasse, era necessária uma quantidade enorme de dados reais de fala e de texto – ou dados de treinamento. O resultado, como escreve a estudiosa de mídias Xiaochang Li, foi fazer com que fosse necessária "uma redução radical da fala à condição de meros dados que pudessem ser modelados e interpretados na ausência de conhecimento ou compreensão linguísticos. A fala *como tal* deixou de ser importante". Essa mudança foi incrivelmente significativa e viria a se tornar um padrão repetido por décadas: a redução do contexto à condição de dado, do sentido à condição de reconhecimento de padrões estatísticos. Como explica Li:

> A dependência de dados em detrimento de princípios linguísticos, no entanto, representou um novo conjunto de desafios, já que significava que os modelos estatísticos eram necessariamente determinados pelas características dos dados de treinamento. Como resultado, o tamanho dos conjuntos de dados se tornou uma preocupação central [...]. Conjuntos maiores de dados de resultados observados não só aprimoravam as estimativas de probabilidade para processos aleatórios, mas também aumentavam a chance de que os dados capturassem resultados de ocorrência mais rara. De fato, o tamanho dos dados de treinamento era tão fundamental para a abordagem da IBM que, em 1985, Robert Mercer explicou a perspectiva do grupo com a proclamação, simplesmente, de que "nenhum dado é melhor do que ter mais dados"[21].

Por várias décadas, esses dados foram incrivelmente difíceis de encontrar. Como Lalit Bahl descreve em uma entrevista com Li, "Naquele tempo [...] não era muito fácil encontrar nem mesmo um milhão de palavras em um texto que pudesse ser lido por computadores. Nós procurávamos por textos em todos os lugares"[22]. Eles testaram manuais técnicos da IBM, romances infantojuvenis, patentes de tecnologias laser, livros para pessoas cegas e até mesmo correspondências digitadas do associado da IBM Dick Garwin, o criador do primeiro projeto de bomba de hidrogênio[23]. O método ecoava estranhamente um conto do autor de ficção científica Stanislaw Lem, no qual um homem chamado Trurl decide construir uma máquina que escreve poesia. Ele começa com "oitocentas e vinte toneladas de livros sobre cibernética e doze mil toneladas do melhor da poesia"[24]. Mas Trurl percebe que, para programar uma máquina autônoma de poesia, seria necessário "repetir o universo inteiro desde o começo – ou pelo menos uma boa parte dele"[25].

No fim das contas, o grupo de Reconhecimento de Fala Contínua da IBM encontrou essa "boa parte" do universo em uma fonte improvável. Um grande processo judicial federal antitruste foi ajuizado contra a IBM em 1969; o julgamento durou treze anos, e quase mil testemunhas foram chamadas a depor. A IBM empregou uma equipe grande só para digitalizar as transcrições de todos os depoimentos em cartões perfurados para máquinas de tabulação. Isso acabou por criar um *corpus* de cem milhões de palavras já em meados dos anos 1980. Mercer, cujas posições antigoverno eram notórias, disse que esse era "um caso acidental de utilidade criada pelo governo e apesar dele"[26].

A IBM não foi o único grupo a começar a coletar palavras às toneladas. De 1989 a 1992, uma equipe de linguistas e cientistas da computação na Universidade da Pensilvânia trabalhou no projeto Penn Treebank, um banco de dados de texto anotado. Eles recolheram quatro milhões e meio de palavras em inglês dos Estados Unidos com o propósito de treinar sistemas de processamento de linguagem natural. Suas fontes incluíram resumos de pesquisas do Departamento de Energia, artigos publicados por agências de notícias sobre o Dow Jones e relatórios do Serviço Federal de Notícias sobre "atividades terroristas" na América do Sul[27]. A nova coleção de textos tomou de empréstimo algumas coleções anteriores e, depois, contribuiu com fontes mais recentes. Genealogias de coleções de dados começaram a surgir, com as mais novas se desenvolvendo a partir das anteriores – e frequentemente importando as mesmas peculiaridades, problemas e omissões, com tudo a que tinham direito.

Outro *corpus* de texto clássico veio das investigações de fraude contra a Enron Corporation depois que a empresa declarou a maior falência da história estadunidense. A Federal Energy Regulatory Commission [Comissão Regulatória Federal de Energia] apreendeu os *e-mails* de 158 empregados para serem usados em investigações legais[28]. Ela também decidiu liberar o acesso a esses *e-mails* na internet, sob justificativa de que "o direito de informação do público prevalece sobre o direito do indivíduo à privacidade"[29]. Essas mensagens formaram uma coleção extraordinária. Mais de meio milhão de conversas em linguagem do dia a dia podia ser agora utilizado como uma mina linguística: uma mina que, apesar disso, representava os vieses de gênero, raça e profissão daqueles 158 trabalhadores. O *corpus* da Enron já foi citado em milhares de artigos acadêmicos. Apesar de sua popularidade, ele raramente é olhado mais de perto: a revista *New Yorker* o descreveu como "um texto canônico de pesquisa que na verdade nunca foi lido por ninguém"[30]. Essa construção e essa dependência de dados de treinamento foram precursoras de uma nova forma de fazer as coisas. Elas transformaram o campo do processamento de linguagem natural e lançaram as fundações daquelas que se tornariam práticas normais no aprendizado de máquina.

As sementes de problemas futuros foram plantadas aí. Arquivos de texto eram vistos como coleções neutras de linguagem, como se houvesse uma equivalência geral entre as palavras em um manual técnico e a forma como colegas trocam *e-mails*. Desde que houvesse o suficiente para treinar um modelo de linguagem para prever com altos índices de sucesso quais palavras viriam a seguir, todo texto poderia ser reutilizado ou substituído. Assim como no caso das imagens, os *corpora* de texto funcionam sob o pressuposto de que todos os dados de treinamento são intercambiáveis. Mas a linguagem não é uma substância inerte que funcione do mesmo modo, independentemente de onde for encontrada. Frases tiradas do Reddit serão diferentes daquelas compostas por executivos da Enron. Assimetrias, lacunas e vieses nos textos coletados são embutidos em um sistema maior e, se a base do modelo de linguagem estiver nos tipos de palavras que foram agrupadas, a proveniência dessas palavras fará diferença. Não há territórios neutros para a linguagem, e toda coleção de textos também é um relato sobre tempo, lugar, cultura e política. Além disso, línguas com menos dados disponíveis não são contempladas por essas abordagens e, assim, frequentemente são deixadas para trás[31].

Há, é claro, muitas histórias e contextos que se combinam no interior dos dados de treinamento da IBM, do arquivo da Enron ou de Penn Treebank. Como identificar o que é e o que não é relevante para a compreensão desses conjuntos de dados? Como é possível criar alertas para fatos como: "Este conjunto de dados provavelmente reflete vieses relacionados à sua dependência de notícias sobre terroristas da América do Sul nos anos 1980"? As origens dos dados subjacentes de um sistema podem ser incrivelmente significativas e, mesmo assim, passados trinta anos, ainda não há práticas padronizadas para observar de onde todos esses dados vêm ou como foram adquiridos – e muito menos quais vieses ou políticas classificatórias esses conjuntos de dados contêm e de que modo eles influenciarão todos os sistemas que venham a se valer deles[32].

Capturando o rosto

Enquanto textos que pudessem ser lidos por computadores estavam se tornando valiosos para o reconhecimento de fala, o rosto humano era a preocupação nuclear para a construção de sistemas de reconhecimento facial. Um exemplo central veio à tona na última década do século 20, financiado pelo Department of Defense CounterDrug Technology Development Program Office [Escritório do Programa de Desenvolvimento de Tecnologias Contradrogas do Departamento de Defesa dos Estados Unidos]. Ele patrocinou o programa Face Recognition Technology [Tecnologia de Reconhecimento de Rostos] (FERET) para desenvolver o reconhecimento automático de rostos para a comunidade de inteligência e para a segurança pública. Antes do FERET, havia poucos dados de treino disponíveis para rostos humanos, apenas algumas coleções de cerca de cinquenta faces aqui e ali – não o bastante para que o reconhecimento facial fosse realizado em grande escala. O U. S. Army Research Laboratory [Laboratório de Pesquisas do Exército dos Estados Unidos] liderou um projeto técnico para a criação de conjuntos de retratos de treino de mais de mil pessoas, em múltiplas poses, para formar um total de 14.126 imagens. Assim como a coleção de fotos de inquéritos policiais do NIST, o FERET se tornou uma referência-padrão – uma ferramenta de medição compartilhada para a comparação de abordagens para a detecção de rostos.

A infraestrutura FERET foi criada para auxiliar tarefas como, mais uma vez, a pesquisa automatizada de retratos criminais, bem como o monitoramento de aeroportos e áreas de fronteira e a busca em bancos de dados de carteiras de motorista para "detecção de fraudes" (pedidos múltiplos de benefícios sociais eram um exemplo específico mencionado nos artigos de pesquisa do FERET)[33]. Mas havia dois cenários principais de teste. No primeiro, um livro eletrônico de retratos de inquérito de indivíduos conhecidos seria apresentado a um algoritmo, que então precisaria localizar em uma grande galeria as imagens mais parecidas com eles. O segundo cenário se concentrava no controle de fronteiras e aeroportos: a identificação de indivíduos conhecidos – "contrabandistas, terroristas ou outros criminosos" – em uma população maior de pessoas desconhecidas.

Essas fotografias são projetadas para ser legíveis para máquinas, e não para olhos humanos, mas, ainda assim, são visualmente impressionantes. As imagens são surpreendentemente belas – fotografias em alta resolução capturadas no estilo de retratos formais. Tiradas na Universidade George Mason com câmeras 35 mm muito próximas dos rostos, as fotografias retratam um amplo leque de pessoas, algumas das quais parecem ter se vestido para a ocasião, com cabelos cuidadosamente preparados, joias e maquiagem. O primeiro conjunto de fotografias, tirado entre 1993 e 1994, é como uma cápsula do tempo para os cortes de cabelo e a moda dos anos 1990. O fotógrafo pediu aos retratados que virassem a cabeça em múltiplas posições; ao folhear essas imagens, vemos fotos de perfil, imagens frontais, graus variáveis de iluminação e, às vezes, figurinos diferentes. Alguns retratados tiveram suas fotos tiradas ao longo de vários anos com o objetivo de começar a estudar como rastrear pessoas conforme elas envelhecem. Cada participante foi informado sobre o projeto e assinou um formulário aprovado pela comissão de ética da universidade. Os retratados sabiam do que estavam participando e deram seu consentimento integral[34]. Esse nível de consentimento viria a se tornar uma raridade nos anos posteriores.

O FERET foi o ponto culminante de um estilo formal de "criação de dados" antes que a internet começasse a oferecer extrações em massa sem autorização e sem um trabalho de câmera cuidadoso. Mesmo nesse estágio inicial, no entanto, havia problemas com a falta de diversidade dos rostos coletados. Um artigo de pesquisa sobre o FERET de 1996 admite que "algumas questões foram suscitadas sobre a distribuição etária, racial e sexual do banco de dados", mas dizia que, "no atual estágio do programa, o problema-chave era a *performance* do algoritmo em um banco de dados com um número grande de indivíduos"[35]. De fato, o FERET foi extraordinariamente útil para isso. Após o 11 de Setembro, quando o interesse na detecção de terroristas se intensificou e o financiamento para o reconhecimento facial aumentou dramaticamente, o FERET se tornou o banco de referência mais comumente utilizado. Desse ponto em diante, o rastreamento biométrico e os sistemas automatizados de visão se expandiriam rapidamente em ambição e escala.

Da internet ao ImageNet

De vários modos diferentes, a internet mudou tudo; ela passou a ser vista na área de pesquisa de IA como algo semelhante a um recurso natural, algo que está à espera de ser colhido. Quando mais pessoas começaram a enviar suas imagens para páginas da internet, para serviços de compartilhamento de fotos e, finalmente, para redes sociais, a pilhagem começou a sério. De repente, conjuntos de treinamento podiam chegar a tamanhos que os cientistas dos anos 1980 jamais teriam imaginado. Já não havia mais necessidade de realizar ensaios fotográficos com múltiplas condições de iluminação, parâmetros controlados e dispositivos para posicionar os rostos. Agora, havia milhões de *selfies* em todas as condições possíveis de luz, posição e profundidade de campo. As pessoas começaram a compartilhar fotos de seus bebês, retratos de família e imagens de como elas se pareciam dez anos antes – uma fonte ideal para o rastreamento de similaridades genéticas e do envelhecimento dos rostos. Trilhões de linhas de texto com variantes formais e informais de discurso eram publicadas a cada dia. Todas essas coisas eram grãos para os moinhos do aprendizado de máquina. E eram muitas. Como exemplo, em um dia médio de 2019, aproximadamente 350 milhões de fotografias foram enviadas para o Facebook e 500 milhões de *tweets* foram postados[36]. E essas são só duas plataformas sediadas nos Estados Unidos. Absolutamente tudo o que estivesse *on-line* estava pronto para se tornar um conjunto de treinamento para a IA.

Os titãs da indústria de tecnologia estavam agora em uma posição poderosa: eles tinham um canal direto de imagens e textos que se atualizavam de modo incessante, e, quanto mais as pessoas compartilhavam conteúdo, mais o poder dessa indústria crescia. As pessoas ficavam contentes em identificar de graça as próprias fotografias com nomes e localizações, e esse trabalho não remunerado resultou em dados rotulados e mais precisos para modelos de visão computacional e de linguagem. Dentro da indústria, essas coleções são altamente valiosas. São tesouros proprietários raramente compartilhados, tanto pelas questões de privacidade envolvidas quanto pelas vantagens competitivas que representam. Mas aqueles que estavam de fora da indústria, a exemplo dos principais laboratórios universitários de ciência da computação, também queriam acesso a esses trunfos. Como eles conseguiriam coletar os dados das pessoas e fazer com que fossem rotulados a mão por participantes humanos dispostos a isso? Foi aí que novas ideias começaram a vir à tona: a combinação de imagens e textos extraídos da internet com o trabalho em multidão mal remunerado.

Um dos conjuntos de treinamento mais significativos para a IA é o ImageNet. Sua primeira conceitualização é de 2006, quando a professora Fei-Fei Li decidiu construir um conjunto enorme de dados para o reconhecimento de objetos. "Decidimos que queríamos fazer algo completamente sem precedentes", disse Li. "Mapearemos todo o mundo dos objetos."[37] O pôster científico dos avanços alcançados foi publicado pela equipe ImageNet em uma conferência sobre visão computacional em 2009. Ele começava com a seguinte descrição:

> A era digital trouxe consigo uma enorme explosão de dados. Estimativas mais recentes colocam um número de mais de três bilhões de fotos no Flickr, um número similar de vídeos no YouTube e uma quantia ainda maior de imagens no banco de dados da Pesquisa de Imagens do Google. Modelos e algoritmos mais sofisticados e robustos podem ser propostos para

> a exploração dessas imagens, de modo a resultar em aplicativos melhores para que os usuários indexem, recuperem, organizem e interajam com esses dados.[38]

Logo de saída, os dados foram caracterizados como algo volumoso, desorganizado, impessoal e pronto para ser explorado. De acordo com os autores, "exatamente de que modo esses dados podem ser utilizados e organizados é um problema que ainda precisa ser solucionado". Ao extrair milhões de imagens da internet, principalmente de motores de busca com o uso de opções de procura de imagens, a equipe produziu uma "ontologia de imagens de grande escala" pensada para servir como um recurso para "oferecer dados críticos de treinamento e de referência" para algoritmos de reconhecimento de objetos e de imagens. Com essa abordagem, o ImageNet cresceu e ficou gigantesco. A equipe coletou em massa mais de 14 milhões de imagens da internet, a serem organizadas em mais de 20 mil categorias. Preocupações éticas quanto à captura de dados de outras pessoas não foram mencionadas em nenhum dos artigos de pesquisa da equipe, ainda que muitos milhares de imagens fossem de natureza altamente pessoal e comprometedora.

Uma vez que as imagens haviam sido apanhadas da internet, uma grande preocupação veio à tona: quem as rotularia e as colocaria em categorias inteligíveis? Como descreveu Li, o primeiro plano da equipe foi contratar estudantes de graduação por 10 dólares/hora para encontrar as imagens manualmente e acrescentá-las ao conjunto de dados[39]. Mas ela percebeu que, com o orçamento disponível, o projeto demoraria mais de 90 anos para ser concluído. A resposta veio quando um estudante contou a Li sobre um novo serviço: o Amazon Mechanical Turk. Como vimos no capítulo Trabalho, essa plataforma distribuída significava que subitamente era possível acessar uma força de trabalho pulverizada para a realização de tarefas *on-line*, como a rotulação e a separação de imagens, em escala e a baixo custo. "O estudante me mostrou o *site* e eu soube literalmente no mesmo dia que o projeto ImageNet realmente aconteceria", afirmou Li. "De repente, encontramos uma ferramenta cuja escala podia ser aumentada e com a qual sequer teríamos podido sonhar caso houvéssemos empregado os estudantes de graduação de Princeton"[40]. Como seria de se esperar, os estudantes não foram contratados.

Em vez disso, o ImageNet viria a se tornar, por um tempo, o maior usuário acadêmico do Amazon Mechanical Turk do mundo, com o uso de um exército de trabalhadores por empreitada que separavam uma média de cinquenta imagens por minuto em milhares de categorias[41]. Havia categorias para avelãs e aviões, lutadores de sumô e lavadores de carros. Mas também havia rótulos cruéis, ofensivos e racistas: as fotografias de pessoas eram classificadas em categorias como "alcoólatra", "homem-macaco", "doido", "puta" e "olhos puxados". Todos esses termos foram importados da base de dados lexicais do WordNet e oferecidos aos trabalhadores em multidão para serem pareados com as imagens. Ao longo de uma década, o ImageNet cresceu para se tornar um colosso no reconhecimento de objetos para o aprendizado de máquina e um banco de referências poderosamente importante para a área. Essa abordagem da extração em massa de dados sem consentimento e com rotulagem por trabalhadores em multidão sub-remunerados viria a se tornar prática-padrão, e centenas de novos conjuntos de dados de treinamento seguiriam o exemplo do ImageNet. Como veremos no próximo capítulo, essas práticas – e os dados rotulados gerados por elas – acabaram por voltar para assombrar o projeto.

O fim do consentimento

Os primeiros anos do século 21 marcaram um distanciamento da coleta de dados com base no consentimento. Além de se livrar da necessidade de ensaios fotográficos, os responsáveis pela reunião dos conjuntos de dados presumiram que os conteúdos da internet estavam ali para ser coletados, que não dependiam de anuência, de formulários de autorização e de revisões éticas. Agora, práticas de extração ainda mais perturbadoras começavam a emergir. Na Universidade do Colorado, por exemplo, um professor instalou uma câmera no corredor principal do *campus* de Colorado Springs e secretamente capturou fotos de mais de 1.700 alunos e professores – tudo para treinar um sistema próprio de reconhecimento facial[42]. Um projeto similar na Duke University juntou filmagens de mais de 2 mil estudantes sem o conhecimento deles enquanto transitavam entre classes e, depois, publicou os resultados na internet. O conjunto de dados, chamado DukeMTMC (sigla para reconhecimento facial "multialvo e multicâmera"), foi financiado pelo Escritório de Pesquisa do Exército dos Estados Unidos e pela Fundação Nacional de Ciência[43].

O programa DukeMTMC foi severamente criticado depois que um trabalho investigativo dos artistas e pesquisadores Adam Harvey e Jules LaPlace mostrou que o governo chinês estava usando as imagens para treinar sistemas de vigilância contra minorias étnicas. Isso disparou uma investigação da comissão de revisão institucional da Universidade Duke, que concluiu que aquele era um "desvio significativo" das práticas aceitáveis. O conjunto de dados foi removido da internet[44].

Mas o que aconteceu na Universidade do Colorado e na Duke está longe de ser um caso isolado. Na Universidade Stanford, pesquisadores tomaram o controle de uma *webcam* em uma cafeteria badalada em São Francisco para extrair quase 12 mil imagens da "vida diária de um café movimentado no centro da cidade" sem o consentimento de ninguém[45]. De novo e de novo, dados extraídos sem permissão ou consentimento eram disponibilizados *on-line* para pesquisadores de aprendizado de máquina, que então os utilizavam como infraestrutura para sistemas automatizados de imagem.

Outro exemplo é o do emblemático conjunto de dados MS-Celeb, da Microsoft, que apanhou aproximadamente 10 milhões de fotos de centenas de milhares de celebridades na internet em 2016. Na época, era o maior conjunto público de dados de reconhecimento facial do mundo, e as pessoas retratadas incluíam não apenas atores e políticos famosos, mas também jornalistas, ativistas, elaboradores de políticas públicas, acadêmicos e artistas[46]. Ironicamente, várias das pessoas que haviam sido adicionadas sem consentimento ao conjunto são conhecidas pelo trabalho que fazem criticando a vigilância e o próprio reconhecimento facial, incluindo a documentarista Laura Poitras, a ativista de direitos digitais Jilian York, o crítico Evgeny Morozov e a autora de *Capitalismo de vigilância*, Shoshana Zuboff[47].

Mesmo quando os conjuntos de dados passam por uma remoção de informações pessoais e são liberados com um cuidado maior, pessoas são identificadas ou detalhes altamente sensíveis sobre elas são revelados. Em 2013, por exemplo, a Comissão de Táxis e Limusines da Cidade de Nova York liberou um conjunto de dados de 173 milhões de corridas individuais de táxi, com a inclusão dos tempos de entrada e saída, endereços, preços e gorjetas. Os números de registro dos taxistas foram anonimizados, mas isso foi rapidamente desfeito, o que permitiu que os pesquisadores inferissem informações delicadas como rendimentos anuais e endereços residenciais[48]. Uma vez combinados com informações públicas de fontes como *blogs* de celebridades, esses dados levaram à identificação de alguns atores e políticos e foi possível deduzir os endereços de pessoas que visitavam clubes de *striptease*[49]. Mas, para além de danos individuais, conjuntos de dados como esses também geram "danos de privacidade preditiva" para grupos ou comunidades inteiros[50]. O mesmo conjunto de dados de táxi de Nova York foi usado, por exemplo, para sugerir quais taxistas eram muçulmanos devotos graças à observação de quando estacionavam nos horários de oração[51].

Mesmo dos conjuntos de dados aparentemente mais inofensivos e anonimizados podem surgir muitas formas inesperadas e altamente pessoais de informação, mas esse fato não tem impedido a coleção de imagens e textos. Como o sucesso no aprendizado de máquina veio a depender de conjuntos de dados cada vez maiores, mais pessoas estão tentando adquirir esses pacotes. Mas por que a área de IA como um todo aceita essa prática, apesar dos danos potenciais e dos problemas éticos, políticos e epistemológicos? Quais crenças, justificativas e incentivos econômicos normalizaram essa extração em massa e essa equivalência geral de dados?

Os mitos e as metáforas dos dados

Uma história da inteligência artificial que frequentemente é citada, escrita pelo professor de IA Nils Nilsson, esboça vários dos mitos fundadores sobre os dados e o aprendizado de máquina. Nilsson ilustra com esmero como os dados são tipicamente descritos nas disciplinas técnicas: "O grande volume de dados brutos demanda técnicas eficientes de 'mineração de dados' para a classificação, quantificação e extração de informações úteis. Os métodos de aprendizado de máquina estão desempenhando papel cada vez mais importante nessa análise porque conseguem lidar com quantidades maciças de dados. De fato, quanto mais dados, melhor"[52].

Ecoando um Robert Mercer de algumas décadas atrás, Nilsson percebeu que os dados estavam por toda parte, à espera de ser capturados – o que era tanto melhor para a classificação em massa por algoritmos de aprendizado de máquina[53]. Essa era uma crença tão comum que havia se tornado axiomática: os dados estão lá para ser adquiridos, refinados e tornados valiosos.

Mas foram interesses privados que fabricaram e apoiaram zelosamente essa crença ao longo do tempo. Como os sociólogos Marion Fourcade e Kieran Healy observam, a imposição por sempre coletar mais dados provém não só dos profissionais da área, mas também de suas instituições e das tecnologias implementadas:

> O comando institucional que vem da tecnologia é o mais potente de todos: fazemos essas coisas *porque podemos* [...]. Os profissionais recomendam, o ambiente institucional exige e a tecnologia permite que as organizações varram o máximo possível de dados individuais. Não importa se as quantidades coletadas excederão em muito o alcance imaginativo ou a capacidade analítica da empresa. O pressuposto é o de que eles podem vir a ser úteis, isto é, valiosos. [...] As organizações contemporâneas são tanto culturalmente impelidas pelo imperativo dos dados como poderosamente equipadas com novas ferramentas para concretizá-lo.[54]

Isso produziu um tipo de imperativo moral de coleta de dados com o objetivo de melhorar os sistemas, independentemente dos impactos negativos que essa coleta possa causar em algum momento no futuro. Por trás da crença questionável de que "quanto mais, melhor" está a ideia de que, para identificar completamente um indivíduo, basta que uma quantidade suficiente de pedaços díspares de dados tenha sido coletada[55]. Mas o que conta como dado? A historiadora Lisa Gitelman observa que toda disciplina e instituição "tem suas próprias normas e padrões para imaginar os dados"[56]. No século 21, "dado" é tudo aquilo que possa ser capturado.

Termos como "mineração de dados" e frases como "os dados são o novo petróleo" foram parte de um movimento retórico que afastou a noção de que eles são algo pessoal, íntimo ou sujeito à propriedade e ao controle individual, aproximando-os da ideia de algo mais inerte e não humano. Dados começaram a ser descritos como um recurso a ser consumido, um fluxo a ser controlado ou um investimento a ser aproveitado[57]. A expressão "dados como petróleo" virou um lugar-comum e, ainda que sugira uma imagem dos dados como um material bruto a ser extraído, raramente foi usada em referência aos custos das indústrias do petróleo e da mineração: servidão, conflitos geopolíticos, esgotamento de recursos e desencadeamento de consequências que vão além das escalas humanas de tempo.

Em última instância, "dado" se tornou uma palavra exangue; ela esconde tanto suas origens materiais como seus fins. E, se os dados são vistos como abstratos e imateriais, ficam ainda mais facilmente de fora dos entendimentos e das responsabilidades tradicionais do cuidado, do consentimento e do risco. Como os pesquisadores Luke Stark e Anna Lauren Hoffman defendem, as metáforas de dados como "recurso natural" à espera de ser descoberto são um truque retórico bastante antigo, usado há séculos pelos poderes coloniais[58]. A extração passa a ser justificada por incidir sobre um recurso primitivo e "não refinado"[59]. Se os dados são enquadrados como petróleo, algo que está apenas à espera de ser extraído, então o aprendizado de máquina passa a ser visto como seu necessário processo de refino.

Seguindo as visões neoliberais mais amplas para os mercados como principais formas de organização do valor, os dados também começaram a ser vistos como capital. Quando expressadas em rastros digitais e, então, contabilizadas e ranqueadas segundo métricas de pontuação, as atividades humanas funcionam como forma de extração de valor. Como Fourcade e Healy observam, aqueles que dispõem dos sinais de dados certos adquirem vantagens como descontos em seguradoras e melhores posições em vários mercados[60]. Pessoas bem-sucedidas na economia tradicional tendem a se sair bem também na economia da pontuação de dados, enquanto aquelas que são mais pobres se tornam alvos para as formas mais prejudiciais de vigilância e extração de dados. Quando os dados são considerados como uma forma de capital, tudo que signifique mais coleta passa a estar justificado. De modo similar, o sociólogo Jathan Sadowski também afirma que atualmente os dados operam como uma forma de capital. Ele sugere que, uma vez que tudo seja compreendido como dados, isso justifica um ciclo de extração cada vez maior:

> A coleta de dados é, então, movida pelo ciclo perpétuo da acumulação de capital, que, por sua vez, conduz o capital a construir um mundo em que tudo é feito de dados, e a depender desse mundo. O suposto caráter universal dos dados reenquadra todas as coisas como se elas se encaixassem no domínio do capitalismo de dados. Todos os espaços devem ser submetidos à datificação. Se o universo é concebido como uma reserva potencialmente infinita de dados, então os meios de acumulação e circulação de dados podem ser mantidos para sempre.[61]

Esse impulso para a acumulação e para a circulação é a poderosa ideologia subjacente aos dados. A extração de dados em massa é "a nova fronteira da acumulação e o próximo passo do capitalismo", sugere Sadowski, e é essa base que faz a IA funcionar[62]. Assim, há indústrias inteiras, instituições e indivíduos que não desejam que essa fronteira – onde os dados estão disponíveis para captura – seja questionada ou desestabilizada.

Para ganhar precisão, os modelos de aprendizado de máquina exigem um fluxo constante de dados. Mas as máquinas são assintóticas, nunca atingem a precisão total, o que impulsiona a justificação de que mais seja extraído do maior número possível de pessoas para abastecer as refinarias da IA. Isso levou a um afastamento de ideias como a de "sujeitos humanos" – um conceito que emergiu dos debates de ética do século 20 – e à criação da "sujeitos de dados" – aglomerações de pontos de dados sem subjetividade, contexto ou direitos claramente definidos.

A ética a uma distância segura

A grande maioria das pesquisas universitárias em IA é feita sem nenhum tipo de processo de revisão ética. Mas, se as técnicas de aprendizado de máquina estão sendo usadas para subsidiar decisões em esferas delicadas como educação e saúde, então por que elas não são submetidas a um grau maior de revisão? Para entender isso, precisamos olhar para as disciplinas que antecederam a inteligência artificial. Analisando historicamente, antes do surgimento do aprendizado de máquina e da ciência de dados, as áreas da matemática aplicada, da estatística e da ciência da computação não eram consideradas formas de experimentação com humanos.

Nas décadas iniciais da IA, as pesquisas que usavam dados humanos eram geralmente vistas como de risco muito pequeno[63]. Mesmo que os conjuntos de dados no aprendizado de máquina frequentemente viessem de pessoas e representassem suas vidas, a pesquisa que os empregava era vista mais como uma forma de matemática aplicada com poucas consequências para os humanos envolvidos. As infraestruturas de proteção ética, como os conselhos de revisão institucional das universidades [*institutional review boards*, IRBs], já adotavam essa posição havia muitos anos[64]. De início, isso fazia sentido; as IRBs haviam se concentrado esmagadoramente nos métodos comuns à experimentação biomédica e psicológica, nos quais as intervenções traziam riscos nítidos às cobaias individuais. A ciência da computação era vista como algo muito mais abstrato.

Porém, uma vez que a IA saiu do contexto dos laboratórios, nos anos 1980 e 1990, e entrou em situações do mundo real – como nas tentativas de prever se criminosos reincidirão, ou de decidir quem deve receber benefícios sociais –, os danos potenciais aumentaram. Além disso, trata-se de danos que afetam não apenas indivíduos, mas comunidades inteiras. Continua a haver, contudo, uma forte presunção de que conjuntos de dados abertos ao público oferecem riscos mínimos e que, portanto, não devem ser submetidos a revisões éticas[65]. Essa ideia é produto de uma época anterior, na qual era mais difícil transportar dados entre locais diferentes e era muito caro armazená-los por longos períodos. Essas suposições iniciais estão fora de sincronia com o que está atualmente acontecendo no aprendizado de máquina. Hoje, os conjuntos de dados são mais facilmente conectáveis, sempre reaproveitáveis para outros propósitos, continuamente atualizáveis e frequentemente estão removidos do contexto original da coleção.

Conforme suas ferramentas se tornam mais invasivas e os pesquisadores conseguem acessar cada vez mais dados sem interagir com os humanos envolvidos, o perfil de risco da IA vai mudando rapidamente. Um grupo de pesquisadores de aprendizado de máquina, por exemplo, publicou um artigo em que afirmava ter desenvolvido um "sistema automático para a classificação de crimes"[66]. Em particular, o enfoque estava em descobrir se um crime violento estava relacionado com alguma gangue, o que os pesquisadores afirmaram que poderia ser previsto pela rede neural com apenas quatro informações: a arma, o número de suspeitos, a vizinhança e o lugar. Isso foi feito com o uso de um conjunto de dados criminais do Departamento de Polícia de Los Angeles, que incluía milhares de crimes já rotulados pela polícia como relacionados a gangues.

As informações sobre gangues são notoriamente enviesadas e repletas de erros, mas, ainda assim, pesquisadores usam esse banco de dados e outros parecidos como fonte definitiva para o treinamento de sistemas de IA preditiva. Já foi comprovado que o banco de dados CalGang, amplamente usado pela polícia da Califórnia, por exemplo, contém imprecisões bastante significativas. Um auditor do estado descobriu que 23% das centenas de registros revisados por ele não dispunham de base suficiente para estarem presentes ali. O banco de dados também continha 42 crianças, 28 das quais eram listadas como tendo "admitido serem membros de gangues"[67]. A maioria dos adultos da lista nunca havia sido denunciada, mas, uma vez incluídos no banco de dados, não havia como remover seus nomes de lá. As razões para ser incluído poderiam ser tão simples como conversar com um vizinho usando uma camiseta vermelha; com esses fundamentos triviais, pessoas negras e latinas têm sido desproporcionalmente acrescentadas à lista[68].

Quando os pesquisadores apresentaram o projeto de previsão de crimes de gangue em uma conferência, alguns dos participantes ficaram perturbados. Como relatado pela revista *Science*, as questões do público incluíram "Como a equipe pode ter certeza de que os dados de treinamento não eram enviesados desde o início?" e "O que acontece quando alguém é indevidamente rotulado como membro de uma gangue?". Hau Chan, o cientista da computação que agora está na Universidade Harvard e que apresentou o trabalho, respondeu que não havia como saber como a nova ferramenta seria usada. "[Esse é o] tipo de questão ética que não sei responder de modo adequado", disse ele, que era apenas "um pesquisador". Um membro da plateia respondeu com a citação da letra de uma música satírica de Tom Lehrer sobre o cientista que trabalhava com mísseis na época da guerra Wernher von Braun: "Uma vez que os foguetes estejam no céu, quem liga para onde eles vão cair?"[69].

Essa separação entre questões étnicas e técnicas reflete um problema mais amplo na área, em que a responsabilidade pelos danos causados ou não é reconhecida, ou é vista como algo além do escopo da pesquisa. Como escreveu Anna Lauren Hoffman:

> O problema aqui não são apenas as consequências indesejadas de conjuntos de dados enviesados ou de algoritmos injustos. Também há um indicativo de uma questão mais persistente, de pesquisadores que reproduzem ativamente ideias que prejudicam comunidades vulneráveis e intensificam as injustiças atuais. Mesmo que o sistema para a identificação de violência entre gangues da equipe de Harvard nunca seja implementado, já não terá sido causado algum tipo de dano? Não seria o próprio projeto um ato de violência cultural?[70]

Deixar de lado questões de ética já é prejudicial em si mesmo e perpetua a falsa ideia de que a pesquisa científica acontece em um vácuo, sem responsabilidade pelas ideias que propaga. A reprodução de ideias prejudiciais é particularmente perigosa agora que a IA passou de uma disciplina experimental usada apenas em laboratórios para algo testado em escala em milhões de pessoas. As abordagens técnicas avançam rapidamente da fase de artigos de conferência para a implementação em sistemas de produção, onde pressupostos danosos podem se entrincheirar e serem difíceis de reverter.

Os métodos do aprendizado de máquina e da ciência de dados podem criar um relacionamento abstrato entre pesquisadores e pesquisados, no qual o trabalho é feito a distância, apartado das comunidades e dos indivíduos postos em risco. Essa relação em que os pesquisadores de IA se mantêm distanciados das pessoas cujas vidas são refletidas nos conjuntos de dados é uma prática que se consolidou há muito tempo. Já em 1976, quando escreveu sua crítica mordaz contra a área, o cientista de IA Joseph Weizenbaum observou que a ciência da computação estava tentando ignorar todos os contextos humanos[71]. Ele argumentou que os sistemas de dados haviam permitido que os cientistas da época da guerra operassem a uma distância psicológica das pessoas "que seriam mutiladas e mortas pelos sistemas de armas que resultariam das ideias que eles veiculavam"[72]. A resposta, na visão de Weizenbaum, deveria ser enfrentar diretamente o que os dados realmente representavam: "A lição, portanto, é a de que o cientista e o tecnólogo devem, por atos de vontade e de imaginação, lutar ativamente para reduzir essas distâncias psicológicas e rebater as forças que tendem a distanciá-los das consequências de suas próprias ações. Eles devem – e é simples assim – pensar no que estão realmente fazendo"[73].

Weizenbaum esperava que os cientistas e tecnólogos pensassem mais profundamente nas consequências de seus trabalhos – e em quem poderiam estar pondo em risco. Mas esse não se tornaria o padrão na área de IA. Em vez disso, os dados são mais comumente vistos como algo a ser capturado à vontade, usado sem restrições e interpretado sem contextos. Há uma cultura internacional de voracidade exploratória e invasiva na coleta de dados que pode produzir formas duradouras de dano[74]. E há muitas outras indústrias, instituições e indivíduos que têm fortes incentivos para manter essa atitude colonizadora – na qual os dados estão aí para ser capturados – e que não querem que suas ações sejam questionadas ou regulamentadas.

A captura dos bens comuns

Apesar de preocupações com privacidade, ética e segurança, a atual cultura de extração de dados generalizada continua a crescer. Ao pesquisar os milhares de conjuntos de dados que estão disponíveis de graça para o desenvolvimento de IA, tive um vislumbre daquilo que os sistemas técnicos são construídos para reconhecer – de como o mundo é "renderizado", processado para computadores de formas raramente vistas por humanos. Há conjuntos gigantescos de dados cheios de *selfies* e tatuagens de pessoas, de mães e pais caminhando com os filhos, de gestos de mãos, de pessoas dirigindo carros, de crimes sendo cometidos em câmeras de circuito interno, de centenas de ações humanas cotidianas como sentar-se, acenar, brindar ou chorar. Toda forma de biodado – incluindo forense, biométrico, sociométrico e psicométrico – está sendo capturada e registrada em bancos de dados para que sistemas de IA encontrem padrões e façam análises.

Os conjuntos de dados suscitam questões complexas sob as perspectivas ética, metodológica e epistemológica. Muitos deles foram criados sem o conhecimento e o consentimento das pessoas retratadas e foram colhidos em fontes *on-line* como Flickr, Google Imagens e YouTube, ou doados por agências governamentais como o FBI. Esses dados são agora usados para expandir sistemas de reconhecimento facial, modular mensalidades de planos de saúde, penalizar motoristas distraídos e alimentar ferramentas de policiamento preditivo. Mas as práticas de extração de dados estão se estendendo ainda mais profundamente, em áreas da vida humana que outrora estavam fora de cogitação ou eram caras demais para ser alcançadas. As empresas de tecnologia se valeram de uma série de abordagens para conquistar esses novos territórios. Dados de voz são coletados de dispositivos colocados sobre balcões de cozinha ou mesas de cabeceira; dados físicos são coletados em relógios em pulsos e celulares em bolsos; dados sobre quais livros e jornais são lidos são extraídos de *tablets* e *laptops*; gestos e expressões faciais são compilados e avaliados em ambientes de trabalho e em salas de aula.

A colheita de dados pessoais para a construção de sistemas de IA desperta preocupações claras com a privacidade.

Pensemos, por exemplo, no acordo feito entre o Fundo Fiduciário Real do Serviço Nacional Gratuito de Saúde da Grã-Bretanha e a DeepMind, uma subsidiária do Google, para o compartilhamento dos registros de saúde de 1,6 milhão de pacientes. O National Health Service [Serviço Nacional de Saúde] da Grã-Bretanha é uma instituição reconhecida, incumbida da prestação de atendimento médico universal, em geral gratuito, e com a proteção dos dados de seus pacientes. Mas, quando o acordo com a DeepMind foi investigado, descobriu-se que a entidade havia violado as leis de proteção de dados ao não manter os pacientes suficientemente informados do que fora negociado[75]. Em seus achados, a comissária de informações observou que "a inovação não precisa vir à custa da erosão do direito fundamental à privacidade"[76].

Mas, além da privacidade, há outras questões graves que recebem menos atenção. As práticas de extração de dados e de construção de conjuntos de treinamento têm como premissa a captura e a comercialização daquilo que, antes, era parte dos bens comuns. Essa forma particular de erosão é uma privatização às escondidas, uma remoção do valor do conhecimento que pertence a todos. Um conjunto de dados pode continuar disponível para o público, mas o seu metavalor – o modelo criado a partir dele – é de propriedade privada. Não há dúvidas de que muitas coisas boas podem ser feitas com dados públicos. Mas tem havido uma expectativa social e, em algum grau, técnica de que o valor dos dados compartilhados pelas instituições públicas e por espaços públicos *on-line* deveria ser revertido para o interesse público, em outras formas de bens comuns. Em vez disso, vemos um punhado de empresas privadas que agora possuem um poder enorme de extração de ideias e lucros a partir desses recursos compartilhados. A nova corrida do ouro da IA consiste na privatização de campos diferentes do conhecimento, dos sentimentos e das ações humanos – todo tipo de dados disponíveis – capturados na lógica expansionista de uma coleta que nunca chega ao fim. É a pilhagem do espaço público.

Fundamentalmente, as práticas da acumulação de dados ao longo de muitos anos contribuíram para uma lógica extrativa poderosa – uma lógica que, hoje, é um atributo nuclear de como a área da IA funciona. Essa lógica enriqueceu as companhias de tecnologia com acesso aos maiores “mananciais” de dados, enquanto os espaços livres para a sua coleta foram dramaticamente reduzidos. Como Vannevar Bush previu, as máquinas têm apetites enormes. Mas a forma e o conteúdo de sua alimentação produzem um impacto enorme em como elas interpretarão o mundo, da mesma forma como as prioridades de seus senhores sempre moldarão o modo como essa visão será monetizada. Ao olhar para as camadas de dados de treinamento que moldam e oferecem subsídios para os modelos e os algoritmos de IA, podemos ver que a reunião e a rotulagem de dados a respeito do mundo são intervenções sociais e políticas, mesmo que disfarçadas de intervenções puramente técnicas.

A forma como os dados são entendidos, capturados, classificados e nomeados é fundamentalmente um ato de construção e delimitação de mundos. Ela tem ramificações enormes sobre a forma como a inteligência artificial funciona no mundo e quais comunidades são as mais afetadas. O mito da coleta de dados como prática benevolente da ciência da computação obscureceu suas operações de poder e protegeu aqueles que mais lucram e que, ao mesmo tempo, escapam da responsabilidade pelas consequências de seus atos.

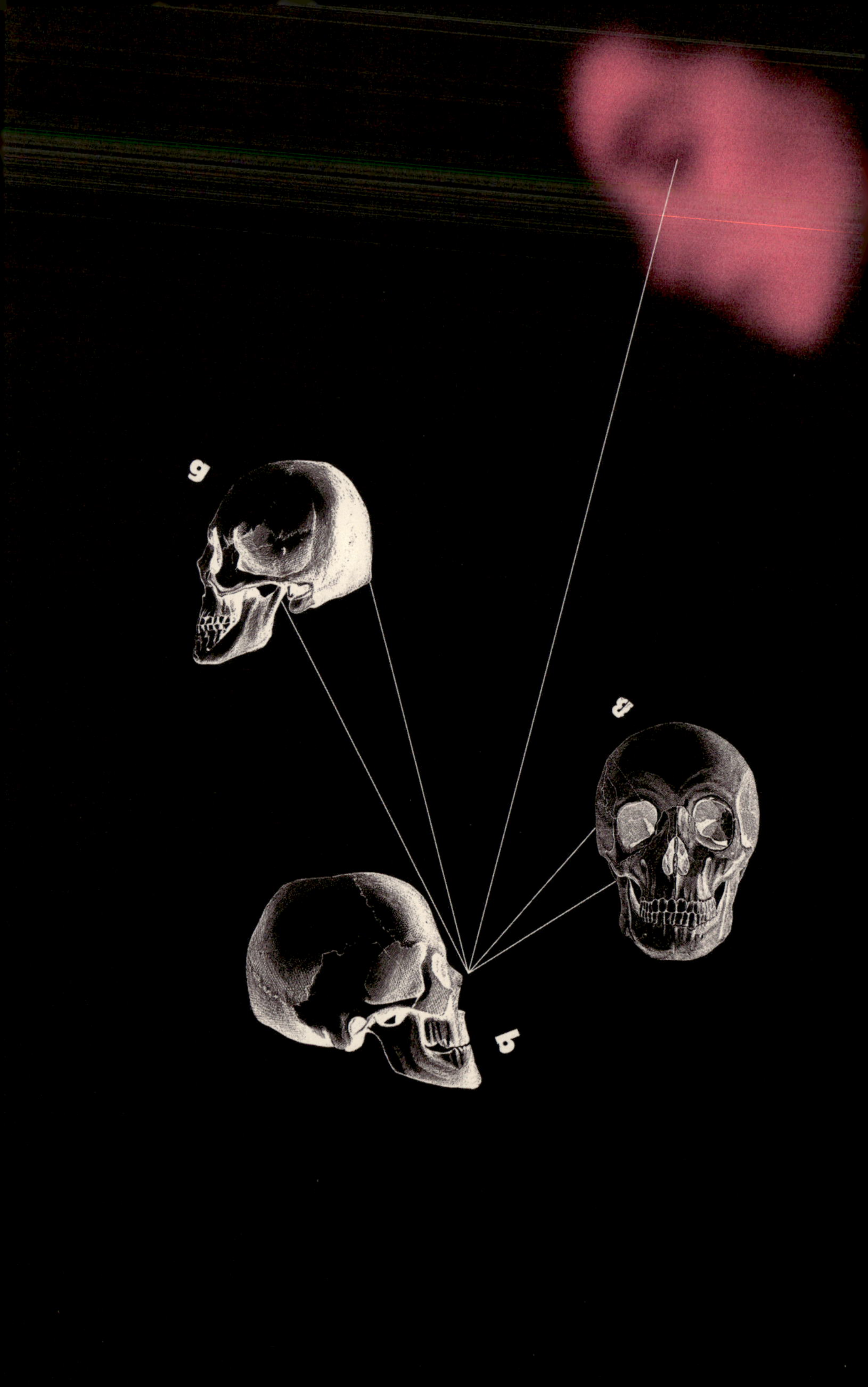

CLASSIFICAÇÃO

Estou cercada de crânios humanos. Esta sala contém quase quinhentos deles, colecionados nas primeiras décadas do século 19. Todos foram envernizados e têm números inscritos em tinta preta no osso frontal. Círculos de caligrafia delicada marcam as áreas associadas pela frenologia com qualidades particulares, incluindo "benevolência" e "veneração". Alguns mostram inscrições em letras maiúsculas, com palavras como "holandês", "peruano da raça inca" ou "lunático". Cada um deles foi meticulosamente pesado, medido e rotulado pelo craniologista estadunidense Samuel Morton. Morton era médico, historiador natural e membro da Academia de Ciências Naturais da Filadélfia. Vinda do mundo inteiro, a coleção foi reunida a partir de trocas com uma rede de cientistas e caçadores de crânios que traziam espécimes para experimentos, às vezes roubados de cemitérios[1]. Ao final de sua vida, em 1851, Morton havia acumulado mais de mil crânios, na época a maior coleção do mundo[2]. Muito do arquivo é hoje mantido no depósito da Seção de Antropologia Física do Penn Museum, na Filadélfia.

Morton não era um frenologista clássico, já que não acreditava que as características humanas pudessem ser lidas pelo

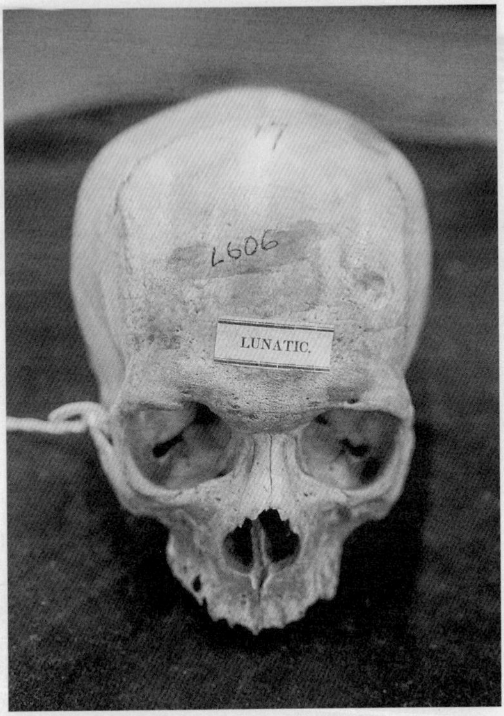

Peça da coleção de crânios de Morton com o rótulo "Lunático". Fotografia de Kate Crawford.

exame do formato da cabeça. Em vez disso, seu objetivo era classificar e ranquear as raças humanas de forma "objetiva", a partir da comparação das características físicas dos crânios. Isso era feito com a divisão dos exemplares entre as cinco "raças" do mundo: africana, nativo-americana, caucasiana, malaia e mongol – uma taxonomia típica de seu tempo e um reflexo da mentalidade colonialista que predominava na geopolítica[3]. Esse era o ponto de vista do poligenismo – a crença de que raças humanas distintas evoluíram de forma separada em épocas diferentes –, legitimado por estudiosos brancos europeus e estadunidenses e aclamado pelos exploradores coloniais como justificativa para a violência e a despossessão racistas[4]. A craniometria se tornou um de seus métodos principais, já que dizia avaliar com precisão a diferença e o mérito humanos[5].

Muitos dos crânios que vejo pertenceram a pessoas nascidas na África, mas que morreram escravizadas nas Américas. Morton media esses crânios preenchendo suas cavidades com bolinhas de chumbo, que depois devolvia a cilindros para medir o volume do metal em polegadas cúbicas[6]. Os resultados eram publicados e comparados aos de crânios adquiridos de outras regiões: Morton afirmava, por exemplo, que as pessoas brancas tinham crânios maiores, enquanto os negros estariam no nível mais baixo da escala. As tabelas de Morton relativas ao volume craniano médio por raça eram consideradas o que havia de mais avançado na ciência da época. Seu trabalho foi citado por todo aquele século como portador de dados objetivos e quantitativos que provavam a relatividade da inteligência nas raças humanas e a superioridade biológica da raça caucasiana. Essa pesquisa foi instrumentalizada nos Estados Unidos para manter a legitimidade da escravidão e da segregação racial[7]. Considerados como o estado da arte da ciência da época, esses estudos ainda foram usados para autorizar a opressão racial por muito tempo depois que deixaram de ser citados.

Mas o trabalho de Morton não era o tipo de evidência que afirmava ser. Como Stephen Jay Gould descreve em seu emblemático *A falsa medida do homem*:

> Em poucas palavras, e para dizê-lo sem rodeios, os dados resumidos dos quadros formam uma colcha de retalhos de falsificações e acomodações evidentemente destinadas a verificar determinadas crenças *a priori*. Contudo – e este é o aspecto mais curioso do caso – não consigo encontrar provas de fraude deliberada [...]. O predomínio da acomodação *inconsciente* dos dados, por outro lado, sugere uma conclusão geral a respeito do contexto social da ciência. Porque, se os

> cientistas podem iludir a si mesmos em níveis como o de Morton, então o condicionamento dos preconceitos deverá incidir em todas as partes, inclusive nos procedimentos elementares para a medição de ossos e a soma dos dados.[8]

Gould, e muitos outros depois dele, fizeram novas pesagens dos crânios e reexaminaram as evidências do estudo[9]. Morton cometeu erros de experimentação e de cálculo, além de ter suprimido parte dos procedimentos – ignorou, por exemplo, o fato básico de que pessoas maiores têm cérebros maiores[10]. Ele escolhia seletivamente amostras que apoiavam a crença na supremacia branca e apagava subamostras que abalassem as médias para cada grupo. Análises mais recentes dos crânios no Penn Museum não mostraram diferenças significativas entre pessoas – mesmo quando utilizados os dados de Morton[11]. Mas os preconceitos anteriores – uma forma de ver o mundo – haviam moldado o que Morton acreditava ser uma ciência objetiva e criado um ciclo de autorreforço que, tanto quanto os próprios crânios cheios de bolinhas de chumbo, influenciou seus achados.

Como Gould observa, a craniometria, "no século 19, foi a ciência numérica em que se apoiou o determinismo biológico" e tinha como base "estupendos erros" em seus pressupostos centrais subjacentes: as ideias de que o tamanho do cérebro equivale à inteligência; de que, assim como há espécies biológicas, haveria raças humanas separadas; e de que essas raças poderiam ser colocadas em uma hierarquia de acordo com seu intelecto e caráter inatos[12]. Com o tempo, esse tipo de ciência foi desacreditado, mas, como Cornel West afirmou, suas metáforas, lógicas e categorias dominantes não só sustentaram a supremacia branca como também possibilitaram o surgimento de certas ideias políticas específicas sobre raça e interditaram a aparição de outras[13].

O legado de Morton foi um prenúncio dos problemas epistemológicos com a medição e a classificação na inteligência artificial. A correlação entre, de um lado, a morfologia craniana e, de outro, a inteligência e a superioridade de direitos funcionou como um álibi técnico para o colonialismo e a escravidão[14]. Ainda que haja uma tendência ao enfoque nos erros de medição dos crânios e à busca de formas de corrigi-los, existe uma falha muito mais grave na visão de mundo subjacente que anima essa metodologia. O objetivo, então, não deveria ser clamar por medições de crânio mais exatas ou "justas" para escorar modelos racistas de inteligência, mas sim condenar integralmente esse tipo de abordagem. As práticas de classificação que Morton usou eram *inerentemente* políticas, e pressupostos inválidos sobre inteligência, raça e biologia produziram efeitos sociais e econômicos de longo alcance.

A política de classificação é uma prática central na inteligência artificial. Desde os laboratórios universitários até a indústria de tecnologia, é ela que informa como a inteligência de máquina é reconhecida e produzida. Como vimos no capítulo anterior, os artefatos são transformados em dados via extração, mensuração, rotulagem e organização, e o produto final se transforma – intencionalmente ou não – em uma verdade básica escorregadia para sistemas técnicos treinados com esses dados. E, quando é revelado que os sistemas de IA produzem resultados discriminatórios nas categorias de raça, classe, gênero, deficiência ou idade, as empresas são confrontadas por uma pressão considerável para que reformem suas ferramentas e diversifiquem seus dados. Mas o resultado é frequentemente uma resposta limitada, em geral uma tentativa de enfrentamento de erros técnicos e dados enviesados para que os sistemas de IA pareçam mais justos. O que frequentemente se perde de vista é um conjunto mais fundamental de perguntas: como a classificação funciona no aprendizado de máquina? O que está em jogo quando classificamos? De que modo as classificações interagem com o que é classificado? E quais teorias sociais e políticas não declaradas estão na base e são apoiadas por essas classificações do mundo?

Em seu estudo pioneiro sobre classificação, Geoffrey Bowker e Susan Leigh Star escrevem que "as classificações são tecnologias poderosas. Embutidas nas infraestruturas de trabalho, elas se tornam relativamente invisíveis sem perder nada de seu poder"[15]. Seja na rotulagem de imagens em conjuntos de treinamento de IA, no rastreamento de pessoas via reconhecimento facial ou no ato de despejar bolinhas de chumbo dentro de crânios, a classificação é um ato de poder. Mas as classificações podem ser perdidas de vista, como observam Bowker e Star, "na infraestrutura, no hábito, no que fazemos sem refletir"[16]. Podemos esquecer facilmente que as classificações casualmente escolhidas para moldar um sistema técnico desempenham um papel dinâmico na modelagem do mundo social e material.

A tendência a nos concentrarmos na questão do viés na inteligência artificial nos levou para longe da avaliação das práticas nucleares de classificação na IA, bem como das políticas que as acompanham. Para que vejamos isso em ação, neste capítulo exploraremos alguns dos conjuntos de dados de treinamento do século 21 e observaremos como seus esquemas de organização social naturalizam hierarquias e amplificam desigualdades. Também olharemos para os limites dos debates sobre viés em IA, nos quais, em vez do enfrentamento das estruturas sociais, políticas e econômicas subjacentes, a paridade matemática é frequentemente proposta para a produção de "sistemas mais justos". Em suma, consideraremos como a inteligência artificial usa a classificação para codificar o poder.

Sistemas de lógica circular

Uma década atrás, a sugestão de que a inteligência artificial poderia ser tendenciosa não fazia parte da ortodoxia. Hoje, porém, são muitos os exemplos de sistemas de IA discriminatórios, desde o viés de gênero nos algoritmos de avaliação de crédito da Apple e o racismo no *software* de análise de risco criminal COMPAS até o viés etário no direcionamento de anúncios do Facebook[17]. As ferramentas de reconhecimento de imagens colocam os rostos de pessoas negras em categorias erradas, os *chatbots* adotam linguagens racistas e misóginas, os *softwares* de reconhecimento de voz fracassam em identificar vozes que soem mais femininas e as plataformas de mídias sociais exibem mais anúncios de emprego de melhor remuneração para homens do que para mulheres[18]. Estudiosos como Ruha Benjamin e Safiya Noble mostraram que há centenas de exemplos disso em todo o ecossistema da tecnologia[19]. E muitos outros jamais foram detectados ou admitidos em público.

A estrutura típica de um episódio na narrativa em curso sobre o viés da IA começa com um jornalista ou um informante que revela como um sistema de IA está produzindo resultados discriminatórios. A matéria é amplamente compartilhada, e a empresa em questão promete lidar com o problema. Depois, ou o sistema é superado por algo novo, ou intervenções técnicas são feitas em uma tentativa de produzir resultados com uma paridade maior. Esses resultados e ajustes técnicos continuam a ser privados e secretos, e ao público é dito que "fique sossegado", porque o mal do viés foi "curado"[20]. É muito mais raro que haja um debate público sobre *o porquê* dessas formas de enviesamento e discriminação serem tão recorrentes e se há problemas mais fundamentais em jogo do que apenas um conjunto inadequado de dados subjacentes ou um algoritmo mal projetado.

Um dos exemplos mais vívidos de viés em ação vem de um relato interno da Amazon. Em 2014, a empresa decidiu experimentar com a automação do processo de recomendação e contratação de empregados. Se a automação havia funcionado para aumentar os lucros na recomendação de produtos e na organização de depósitos, ela também poderia, segundo a lógica, melhorar a eficiência da contratação. Nas palavras de um engenheiro, "eles literalmente queriam que houvesse um mecanismo em que você colocasse cem currículos, os cinco melhores fossem escolhidos e essas pessoas fossem contratadas"[21]. Em um espelhamento do sistema de avaliação de produtos da Amazon, o sistema de aprendizado de máquina foi projetado para ranquear as pessoas em uma escala de um a cinco. Para a construção do modelo subjacente, os engenheiros da Amazon usaram um conjunto de dados proveniente de dez anos de currículos enviados por seus colegas e, então, treinaram um modelo estatístico com base em 50 mil termos que apareciam nesses currículos. Rapidamente, o sistema começou a atribuir menos importância a termos comumente utilizados na engenharia, como "linguagem de programação", já que eram listados nos históricos profissionais de todos os candidatos. Em vez disso, os modelos passaram a valorizar atributos mais sutis que reapareciam em candidaturas bem-sucedidas. Uma preferência forte por alguns verbos em particular veio à tona. Os exemplos que os engenheiros mencionaram foram "executar" e "capturar"[22].

Os recrutadores começaram a usar o sistema como um complemento para as práticas usuais[23]. Não demorou até que um problema grave aparecesse: o sistema não estava recomendando mulheres. Ele estava ativamente reduzindo as notas dos currículos de candidatas que haviam frequentado universidades exclusivas para mulheres, assim como qualquer currículo que chegasse a incluir a palavra "mulher". Mesmo depois que o sistema foi editado para remover a influência das referências explícitas de gênero, o viés permaneceu. Outros indicadores para a masculinidade hegemônica continuaram a surgir no uso "generizado" da linguagem em si. O modelo tinha um enviesamento contra as mulheres não só como categoria, mas também contra formas de discurso tipicamente femininas.

Inadvertidamente, a Amazon havia criado uma ferramenta de diagnóstico. A vasta maioria dos engenheiros contratados pela empresa por mais de dez anos havia sido composta por homens, e, por isso, os modelos criados, que foram treinados com base nos currículos bem-sucedidos de homens, aprenderam a recomendar homens para contratações futuras. As práticas de contratação do passado e do presente estavam moldando as ferramentas de contratação do futuro. Inesperadamente, o sistema da Amazon revelou de que modo os vieses já existiam na forma como a masculinidade estava codificada na linguagem, nos currículos e na empresa em si. A ferramenta foi a intensificação de uma dinâmica existente na Amazon e realçou a falta de diversidade em todo o passado e presente da indústria de IA[24].

No fim, a Amazon encerrou seu experimento de contratação. Mas a escala do problema de enviesamento vai muito mais fundo do que um único sistema ou abordagem fracassada. A indústria de IA tradicionalmente vem entendendo o problema do enviesamento como se ele fosse uma falha a ser corrigida, e não como um atributo da própria classificação. O resultado tem sido um enfoque no ajuste de sistemas técnicos para que produzam maior paridade quantitativa em grupos díspares – o que, como veremos, criou outros problemas.

Para entendermos a relação entre viés e classificação, devemos ir além de uma análise da produção do conhecimento – como quando se verifica se um conjunto de dados é enviesado ou não – e, em vez disso, olhar para a mecânica da construção do conhecimento em si, aquilo que a socióloga Karin Knorr Cetina chama de "maquinário epistêmico"[25]. Para que isso seja visível, precisamos observar como os padrões históricos de desigualdade moldam o acesso a recursos e oportunidades, o que, por sua vez, molda os dados. Esses dados são então extraídos para ser usados em sistemas técnicos de classificação e reconhecimento de padrões, produzindo resultados que, em algum grau, são percebidos como objetivos. O resultado é um ouroboros estatístico: uma máquina de discriminação que reforça a si mesma e amplifica desigualdades sociais sob o manto da neutralidade técnica.

Os limites do desenviesamento de sistemas

Para entender melhor as limitações da análise do viés na IA, podemos olhar para as tentativas de consertá-lo. Em 2019, a IBM tentou responder a preocupações sobre o enviesamento de seus sistemas de IA com a criação daquilo que a empresa chamou de um conjunto de dados mais "inclusivo", denominado Diversity in Faces [Diversidade em Rostos] (DiF)[26]. O DiF era parte de uma resposta da indústria ao trabalho inovador lançado um ano antes pelas pesquisadoras Joy Buolamwini e Timnit Gebru, que haviam demonstrado que vários sistemas de reconhecimento facial – incluindo os da IBM, da Microsoft e da Amazon – tinham taxas muito maiores de erros com pessoas de pele mais escura, em especial com mulheres[27]. Como resultado, houve um esforço constante no interior das três empresas para mostrar progressos na correção do problema.

"Esperamos que o reconhecimento facial funcione com precisão para cada um de nós", escreveram os pesquisadores da IBM, mas a única forma possível para "solucionar o desafio da diversidade" seria a construção de "um conjunto de dados formado pelos rostos de todas as pessoas no mundo"[28]. Os pesquisadores da IBM decidiram aproveitar um conjunto de dados preexistente de 100 milhões de imagens tiradas do Flickr, na época a maior coleção aberta ao público disponível na internet[29]. Eles então usaram 1 milhão de fotos como uma pequena amostra e mediram as distâncias craniofaciais entre os marcos de cada rosto: olhos, largura nasal, altura dos lábios, altura das sobrancelhas e assim por diante. Como na medição de crânios de Morton, os pesquisadores da IBM buscavam atribuir medidas cranianas e criar categorias para a diferença.

A equipe da IBM declarou que sua meta era aumentar a diversidade dos dados de reconhecimento facial. Ainda que bem-intencionadas, as classificações usadas revelam a política do significado de "diversidade" nesse contexto. Para rotular o gênero e a idade de um rosto, por exemplo, a equipe encarregou trabalhadores em multidão para fazer anotações subjetivas com o uso de um modelo restritivo de gênero binário. Qualquer pessoa que parecesse ficar de fora desse modelo binário era removida do conjunto de dados. A visão de diversidade da IBM enfatizava as opções expansivas para a altura das cavidades orbitais e das pontes nasais, mas desconsiderava a existência de pessoas trans ou de gênero não binário. O significado de "equilíbrio" foi reduzido a maiores taxas de precisão para o reconhecimento facial conduzido por máquinas, enquanto "diversidade" significava um conjunto mais amplo de rostos para treinar o modelo. A análise craniométrica funciona como uma propaganda enganosa que, em última instância, despolitiza a ideia de diversidade e a substitui por um enfoque na *variação*. Os projetistas decidem quais são as variáveis e como as pessoas serão alocadas em categorias. Mais uma vez, a prática da classificação centraliza o poder: o poder de decidir quais diferenças fazem diferença.

Os pesquisadores da IBM foram além e anunciaram uma conclusão ainda mais problemática: "Aspectos de nossa herança – incluindo raça, etnia, cultura, geografia – e de nossa identidade individual – idade, gênero e formas visíveis de autoexpressão – se refletem em nossos rostos"[30]. Essa afirmação vai contra décadas de pesquisas que refutaram por completo as ideias de que raça, gênero e identidade são categorias biológicas, sendo hoje mais bem entendidas como política, cultural e socialmente construídas[31]. Incorporar afirmações sobre identidade a sistemas técnicos como se fossem fatos observáveis a partir dos rostos é um exemplo daquilo que Simone Browne chama de "epidermização digital", a imposição da raça sobre o corpo. Browne define isso como o exercício de poder em que o olhar descorporizado das tecnologias de vigilância "faz o trabalho de alienar o sujeito para produzir uma 'verdade' sobre seu corpo e identidade (ou identidades) apesar do que ele mesmo diga"[32].

Os problemas fundacionais com a abordagem da IBM para a classificação da diversidade derivam desse tipo de produção centralizada de identidade liderada pelas técnicas de aprendizado de máquina que estavam disponíveis para a equipe. A detecção da cor de pele é feita porque isso é possível, e não porque diga algo sobre a raça ou produza um entendimento cultural mais profundo. De modo similar, o uso da medição de crânios é feito porque se trata de um método que *pode* ser feito com o aprendizado de máquina. Os recursos dessas ferramentas se transformam no horizonte de verdade. A capacidade de implementar mensurações cranianas e epidermizações digitais em escala levam a um desejo de encontrar sentido nessas abordagens, mesmo que esses métodos não tenham nada a ver com cultura, herança ou diversidade. Eles são usados para aumentar um entendimento problemático sobre o que significa precisão. Afirmações técnicas sobre precisão e desempenho são comumente atravessadas por escolhas políticas relativas a categorias e normas, mas isso raramente é reconhecido[33]. Essas abordagens estão ancoradas na premissa ideológica segundo a qual biologia é fatalidade, e nosso rosto se torna destino.

As muitas definições de viés

Desde a Antiguidade, o ato de classificação tem se alinhado ao poder. Na teologia, a capacidade de nomear e separar as coisas era um ato de Deus. A palavra "categoria" vem do grego antigo *katēgoríā*, formado por duas raízes: *kata* (contra) e *agoreuo* (falar em público). Em grego, a palavra pode ser tanto um enunciado lógico como uma acusação em um tribunal – o que alude tanto aos métodos científicos como aos métodos legais de categorização.

A linhagem histórica de "viés" como termo é muito mais recente. Ele aparece pela primeira vez na geometria do século 14, em que se refere a uma linha oblíqua ou diagonal. Já no século 16, a palavra havia adquirido algo parecido com seu sentido popular atual de "predisposição indevida". No século 20, "viés" desenvolveu um sentido mais técnico na estatística, em que se refere às diferenças sistemáticas entre uma amostra e uma população quando a amostra não é verdadeiramente representativa do todo[34]. É dessa tradição estatística que o campo do aprendizado de máquina tira sua compreensão do viés, na qual ele se relaciona com um conjunto de outros conceitos: generalização, classificação e variância.

Os sistemas de aprendizado de máquina são projetados para fazer generalizações a partir de um conjunto grande de exemplos de treinamento e para classificar corretamente novas observações não incluídas no conjunto original[35]. Em outras palavras, os sistemas de aprendizado de máquina realizam um tipo de indução, aprendem com exemplos específicos (como os currículos de candidatos passados) a fim de decidir quais pontos de dados procurar nos novos exemplos (como nos agrupamentos de palavras provenientes dos novos candidatos). Nesses casos, o termo "viés" se refere a um tipo de erro que pode acontecer durante o processo de generalização preditiva – mais especificamente, um erro de classificação consistente e sistematicamente reproduzido que o sistema exibe quando colocado diante de novos exemplos. Esse tipo de viés é frequentemente contrastado com um outro tipo de erro de generalização, a variância, que se refere à sensibilidade do algoritmo a diferenças nos dados de treinamento. Um modelo com muitos vieses e baixa variância pode estar subajustando os dados – ou seja, falhando em capturar todos os atributos ou sinais significativos. Alternativamente, um modelo com alta variância e poucos vieses pode estar sobreajustando os dados – construindo um modelo próximo demais dos dados de treinamento, de modo que potencialmente capturará "ruídos" para além dos atributos significativos dos dados[36].

Fora do aprendizado de máquina, "viés" tem muitos outros sentidos. No direito, por exemplo, o termo se refere a uma noção ou opinião preconcebida, um juízo baseado em preconceitos, em oposição a uma decisão proveniente de uma avaliação imparcial dos fatos de um caso[37]. Na psicologia, Amos Tversky e Daniel Kahneman estudam os "vieses cognitivos", ou as formas como os juízos humanos se desviam sistematicamente das expectativas probabilísticas[38]. Pesquisas mais recentes sobre vieses implícitos enfatizam as formas como atitudes inconscientes e estereótipos "produzem comportamentos que divergem das crenças ou princípios declarados ou defendidos por uma pessoa"[39]. Aqui, o viés não é simplesmente um tipo de erro técnico. Ele também se espraia sobre crenças humanas, estereótipos e formas de discriminação. Essas distinções definicionais limitam a utilidade de "viés" como termo, sobretudo quando usado entre praticantes de disciplinas diferentes.

Os projetos técnicos sem dúvida podem ser aprimorados para lidar melhor com o modo como seus sistemas produzem assimetrias e resultados discriminatórios. Mas, em geral, as questões mais difíceis sobre o porquê de sistemas de IA perpetuarem formas de desigualdade são deixadas de lado na corrida por soluções técnicas limitadas para vieses estatísticos – como se fossem remédios suficientes para problemas estruturais mais profundos. Tem havido um fracasso geral em enfrentar as formas pelas quais o conhecimento em IA reflete e está a serviço dos incentivos de uma economia extrativista mais ampla. O resultado é uma assimetria persistente de poder, na qual sistemas técnicos mantêm e expandem a desigualdade estrutural independentemente das intenções de seus projetistas.

Todo conjunto de dados usado para treinar sistemas de aprendizado de máquina, seja no contexto do aprendizado supervisionado ou no do aprendizado não supervisionado, seja ele visto ou não como tecnicamente enviesado, contém uma visão de mundo. Criar um conjunto de treinamento significa pegar um mundo quase infinitamente complexo e variado e encaixá-lo em taxonomias formadas por classificações separadas para pontos de dados individuais – um processo que exige escolhas inerentemente políticas, culturais e sociais. Ao prestar atenção a essas classificações, podemos ter um vislumbre das várias formas de poder que ficam embutidas nas arquiteturas da construção de mundos da IA.

Conjuntos de treinamento como mecanismos de classificação: o caso ImageNet

No capítulo anterior, olhamos para a história do ImageNet e para como esse conjunto de treinamento de referência influenciou a pesquisa em visão computacional desde sua criação, em 2009. Ao analisarmos sua estrutura mais de perto, começamos a enxergar como os conjuntos de dados são organizados e qual a lógica subjacente ao mapeamento do mundo dos objetos. A estrutura do ImageNet é labiríntica, vasta e repleta de curiosidades. Sua estrutura semântica de base foi importada do WordNet, um banco de dados de classificações de palavras desenvolvido primeiro pelo Laboratório de Ciência Cognitiva da Universidade de Princeton, em 1985, e financiado pelo Office of Naval Research [Escritório de Pesquisa Naval][40]. O WordNet foi concebido como um dicionário que poderia ser lido por máquinas, no qual os usuários pesquisariam com base na similaridade semântica, e não alfabética. Ele se tornou uma fonte essencial para as áreas da linguística computacional e do processamento de linguagem natural. A equipe do WordNet recolheu o máximo de palavras que conseguiu, começando pelo Brown Corpus, uma coleção de 1 milhão de palavras compilada nos anos 1960[41]. As palavras do Brown Corpus vinham de jornais e de uma coleção de livros sem qualquer critério, incluindo *New Methods of Parapsychology* [Novos métodos de parapsicologia], *The Family Fallout Shelter* [O abrigo nuclear para a família] e *Who Rules the Marriage Bed?* [Quem manda na cama do casal?][42].

O WordNet tentou organizar toda a língua inglesa em conjuntos de sinônimos, ou "*synsets*". Os pesquisadores do ImageNet selecionaram apenas os substantivos, com a ideia de que são eles que podem ser representados por imagens – e de que isso bastaria para treinar máquinas para reconhecer objetos automaticamente. Assim, a taxonomia do ImageNet é organizada de acordo com uma hierarquia extraída do WordNet e encaixada para que cada *synset* represente um conceito distinto, com sinônimos agrupados lado a lado (por exemplo, "automóvel" e "carro" são tratados como pertencentes ao mesmo conjunto). A hierarquia avança dos conceitos mais gerais para os mais específicos. O conceito de "cadeira", por exemplo, é encontrado em artefato > mobiliário > mobília > assento > cadeira. Como não é de se surpreender, esse sistema de classificação evoca muitos ranqueamentos taxonômicos anteriores, do sistema lineano de classificação biológica até a organização de livros em bibliotecas.

A primeira indicação da verdadeira estranheza da visão de mundo do ImageNet, no entanto, está nas nove categorias principais que foram extraídas do WordNet: planta, formação geológica, objeto natural, esporte, artefato, fungo, pessoa, animal e miscelânea. São essas as categorias curiosas em que todo o resto deverá ser organizado. Abaixo delas, o ImageNet se espalha em milhares de classes esquisitas e específicas tomadas de empréstimo para abrigar milhões de imagens como se fossem bonecas russas. Há categorias para maçã, manteiga de maçã, bolinho de maçã, gerânio-maçã, geleia de maçã, larva da maçã, ferrugem do cedro maçã, árvore da maçã, torta de maçã, vendedor de maçã e molho de maçã. Há imagens de guarda-chuvas, guarda-sóis, guarda-corpos, guarda-calhas, guarda-fogos, guardanapos, guarda-volumes, guarda-peitos, guarda-costas, guarda-roupas, guardas-noturnos e guardas pretorianas. É uma confusão de palavras organizadas em categorias estranhas parecidas com as da enciclopédia mítica de Jorge Luis Borges[43]. No nível das imagens, parece um pandemônio. Algumas delas são fotografias de bancos de imagens em alta resolução, outras são fotos borradas tiradas com celulares em más condições de iluminação. Algumas são fotografias de crianças. Algumas são *frames* de pornografia. Outras são desenhos animados. Há *pin-ups*, ícones religiosos, políticos famosos, celebridades de Hollywood e comediantes italianos. Há guinadas gigantescas entre o profissional e o amador, o sagrado e o profano.

As classificações de humanos são um bom lugar para ver essas políticas de classificação em funcionamento. No ImageNet, a categoria "corpo humano" se encaixa no ramo Objeto Natural > Corpo > Corpo Humano. Suas subcategorias incluem "corpo masculino", "pessoa", "corpo juvenil", "corpo adulto" e "corpo feminino". A subcategoria "corpo adulto" contém as subclasses "corpo feminino adulto" e "corpo masculino adulto". Há um pressuposto aqui de que apenas os corpos "feminino" e "masculino" são reconhecidos como "naturais". Há uma categoria no ImageNet para o termo "hermafrodita", mas ela está situada no ramo Pessoa > Hedonista > Bissexual, ao lado das categorias "pseudo-hermafrodita" e "gilete"[44].

Mesmo antes de olhar para as categorias mais controversas do ImageNet, já podemos enxergar a política do esquema classificatório. As decisões de classificar o gênero desse modo também o naturalizam como constructo biológico (e binário) – e as pessoas transgênero ou não binárias não existem ou são colocadas em categorias de sexualidade[45]. Claro, essa não é uma abordagem nova. A hierarquia de classificação do gênero e da sexualidade no ImageNet relembra formas anteriores de classificação nociva, como a classificação da homossexualidade como distúrbio mental no *Manual diagnóstico e estatístico*[46]. Essa categorização profundamente prejudicial foi usada para justificar a submissão de pessoas a "terapias" repressivas, e foram necessários anos de ativismo antes que a Associação Psiquiátrica dos Estados Unidos a removesse em 1973[47].

A redução dos humanos a categorias binárias de gênero e a representação das pessoas transgênero como invisíveis ou "desviantes" são atributos comuns dos esquemas de classificação no aprendizado de máquina. O estudo de Os Keyes sobre a detecção automática de gênero no reconhecimento facial mostra que quase 95% dos artigos da área tratam o gênero como binário, com a maioria deles o descrevendo como imutável e fisiológico[48]. Ainda que algumas pessoas talvez respondam que isso pode ser facilmente remediado com a criação de mais categorias, essa solução falha em considerar os danos mais profundos da alocação de pessoas em categorias de gênero ou raça sem a participação ou o consentimento delas. Essa prática tem uma longa história. Por séculos, sistemas administrativos buscaram tornar os humanos legíveis com a aplicação de tabelas fixas e propriedades bem delimitadas. O trabalho de essencialização e organização com base na biologia ou na cultura tem sido usado para justificar formas de violência e opressão.

Ainda que sejam tratadas como naturais e estanques, essas lógicas de classificação estão em movimento constante: não só afetam as pessoas que estão sendo classificadas, mas a forma como produzem esse impacto altera, por sua vez, as próprias classificações. Ian Hacking se refere a isso como "efeito *looping*", que é produzido quando as ciências participam da "invenção de pessoas"[49]. Bowker e Star também ressaltam que, uma vez que tenham sido construídas, as classificações de indivíduos podem estabilizar, de formas difíceis de perceber, uma categoria política que esteja em disputa[50]. A não ser que sejam alvo de uma resistência ativa, elas deixam de ser questionadas. Vemos esse fenômeno na área da IA quando infraestruturas e conjuntos de dados altamente influentes são considerados como puramente técnicos, quando, na verdade, contêm intervenções políticas em suas taxonomias: eles naturalizam uma organização específica do mundo que produz efeitos que passam a ser entendidos como justificativas para sua forma de organização original.

O poder de definir o que é "pessoa"

Impor uma ordem a uma massa indistinta, enquadrar fenômenos em uma categoria – ou seja, nomear alguma coisa – é, por assim dizer, um meio de reificar a existência dessa categoria.

No caso das 21.841 categorias que estavam originalmente na hierarquia do ImageNet, as classes de substantivos como "maçã" ou "torta de maçã" podem parecer razoavelmente livres de controvérsia, mas nem todos os substantivos são iguais sob o sol. Para pegar de empréstimo uma ideia do linguista George Lakoff, o conceito de "maçã" é mais *substantivado* do que o conceito de "luz", que, por sua vez, é mais substantivado do que um conceito como "saúde"[51]. Os substantivos ocupam vários lugares em um eixo que corre do concreto para o abstrato, do descritivo para o crítico. Esses gradientes foram apagados na lógica do ImageNet. Assim como borboletas taxidermizadas em um mostruário, tudo é achatado e espetado com um rótulo. Ainda que tenha a estética da objetividade, essa abordagem é, no entanto, um exercício profundamente ideológico.

Por uma década, o ImageNet conteve 2.832 subcategorias sob a categoria principal "Pessoa". A subcategoria com o maior número de imagens associadas era "moça" (com 1.664 imagens), seguida de "avô" (1.662), "pai" (1.643) e "diretor-executivo" (1.614 – a maioria delas, de homens). Com essas categorias altamente populosas, já podemos começar a ver o esboço de uma visão de mundo. O ImageNet contém uma profusão de categorias classificatórias, incluindo as de raça, idade, nacionalidade, profissão, estado econômico, comportamento, caráter e até mesmo moralidade.

Há muitos problemas com a forma como a taxonomia do ImageNet supostamente classifica fotos de pessoas com a lógica do reconhecimento de objetos. Mesmo que, em 2009, seus criadores tenham removido alguns dos *synsets* mais explicitamente ofensivos, ainda restaram categorias para identidades raciais e nacionais, incluindo "nativo do Alasca", "anglo-americano", "negro", "africano negro", "mulher negra" (mas não "mulher branca"), "latino-americano", "mexicano-americano", "nicaraguense", "paquistanês", "indígena sul-americano", "hispano-americano", "texano", "uzbeque", "branco" e "zulu". Mesmo antes de esses termos serem usados para classificar pessoas com base na aparência, a sua representação como categorias lógicas para a organização de pessoas já é perturbadora. Outras pessoas são rotuladas de acordo com carreiras ou *hobbies*: há "analistas de inteligência", "aposentados", "cabeleireiros", "escoteiros", "líderes de torcida", "mitólogos", "neurocientistas cognitivos", "varejistas" e assim por diante. A existência dessas categorias sugere que as pessoas podem ser visualmente organizadas de acordo com suas profissões, de um modo que parece reminiscente de livros infantis como *What Do People Do All Day?* [O que as pessoas fazem o dia inteiro?], de Richard Scarry. O ImageNet também contém categorias que não fazem sentido algum para a classificação de imagens, como "devedor", "patrão", "conhecido", "irmão" e "daltônico". Todas essas coisas são conceitos não visuais que descrevem um relacionamento, seja com outras pessoas, com um sistema financeiro ou com o campo visual em si. O conjunto de dados reifica essas categorias e as conecta a imagens, de modo que figuras similares possam ser "reconhecidas" por sistemas futuros.

Muitas categorias verdadeiramente ofensivas e prejudiciais estavam escondidas nas profundezas das categorias para "Pessoa" do ImageNet. Algumas classificações eram misóginas, racistas, etaristas e capacitistas. A lista inclui "cleptomaníaco", "condenado", "devasso", "dondoca", "drogado", "esquizofrênico", "fiasco", "filho da puta", "fracassado", "frouxo", "Jezabel", "garanhão", "garota de programa", "hipócrita", "louco", "má pessoa", "enrustido", "medíocre", "melancólico", "molenga", "não pessoa", "perdedor", "pervertido", "pessoa desqualificada", "punheteiro", "rameira", "retardado", "solteirona", "vadia", "velhote" e "veado". Insultos, expressões racistas e juízos morais eram abundantes.

Esses termos ofensivos permaneceram no ImageNet por dez anos. Como o banco de dados era tipicamente usado para o reconhecimento de objetos – com "objeto" definido de forma bastante ampla –, a categoria específica "Pessoa" raramente era discutida em conferências técnicas e tampouco recebeu muita atenção do público até que a ImageNet Roulette [Roleta ImageNet] viralizou em 2019: conduzido pelo artista Trevor Paglen, o projeto incluía um aplicativo que permitia que as pessoas enviassem imagens para ver como seriam classificadas com base nas categorias para "Pessoa" do ImageNet[52]. Isso atraiu uma atenção midiática considerável para a presença duradoura de termos racistas e sexistas nessa coleção influente. Os criadores do ImageNet publicaram um artigo pouco depois intitulado "Toward Fairer Datasets" [Rumo a conjuntos de dados mais justos] que buscava "remover *synsets* não seguros". Eles pediram a doze estudantes de pós-graduação que marcassem toda categoria que parecesse não ser segura porque era "inerentemente ofensiva" (contendo xingamentos ou "insultos raciais ou de gênero", por exemplo) ou "sensível" (usando termos não inerentemente ofensivos, mas que pudessem "causar ofensas quando aplicados de forma inadequada, como na classificação de pessoas com base na orientação sexual e religião")[53]. Ainda que esse projeto buscasse avaliar a ofensividade das categorias do ImageNet com perguntas dirigidas a alunos de pós-graduação, os autores continuaram, no entanto, a apoiar a classificação automatizada de pessoas com base em fotografias, apesar dos problemas evidentes.

Das 2.832 categorias para "Pessoa", a equipe do ImageNet acabou removendo 1.593 consideradas "não seguras" – cerca de 56% –, junto com as 600.040 imagens associadas a elas. O meio milhão de imagens restante foi "temporariamente considerado seguro"[54]. Mas em que constitui a *segurança* quando estamos falando da classificação de indivíduos? O enfoque em categorias detestáveis não está errado, mas ele evita o enfrentamento de questões mais amplas sobre o funcionamento do sistema. A taxonomia do ImageNet como um todo revela as complexidades e os perigos da classificação humana. Enquanto termos como "microeconomista" ou "jogador de basquete" podem inicialmente parecer menos preocupantes do que o uso de rótulos como "retardado", "pessoa desqualificada", "mulato" ou "caipira", quando olhamos para a pessoa que está sendo rotulada nessas categorias, vemos muitos pressupostos e estereótipos, incluindo raça, gênero, idade e capacidade. Na metafísica do ImageNet, há uma categoria separada de imagens para "professor assistente" e "professor associado" – como se, uma vez que recebêssemos uma promoção, nosso perfil biométrico refletisse essa mudança de patamar.

Na verdade, como a seleção de imagens sempre interage com o significado das palavras, não há categorias neutras no ImageNet. Mesmo quando as palavras não são ofensivas, a política é parte da lógica classificatória. Nesse sentido, o ImageNet é uma lição sobre o que acontece quando as pessoas são categorizadas como objetos. Mas essa prática tem se tornado cada vez mais comum nos últimos anos e frequentemente dentro de empresas de tecnologia. Os esquemas de classificação usados em companhias como Facebook são muito mais difíceis de investigar e criticar: sistemas proprietários oferecem menos formas para que pessoas de fora façam sondagens ou auditorias sobre como as imagens são organizadas e interpretadas.

Além disso, há a questão relacionada ao lugar de onde vieram as imagens da categoria "Pessoa" do ImageNet. Como vimos no capítulo anterior, os criadores do ImageNet colheram imagens em massa de mecanismos de busca de imagens como o Google, extraíram *selfies* e fotos de viagens de pessoas sem o consentimento delas e, depois, pagaram os trabalhadores do Mechanical Turk para rotulá-las e reempacotá-las. Todas as assimetrias e vieses em como os mecanismos de busca apresentam resultados passam então a subsidiar os sistemas técnicos subsequentes que capturam e rotulam essas figuras. Trabalhadores em multidão mal remunerados são encarregados da tarefa impossível de encontrar sentido nas imagens cinquenta vezes por minuto e de encaixá-las em categorias baseadas nos *synsets* do WordNet e em definições da Wikipédia[55]. Talvez não seja surpreendente que, quando investigamos a camada mais profunda dessas imagens rotuladas, descubramos que elas estão assoladas por estereótipos, erros e absurdos. Uma mulher deitada sobre uma toalha de praia é uma "cleptomaníaca", um adolescente com uma camisa de time é rotulado como um "perdedor" e uma imagem da atriz Sigourney Weaver aparece classificada como "hermafrodita".

Imagens – como todas as formas de dados – estão carregadas com uma infinidade de significados potenciais, questões insolúveis e contradições. Ao tentar resolver essas ambiguidades, os rótulos do ImageNet comprimem e simplificam a complexidade. O enfoque em tentativas de tornar esses conjuntos de dados "mais justos" com a deleção de termos ofensivos falha em bater de frente com as dinâmicas de poder da classificação e impede uma avaliação mais detalhada da lógica subjacente. Mesmo que os exemplos mais gritantes sejam consertados, a abordagem ainda será fundamentalmente construída sobre um relacionamento extrativo com os dados, que está divorciado das pessoas e dos lugares de onde elas vêm. Como consequência, essa abordagem é *renderizada* por uma visão técnica de mundo, que busca extrair uma forma singular de objetividade a partir de materiais culturais que são complexos e variados. Nesse sentido, a visão de mundo do ImageNet não é incomum. Na verdade, ela é típica de diversos conjuntos de dados de treinamento de IA e revela muitos dos problemas dos esquemas "de cima para baixo" que achatam relações sociais, culturais, políticas e históricas complexas na forma de entidades quantificáveis. Esse fenômeno talvez seja mais óbvio e insidioso quando se trata da disseminação de esforços de classificação de pessoas por raça e gênero em sistemas técnicos.

Construindo raça e gênero

Ao nos concentrarmos na classificação na IA, podemos retraçar de que formas gênero, raça e sexualidade são falsamente pressupostos como naturais, fixos e biologicamente detectáveis. Como a estudiosa da vigilância Simone Browne observa: "Há um certo pressuposto nessas tecnologias de que as categorias de identidade de gênero e raça são claramente definidas, de que uma máquina pode ser programada para atribuir categorias de gênero ou para determinar o que os corpos ou as partes de corpos devem significar"[56]. De fato, a ideia de que a raça e o gênero possam ser automaticamente detectáveis no aprendizado de máquina é tratada como um fato e raramente é questionada pelas disciplinas técnicas, apesar dos problemas políticos profundos que isso representa[57].

O conjunto de dados UTKFace (produzido por um grupo na Universidade do Tennessee, em Knoxville), por exemplo, consiste em mais de 20 mil imagens de rostos com anotações para idade, gênero e raça[58]. Seus autores declaram que o conjunto pode ser usado para uma variedade de tarefas, incluindo a detecção automatizada de rostos, o estabelecimento de estimativas etárias e a elaboração de imagens com progressão de idade. As anotações para cada imagem incluem uma idade estimada para cada pessoa, expressada entre 0 e 116 anos. O gênero é um binário forçado: ou 0 para masculino, ou 1 para feminino. Em segundo lugar, a raça é categorizada em cinco classes: branca, negra, asiática, indiana e outras. Aqui, as políticas de gênero e raça são tão óbvias quanto prejudiciais. Ainda assim, esses tipos de categorizações perigosamente reducionistas são amplamente usados por toda uma variedade de conjuntos de treinamento de classificação humana e há anos têm sido parte da linha de produção da IA.

O esquema classificatório restrito do UTKFace ecoa as classificações raciais problemáticas do século 20, como no sistema de *apartheid* da África do Sul. Como Bowker e Star detalharam, o governo sul-africano aprovou, nos anos 1950, leis que criaram um esquema de classificação racial grosseiro para dividir os cidadãos nas categorias de "europeus, asiáticos, pessoas de raça mista ou colorida e 'nativos', ou indivíduos de puro sangue da raça bantu"[59]. Esse regime legal racista governou a vida dos sul-africanos e de modo esmagador a dos negros, que tiveram seus movimentos restringidos e foram expulsos de suas terras à força. A política da classificação racial se estendeu até as partes mais íntimas da vida das pessoas. A sexualidade inter-racial era proibida, o que levou a mais de 11.500 condenações até 1980, a maioria de mulheres não brancas[60]. O complexo banco de dados centralizado usado para essas classificações foi projetado e mantido pela IBM, mas a empresa frequentemente tinha que reorganizar o sistema e reclassificar as pessoas, porque, na prática, não havia sequer uma única categoria racial pura[61].

Mais do que qualquer outra coisa, esses sistemas de classificação causaram danos enormes às pessoas, e o conceito de um significante para "raças" puras sempre esteve em disputa. Em seus escritos sobre raça, Donna Haraway observa: "Nessas taxonomias, que são, no fim das contas, pequenas máquinas para o esclarecimento e a separação de categorias, a entidade que sempre escapava ao classificador era simples: a raça em si mesma. O Tipo puro, que estimulava sonhos, ciências e terrores, continuava a escorregar para longe e a multiplicar interminavelmente todas as taxonomias tipológicas"[62]. Mesmo assim, o mito do tipo puro reivindicou mais uma vez a autoridade da ciência para vir à tona nas taxonomias dos conjuntos de dados e nos sistemas de aprendizado de máquina que os usam para treinar. Em um artigo sobre os perigos do reconhecimento facial, o estudioso de mídias Luke Stark ressalta que, "ao introduzir uma variedade de lógicas classificatórias que ou reificam categorias raciais existentes, ou produzem novas delas, a lógica da geração automatizada de padrões para sistemas de reconhecimento facial ao mesmo tempo reproduz e exacerba a desigualdade sistêmica"[63].

Alguns métodos de aprendizado de máquina vão além da previsão de idade, gênero e raça. Tem havido esforços altamente divulgados de detecção da sexualidade a partir de fotografias de *sites* de namoro e da criminalidade com base em fotos 3x4 de carteiras de motorista[64]. Essas abordagens são profundamente problemáticas por muitas razões, e em especial pelo fato de que características como "criminalidade" – assim como raça e gênero – são categorias profundamente relacionais e socialmente determinadas. Não há atributos inerentes fixos; tais categorias dependem do contexto e mudam de acordo com o tempo e o lugar. Para fazer essas previsões, os sistemas de aprendizado de máquina buscam classificar coisas inteiramente relacionais em categorias fixas, que são criticadas, com toda razão, por serem científica e eticamente problemáticas[65].

De modo bastante real, os sistemas de aprendizado de máquina estão *construindo* a raça e o gênero: estão definindo o mundo dentro dos termos que eles mesmos estabeleceram, e isso produz ramificações duradouras para as pessoas que são classificadas. Quando esses sistemas são aclamados como inovações científicas para a previsão de identidades e de ações futuras, há um apagamento das fragilidades técnicas da montagem desses sistemas, das prioridades que os fizeram ser projetados e os muitos processos políticos de categorização que os moldam. Estudiosos da deficiência já apontam há muito tempo para os modos como corpos ditos normais são classificados e de que forma isso atua para estigmatizar a diferença[66]. Como se observa num relatório, a história da deficiência em si é uma "história das formas como vários sistemas de classificação (isto é, sistemas médicos, científicos, jurídicos) interagem com instituições sociais e com suas articulações de poder e conhecimento"[67]. Em múltiplos níveis, o ato de definir categorias e ideias de normalidade cria um lado de fora: formas de anormalidade, diferença e alteridade. Quando atribuem nomes a algo tão dinâmico e relacional como a identidade pessoal, os sistemas técnicos estão fazendo intervenções políticas e normativas – e em geral o fazem com o uso de um conjunto reducionista de possibilidades para o que significa ser humano. Isso restringe o alcance de como as pessoas são entendidas e podem representar a si mesmas e estreita o horizonte das identidades reconhecíveis.

Como Ian Hacking observa, a classificação de pessoas é um imperativo imperial: depois de serem conquistados, os sujeitos eram classificados pelos impérios e, na sequência, eram organizados em "tipos de pessoa" por instituições e especialistas[68]. Esses atos de atribuição de nomes eram afirmações do poder e do controle colonial, e os efeitos negativos dessas classificações podem sobreviver aos próprios impérios que as criaram. As classificações são tecnologias que produzem e limitam as formas de conhecimento – e estão embutidas na lógica da IA.

Os limites da mensuração

Mas, então, o que fazer? Se uma parte tão considerável dos estratos classificatórios nos dados de treinamento e nos sistemas técnicos são formas de poder e de política representadas como meios objetivos de mensuração, como poderíamos começar a remediar isso? Como os projetistas de sistemas deveriam lidar, em alguns casos, com a escravidão, a opressão e centenas de anos de discriminação contra certos grupos em benefício de outros? Em outras palavras, como os sistemas de IA deveriam representar o social?

A escolha sobre quais informações devem ser fornecidas aos sistemas de IA para produzir novas classificações é um momento poderoso de tomada de decisão: mas quem escolherá, e com base em quê? O problema da ciência da computação é que, nos sistemas de IA, a justiça jamais será algo que poderá ser programado ou computado. Ela exige a mudança para uma avaliação de sistemas que vá além das métricas de otimização e da paridade estatística e depende de um entendimento quanto a em que pontos as estruturas matemáticas e da engenharia estão causando problemas. Isso também significa entender como os sistemas de IA interagem com os dados, com os trabalhadores, com o ambiente e com os indivíduos cujas vidas serão afetadas por seu uso e decidir onde a IA não deve ser usada.

Bowker e Star concluem que a própria densidade das colisões dos sistemas de classificação demanda um novo tipo de abordagem, uma sensibilidade à "topografia de aspectos como a distribuição de ambiguidade; a dinâmica de fluidos do encontro dos sistemas de classificação – uma tectônica de placas, e não uma geologia estática"[69]. Mas também exige um cuidado com as alocações desiguais de vantagens e sofrimentos, pois "o que está no âmago desse projeto ético é como essas escolhas são feitas e como podemos pensar sobre esse processo invisível de pareamento"[70]. Assim como no caso das suposições normativas sobre identidade, as classificações não consensuais representam um risco grave – mas, apesar disso, essas práticas se tornaram o padrão. Isso precisa mudar.

Neste capítulo, vimos como as infraestruturas classificatórias contêm lacunas e contradições: elas necessariamente reduzem a complexidade e, a fim de tornar o mundo mais computável, apagam contextos significativos. Mas elas também proliferam nas plataformas de aprendizado de máquina, naquilo que Umberto Eco chamou de "enumeração caótica"[71]. Em um certo nível de granularidade, coisas semelhantes e dessemelhantes se tornam suficientemente comensuráveis para que suas similaridades e diferenças possam ser lidas por máquinas – mas, no mundo real, essas características não são controláveis. Aqui, a questão vai muito além da possibilidade de algo ser classificado de modo certo ou errado. Estamos testemunhando reviravoltas estranhas e imprevisíveis à medida que ocorre a interação entre categorias de máquina e pessoas, que se alteram reciprocamente enquanto procuram por legibilidade em um terreno em constante mutação e tentam se encaixar nas categorias certas para serem alocadas nos fluxos mais lucrativos. Em uma paisagem de aprendizado de máquina, essas questões não são menos urgentes só porque são difíceis de enxergar. O que está em jogo não é apenas uma curiosidade histórica ou a estranha sensação de descompasso que talvez percebamos entre as silhuetas traçadas nos vários perfis em nossas plataformas e em nossos *feeds*. Toda e qualquer classificação tem suas consequências.

As histórias da classificação nos mostram que as formas mais prejudiciais de categorização humana – do sistema do *apartheid* à patologização da homossexualidade – não desapareceram simplesmente sob a luz da pesquisa científica e da crítica ética. Em vez disso, a mudança também exigiu organização política, protestos constantes e campanhas públicas ao longo de muitos anos. Os esquemas classificatórios concretizam e apoiam as estruturas de poder que os formaram, e estas não mudam sem um esforço considerável. Nas palavras de Frederick Douglass, "o poder não concede nada sem que exijamos. Nunca concedeu e nunca concederá"[72]. No interior dos regimes invisíveis de classificação do aprendizado de máquina, a defesa de reivindicações e a oposição às lógicas da internet são mais complicadas.

Os conjuntos de treinamento que são tornados públicos – como o ImageNet, o UTKFace e o DiF – nos dão uma boa ideia dos tipos de categorização que estão se propagando por todos os sistemas e práticas de pesquisa de IA industrial. Mas os mecanismos verdadeiramente maciços de classificação são aqueles operados em escala global por empresas privadas de tecnologia, incluindo Facebook, Google, TikTok e Baidu. Essas empresas, que operam sob pouca supervisão quanto a como categorizam seus usuários e lhes direcionam produtos, não oferecem vias significativas para a contestação pública. Quando os processos de pareamento da IA estão verdadeiramente escondidos e as pessoas permanecem alheias a por que ou como adquirem certas vantagens ou desvantagens, uma resposta política coletiva passa a ser necessária – mesmo que isso tenha se tornado mais difícil.

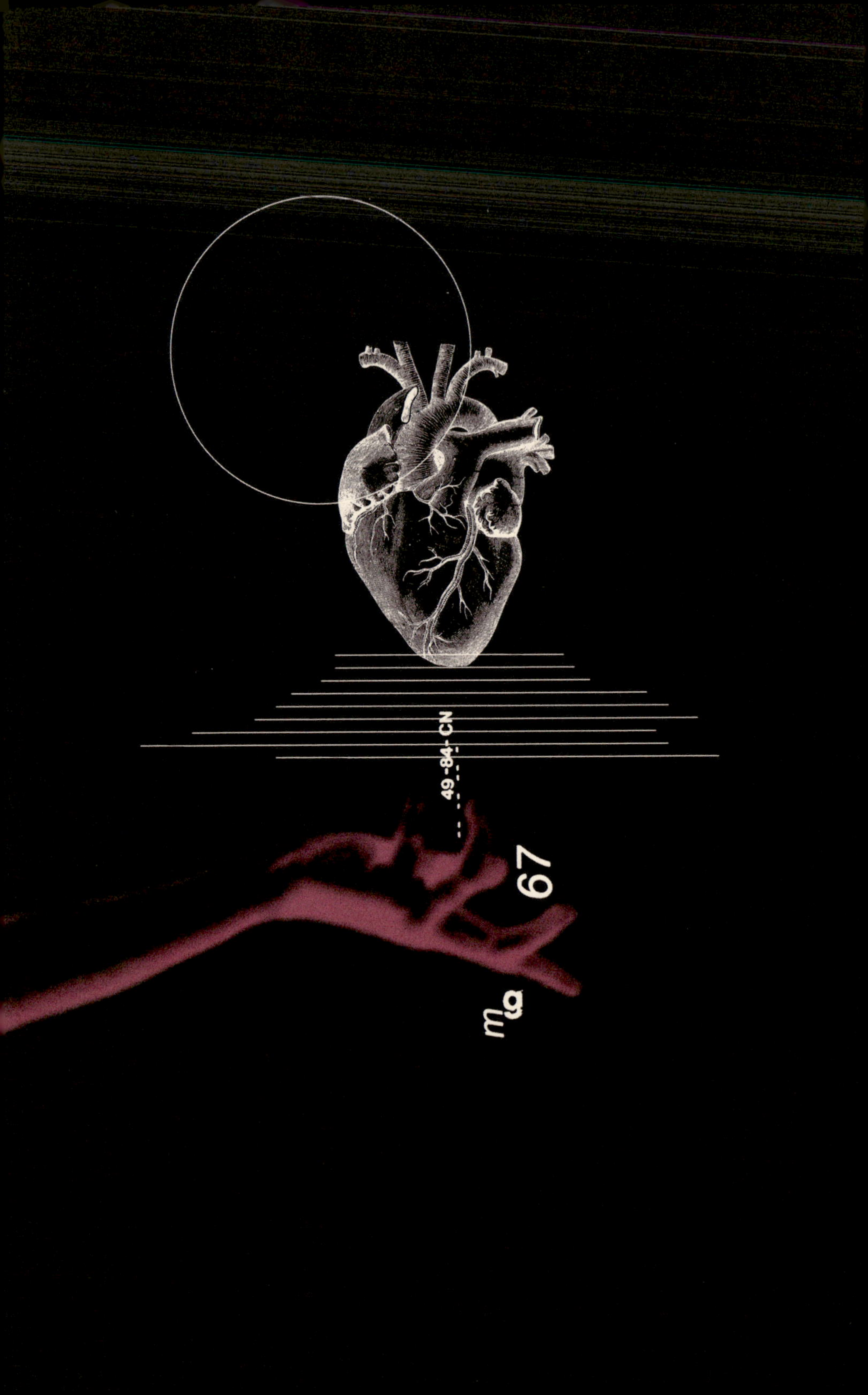
49-84-CN
67
mg

AFETOS

Um jovem psicólogo estadunidense chamado Paul Ekman chegou a um posto avançado remoto nas terras altas montanhosas da Papua-Nova Guiné com uma coleção de cartões com imagens e uma teoria[1]. Era 1967, e Ekman ouvira que o povo Fore, de Okapa, era tão isolado do resto do mundo que seria a cobaia ideal para seus estudos. Como muitos pesquisadores ocidentais antes dele, Ekman viera à Papua-Nova Guiné para extrair dados da comunidade indígena. Ele estava coletando evidências para reforçar uma hipótese controversa: todos os humanos exibem um pequeno número de emoções ou afetos universais que são naturais, inatos, atravessam culturas e são iguais no mundo inteiro. Ainda que tenha continuado pouco substancial, essa afirmação produziu consequências de longo alcance: as suposições de Ekman sobre as emoções se transformaram em uma indústria em expansão que vale mais de 17 bilhões de dólares[2]. Esta é a história de como o reconhecimento de afetos veio a se tornar parte da inteligência artificial – e dos problemas que isso representa.

Na região tropical de Okapa, guiado pelo médico-pesquisador D. Carleton Gajdusek e pelo antropólogo E. Richard

Sorenson, Ekman esperava realizar experimentos que avaliariam como os Fore reconheciam as emoções transmitidas por expressões faciais. Como aquele povo havia tido um contato mínimo com os ocidentais ou com a mídia de massas, Ekman teorizou que o reconhecimento e a exibição de expressões fundamentais provariam que essas manifestações eram universais. Seu método era bastante simples. Ele mostrava um dos cartões com imagens de expressões faciais e esperava para ver se os Fore descreveriam as emoções da mesma forma. Nas palavras do próprio Ekman, "tudo o que eu fazia era mostrar imagens engraçadas"[3].

Mas Ekman não havia estudado a história, a linguagem, a cultura ou a política dos Fore. Suas tentativas de conduzir os experimentos com os cartões ajudado por intérpretes fracassaram; tanto ele quanto os indígenas ficavam esgotados com o processo, que Ekman descreveu ser semelhante a arrancar dentes[4]. Frustrado por sua primeira tentativa de pesquisa intercultural sobre expressões emocionais, Ekman deixou a Papua-Nova Guiné. Mas isso era só o começo.

Hoje, ferramentas de reconhecimento de afetos podem ser encontradas em sistemas de segurança nacional e em aeroportos, em *startups* de educação e de contratação de empregados, desde sistemas que supostamente detectam afecções psiquiátricas até programas de policiamento que dizem prever a violência. Ao olharmos para a história do surgimento da detecção de emoções por computadores, podemos entender como seus métodos suscitaram tanto preocupações quanto dúvidas científicas. Como veremos, a afirmação de que o estado emocional de uma pessoa pode ser avaliado com precisão pela leitura do rosto se baseia em evidências duvidosas[5]. Na verdade, uma análise detalhada da literatura científica disponível sobre a dedução de emoções a partir de movimentos faciais publicada em 2019 foi definitiva: *não há evidências confiáveis* de que seja possível prever com exatidão o estado emocional de alguém a partir de seu rosto[6].

Como essa coleção de declarações e metodologias experimentais controversas deu lugar a uma abordagem que pauta muitas das partes da indústria da IA afetiva? Por que a ideia de que há um pequeno conjunto universal de emoções, prontamente identificáveis pelo rosto, passou a ser tão aceita na área da IA, apesar de evidências consideráveis em sentido contrário? Para entender isso, precisamos retraçar o modo como essas ideias se desenvolveram, muito antes que as ferramentas de detecção de emoções por IA se inserissem na infraestrutura da vida diária.

Ekman foi apenas uma das várias pessoas que contribuíram para as teorias que estão por trás do reconhecimento de afetos. Mas a história rica e surpreendente de sua pesquisa joga luz sobre algumas das forças complexas que impulsionam a área. O trabalho de Ekman perpassa desde o financiamento das ciências humanas pelos serviços de inteligência dos Estados Unidos durante a Guerra Fria até o trabalho inaugurador na área da visão computacional nos programas de segurança pós-11 de Setembro empregados para a identificação de terroristas – que, hoje, se estende diretamente até a atual moda de reconhecimento de emoções por IA. Esta é uma crônica que combina ideologia, medidas econômicas, a política do medo e o desejo de extrair mais informações do que as pessoas estão dispostas a dar.

Profetas da emoção: quando os sentimentos dão dinheiro

Para as forças armadas, corporações, agências de inteligência e forças policiais do mundo, a ideia do reconhecimento automatizado de afetos é tão atraente quanto lucrativa. Ela carrega a promessa da possibilidade da distinção exata entre amigo e inimigo, da separação entre mentira e verdade e do uso dos instrumentos da ciência para enxergar por dentro de mundos particulares.

As empresas de tecnologia capturaram volumes imensos de imagens de superfície das expressões humanas – incluindo bilhões de *selfies* de Instagram, retratos de Pinterest, vídeos de TikTok e fotos de Flickr. Uma das muitas atividades possibilitadas por essa profusão de imagens é a tentativa de extrair a chamada "verdade oculta" de estados emocionais internos com o uso do aprendizado de máquina. Desde as maiores companhias de tecnologia até pequenas *startups*, o reconhecimento de afetos está sendo implementado em várias plataformas de reconhecimento facial. Enquanto o reconhecimento facial tenta identificar *um* indivíduo *específico*, a detecção de afetos procura detectar e classificar emoções pela análise de *qualquer* rosto. Talvez esses sistemas não estejam realmente fazendo o que afirmam fazer, mas, apesar disso, podem exercer uma influência muito poderosa sobre os comportamentos e o treinamento de pessoas para que atuem de modos reconhecíveis. Apesar da falta de evidências científicas substanciais de que funcionam, eles já estão desempenhando um papel na modelagem do comportamento das pessoas e das operações das instituições sociais.

Hoje os sistemas de detecção automatizada de afetos estão sendo implementados por toda parte, sobretudo para a contratação de funcionários. Uma *startup* de Londres chamada Human usa o reconhecimento de emoções para analisar vídeos de entrevistas com candidatos a vagas de emprego. De acordo com uma matéria do jornal *Financial Times*, "a empresa afirma conseguir identificar expressões emocionais de futuros candidatos e pareá-las com características pessoais"; depois, atribui notas aos candidatos com base em características de personalidade como honestidade ou dedicação ao trabalho[7]. A empresa de IA para contratação HireVue, que lista entre seus clientes Goldman Sachs, Intel e Unilever, usa o aprendizado de máquina para avaliar indicadores faciais e inferir a adequação de uma pessoa a um cargo. Em 2014, ela lançou um sistema de IA para extrair microexpressões, tons de voz e outras variáveis de vídeos de entrevistas de emprego, que usou para fazer comparações entre os candidatos às vagas e os funcionários mais eficientes das contratantes[8].

Em janeiro de 2016, a Apple adquiriu a *startup* Emotient, que afirmava ter produzido um *software* capaz de detectar emoções em imagens de rostos[9]. A Emotient surgiu de uma pesquisa acadêmica conduzida na Universidade da Califórnia, em San Diego, e é uma entre várias *startups* que trabalham na área[10]. Talvez a maior dessas empresas seja a Affectiva, que, situada em Boston, surgiu do trabalho acadêmico realizado no Instituto de Tecnologia de Massachusetts (MIT). No MIT, Rosalind Picard e seus colegas eram parte de uma área emergente mais ampla conhecida como computação afetiva, que descreve uma forma de computação que "se relaciona com, surge de ou deliberadamente influencia as emoções e outros fenômenos afetivos"[11].

Com o uso, sobretudo, de técnicas de aprendizado profundo, a Affectiva programou uma variedade de aplicativos ligados a emoções. Eles variam entre a detecção de motoristas distraídos e "perigosos" nas ruas até a medição de respostas emocionais de consumidores a anúncios. A empresa construiu aquilo que diz ser o maior banco de dados de emoções do mundo, composto por mais de dez milhões de expressões de pessoas de 87 países[12]. Sua coleção monumental de vídeos de indivíduos expressando emoções foi rotulada a mão por trabalhadores em multidão, situados principalmente no Cairo[13]. Hoje, muitas outras companhias adquiriram licenças para usar os produtos da Affectiva no desenvolvimento de tudo, desde aplicativos que avaliam candidatos a vagas de emprego até a avaliação da participação ou não de estudantes em sala de aula – tudo isso com a captura e a análise de expressões faciais e linguagem corporal[14].

Para além do setor de *startups*, gigantes da IA como Amazon, Microsoft e IBM também projetaram, todas elas, sistemas para a detecção de afetos e emoções. A Microsoft oferece a detecção de emoções em sua API de Detecção Facial [Face API], que afirma detectar o que um indivíduo está sentindo com base em todo um campo de emoções que passa por "raiva, desprezo, nojo, medo, felicidade, neutralidade, tristeza e surpresa" e que declara serem "entendidas como comunicadas de forma intercultural e universal por meio de expressões faciais específicas"[15]. A ferramenta Rekognition, da Amazon, afirma de modo similar que consegue identificar "todas as sete emoções" e que é capaz de "medir de que forma essas coisas mudam ao longo do tempo, como na construção de uma linha do tempo de emoções de um ator"[16].

Mas como essas tecnologias funcionam? Os sistemas de reconhecimento de emoções brotaram nos interstícios formados entre as tecnologias de IA, as prioridades dos militares e as ciências comportamentais (sobretudo a psicologia). Eles compartilham um conjunto similar de modelos e pressupostos fundamentais: as ideias de que há um pequeno número de categorias emocionais distintas e universais, de que revelamos involuntariamente essas emoções em nossos rostos e de que isso pode ser detectado por máquinas. Esses artigos de fé são tão aceitos em algumas áreas que pode parecer estranho até mesmo notá-los, e mais ainda questioná-los. Eles estão tão enraizados que passaram a constituir "a percepção comum"[17]. Mas, caso olhemos para como as emoções vieram a ser taxonomizadas – cuidadosamente organizadas e rotuladas –, veremos que há questões à espera de nós em cada esquina. E a figura principal por trás dessa abordagem é Paul Ekman.

"O leitor de rostos mais famoso do mundo"

A pesquisa de Ekman começou com um encontro auspicioso com Silvan Tomkins, na época um psicólogo bem-estabelecido, que atuava em Princeton e havia publicado o primeiro volume de sua *magnum opus*, *Affect Imagery Consciousness* [Afeto imagética consciência], em 1962[18]. A obra de Tomkins sobre o afeto exerceu uma influência enorme em Ekman, que dedicou muito da própria carreira ao estudo das implicações dela. Um aspecto em particular desempenhou um papel desproporcional: a ideia de que, caso os afetos fossem um conjunto inato de respostas evolutivas, eles seriam universais e, portanto, reconhecíveis por culturas diferentes. Esse desejo por universalidade tem um peso importante no porquê de essas teorias serem amplamente aplicadas nos sistemas atuais de reconhecimento de emoções por IA: ele oferece um pequeno conjunto de princípios que poderiam ser aplicados em qualquer lugar, uma simplificação de complexidades facilmente replicável.

Na introdução a *Affect Imagery Consciousness*, Tomkins apresenta suas ideias sobre afetos universais de base biológica como uma teoria voltada a enfrentar uma crise aguda na soberania humana. Tomkins estava contestando o desenvolvimento do behaviorismo e da psicanálise, duas escolas de pensamento que, segundo acreditava, tratavam a consciência como um mero subproduto – e algo a serviço – de outras forças. Ele observou que a consciência humana tinha sido "várias e várias vezes negada e reduzida, primeiro por Copérnico" – que desalojou a humanidade do centro do universo –, "depois, por Darwin" – cuja teoria da evolução estilhaçou a ideia de que os humanos haviam sido criados à imagem de um Deus cristão –, "e, acima de todos, por Freud" – que tirou a centralidade da consciência e da razão humanas como forças motrizes por trás de nossas motivações[19]. Tomkins continua: "O paradoxo do controle máximo sobre a natureza e mínimo sobre a natureza humana deriva em parte da negligência quanto ao papel da consciência como mecanismo de controle"[20]. Dito de maneira direta, *a consciência nos diz pouco sobre por que sentimos o que sentimos e fazemos o que fazemos*. Essa é uma afirmação fundamental para todos os tipos de aplicações posteriores da teoria dos afetos – teoria que ressalta a incapacidade dos humanos de reconhecer que estão tanto sentindo quanto expressando afetos. Se nós, como humanos, somos incapazes de detectar verdadeiramente o que sentimos, poderiam os sistemas de IA fazê-lo por nós?

Essa teoria dos afetos foi a forma que Tomkins encontrou para enfrentar o problema da motivação humana. Ele argumentava que a motivação era governada por dois sistemas: afetos e impulsos. Defendia que os impulsos tendem a estar intimamente relacionados às necessidades biológicas imediatas, como a fome e a sede[21]. Eles são instrumentais; a dor da fome pode ser remediada com comida. Mas o principal sistema que governa a motivação e o comportamento humanos é o dos afetos, que envolve *sentimentos* positivos e negativos. Os afetos, que desempenham o papel mais importante na motivação humana, amplificam os sinais dos impulsos, mas são muito mais complexos que aqueles. É difícil saber, por exemplo, a razão ou as causas exatas que levam um bebê a chorar e a expressar o afeto sofrimento-angústia. O bebê pode estar "com fome ou com frio, sujo ou com dor ou [estar chorando] em razão de uma alta de temperatura"[22]. De modo similar, são várias as formas pelas quais esse sentimento afetivo pode ser administrado: "O choro pode ser interrompido com a amamentação, com um abraço, com o aquecimento ou o resfriamento do quarto, com o reposicionamento do alfinete da fralda e assim por diante"[23].

Tomkins conclui: "Os preços a serem pagos por essa flexibilidade são a ambiguidade e o erro. O indivíduo pode ou não identificar corretamente a 'causa' de seu medo ou alegria e pode ou não aprender a reduzir esse medo ou a manter ou recapturar sua alegria. Nesse aspecto, o sistema afetivo não é tão simplesmente um sistema de sinalização como no caso do sistema de impulsos"[24]. Diferentemente dos impulsos, os afetos não são estritamente instrumentais; eles apresentam um alto grau de independência diante de estímulos e objetos, o que significa que frequentemente podemos não saber por que estamos irritados, assustados ou felizes[25].

Toda essa ambiguidade pode sugerir que não há como desemaranhar as complexidades dos afetos. Como poderíamos saber alguma coisa sobre um sistema em que as conexões entre causa e efeito, estímulo e resposta são tão tênues e incertas? Tomkins propõe uma resposta: "Os afetos primários [...] parecem estar relacionados de forma inata em uma razão de um para um com um sistema de órgãos extraordinariamente visível" – ou, mais especificamente, o rosto[26]. Tomkins encontrou precedentes para essa ênfase nas expressões faciais em duas obras publicadas no século 19: *A expressão das emoções no homem e nos animais* (1872), de Charles Darwin, e um volume obscuro, de autoria do neurologista francês Guillaume-Benjamin-Amand Duchenne de Boulogne, *Mécanisme de la physionomie humaine ou Analyse électro-physiologique de l'expression des passions applicable à la pratique des arts plastiques* [Mecanismo da fisionomia humana ou Análise eletrofisiológica da expressão das paixões aplicável à prática das artes plásticas] (1862)[27].

Tomkins supôs que a exibição de afetos pelo rosto fosse uma característica universal da humanidade. "Os afetos", acreditava ele, "são conjuntos de respostas musculares, vasculares e glandulares localizados no rosto e também amplamente distribuídos por todo o corpo, que geram ciclos de retroalimentação sensorial [...] Esses conjuntos organizados de respostas são disparados em centros subcorticais onde 'programas' específicos para cada afeto distinto são armazenados" – um uso bastante precoce de metáforas computacionais para o sistema humano[28].

Mas ele reconhecia que a *interpretação* das manifestações afetivas dependia de fatores individuais, sociais e culturais. Admitiu que havia "dialetos" muito diversos para a linguagem facial em sociedades diferentes[29]. Mesmo o precursor da pesquisa afetiva levantou a possibilidade de que a identificação de afetos e emoções dependesse do contexto social e cultural. O conflito potencial entre dialetos culturais e uma linguagem universal baseada na biologia teve implicações enormes para o estudo das expressões faciais e para as formas posteriores de reconhecimento de emoções. Dado que as expressões faciais variariam de cultura para cultura, o uso delas para o treinamento de sistemas de aprendizado de máquina inevitavelmente misturaria vários tipos diferentes de contextos, sinais e expectativas.

Em meados dos anos 1960, a oportunidade bateu à porta de Ekman na forma da Advanced Research Projects Agency [Agência de Projetos de Pesquisa Avançada] (ARPA), braço de pesquisa do Departamento de Defesa dos Estados Unidos. Olhando em retrospectiva para esse período, Ekman admitiu: "[A pesquisa afetiva] não foi ideia minha. Vieram me pedir – me pressionar – para fazê-la. Nem cheguei a escrever um projeto. Ele foi escrito para mim pelo homem que me deu o dinheiro para fazer a pesquisa"[30]. Em 1965, Ekman estava pesquisando expressões não verbais em ambientes clínicos e procurava financiamento para o desenvolvimento de um programa de pesquisa na Universidade Stanford. Ele conseguiu uma reunião em Washington, DC, com Lee Hough, diretor da divisão de ciências comportamentais da ARPA[31]. Hough não se interessou pela forma como Ekman descreveu a pesquisa, mas viu potencial na compreensão da comunicação não verbal intercultural[32].

O único problema, como admitido pelo próprio Ekman, era que ele não sabia como fazer pesquisas interculturais: "Eu nem sequer sabia quais eram as discussões, a literatura ou os métodos"[33]. Assim, Ekman compreensivelmente decidiu abandonar a busca por financiamento pela ARPA. Mas Hough insistiu e, de acordo com Ekman, "ficou sentado um dia inteiro em meu escritório e escreveu a proposta que, depois, financiou para permitir que eu fizesse o trabalho pelo qual sou mais conhecido – evidências para a universalidade de algumas expressões faciais de emoções e diferenças culturais em gestos"[34]. Ekman recebeu uma injeção maciça de dinheiro da ARPA, aproximadamente 1 milhão de dólares – o equivalente, hoje, a mais de 8 milhões de dólares[35].

Na época, Ekman se perguntou por que Hough parecia tão determinado a financiar essa pesquisa, mesmo diante de suas objeções e apesar de sua falta de experiência. Como acabou sendo descoberto, a intenção era distribuir dinheiro rápido para evitar as suspeitas do senador Frank Church, que havia flagrado Hugh usando pesquisas em ciências sociais como fachada para a aquisição de informações no Chile que poderiam ser usadas para derrubar o governo de esquerda do presidente Salvador Allende[36]. Mais tarde, Ekman concluiu que era apenas um homem de sorte, alguém "que poderia fazer pesquisas em outros continentes que o tirariam [Hugh] de problemas!"[37]. A ARPA viria a ser a primeira de uma longa lista de agências de defesa, inteligência e segurança pública a financiar tanto a carreira de Ekman quanto o campo do reconhecimento afetivo em geral.

Apoiado por uma bolsa bastante considerável, Ekman começou seus primeiros estudos para provar a universalidade das expressões faciais. Em geral, esses estudos seguiam um roteiro, que viria a ser copiado nos primeiros laboratórios de IA. Ekman duplicou em grande medida os métodos de Tomkins e chegou até mesmo a usar as fotografias de seu predecessor para fazer experimentos no Chile, na Argentina, no Brasil, nos Estados Unidos e no Japão[38]. Baseava-se em pedidos para que os participantes da pesquisa simulassem as expressões de uma emoção, que eram então comparadas com expressões reunidas "na natureza" – com o que queria dizer "fora de condições laboratoriais"[39]. Fotografias posadas de expressões faciais selecionadas pelos pesquisadores como exemplos ou expressões de afetos particularmente "puros" ou intensos eram mostradas aos participantes, que então eram orientados a escolher entre aquelas categorias de afetos e a rotular as imagens posadas. A análise media o grau em que os rótulos escolhidos pelos participantes se correlacionavam com aqueles escolhidos pelos pesquisadores.

Desde o começo, a metodologia mostrou ter problemas. O formato de respostas fechadas de Ekman seria posteriormente criticado por alertar os participantes para as conexões que os pesquisadores já haviam feito entre expressões faciais e emoções[40]. Além disso, o fato de que essas emoções eram fingidas ou posadas viria a aumentar significativamente preocupações quanto à validade dos resultados[41]. Eckman descobriu alguns consensos interculturais com o uso de sua abordagem, mas seus achados foram contestados pelo antropólogo Ray Birdwhistell, que sugeriu que esses consensos poderiam não refletir estados afetivos inatos caso houvessem sido culturalmente aprendidos após a exposição a mídias de massa como o cinema, a televisão ou revistas[42]. Foi essa disputa que motivou Ekman a partir para a Papua-Nova Guiné especificamente para estudar os povos originários da região das terras altas. Ekman imaginou que, caso pessoas com pouco contato com a cultura e a mídia ocidental concordassem com a forma como ele havia categorizado as expressões afetivas posadas, isso seria uma forte evidência para a universalidade do modelo.

Depois que voltou de sua primeira tentativa de estudar o povo Foro na Papua-Nova Guiné, Ekman inventou uma abordagem alternativa para provar sua teoria. Ele mostrou a suas cobaias nos Estados Unidos uma fotografia e, depois, pediu que escolhessem um de seus conceitos afetivos: felicidade, medo, nojo-desprezo, raiva, surpresa e tristeza[43]. Os resultados foram próximos o bastante daqueles de participantes de outros países para que Ekman acreditasse poder afirmar que "comportamentos faciais específicos são universalmente associados a emoções específicas"[44].

Afetos: da fisiognomia à fotografia

A ideia de que estados internos possam ser inferidos de modo confiável com o uso de sinais exteriores tem sua origem na história da fisiognomia – o estudo dos atributos faciais das pessoas em busca de indicativos de caráter. No mundo grego antigo, Aristóteles acreditava que "é possível analisar o caráter [dos seres humanos] a partir dos traços físicos, se admitirmos que o corpo e a alma mudam conjuntamente em todas as paixões naturais"[45]. Os gregos também usavam a fisiognomia como uma forma incipiente de classificação racial, aplicada ao "próprio gênero do homem, com sua divisão em raças conforme difiram em aparência e caráter (os egípcios, os trácios e os citas, por exemplo)"[46]. Eles presumiam um elo entre corpo e alma que justificava a leitura do caráter interior das pessoas com base na aparência exterior.

Na cultura ocidental, a fisiognomia alcançou um ponto culminante durante os séculos 18 e 19, quando era vista como parte das ciências anatômicas. Uma figura-chave nessa tradição foi o pastor suíço Johann Kaspar Lavater, que escreveu *Essays on Physiognomy; For the Promotion of Knowledge and the Love of Mankind* [Ensaios de Fisiognomia; Para a promoção do conhecimento e o amor da humanidade], originalmente publicado na Alemanha em 1789[47]. Lavater emprestou as abordagens da fisiognomia e as misturou ao conhecimento científico mais recente da época. Ele tentou criar uma comparação "mais objetiva" de rostos com o uso de silhuetas em vez de ilustrações de artistas, por crer que aquelas seriam mais mecânicas e fixariam a posição de cada rosto em uma forma familiar de perfil que permitiria um ponto de vista comparativo[48]. Lavater acreditava que a estrutura óssea representava uma conexão subjacente entre aparência física e caráter. Se as expressões faciais podiam ser fugidias, os crânios ofereciam um material mais sólido para as inferências fisiognômicas[49]. Como vimos no capítulo anterior, a mensuração de crânios foi usada para apoiar o nacionalismo, o racismo e a xenofobia que então estavam em ascensão. Esse trabalho mal-afamado continuou a ser desenvolvido durante o século 19 por frenologistas como Franz Joseph Gall e Johann Gaspar Spurzheim, assim como na criminologia científica, com os estudos de Cesare Lombroso – e todos levaram a tipos de classificações inferenciais a que os sistemas contemporâneos de IA remontam.

Mas foi o neurologista francês Duchenne, descrito por Ekman como "um observador maravilhosamente talentoso", que codificou o uso da fotografia e outros meios técnicos para o estudo dos rostos humanos[50]. Em *Mécanisme de la physionomie humaine*, Duchenne estabeleceu bases importantes tanto para Darwin quanto para Ekman e conectou ideias mais antigas vindas da fisiognomia e da frenologia com investigações mais modernas em fisiologia e psicologia. Ele substituiu afirmações vagas sobre caráter por uma investigação mais restrita sobre as expressões e os estados mentais ou emocionais internos[51].

Duchenne trabalhava no asilo de Salpêtrière, em Paris, que chegou a abrigar 5 mil pessoas com um leque amplo de diagnósticos de transtorno mental e problemas neurológicos. Algumas delas viriam a se tornar cobaias para experimentos angustiantes, parte de uma longa tradição de experimentação médica e tecnológica com os mais vulneráveis e incapazes de resistir[52]. Duchenne, que era pouco conhecido na comunidade científica, decidiu desenvolver técnicas de eletrochoque para estimular a movimentação de músculos isolados nos rostos das pessoas. O objetivo era construir um conhecimento anatômico e fisiológico mais completo do rosto. Duchenne usou esses métodos para unir a nova ciência psicológica e o estudo muito mais antigo dos sinais fisionômicos (ou paixões)[53]. Ele se valeu das técnicas fotográficas mais recentes, como o processo de colódio úmido, que dependiam de períodos de exposição bem mais curtos e permitiam que

Duchenne congelasse em imagens movimentos musculares e expressões faciais fugazes[54].

Mesmo nesses estágios muito iniciais, os rostos nunca consistiam em expressões humanas que ocorressem natural ou socialmente, mas representavam *simulações* produzidas pela aplicação grosseira de eletricidade sobre os músculos. Apesar disso, Duchenne acreditava que o uso da fotografia e de outros sistemas técnicos transformaria os retratos, até então imprecisos, em algo objetivo e comprobatório, mais adequado ao estudo científico[55]. Em sua introdução a *A expressão das emoções no homem e nos animais*, Darwin elogiou as "magníficas fotografias" de Duchenne e incluiu reproduções delas em sua própria obra[56]. Como as emoções eram ocorrências temporais e até mesmo fugidias, a fotografia oferecia a capacidade de fixar, comparar e categorizar as expressões visíveis na face. Ainda assim, essas representações da verdade em Duchenne eram altamente fabricadas.

Ekman viria a seguir Duchenne na colocação das fotografias no âmago de sua prática experimental[57]. Ele acreditava que a fotografia em câmera lenta era essencial para sua abordagem, já que muitas expressões faciais operariam nos limites da percepção humana. O objetivo era encontrar as chamadas microexpressões – movimentos musculares mínimos do rosto. A duração das microexpressões, segundo Ekman, "é tão breve que, a menos que a projeção em câmera lenta seja utilizada, elas permanecem no limiar do reconhecimento"[58]. Mais tarde, ele também insistiria que qualquer pessoa poderia ser ensinada em cerca de uma hora, sem treinamento ou captura em câmera lenta, a reconhecer microexpressões"[59]. Mas, se eram rápidas demais para serem percebidas por um humano, como era possível que elas fossem compreendidas?[60]

Um dos planos ambiciosos de Ekman em suas primeiras pesquisas foi codificar um sistema para a detecção e análise de expressões faciais[61]. Em 1971, ele copublicou uma descrição do que chamou de Facial Action Scoring Technique

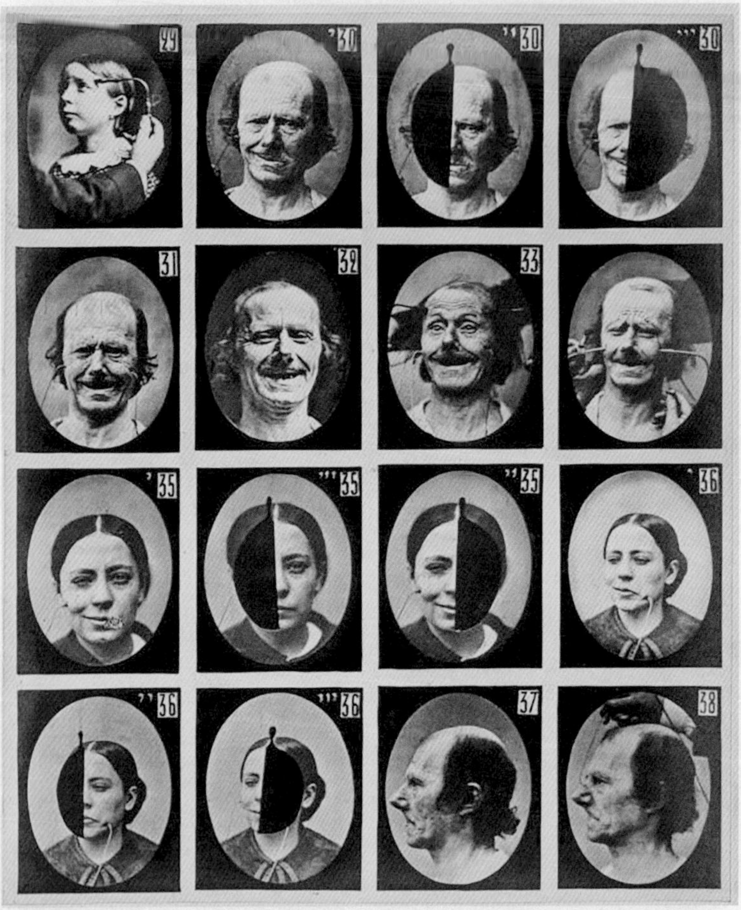

Pranchas de G.-B. Duchenne (de Boulogne), *Mécanisme de la physionomie humaine ou Analyse électro-physiologique de l'expression des passions applicable à la pratique des arts plastiques*. Cortesia da Biblioteca Nacional de Medicina dos Estados Unidos.

[Técnica de pontuação de ações faciais] (FAST). Com o uso de fotografias posadas, a abordagem usou seis tipos de emoções básicas derivadas em grande medida das intuições de Ekman[62]. Mas a FAST rapidamente esbarrou em problemas quando outros cientistas produziram expressões faciais não incluídas em sua tipologia[63]. Assim, Ekman decidiu basear sua próxima ferramenta de mensuração na musculatura facial, em uma retomada dos estudos de eletrochoque originais de Duchenne. Identificou aproximadamente quarenta contrações musculares distintas no rosto e denominou os componentes básicos de cada expressão facial como Unidade de Ação[64]. Depois de alguns testes e validações, Ekman e Wallace Friesen publicaram o Facial Action Coding System [Sistema de Codificação de Ações Faciais] (FACS) em 1978; edições atualizadas do sistema continuam a ser amplamente utilizadas[65]. O uso do FACS como ferramenta de mensuração era muito trabalhoso. Ekman disse que levava entre 75 a 100 horas para treinar usuários na metodologia e uma hora para pontuar um minuto de filmagens de rostos[66].

Em uma conferência no começo dos anos 1980, Ekman assistiu à apresentação de uma pesquisa que sugeria uma

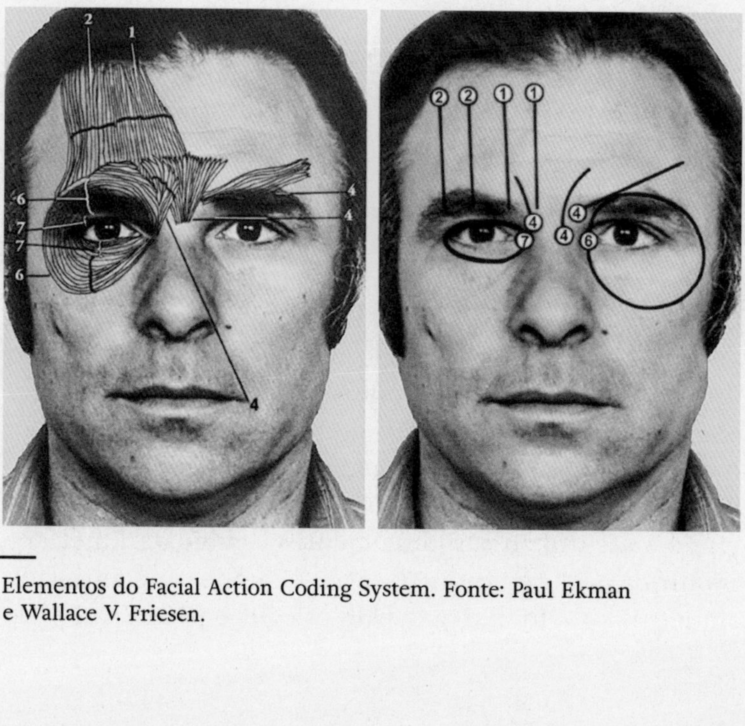

Elementos do Facial Action Coding System. Fonte: Paul Ekman e Wallace V. Friesen.

solução para as demandas intensas de trabalho do FACS: o uso de computadores para automatizar a mensuração. Ainda que não mencione em suas memórias o pesquisador responsável pelo artigo, Eckman efetivamente afirma que o sistema se chamava Wizard [Mago] e havia sido desenvolvido na Universidade de Brunel, em Londres[67]. Trata-se provavelmente do sistema inicial de reconhecimento de objetos por aprendizado de máquina de Igor Aleksander, WISARD, que havia usado redes neurais em uma época em que essa abordagem ainda não estava na moda[68]. Algumas fontes relatam que o WISARD havia sido treinado com "uma base de dados de *hooligans* conhecidos", o que antecipava o uso contemporâneo generalizado de retratos criminais para treinar tecnologias de reconhecimento facial[69].

Dado que o reconhecimento facial havia surgido na década de 1960 como uma aplicação inaugural para a inteligência artificial, não surpreende que os primeiros pesquisadores que trabalharam na área tenham encontrado um ponto de partida em comum com a abordagem de Ekman para a análise de rostos[70]. O próprio Ekman afirma ter desempenhado um papel ativo na apresentação de formas automatizadas de reconhecimento de afetos para os antigos contatos que havia estabelecido nas agências de defesa e inteligência em seus dias de financiamento pela ARPA. Na época, ele ajudou a organizar uma competição informal entre duas equipes que trabalhavam com dados do FACS, e isso parece ter produzido um impacto duradouro. A partir de então, ambos os times passaram a participar de modo proeminente da área da computação afetiva. Um deles era composto por Terry Sejnowski e pela estudante Marian Bartlett, que também se tornaria uma figura importante na ciência da computação do reconhecimento emocional, vindo a assumir o cargo de cientista-chefe da Emotient, adquirida pela Apple em 2016[71]. O segundo time, instalado em Pittsburgh, foi liderado pelo psicólogo Jeffrey Cohn, da

Universidade de Pittsburgh, e pelo eminente pesquisador de visão computacional Takeo Kanade, da Universidade Carnegie Mellon[72]. Essas duas figuras se dedicaram ao reconhecimento de afetos no longo prazo e desenvolveram o célebre conjunto de dados de expressões emocionais Cohn-Kanade (CK) e seus descendentes.

O FACS de Ekman proporcionou duas coisas essenciais para as aplicações posteriores do aprendizado de máquina: um conjunto estável, específico e finito de rótulos que humanos poderiam usar para categorizar fotografias de rostos e um sistema para a produção de medições. Ele prometeu tirar o trabalho difícil da representação de vidas interiores das mãos de artistas e romancistas e trazê-lo para baixo do guarda-chuva da rubrica racional, cognoscível e mensurável própria dos laboratórios, corporações e governos.

Capturando sentimentos: o artifício da encenação de emoções

Conforme os esforços para o uso de computadores no reconhecimento de afetos começavam a tomar corpo, os pesquisadores reconheceram a necessidade de uma coleção de imagens padronizadas com as quais pudessem fazer experimentos. Um relatório de 1992 da Fundação Nacional de Ciência dos Estados Unidos, de coautoria de Ekman, sugeria que "um banco de dados multimídia de acesso fácil e compartilhado pela comunidade de reconhecimento facial diverso seria um recurso importante para a resolução e expansão de questões relacionadas ao entendimento do rosto"[73]. Dentro de um ano, o Departamento de Defesa dos Estados Unidos começaria a financiar o programa FERET para recolher fotografias de rostos, como vimos no capítulo Dados. Ao final daquela década, pesquisadores de aprendizado de máquina começariam a montar, rotular e a tornar públicos os conjuntos de dados que conduzem muitas das atuais pesquisas sobre aprendizado de máquina.

As diretrizes gerais do FACS de Ekman moldaram diretamente o conjunto de dados CK [Cohn-Kanade][74]. Seguindo a tradição de Ekman de expressões faciais posadas, "um experimentador instruiu os participantes a encenar uma série de 23 manifestações faciais", que depois foram codificadas por especialistas em FACS, os quais atribuíram rótulos para os dados. O conjunto de dados CK permitiu que os laboratórios tivessem uma referência para seus resultados e comparassem seus progressos enquanto construíam novos sistemas de reconhecimento facial.

Outros laboratórios e companhias trabalhavam em projetos paralelos e criavam pontuações para bancos de dados de fotos. Pesquisadores em um laboratório na Suécia, por exemplo, criaram o Karolinska Directed Emotional Faces [Rostos emocionais dirigidos Karolinska], um banco de dados composto de imagens de indivíduos que retratam expressões

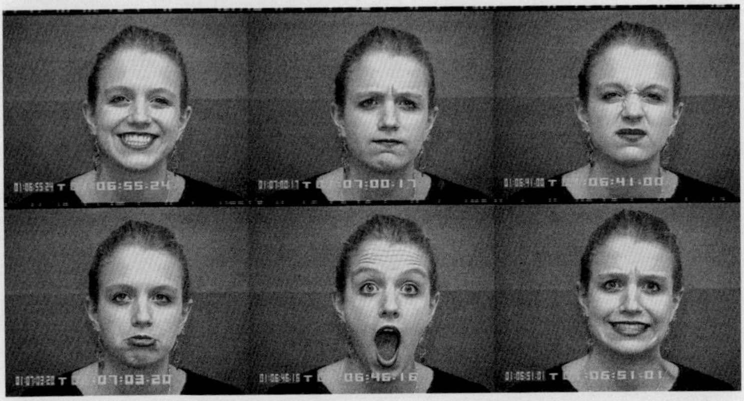

Expressões faciais do conjunto de dados Cohn-Kanade: alegria, raiva, nojo, tristeza, surpresa, medo. Imagens posadas de T. Kanade *et al.*, *Yearbook of Physical Anthropology* [Anuário de antropologia física] (2000). © Cohn & Kanade.

emocionais posadas em correspondência com as categorias de Ekman[75]. Nesse banco, os participantes fazem seus rostos assumirem formas que estejam de acordo com os seis estados emocionais básicos. Quando olhamos para esses conjuntos de treino, é difícil não ficar impressionado com quão extremos eles são: *Surpresa incrível! Alegria abundante! Medo paralisante!* Os participantes estão literalmente encenando emoções que possam ser lidas por máquinas.

Conforme a área foi crescendo em escala e complexidade, o mesmo acontecia com os tipos de fotografia usados no reconhecimento de afetos. Os pesquisadores passaram a usar o **FACS** para rotular dados gerados não por expressões posadas, mas por expressões faciais espontâneas – às vezes recolhidas fora de condições laboratoriais. Por exemplo: uma década depois do lançamento enormemente bem-sucedido do conjunto de dados CK, um grupo de pesquisadores lançou uma segunda geração, o Conjunto de Dados Cohn-Kanade Expandido (CK+)[76]. O CK+ incluía a quantidade usual de expressões posadas, mas também começou a acrescentar as chamadas "expressões não posadas" ou "espontâneas" tiradas de vídeos com expressões faciais não estimuladas.

Em 2009, a Affectiva surgiu do Laboratório de Mídias do MIT com o objetivo de capturar "expressões faciais naturais e espontâneas" em condições de vida real[77]. Para coletar dados, a empresa possibilitou que usuários escolhessem participar de um sistema que registraria seus rostos com o uso de *webcams* enquanto assistiam a uma série de comerciais. Essas imagens seriam então rotuladas a mão com o uso de um *software* feito sob medida por programadores treinados no FACS de Ekman[78]. Mas aqui encontramos outro problema de circularidade. O FACS havia sido desenvolvido a partir do arquivo substancial de fotografias posadas[79]. Mesmo quando coletadas em ambientes naturais, era comum que as imagens fossem classificadas de acordo com um esquema derivado de imagens simuladas.

O trabalho de Ekman se tornou uma influência profunda e que abrangia tudo, desde *softwares* detectores de mentiras até visão computacional. O *New York Times* descreveu Ekman como "o leitor de faces mais famoso do mundo", e a revista *Time* o considerou uma das cem pessoas mais influentes do planeta. Ele acabaria por oferecer consultorias a clientes tão díspares como o Dalai Lama, o FBI, a CIA, o Serviço Secreto dos Estados Unidos e até mesmo o estúdio de animação Pixar, que buscava criar renderizações mais realistas para os rostos de seus personagens[80]. Suas ideias se tornaram parte da cultura popular e foram incluídas em *best-sellers* como *Blink: a decisão num piscar de olhos*, de Malcolm Gladwell, e em um drama televisivo, *Lie to Me* [Minta para mim], em que Ekman foi um dos consultores para o papel do protagonista, ao que parece livremente inspirado nele mesmo[81].

Seus negócios também prosperaram: ele vendeu técnicas de detecção de dissimulação para agências de segurança como a Transportation Security Administration [Administração de Segurança nos Transportes], que as usou no desenvolvimento do programa Screening of Passengers by Observation Techniques [Triagem de Passageiros por Técnicas de Observação] (SPOT). Em uma tentativa de detectar terroristas "automaticamente", o SPOT foi usado para monitorar expressões faciais de passageiros de avião nos anos que se seguiram aos ataques do 11 de Setembro. O sistema usa um conjunto de 94 parâmetros, todos supostamente indicativos de tensão, medo ou dissimulação. Mas a procura por essas reações significava que alguns grupos ficam imediatamente em desvantagem. Qualquer pessoa que esteja estressada, que se sinta desconfortável ao ser interrogada ou que tenha passado por experiências negativas com a polícia e com os agentes da fronteira poderia pontuar mais alto. Isso produziu suas próprias formas de perfilamento racial. O programa **SPOT** tem sido criticado pelo Government Accountability Office [Escritório de Prestação de Contas do Governo] e por grupos que militam pelas liberdades civis por sua falta de metodologia científica e por, apesar de ter custado 900 milhões de dólares, ainda não ser claramente bem-sucedido[82].

As muitas críticas às teorias de Ekman

Com o crescimento da fama de Ekman, intensificou-se também o ceticismo em relação a seu trabalho, com o surgimento de críticas de várias áreas diferentes. Uma das primeiras críticas foi a antropóloga cultural Margaret Mead, que debateu com Ekman a questão da universalidade das emoções no final da década de 1960, em uma discussão que seria feroz não só entre os dois, mas também entre outros antropólogos críticos da ideia de Ekman de que haveria uma universalidade absoluta[83]. Mead não se convenceu da crença de Ekman em determinantes biológicos para o comportamento em detrimento da análise de fatores culturais[84]. Em particular, Ekman tendia a reduzir as emoções a um binário simplificado demais e mutuamente excludente: ou as emoções eram universais ou não eram. Críticos como Mead apontaram que posições mais nuançadas eram possíveis[85]. Mead defendeu um meio-termo e enfatizou que não havia uma contradição inerente entre "a possibilidade de que seres humanos compartilhem um núcleo de comportamentos inatos [...] e a ideia de que as expressões emocionais poderiam, *ao mesmo tempo*, ser altamente condicionadas por fatores culturais"[86].

Ao longo das décadas, outros cientistas de diferentes áreas se uniram ao coro. Em anos mais recentes, os psicólogos James Russell e José-Miguel Fernández-Dols mostraram que os aspectos mais básicos dessa ciência permanecem indefinidos: "As questões mais fundamentais, como saber se as 'expressões faciais da emoção' realmente expressam emoções, continuam a ser objeto de grande controvérsia"[87]. As cientistas sociais Maria Gendron e Lisa Feldman Barrett apontaram para os perigos específicos no uso das teorias de Ekman pela indústria de IA, já que a indicação de estados mentais internos por detecção automatizada de expressões faciais não é confiável[88]. Como Barrett observa, "as empresas podem dizer o que quiserem, mas os dados são claros. Elas conseguem detectar um cenho franzido, mas isso não é a mesma coisa que detectar raiva"[89].

Ainda mais perturbador é o fato de não haver consenso entre os pesquisadores da área sobre o que é realmente uma emoção. Em que consistem as emoções, como elas são formuladas dentro de nós e externalizadas, quais poderiam ser suas funções fisiológicas ou neurobiológicas, suas relações com os estímulos e até mesmo como defini-las – todas essas perguntas permanecem teimosamente sem resposta[90].

Talvez a principal crítica da teoria das emoções de Ekman seja Ruth Leys, historiadora da ciência. Em *The Ascent of Affect* [A ascensão do afeto], Leys expõe detalhadamente "as implicações do pressuposto fisiognômico fundamental que está na base da obra de Ekman [...] mais especificamente, a ideia de que seria possível manter uma distinção estrita entre expressões autênticas e artificiais de emoções a partir de diferenças entre as caras que fazemos quando estamos sozinhos e aquelas que fazemos quando estamos acompanhados"[91]. Leys vê uma circularidade fundamental no método de Ekman. Primeiro, as fotografias posadas ou simuladas que ele usou foram tomadas como expressões de um conjunto de estados afetivos básicos, "já livres de influências culturais"[92]. Depois, essas fotografias foram usadas para extrair rótulos de populações diferentes para demonstrar a universalidade das expressões faciais. Leys aponta um problema grave: Ekman supôs que "as expressões faciais nas fotografias que usava em seus experimentos estavam livres de contaminação cultural, já que eram universalmente reconhecidas. Ao mesmo tempo, ele sugeriu que essas expressões faciais eram universalmente reconhecidas porque estavam livres de contaminação cultural"[93]. A abordagem é fundamentalmente recursiva[94].

Outros problemas ficaram claros à medida que as ideias de Ekman foram sendo implementadas em sistemas técnicos. Como vimos, muitos conjuntos de dados subjacentes da área se baseiam em atores que simulam estados emocionais e os interpretam para a câmera. Isso significa que os sistemas de IA são treinados para reconhecer expressões de sentimentos fingidos. Ainda que afirmem ter acesso à verdade básica sobre estados internos naturais, os sistemas de IA invariavelmente são treinados com materiais construídos. Mesmo em imagens capturadas de pessoas reagindo a comerciais ou a filmes, os retratados estavam cientes de que estavam sendo observados, o que pode ter alterado suas respostas.

A dificuldade na automação do estabelecimento de conexões entre movimentos faciais e categorias emocionais básicas leva, já de saída, à questão mais ampla sobre se as emoções podem mesmo ser adequadamente agrupadas em um pequeno número de categorias distintas[95]. Essa visão pode ser retraçada até Tomkins, que afirmou que "cada tipo de emoção pode ser identificado por uma resposta típica única dentro do corpo"[96]. Mas há pouquíssimas evidências consistentes nesse sentido. Psicólogos conduziram múltiplas revisões das evidências publicadas, mas não conseguiram encontrar associações entre as respostas mensuráveis e os estados emocionais que são pressupostos como existentes[97]. Por fim, há a questão persistente de que as expressões faciais podem indicar pouco sobre nossos estados internos verdadeiros, como qualquer pessoa que já tenha sorrido sem se sentir realmente feliz poderá confirmar[98].

Nenhuma dessas questões importantes a respeito da base das afirmações de Ekman impediu que seu trabalho alcançasse um papel privilegiado nas aplicações atuais da IA. Apesar de décadas de controvérsia científica, centenas de artigos citam a visão ekmaniana para expressões faciais interpretáveis como se fosse algo isento de problemas. São poucos os cientistas da computação que ao menos reconhecem a existência dessa literatura de incerteza. O pesquisador de computação afetiva Arvid Kappas, por exemplo, enuncia de forma direta a falta de um consenso científico básico: "Sabemos muito pouco a respeito dos moduladores sociais complexos das atividades faciais ou de outras formas possíveis de expressão nesses tipos de situações para que possamos medir estados emocionais de forma confiável a partir do comportamento expressivo. *Esse não é um problema de engenharia que possa ser resolvido com um algoritmo melhor*"[99]. Diferentemente de muitos dos estudiosos que apoiam com confiança o reconhecimento de afetos, Kappas questiona a crença de que computadores que tentem detectar emoções sejam, em geral, uma boa ideia[100].

Quanto mais tempo pesquisadores vindos de outros contextos passam examinando a obra de Ekman, mais as evidências contra ela se fortalecem. Em 2019, Lisa Feldman Barrett liderou uma equipe de pesquisa que conduziu uma revisão abrangente da literatura sobre a inferência de emoções a partir de expressões faciais. Eles concluíram com firmeza que as expressões faciais estão longe de ser indiscutíveis e que "não são 'impressões digitais' ou monitores de diagnóstico" que indicam estados emocionais com segurança, e muito menos entre culturas e contextos diferentes. Com base em todas as evidências atuais, observou o grupo, "não é possível inferir de modo seguro a felicidade a partir de um sorriso, a raiva a partir de um franzir de cenho ou a tristeza a partir de uma cara fechada, por mais que a tecnologia atual tente fazê-lo quando aplica aquilo que é equivocadamente considerado um fato científico"[101].

A equipe de Barrett criticou empresas de IA que afirmam ser capazes de deduzir emoções de forma automatizada:

> As empresas de tecnologia, por exemplo, estão erroneamente tomando essa concepção compartilhada como se fosse um fato fortemente amparado pela ciência e vêm gastando milhões de dólares em pesquisas para construir dispositivos que leiam emoções em rostos [...] Na verdade, os resultados de nossa revisão das evidências científicas indicam que sabemos muito pouco sobre de que forma e por que certos movimentos faciais expressam instâncias de emoção, e particularmente em um nível de detalhe suficiente para que essas conclusões sejam usadas em aplicações importantes no mundo real[102].

Com tantas críticas, por que a abordagem da "leitura de emoções" a partir do rosto persistiu? Ao analisar a história dessas ideias, podemos começar a ver como o financiamento militar de pesquisas, as prioridades nas políticas públicas e a motivação do lucro moldaram a área. Movidos por investimentos significativos do Departamento de Defesa dos Estados Unidos, múltiplos sistemas cada vez mais precisos na mensuração dos movimentos do rosto vêm sendo desenvolvidos desde os anos 1960. Uma vez surgida a teoria de que é possível avaliar estados internos com a mensuração dos movimentos faciais e desenvolvida a tecnologia para fazê-lo, as premissas subjacentes foram adotadas de bom grado pelas pessoas. A teoria se encaixava no que as ferramentas eram capazes de fazer. As ideias de Ekman pareciam perfeitas para a área emergente da visão computacional, já que poderiam ser automatizadas em grande escala.

Há investimentos institucionais e corporativos poderosos na validação das teorias e metodologias de Ekman. O reconhecimento de que as emoções não são facilmente classificáveis ou de que não podem ser detectáveis de modo confiável a partir de expressões faciais poderia comprometer uma indústria em expansão. Na área da IA, Ekman é comumente citado como se o problema houvesse sido resolvido – só para prosseguirem, imediatamente depois, com a realização de competições de engenharia. As questões mais complexas relacionadas ao contexto, ao condicionamento, à relacionalidade e aos fatores culturais são difíceis de conciliar com as abordagens disciplinares atuais da ciência da computação ou com as ambições do setor de tecnologia comercial. Assim, as categorias emocionais básicas de Ekman se tornaram o padrão. Abordagens mais sutis, como o meio-termo proposto por Margaret Mead, foram em grande medida ignoradas. O enfoque tem estado no aumento das taxas de precisão dos sistemas de IA, e não no enfrentamento das questões mais profundas, sobre as muitas formas de sentir, demonstrar e ocultar emoções e sobre como interpretamos as expressões faciais dos outros.

Como Barrett escreve, "muitos dos modelos mais influentes em nossa ciência supõem que as emoções são categorias biológicas impostas pela natureza, de modo que suas manifestações são *reconhecidas*, e não construídas, pela mente humana"[103]. Os sistemas de IA para a detecção de emoções têm essa ideia como premissa. Por pressupor que as categorias emocionais são algo dado, e não emergente e relacional, o reconhecimento automatizado pode ser um enquadramento completamente errado para pensar as emoções.

A política dos rostos

Em vez de tentar construir mais sistemas capazes de agrupar expressões faciais em categorias que possam ser lidas por máquinas, devemos questionar as origens dessas categorias em si mesmas, assim como suas consequências sociais e políticas. Ferramentas de reconhecimento de afetos já estão, neste momento, sendo implementadas em ataques políticos. Um *blog* conservador, por exemplo, afirmou ter criado um "sistema de polígrafo virtual" para avaliar vídeos

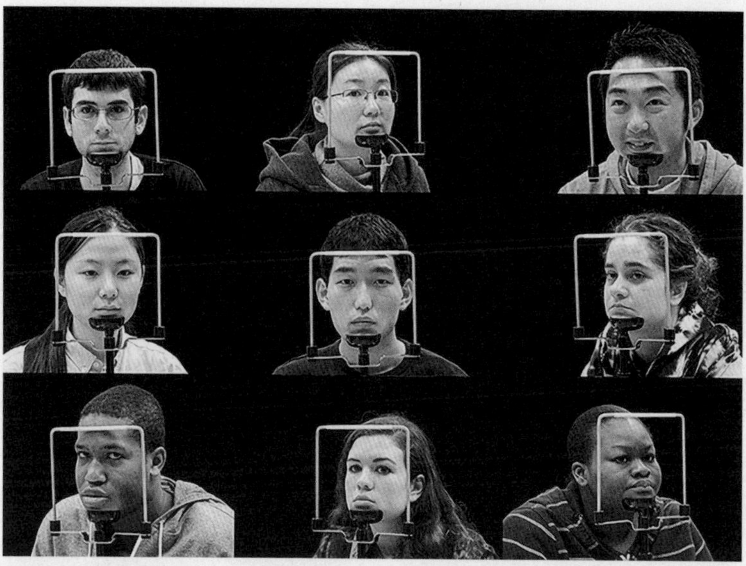

Columbia Gaze Dataset [Banco de dados de olhares de Columbia]. De Brian A. Smith *et al*, "Gaze Locking: Passive Eye Contact Detection for Human-Object Interaction" [Fixação de olhos: detecção de contato visual passivo para interações humano-objeto], *ACM Symposium on User Interface Software and Technology (Uist)*, outubro de 2013, pp. 271-80. Cortesia de Brian A. Smith.

da congressista estadunidense Ilhan Abdullahi Omar[104]. Com o uso da analítica de rostos e de fala do Rekognition da Amazon, a XRVision Sentinel AI e o Watson da IBM, o blogueiro declarou que a pontuação analítica de mentiras de Omar excedia sua "linha de base de verdades" e que ela havia registrado altos níveis de estresse, desprezo e nervosismo. Várias publicações da mídia conservadora aproveitaram a história e afirmaram que Omar era uma "mentirosa patológica" e uma ameaça à segurança do país[105].

É sabido que esses sistemas sinalizam os afetos na fala das mulheres, e sobretudo das mulheres negras, de modo diferente do que fazem com os homens. Como vimos no capítulo "Dados", a construção de uma "média" a partir de dados de treinamento sem representatividade é epistemologicamente suspeita logo de saída, com vieses raciais bastante nítidos. Um estudo conduzido pela Universidade de Maryland mostrou que alguns *softwares* de reconhecimento facial interpretam rostos negros como marcados por mais emoções negativas do que rostos brancos – particularmente, registram neles níveis mais altos de raiva e de desprezo, mesmo quando consideram os sorrisos em suas análises[106].

Esse é o perigo das ferramentas de reconhecimento de afetos. Como vimos, elas nos levam de volta a um passado frenológico, em que afirmações espúrias eram feitas sem ser contestadas e depois eram empregadas para apoiar os sistemas de poder em vigor. As décadas de controvérsia científica ao redor da ideia da dedução de diferentes emoções a partir de rostos humanos ressalta um ponto central: um modelo universal de reconhecimento não é a metáfora certa para a identificação de estados emocionais. As emoções são complexas, se desenvolvem e mudam em relação com nossas famílias, nossos amigos, nossa cultura e nossas histórias – com todos os múltiplos contextos que vivem fora do enquadramento da IA. Em muitos casos, os sistemas de detecção de emoções não fazem o que dizem fazer. Em vez de medir diretamente os estados mentais internos das pessoas, eles meramente otimizam estatisticamente as correlações de certas características físicas entre imagens de rostos. As fundações científicas da detecção automatizada de emoções estão sob questionamento, mas, ainda assim, uma nova geração de ferramentas afetivas já está fazendo deduções em todo um leque crescente de contextos de alto risco – desde o policiamento até a contratação de empregados.

Mesmo que as evidências agora apontem para a pouca confiabilidade da detecção de afetos, as empresas continuam a buscar novas fontes para a mineração de imagens de rostos e a competir pela liderança na participação de um setor que promete lucros bilionários. A revisão sistêmica de Barrett para a pesquisa que está por trás da dedução de emoções a partir dos rostos das pessoas se encerra em um tom incriminatório:

> De modo mais geral, as empresas de tecnologia podem muito bem estar formulando uma pergunta fundamentalmente errada. Esforços para simplesmente 'ler' os estados internos das pessoas com base em uma análise exclusiva dos movimentos faciais, sem considerar os vários aspectos do contexto, são, na melhor das hipóteses, incompletas e, na pior, inteiramente desprovidas de validade, independentemente de quão sofisticados sejam os algoritmos computacionais [...] É prematuro usar essa tecnologia para tirar conclusões sobre o que as pessoas sentem com base em movimentos faciais.[107]

Enquanto não resistirmos ao desejo de automatizar o reconhecimento de afetos, corremos o risco de ter candidatos a vagas de emprego julgados injustamente porque suas microexpressões não batem com as de outros empregados; estudantes recebendo notas piores do que as de seus colegas porque seus sinais faciais indicam uma falta de entusiasmo; e consumidores detidos porque um sistema de IA os marcou como prováveis furtadores com base em seus rostos[108]. São essas as pessoas que arcarão com os custos de sistemas que não apenas são tecnicamente imperfeitos, mas também se baseiam em metodologias questionáveis.

As áreas da vida em que esses sistemas operam estão se expandindo com tanta velocidade quanto os laboratórios e as corporações conseguem criar novos mercados para vendê-los. Ainda assim, todos eles dependem de um entendimento restrito sobre as emoções – surgido a partir do conjunto inicial de Ekman, de raiva, felicidade, surpresa, nojo, tristeza e medo – que se faça passar pelo universo infinito de sentimentos e expressões humanos ao longo do espaço e do tempo. Isso nos leva de volta às limitações profundas da captura das complexidades do mundo em um único esquema classificatório.

Somos conduzidos mais uma vez ao mesmo problema que temos visto se repetir: o desejo de simplificar demais o que é teimosamente complexo para que possa ser facilmente computado e empacotado para o mercado. Os sistemas de IA estão buscando remover as experiências mutáveis, privadas e divergentes de nossos eus corpóreos, mas o resultado é uma caricatura que não é capaz de capturar as nuances de nossa experiência emocional no mundo.

ESTADO

Estou sentada diante de um *laptop* sem conexão com a internet no décimo andar de um depósito em Nova York. Na tela está um *software* normalmente usado para a ciência forense digital, uma ferramenta para a investigação de evidências e a validação de informações armazenadas em discos rígidos. Estou aqui para pesquisar um arquivo que contém alguns dos detalhes mais específicos sobre como o aprendizado de máquina começou a ser usado no setor de inteligência, tal como conduzido por alguns dos governos mais ricos do mundo. Trata-se do arquivo Snowden: todos os documentos, apresentações de PowerPoint, memorandos internos, boletins informativos e manuais técnicos que o antigo terceirizado da NSA e informante Edward Snowden vazou em 2013. Cada página é marcada por um cabeçalho em que estão anotadas diferentes formas de classificação. ULTRASSECRETO // SI // ORCON // NOFORN[1]. Cada um deles é um alerta e uma designação.

A cineasta Laura Poitras me concedeu acesso a esse arquivo pela primeira vez em 2014. Era algo avassalador de se ler: nele estava contida mais de uma década de pensamento e comunicações de inteligência, incluindo documentos internos da Agência Nacional de Segurança dos Estados Unidos (NSA) e do Quartel-General de Comunicação Governamental do Reino Unido (GCHQ), além da rede internacional da Cinco Olhos[2]. Esse conhecimento era estritamente proibido para todos que não dispusessem de uma permissão de acesso de alto nível. Era parte do "império sigiloso" de informações, que no passado já se estimou crescer cinco vezes mais rápido do que o conhecimento publicamente acessível, mas sobre cuja dimensão, hoje, ninguém tem a menor ideia[3]. O arquivo Snowden captura os anos em que a coleta de dados entrou em metástase: quando celulares, navegadores de internet, plataformas de mídias sociais e *e-mails* se tornaram, todos eles, fonte de dados para o Estado. Os documentos mostram como a comunidade de inteligência contribuiu para o desenvolvimento de muitas das técnicas a que hoje nos referimos como "inteligência artificial".

O arquivo Snowden revela um setor de IA paralelo, desenvolvido em segredo. Os métodos compartilham muitas similaridades, mas há diferenças notáveis em termos de alcance, objetivos e resultados. Neles, não há sinal de construções retóricas para justificar a extração e a captura: todo sistema de *software* é simplesmente descrito como algo a ser conquistado, derrotado; todas as plataformas de dados estão valendo, e muito pouco é designado como protegido. Uma apresentação de PowerPoint da NSA traça as linhas gerais do TREASUREMAP [mapa do tesouro], um programa projetado para construir um mapa interativo quase em tempo real da internet[4]. Ele afirma rastrear a localização e o dono de qualquer computador, dispositivo móvel ou computador conectado: "Mapeie a internet inteira – qualquer dispositivo, em qualquer lugar, o tempo todo", gaba-se o *slide*. Alguns *slides* do "TREASUREMAP como facilitador" oferecem um gráfico de camadas sobre análise de sinais. Acima da camada geográfica e da camada de rede está a "camada da ciberpersona" – antiquadamente representada no *slide* por imagens dos primeiros iMacs com gabinetes coloridos e telefones "semi-inteligentes" da Nokia – e, depois, a "camada persona" das conexões particulares. O gráfico pretende retratar todas as pessoas que usam dispositivos conectados ao redor do mundo, em uma "visão da internet a 100 mil metros de altura". Sua aparência também é incrivelmente similar à de trabalhos de empresas de mapeamento e manipulação de redes sociais como a Cambridge Analytica.

Os documentos Snowden foram liberados em 2013, mas ainda soam como as brochuras de *marketing* da IA de hoje. Se o TREASUREMAP foi um precursor da rede vista de cima, de modo onisciente, do Facebook, então o programa chamado FOXACID se parece com uma campainha Ring, da Amazon, mas para computadores domésticos: ele grava as atividades diárias[5]. "Caso consigamos fazer o alvo nos visitar em algum tipo de navegador, provavelmente conseguiremos dominá-lo", explica o *slide*[6]. Uma vez que os indivíduos tenham sido tentados a clicar em um *e-mail* de *spam* ou a visitar um *site* capturado, a NSA despeja arquivos via navegador que viverão permanentemente no dispositivo em que foi realizado o acesso. Esse dispositivo, então, passará a enviar relatórios silenciosos sobretudo para a base. Um *slide* descreve como os analistas "utilizam *e-mails* muito direcionados" que exigem "algum grau de consciência prévia de que um crime pode estar sendo praticado" contra o alvo[7]. As restrições aplicáveis à aquisição pela NSA dessas informações a partir de atividades ilegais dolosas (quando se trata de dados de cidadãos americanos, pelo menos) raramente é discutida. Um documento observa que a agência estava trabalhando em múltiplos *fronts* para "perseguir agressivamente autoridades legislativas e criar uma estrutura de políticas públicas mais adequada à era da informação"[8]. Em outras palavras, mudar as leis para que se encaixem às ferramentas, e não o contrário.

As agências de inteligência dos EUA são a velha guarda da Big Data. Junto com a Agência de Defesa de Projetos de

TREASUREMAP como facilitador. Arquivo Snowden.

Pesquisa Avançada, elas têm sido grandes impulsionadoras de pesquisas de IA desde os anos 1950. Como o historiador da ciência Paul Edwards descreve em *The Closed World* [O mundo fechado], as agências militares de pesquisa moldaram ativamente a área que despontava e viria a ser conhecida como IA desde seus primeiros dias[9]. O Escritório de Pesquisa Naval, por exemplo, financiou parte do primeiro Projeto de Pesquisa de Verão em Inteligência Artificial no Dartmouth College, em 1956[10]. A área da IA sempre foi intensamente guiada pelo apoio militar, e frequentemente pelas prioridades militares, muito antes que estivesse claro que essa tecnologia poderia ser utilizada em larga escala. Como Edwards observa:

> Como o projeto de menor utilidade imediata e de ambições mais distantes, a IA veio a depender de modo incomumente intenso do financiamento da ARPA. Como resultado, a ARPA se tornou a patrona principal dos primeiros vinte anos de pesquisa de IA. O ex-diretor Robert Sproull concluiu, orgulhoso,

> que "toda uma geração de especialistas em computação começou com financiamento da DARPA" e que "todas as ideias que estão sendo usadas no projeto [de meados da década de 1980] de computação de quinta geração [computação avançada] – inteligência artificial, computação paralela, compreensão da fala, programa de linguagem natural – começaram, em última instância, com pesquisas custeadas pela DARPA".[11]

As prioridades militares de comando e controle, automação e vigilância moldaram profundamente o que a IA viria a se tornar. As ferramentas e abordagens que surgiram do financiamento da DARPA deixaram marcas na área, incluindo a visão computacional, a tradução automática e os veículos autônomos. Mas esses métodos técnicos têm implicações mais profundas. Certos tipos de pensamento classificatório estão infundidos na lógica geral da IA – de noções explicitamente voltadas para o campo de batalha, como detecção de alvos, recursos e anomalias até categorias mais sutis, como alto, médio ou baixo risco. Os conceitos de consciência situacional constante e da designação de alvos pautariam a pesquisa em IA por décadas e criariam as estruturas epistemológicas que viriam a influenciar tanto a indústria quanto a universidade.

Do ponto de vista do Estado, a virada para a Big Data e para o aprendizado de máquina expandiu os modos de extração de informações e subsidiou uma teoria social para como as pessoas podem ser rastreadas e entendidas: *por seus metadados os conhecereis*. Quem recebe uma mensagem, quais lugares são visitados, o que é lido, quando os dispositivos são ativados e por que razão – essas ações moleculares se transformaram em uma perspectiva de identificação e análise de ameaças, de culpa ou inocência. A coleta e a mensuração à distância de grandes agregados de dados se tornou a forma preferível para o desenvolvimento de supostas análises de grupos e comunidades e para a avaliações de alvos potenciais a serem mortos. A NSA e o GCHQ não são únicos – China, Rússia, Israel,

Síria e muitos outros países têm agências similares. São muitos os sistemas de vigilância e controle de soberania, uma multidão de máquinas de guerra que nunca baixam a guarda. O arquivo Snowden ressalta como o Estado e os agentes corporativos colaboram para a produção daquilo a que Achille Mbembe chama de "guerra infraestrutural"[12].

Mas a relação entre as forças armadas nacionais e a indústria de IA se expandiu para além dos contextos de segurança. Tecnologias antes disponíveis apenas para agências de inteligência – projetadas para serem *extralegais* – chegaram aos ramos dos governos locais: agências governamentais e de policiamento. Enquanto a NSA tem sido um foco de preocupações com a privacidade, menos atenção é dada ao setor crescente de vigilância comercial, que propagandeia de forma agressiva suas ferramentas e plataformas para departamentos de polícia e entidades públicas. A indústria de IA está simultaneamente desafiando e remodelando o papel tradicional do Estado enquanto é usada para sustentar e expandir formas mais antigas de poder geopolítico. A governança algorítmica faz parte da governança estatal tradicional ao mesmo tempo que a excede. Para parafrasear o teórico Benjamin Bratton, o Estado está adquirindo um esqueleto maquínico porque as máquinas já tomaram os papéis e o registro do Estado[13].

Gerando a Terceira Compensação

A história da criação da internet tem sido organizada ao redor da inovação e da dominância das universidades e das forças armadas dos Estados Unidos[14]. Mas, no espaço da IA, vemos que não há um sistema nacional puro. Em vez disso, os sistemas de IA operam dentro de uma rede entrelaçada complexa de ferramentas, infraestruturas e trabalho multinacionais e multilaterais. Consideremos, por exemplo, um sistema de reconhecimento facial que foi implementado nas ruas de Belgrado[15]. O chefe de polícia ordenou a instalação de 2 mil câmeras em oitocentos locais ao redor da cidade para capturar rostos e placas de veículos. O governo sérvio assinou um acordo com a gigante de telecomunicação chinesa Huawei para o fornecimento de vigilância de vídeo, apoio para redes 4G e centros unificados de dados e comando. Acordos como esse são comuns. Sistemas locais frequentemente são híbridos, com infraestrutura da China, da Índia, dos Estados Unidos e de outros lugares, com fronteiras porosas, diferentes protocolos de segurança e potenciais pontos ocultos de acesso remoto aos dados.

Mas a retórica em torno da inteligência artificial é muito mais ríspida: ouvimos repetidamente que estamos em uma guerra de IAs. Os objetos predominantes de preocupação são os esforços supranacionais dos Estados Unidos e da China, com lembretes constantes de que esta última já declarou a intenção de ser uma líder global de IA[16]. As práticas de dados das principais empresas de tecnologia da China, incluindo Alibaba, Huawei, Tencent e ByteDance, frequentemente são enquadradas como políticas estatais chinesas diretas e, assim, são vistas como inerentemente mais ameaçadoras do que as de agentes privados estadunidenses como a Amazon e o Facebook – mesmo que as linhas entre imperativos e incentivos estatais e corporativos estejam emaranhadas de modo complexo. Ainda assim, a linguagem da guerra é mais do que apenas a articulação usual da xenofobia, da desconfiança mútua, da espionagem internacional e do hackeamento de redes. Estudiosos de mídia como Wendy Chun e Tung-Hui Hu já observaram que a visão liberal de cidadãos digitais globais que interajam como iguais no espaço abstrato das redes sofreu uma guinada em direção a uma visão paranoica de defesa de uma nuvem nacional contra inimigos racializados[17]. O espectro da ameaça estrangeira atua para reafirmar um tipo de poder soberano sobre a IA e para redesenhar o *locus* do poder das empresas de tecnologia (que são transnacionais em infraestrutura e influência), de modo que recuem para os limites do estado-nação.

Ainda assim, a corrida nacionalizada por superioridade tecnológica é ao mesmo tempo retórica e real e cria dinâmicas da competição geopolítica ao longo e no interior dos setores comercial e militar, borrando cada vez mais a linha divisória entre ambos. O uso dúplice de aplicações de IA nos domínios civil e militar também produziu fortes incentivos para uma aproximação em termos de colaboração e financiamento[18]. Nos Estados Unidos, podemos ver como isso se tornou uma estratégia explícita: a busca do controle nacional e da dominância internacional da IA para assegurar vantagens militares e corporativas.

A iteração mais recente dessa estratégia veio à tona com Ash Carter, que foi secretário de Defesa dos Estados Unidos de 2015 a 2017. Carter desempenhou um papel significativo na aproximação entre o Vale do Silício e os militares ao convencer as empresas de tecnologia de que a segurança nacional e a política externa dependiam da dominância da IA pelos Estados Unidos[19]. Ele deu a essa estratégia o nome de Terceira Compensação [Third Offset]. Uma compensação é entendida de modo geral como uma forma de contrabalançar uma desvantagem militar subjacente com a mudança das condições de enfrentamento – ou, como o ex-secretário de Defesa Harold Brown declarou em 1981, "a tecnologia pode ser um multiplicador de forças, um recurso a ser utilizado para compensar a vantagem numérica de um adversário. A superioridade tecnológica é uma forma muito eficaz de equilibrar as capacidades militares de outro modo que não seja pelo igualar-se ao adversário tanque contra tanque ou soldado contra soldado"[20].

A Primeira Compensação [First Offset] é comumente entendida como o uso de armas nucleares nos anos 1950[21]. A Segunda foi a expansão de armas secretas, logísticas e convencionais nos anos 1970 e 1980. A Terceira, de acordo com Carter, deveria ser uma combinação de IA, guerra computacional e robôs[22]. Mas, diferentemente da NSA, que já dispunha de capacidades robustas de vigilância, as forças armadas dos Estados Unidos careciam dos recursos, da *expertise* e da infraestrutura de IA das principais companhias de tecnologia do país[23]. Em 2014, o secretário adjunto de Defesa Robert Work esboçou a Terceira Compensação como uma tentativa de "explorar todos os avanços em inteligência artificial e autonomia"[24].

Para construir máquinas de guerra de IA, o Departamento de Defesa dos Estados Unidos precisaria de infraestruturas extrativas gigantescas. Ainda assim, o estabelecimento de parcerias com a indústria era necessário para ganhar acesso ao trabalho de engenheiros bem-remunerados e a plataformas de desenvolvimento sofisticadas. A NSA pavimentou o caminho para sistemas como o PRISM depois de trabalhar e de se infiltrar em companhias de telecomunicações e tecnologia[25]. Mas essas abordagens mais secretas foram alvo de resistência política depois das revelações de Snowden. O Congresso dos Estados Unidos aprovou a Freedom Act [Lei de Liberdade] em 2015, que introduziu algumas limitações ao acesso da NSA a dados do Vale do Silício em tempo real. Ainda assim, a possibilidade de um complexo industrial-militar mais amplo, organizado ao redor dos dados e da IA, permaneceu tentadoramente próxima. O Vale do Silício já havia construído e monetizado as lógicas e infraestruturas da IA necessárias para implementar a nova compensação. Mas, primeiro, o setor de tecnologia teria que ser convencido de que uma parceria para a criação de infraestruturas de guerra seria vantajosa e não alienaria seus empregados nem aprofundaria a desconfiança do público.

O Projeto Maven entra em cena

Em abril de 2017, o Departamento de Defesa dos Estados Unidos publicou um memorando que anunciava uma Equipe

Multifuncional de Guerra Algorítmica, cujo codinome era Project Maven [Projeto Perito][26]. "Para que se mantenha à frente de adversários e competidores cada vez mais capazes, o Departamento de Defesa deve integrar a inteligência artificial e o aprendizado de máquina de modo mais eficaz em suas operações", escreveu o secretário adjunto de Defesa[27]. A meta do programa era levar rapidamente os melhores sistemas algorítmicos possíveis para o campo de batalha, mesmo que estivessem apenas 80% concluídos[28]. Isso era parte de um plano muito mais abrangente, o projeto de nuvem Joint Enterprise Defense Infrastructure [Missão conjunta de infraestrutura de defesa] – ou JEDI –, um redesenho gigantesco de toda a infraestrutura de TI do Departamento de Defesa, desde o Pentágono até o apoio de base. O Projeto Maven era uma parte pequena dessa imagem mais ampla, e seu objetivo era criar um sistema de IA que permitisse que os analistas selecionassem um alvo e, então, tivessem acesso a todos os trechos de filmagens de drone que contivessem essa mesma pessoa ou veículo[29]. Em última instância, o Departamento de Defesa estava atrás de um motor de busca automatizado para vídeos de drone que detectasse e rastreasse combatentes inimigos.

As plataformas técnicas e as habilidades de aprendizado de máquina necessárias para o Projeto Maven estavam concentradas no setor de tecnologia comercial. O Departamento de Defesa decidiu pagar essas companhias para que analisassem dados militares recolhidos por satélites e drones de combate em lugares em que as leis de privacidade doméstica dos Estados Unidos não se aplicavam. Isso alinharia os militares e os interesses financeiros do setor de tecnologia estadunidense ao redor da IA sem o disparo direto de armadilhas constitucionais de privacidade, como havia acontecido com a NSA. As empresas interessadas no contrato Maven, dentre as quais Amazon, Microsoft e Google, começaram uma guerra de propostas.

O primeiro contrato do Projeto Maven foi assinado com o Google. Em sua vigência, o Pentágono usaria a infraestrutura de IA TensorFlow da empresa para fazer um pente-fino nas filmagens de drone e detectar objetos e indivíduos que se deslocassem de um lugar para outro[30]. Fei-Fei Li, então cientista-chefe de inteligência artificial/aprendizado de máquina do Google, já era uma especialista na construção de conjuntos de dados de reconhecimento de objetos, dada sua experiência com a criação do ImageNet e com o uso de dados de satélite para detectar e analisar automóveis[31]. Mas ela era categórica quanto ao fato de que o projeto deveria ser mantido em segredo. "Evitem A QUALQUER CUSTO todo tipo de menção ou sugestão de IA", escreveu Li em um *e-mail* – mais tarde vazado – enviado para seus colegas do Google. "O uso de IA em armas é provavelmente um dos tópicos mais sensíveis da área – senão O mais sensível. Isso seria um prato cheio para a mídia encontrar vários modos de prejudicar o Google."[32]

O selo oficial da Equipe Multifuncional de Guerra Algorítmica, de codinome Projeto Maven. O lema em latim pode ser traduzido como "nosso trabalho é ajudar". Produzido pelo Departamento de Defesa dos Estados Unidos.

Mas, em 2018, empregados do Google descobriram a extensão do papel da empresa no projeto. Eles ficaram furiosos ao saber que seu trabalho estava sendo usado para propósitos bélicos, sobretudo depois de vir à tona que as metas de identificação de imagens do Projeto Maven incluíam objetos como veículos, construções e seres humanos[33]. Mais de 3.100 empregados fizeram um abaixo-assinado em que declararam que o Google não deveria atuar no negócio da guerra e exigiram que o contrato fosse revogado[34]. Sob uma pressão cada vez maior, o Google encerrou oficialmente seus trabalhos com o Projeto Maven e se retirou da concorrência pelo contrato de 10 bilhões de dólares para o JEDI. Em outubro daquele mesmo ano, o presidente da Microsoft, Brad Smith, anunciou em uma postagem de *blog*: "acreditamos em uma defesa forte para os Estados Unidos e queremos que as pessoas que o defendam tenham acesso à melhor tecnologia do país, incluindo a proveniente da Microsoft"[35]. No fim, o contrato foi assinado com a Microsoft, que cobriu a proposta da Amazon[36].

Pouco depois de seu levante interno, o Google lançou seus Princípios da Inteligência Artificial, que incluem uma seção sobre "Aplicações de IA a que não nos dedicaremos"[37]. Entre elas se incluem a fabricação de "armas ou outras tecnologias cujo propósito ou implementação principal seja causar ou facilitar de modo direto o ferimento de pessoas", assim como "tecnologias que reúnam ou usem informações para vigilância em violação a normas internacionalmente aceitas"[38]. Ainda que essa virada para a ética da IA tenha sufocado algumas preocupações internas e externas, o grau de aplicabilidade e os parâmetros do controle ético foram deixados em aberto[39].

Em resposta, Eric Schmidt, CEO do Google, caracterizou a reação negativa ao Projeto Maven como "uma preocupação geral na comunidade de tecnologia de que, de algum modo, o complexo industrial-militar esteja usando material proveniente dela para matar pessoas indevidamente, por assim dizer"[40]. Essa mudança, que foi do debate sobre o uso ou não de IA na guerra ao debate sobre se a IA poderia ajudar a "matar pessoas indevidamente", foi bastante estratégica[41]. Ela levou o foco para longe da ética fundacional da IA como tecnologia militar e em direção a questões de precisão e acuidade técnica. Mas Lucy Suchman argumenta que os problemas com a guerra automatizada vão muito além de saber se a morte foi necessária ou "correta"[42]. Suchman questiona – particularmente no caso da detecção de objetos: quem está construindo os conjuntos de treinamento, com o uso de quais dados, e como as coisas estão sendo rotuladas como ameaças iminentes? Que tipos de taxonomias classificatórias são usadas para decidir o que constitui uma atividade suficientemente anormal para disparar um ataque legal de drones? E por que deveríamos aceitar a vinculação de consequências de vida ou morte a essas classificações instáveis e inerentemente políticas?[43]

O episódio Maven, assim como os princípios da IA que surgiram daí, aponta para cismas profundos na indústria de IA a respeito da relação entre as esferas militar e civil. A guerra de IAs, tanto real como imaginada, instila uma política do medo e da insegurança, criando um clima usado para sufocar o dissenso interno e promover o apoio incondicional à agenda nacionalista[44]. Depois que a poeira do caso Maven baixou, o diretor jurídico do Google, Kent Walker, disse que a empresa estava buscando certificações mais altas de segurança a fim de trabalhar mais de perto com o Departamento de Defesa. "Quero ser o mais claro possível", disse ele. "Temos orgulho de ser uma empresa estadunidense."[45] Ao articular o patriotismo como política interna, as companhias de tecnologia estão expressando alinhamentos cada vez mais fortes com os interesses do estado-nação, mesmo que suas plataformas e capacidades excedam a governança estatal tradicional.

O Estado terceirizado

O relacionamento entre o Estado e a indústria de IA vai muito além das forças armadas nacionais. As tecnologias que antes eram reservadas para as zonas de guerra e para a espionagem são agora usadas no nível dos governos locais, empregadas desde em agências de benefícios sociais até na segurança pública. Essa mudança foi impulsionada pela terceirização de funções-chave do Estado para prestadores de serviços de tecnologia. Na superfície, isso não parece muito diferente da terceirização comum de funções governamentais para o setor privado por meio de empresas como Lockheed Martin ou Halliburton. Mas, agora, formas militarizadas de detecção de padrões e de análise de ameaças estão avançando em grande escala sobre os serviços e instituições de nível municipal[46]. Um exemplo significativo desse fenômeno é a companhia que tirou seu nome das pedras-videntes de *O senhor dos anéis*: Palantir.

A Palantir foi criada em 2004 por Peter Thiel, o bilionário cofundador do PayPal, que também foi um dos conselheiros e apoiadores financeiros de Donald Trump. Mais tarde, Thiel viria a afirmar em um artigo de opinião que a IA é a primeira e mais importante das tecnologias militares: "Esqueçam as fantasias da ficção científica; o que é poderoso na IA que existe hoje é sua aplicação a atividades relativamente mundanas como visão computacional e análise de dados. Ainda que menos estranhas que o monstro de Frankenstein, essas ferramentas são, no entanto, de grande valor para qualquer exército – para a aquisição de vantagens de inteligência, por exemplo [...] Não há dúvidas de que as ferramentas de aprendizado de máquina também têm usos civis"[47].

Ainda que reconheça os usos não militares do aprendizado de máquina, Thiel acredita particularmente no *espaço intermediário*: onde as empresas comerciais produzem ferramentas de estilo militar a serem oferecidas para todos que queiram adquirir uma vantagem de inteligência e estejam dispostos a pagar por isso. Tanto Thiel quanto o CEO da Palantir, Alex Karp, descrevem a empresa como "patriota", com acusações de Karp de que outras empresas de tecnologia que se recusaram a trabalhar com agências militares estão "nas raias da covardia"[48]. Em um ensaio esclarecedor, a escritora Moira Weigel estudou a tese de doutorado de Karp, que revela um interesse intelectual antigo pela agressividade e uma crença de que "o desejo de cometer atos de violência é um fato fundador constante da vida humana"[49]. A tese de Karp tinha como título "Aggression in the Life World" [Agressão no mundo da vida].

Os clientes originais da Palantir eram agências militares e de inteligência federais, que incluíam o Departamento de Defesa dos Estados Unidos, a Agência de Segurança Nacional, o FBI e a CIA[50]. Como revelado por uma investigação do movimento Mijente, depois que Donald Trump assumiu a presidência os contratos da Palantir com o governo estadunidense chegaram a somar mais de 1 bilhão de dólares[51]. Mas a Palantir não se apresentava como uma prestadora típica de serviços de defesa, nos moldes da Lockheed Martin. Com sua base em Palo Alto e com uma força de trabalho composta predominantemente por engenheiros jovens, a empresa adotou as características de uma *startup* do Vale do Silício e era apoiada pela In-Q-Tel, a empresa de capital de risco fundada pela CIA. Para além das agências de inteligência que foram suas clientes iniciais, a Palantir começou a trabalhar com fundos de cobertura, bancos e corporações como o Walmart[52]. Mas seu DNA foi moldado pelo trabalho para a comunidade de defesa – e no interior desta. Ela implementava as mesmas abordagens vistas nos documentos Snowden, incluindo a coleta de dados em vários dispositivos e a infiltração de redes com o objetivo de rastrear e avaliar pessoas e ativos. A Palantir rapidamente se tornou a provedora preferida de serviços terceirizados de vigilância, incluindo a elaboração de bancos de dados e de *softwares* de gerenciamento para pautar as mecânicas de deportação do Serviço de Imigração e Controle Aduaneiro dos Estados Unidos (ICE)[53].

O modelo de negócios da Palantir se baseia em uma mistura de análise de dados e detecção de padrões com o uso de aprendizado de máquina combinados com uma forma mais genérica de consultoria. A Palantir envia engenheiros para as empresas contratantes, e eles coletam uma grande variedade de dados – *e-mails*, registros de ligações, redes sociais, registros de entrada e saída de empregados, reservas de passagens de avião, tudo o que a cliente esteja pronta para compartilhar – e, depois, procuram por padrões e dão conselhos sobre o que fazer a seguir. Uma abordagem comum consiste em procurar pelos chamados "agentes mal-intencionados", de fato ou potenciais: funcionários descontentes que possam vazar informações ou defraudar seus patrões. A visão de mundo subjacente às ferramentas da Palantir é bastante parecida com a da NSA: colete tudo e depois procure por anomalias nos dados. Contudo, enquanto as ferramentas da NSA são construídas para vigiar e alvejar inimigos do Estado, seja em guerras convencionais ou secretas, a abordagem da Palantir tem sido direcionada contra civis. Como descrito em uma grande investigação da Bloomberg, em 2018, a Palantir é "uma plataforma de inteligência projetada para a Guerra ao Terror mundial" que agora é "usada como arma contra cidadãos estadunidenses comuns dentro do país": "A Palantir afiou suas garras enquanto trabalhava para o Pentágono e para a CIA no Afeganistão e no Iraque [...] O Health and Human Services Department [Departamento de Saúde e Serviços Humanos] usa a Palantir para detectar fraudes no sistema hospitalar. O FBI a emprega em sondagens criminais. O Homeland Security Department [Departamento de Segurança Interna] se vale dela para examinar passageiros de avião e monitorar imigrantes"[54].

Não demorou até que o monitoramento de trabalhadores irregulares evoluísse para a captura e a deportação de pessoas em escolas e ambientes de trabalho. No aprofundamento desse objetivo, a Palantir produziu um aplicativo de celular chamado FALCON, que funciona como uma grande rede de arrasto que reúne informações de bancos de dados de segurança pública que listam históricos de imigração, relacionamentos familiares, informações de emprego e históricos escolares das pessoas. Em 2018, agentes do ICE usaram o FALCON para guiar batidas em quase cem lojas da rede 7-Eleven por todos os Estados Unidos, naquela que foi chamada de "a maior operação da era Trump contra um único empregador"[55].

Apesar dos esforços da Palantir para manter em segredo seus produtos e como seus sistemas funcionam, seus pedidos de patente nos oferecem alguma ideia da abordagem da IA que a empresa usa para a realização de deportações. Em um pedido de patente inocuamente intitulado "Sistemas de banco de dados e interfaces de usuários para a análise e identificação dinâmica e interativa de imagens de celular", a Palantir se gaba da capacidade do aplicativo de fotografar pessoas em interações muito breves e, independentemente de serem suspeitas ou não, comparar as imagens com todos os bancos de dados disponíveis. Em essência, o sistema usa o reconhecimento facial e o processamento de *back-end* para criar uma estrutura para fundamentar prisões e deportações.

Ainda que os sistemas da Palantir apresentem similaridades estruturais com os da NSA, eles se descentralizaram para o nível das comunidades locais e são vendidos tanto para redes de supermercado como para polícias locais. Isso representa um afastamento do policiamento tradicional e uma aproximação de metas mais relacionadas às infraestruturas de inteligência militar. Como o professor de direito Andrew Ferguson explica, "estamos entrando em um Estado em que promotores e policiais começarão a dizer 'o algoritmo me disse para fazer isso, e então eu fiz, mesmo sem ter ideia do que estava fazendo'. E isso acontecerá em um nível generalizado e com muito pouca supervisão"[56].

A socióloga Sarah Brayne foi uma das primeiras estudiosas a observar diretamente como as plataformas de dados da Palantir são usadas *in situ* especificamente pelo Departamento de Polícia de Los Angeles. Depois de mais de dois anos de acompanhamento de policiais em patrulha, de observação enquanto eles faziam trabalhos burocráticos e de condução de múltiplas entrevistas, Brayne concluiu que, ainda que em algumas esferas essas ferramentas apenas amplifiquem práticas policiais mais antigas, em outras elas estão transformando por completo o processo de vigilância. Em suma, os policiais estão se transformando em agentes de inteligência:

> A mudança da vigilância tradicional para a da Big Data é associada a uma migração das operações policiais para atividades de inteligência. A distinção básica entre atividade policial e de inteligência é a seguinte: a atividade policial tipicamente se inicia depois que um incidente criminal tenha acontecido. Juridicamente falando, a polícia não pode realizar uma busca e apreensão de informações pessoais até que haja indícios do cometimento de um crime. As atividades de inteligência, em oposição, são fundamentalmente preditivas. Elas envolvem a coleta de dados; a identificação de padrões, lugares, atividades e indivíduos suspeitos; e a intervenção preventiva com base na inteligência adquirida.[57]

Ainda que todos estejam sujeitos a esse tipo de vigilância, algumas pessoas têm mais chances que outras de ser submetidas a ele: imigrantes, estrangeiros em situação ilegal, os mais pobres e as comunidades de minorias. Como Brayne observou em seu estudo, o uso do *software* da Palantir reproduz desigualdades e faz com que pessoas em vizinhanças predominantemente pobres, negras e latinas sejam submetidas a uma vigilância ainda maior. O sistema de pontuação da Palantir confere a isso uma aura de objetividade: "é só uma questão de matemática", nas palavras de um policial. Mas cria-se um ciclo de reforço lógico[58]. Brayne escreve:

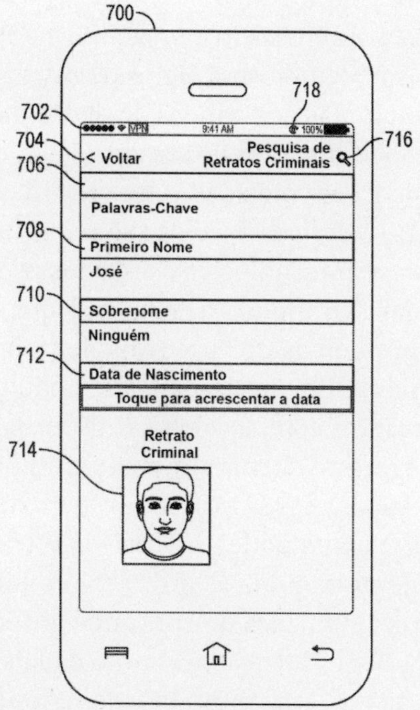

Uma imagem da patente US10339416B2 da Palantir. Cortesia do Escritório de Patentes e Marcas Registradas dos Estados Unidos.

Apesar da intenção declarada do sistema de pontuação de evitar vieses juridicamente contestáveis nas práticas policiais, nele estão escondidos vieses tanto intencionais como não intencionais do policiamento, que criam um ciclo que se autoperpetua: se os indivíduos têm um alto valor de pontos, eles ficarão sob uma vigilância aumentada e, assim, terão uma maior probabilidade de ser parados, de modo a aumentar ainda mais suas pontuações. Essas práticas tolhem a capacidade de indivíduos que já tenham entrado no sistema de justiça criminal de resistir a ser arrastados ainda mais para dentro da rede de vigilância e, ao mesmo tempo, obscurecem o papel que elas mesmas desempenham na formação das pontuações de risco[59].

As abordagens de aprendizado de máquina da Palantir e de suas assemelhadas podem levar a ciclos de retroalimentação, em que pessoas incluídas nos bancos de dados da justiça criminal tenham chances maiores de ser vigiadas e, desse modo, de ter mais informações coletadas, o que justifica um maior escrutínio policial[60]. A desigualdade não só é aprofundada, mas passa por uma lavagem tecnológica e a ser justificada por sistemas que aparentam ser imunes a erros, mas que, na verdade, intensificam os problemas dos excessos de policiamento e da vigilância racialmente enviesada[61]. Os modelos de inteligência que começaram com as agências governamentais de diversos países agora se tornaram parte do policiamento de comunidades locais. A NSAficação dos departamentos de polícia exacerba desigualdades históricas e transforma e expande radicalmente as práticas do trabalho policial.

Apesar da expansão maciça de contratos governamentais de sistemas de IA, pouca atenção tem sido dada à questão da possibilidade ou não de responsabilização legal dos fornecedores privados de tecnologia pelos danos produzidos quando governos usam esses produtos. Considerando a frequência com que os governos estão se voltando para prestadores de serviço terceirizados em busca do oferecimento de arquiteturas algorítmicas para a tomada de decisões estatais, seja em sistemas de policiamento ou de benefícios sociais, há um argumento plausível de que prestadores de serviços de tecnologia como a Palantir deveriam ser responsabilizados por práticas discriminatórias e por outras violações de direitos. Atualmente, a maioria dos estados tenta afastar qualquer responsabilidade por problemas criados pelos sistemas de IA contratados, sob argumento de que "não podemos ser responsabilizados por algo que não entendemos". Isso significa que os sistemas algorítmicos comerciais estão contribuindo para o processo de tomada de decisões governamentais sem que haja nenhum mecanismo de responsabilização. Em conjunto com o estudioso do direito Jason Schultz, defendi que os desenvolvedores de sistemas de IA que influenciem diretamente as decisões governamentais deveriam ser considerados agentes estatais para fins de responsabilização constitucional em certos contextos[62]. Ou seja, eles poderiam ser considerados legalmente responsáveis pelos danos, da mesma forma como acontece com os entes públicos. Até que isso aconteça, vendedores e prestadores de serviços terceirizados têm poucos incentivos para garantir que seus sistemas não estejam reforçando danos históricos ou causando estragos inteiramente novos[63].

Outro exemplo desse fenômeno é a Vigilant Solutions, fundada em 2005. A empresa opera com base em uma única premissa: pegar ferramentas de vigilância que precisariam de supervisão judicial caso fossem operadas pelo poder público e transformá-las em uma empresa privada próspera a que os limites constitucionais de privacidade não se apliquem. A Vigilant começou sua empreitada em múltiplas cidades dos Estados Unidos com a instalação de câmeras de reconhecimento automático de placas de veículos (ALPR [*automatic license-plate recognition*]) em todos os lugares, desde carros até postes de luz, estacionamentos e prédios de apartamentos. Esse conjunto de câmeras interconectadas fotografa qualquer carro que passe e armazena as imagens das placas em um banco de dados enorme e perpétuo. A Vigilant então vende o acesso a esse banco de dados à polícia, a investigadores particulares, a bancos, a companhias de seguros e a outros que tenham interesse em acessá-lo. Caso a polícia queira rastrear um carro ao longo de todo o território de um estado e marcar cada um dos lugares por onde ele passou, a Vigilant poderá ajudar. Do mesmo modo, caso um banco queira a reintegração de posse de um carro, a Vigilant poderá revelar – por um preço – onde ele está.

Instalada na Califórnia, a Vigilant divulga a si mesmo como "uma daquelas ferramentas de combate ao crime em quem você pode confiar para ajudar a polícia a apurar indícios e solucionar crimes com mais rapidez" e já fechou parcerias com uma série de governos no Texas, na Califórnia e na Geórgia para oferecer às polícias locais um conjunto de sistemas ALPR para serem usados no patrulhamento, em paralelo ao acesso ao banco de dados da empresa[64]. Em troca, os governos locais oferecem à Vigilant registros de mandados de prisão não cumpridos e de taxas judiciárias atrasadas. Qualquer placa de veículo associada a multas não pagas no banco da Vigilant é enviada para os sistemas móveis dos policiais, que emitem alertas para a interceptação dos automóveis. Os motoristas recebem, então, duas opções: pagar a multa pendente ali mesmo ou ser presos. Além de receber uma sobretaxa de 25%, a Vigilant mantém os registros de toda as placas de veículos lidas, extrai os dados e os adiciona a seus gigantescos bancos de dados.

A Vigilant assinou um contrato significativo com a ICE, que concedeu à agência acesso aos 5 bilhões de registros de placas de veículos coletados por empresas particulares, assim como a 1,5 bilhão de pontos de dados para os quais oitenta agências de policiamento locais em todos os Estados Unidos contribuíram – incluindo informações sobre onde as pessoas retratadas vivem e trabalham. Esses dados podem provir de acordos informais entre a polícia local e o ICE e podem já resultar em violações a leis estaduais de compartilhamento de dados. As políticas internas do próprio ICE limitam o recolhimento de dados nas proximidades de "locais sensíveis", como escolas, igrejas e manifestações populares. Mas, nesse caso, não é o ICE quem cria ou mantém os bancos de dados – a agência simplesmente compra acesso aos sistemas da Vigilant, que está sujeita a bem menos restrições. Trata-se de uma privatização *de facto* da vigilância pública, uma perda de nitidez na divisão entre prestadores particulares de serviços terceirizados e entidades estatais que cria formas opacas de coleta de dados não abarcadas pelas diretrizes protetivas tradicionais[65].

Desde então, a Vigilant expandiu seu *kit* de "solução de crimes" para além dos leitores de placas de veículos e incluiu outras ferramentas que afirma ser capazes de reconhecer rostos. Ao fazê-lo, a empresa busca renderizar rostos humanos como o equivalente das placas de carros e, depois, devolvê-los ao ecossistema policial[66]. Como uma rede de detetives particulares, a Vigilant cria uma visão onisciente, do entrelaçamento de rodovias e estradas estadunidenses – assim como de todas as pessoas que viajem por elas – enquanto se mantém fora do alcance de qualquer forma significativa de regulação e prestação de contas[67].

Caso passemos da viatura policial para a porta da frente das casas, veremos mais um lugar em que as fronteiras entre as práticas de uso de dados nos setores público e privado estão em processo de erosão. Uma nova geração de aplicativos de redes sociais de denúncia de crimes, como Neighbors, Citizen e Nextdoor, permite que os usuários não só recebam alertas sobre incidentes locais relatados em tempo real e os discutam, mas também transmitam, compartilhem e marquem filmagens de câmeras de segurança. Criado pela Amazon e dependente das câmeras instaladas em suas campainhas Ring, o Neighbors se define como "a nova vigilância comunitária" e classifica as filmagens em categorias como "Crime", "Atividade suspeita" ou "Pessoa desconhecida". Os vídeos são frequentemente compartilhados com a polícia[68]. Nesses ecossistemas de vigilância residencial, as lógicas do TREASUREMAP e do FOXACID se combinam, mas conectadas à casa, à rua e a qualquer lugar que esteja no caminho entre as duas.

Para a Amazon, cada novo dispositivo Ring vendido ajuda a construir conjuntos de dados de treinamento de escala ainda maior dentro e fora das casas, com lógicas classificatórias para comportamentos normais e anômalos alinhadas à lógica de aliados e inimigos em um campo de batalha. Um exemplo disso é o recurso para relatar o roubo de encomendas da Amazon. De acordo com uma investigação jornalística, muitas das postagens continham comentários racistas, e os vídeos enviados retratavam desproporcionalmente pessoas não brancas como potenciais ladras[69]. Para além da denúncia de crimes, o Ring também pode ser usado para delatar empregados da Amazon que sejam vistos desempenhando mal suas funções, como quando são insuficientemente cuidadosos com os pacotes – o que cria uma nova camada de vigilância e punição de trabalhadores[70].

Para completar sua infraestrutura público-privada de vigilância, a Amazon tem propagandeado agressivamente o sistema Ring para departamentos de polícia, concedido descontos e oferecido um portal que permite que os policiais vejam onde as câmeras mais próximas estão localizadas e entrem em contato direto com seus proprietários para pedir o envio das gravações de modo informal e sem mandado judicial[71]. A empresa negociou parcerias de compartilhamento de vídeos de Ring com mais de seiscentos departamentos de polícia[72].

Em um caso, a Amazon negociou um memorando de entendimento com um departamento de polícia na Flórida que, como foi descoberto (graças a um pedido de acesso à informação protocolado pela jornalista Caroline Haskins), mostrava que os policiais eram incentivados a divulgar o aplicativo Neighbors e, para cada *download* qualificável constatado, recebiam créditos que poderiam ser trocados por câmeras Ring gratuitas[73]. O resultado era uma "rede de vigilância que se autoperpetua: mais pessoas baixam o Neighbors, mais pessoas compram câmeras Ring, há uma proliferação de gravações de vigilância e a polícia pode requisitá-las sempre que quiser", escreve Haskins[74]. As capacidades de vigilância que outrora eram decididas nos tribunais são agora oferecidas pela App Store da Apple e propagandeadas por policiais locais. Como o estudioso de mídias Tung-Hui Hu observa, ao usarmos *apps* como esses, nos tornamos "*freelancers* para o aparato de segurança do Estado"[75].

Hu descreve como todas as formas de designação de alvos – um termo militarista quintessencial – deveriam ser consideradas, juntas, como um sistema interconectado de poder – da designação de alvos na publicidade até a designação de alvos contra vizinhos suspeitos e a designação de alvos por drones. "Não podemos simplesmente considerar uma forma de designação de alvos isoladamente das outras; juntas na soberania dos dados, elas nos convocam a entender de uma forma diferente o poder na era da nuvem."[76] Formas de ver que antes eram de atribuição exclusiva das agências de inteligência foram fragmentadas e dispersas ao longo de vários sistemas sociais – inseridas em ambientes de trabalho, lares e carros – e divulgadas por empresas de tecnologia que habitam os espaços hachurados onde os setores militar e de IA comercial se sobrepõem.

De pontuações de crédito de terrorismo a pontuações de crédito social

Subjacente à lógica militar da designação de alvos está a ideia de *assinatura*. Já ao final do segundo mandato de George W. Bush, a CIA argumentou que deveria poder lançar ataques de drone com base exclusivamente no "padrão de comportamento", ou "assinatura", observado em um indivíduo[77]. Enquanto um "ataque contra personalidade" envolve a fixação do alvo em um indivíduo específico, um "ataque contra assinatura" acontece quando uma pessoa é morta devido à sua assinatura de metadados; em outras palavras, sua identidade não é conhecida, mas os dados sugerem que ela pode ser um terrorista[78]. Como os documentos Snowden mostraram, durante os anos Obama, o programa global de vigilância de metadados da Agência de Segurança Nacional geolocalizava o cartão SIM ou o receptor telefônico de um suspeito e, depois, as forças armadas dos Estados Unidos conduziam ataques de drone para matar o indivíduo que estivesse de posse do dispositivo em questão[79]. "Matamos pessoas com base em metadados", disse o general Michael Hayden, ex-diretor da NSA e da CIA[80]. Segundo noticiado, a Célula Geo da NSA usava uma linguagem mais pitoresca: "A gente posiciona, você detona" [*We track 'em, you whack 'em*][81].

O termo "ataques contra assinatura" pode passar a impressão de algo certeiro e autorizado, implicando um alvo real sobre a identidade de alguém. Mas, em 2014, a organização jurídica Reprieve publicou um relatório que mostrava que ataques de drone com objetivo de matar 41 indivíduos haviam resultado na morte estimada de 1.147 pessoas. "Os ataques de drone foram vendidos ao público estadunidense como sendo 'precisos'. Mas a precisão deles depende da precisão da inteligência que os direciona", disse Jennifer Gibson, que liderou a investigação[82]. Ou seja, a forma de ataque "contra assinatura" não tem a ver com precisão: ela tem a ver com correlação. Uma vez que um padrão de dados seja encontrado e um certo limiar seja alcançado, a suspeita passa a ser suficiente para que providências sejam tomadas, mesmo na ausência de provas definitivas. Esse modo de sentenciamento por reconhecimento de padrões é encontrado em muitas esferas – e assume mais frequentemente a forma de um sistema de pontuação.

Consideremos um exemplo da crise de refugiados sírios de 2015. Milhões de pessoas fugiram da guerra civil e da ocupação inimiga generalizadas, na esperança de encontrar refúgio na Europa. Os refugiados arriscavam suas vidas em jangadas e barcos acima da capacidade máxima de passageiros. Em 2 de setembro, um menino de 3 anos chamado Alan Kurdi se afogou no mar Mediterrâneo ao lado de seu irmão de 5 anos quando o barco em que estavam virou. Uma fotografia que mostrava seu corpo carregado até uma praia da Turquia estampou as manchetes internacionais como um símbolo potente da dimensão da crise humanitária: uma imagem que simbolizava todo o horror que envolvia a situação. Mas alguns viram nisso uma ameaça crescente. Por volta dessa época, a IBM foi acionada para um novo projeto. Seria a empresa capaz de usar sua plataforma de aprendizado de máquina para detectar assinaturas de dados de refugiados que poderiam ser jihadistas? Em suma, seria a IBM capaz de distinguir automaticamente um terrorista de um refugiado?

Andrew Borene, um executivo de iniciativas estratégicas da IBM, descreveu o raciocínio por trás do programa à publicação militar *Defense One*: "Nossa equipe global, parte do pessoal na Europa, estava recebendo informações sobre a preocupação de que, em meio a essas populações que procuravam asilo e estavam famintas e desesperançadas, houvesse homens em idade de combate que aparentavam estar incrivelmente saudáveis saindo dos barcos. Seria esse um motivo para preocupação no que se referia ao Estado Islâmico e, se sim, poderia esse tipo de solução ser útil?"[83].

Da distância segura de seus escritórios corporativos, os cientistas de dados da IBM viam o problema como algo que poderia ser mais bem enfrentado com a extração de dados e com a análise de redes sociais. Deixando de lado as muitas variáveis que existiam nas condições dos acampamentos improvisados para refugiados e as dezenas de suposições usadas para classificar o comportamento terrorista, a IBM criou uma "pontuação de crédito de terrorismo" para extirpar os combatentes que se misturassem aos refugiados. Os analistas coletaram uma miscelânea de dados não estruturados vindos dos mais diversos lugares, desde o Twitter até as listas oficiais de pessoas que haviam se afogado nos muitos naufrágios de barcos saídos das costas da Grécia e da Turquia. Eles também formaram um banco de dados modelado com base nos tipos de metadados disponíveis para os policiais aduaneiros. A partir dessas medições díspares, foi desenvolvida uma pontuação hipotética para ameaças: não um indicador absoluto de culpa ou inocência, como ressaltaram, mas uma "análise" profunda do indivíduo, que inclui endereços, ambientes de trabalho e conexões sociais no passado[84]. Enquanto isso, os refugiados sírios não sabiam que seus dados pessoais estavam sendo coletados para testar um sistema que poderia identificá-los como potenciais terroristas.

Esse é só um dos muitos casos em que novos sistemas tecnológicos de controle estatal usam os corpos dos refugiados como casos de teste. As lógicas militares e de policiamento foram agora impregnadas por uma forma de financeirização: modelos socialmente construídos de avaliação de crédito adentraram muitos dos sistemas de IA e influenciam tudo, desde a contratação de empréstimos até a permissão para cruzar fronteiras. Centenas de plataformas como essas estão hoje em uso ao redor do mundo, da China à Venezuela, chegando aos Estados Unidos, para recompensar formas predeterminadas de comportamento social e penalizar aqueles que não se conformem a elas[85]. Esse "novo regime de classificação social moralizada", nas palavras dos sociólogos Marion Fourcade e Kieran Healy, beneficia as pessoas "bem-sucedidas" na economia tradicional, ao mesmo tempo que aprofunda as desvantagens das populações menos privilegiadas[86]. Em seu sentido mais amplo, a pontuação de crédito se tornou um lugar em que as assinaturas militar e comercial se combinam.

Essa lógica de pontuação nas IA está profundamente entrelaçada com o policiamento e com o controle aduaneiro, domínios tradicionais do Estado, mas também subsidia outra função estatal: o acesso a benefícios sociais. Como a cientista política Virginia Eubanks mostra em *Automating Inequality* [Automatizando a desigualdade], quando implementados como parte do Estado de bem-estar social, os sistemas de IA são usados primariamente como uma forma de vigiar, avaliar e restringir o acesso das pessoas aos recursos públicos, e não para melhorar o apoio oferecido[87].

Um exemplo-chave dessa dinâmica veio à tona quando o ex-governador republicano do Michigan, Rick Snyder, que antes disso havia sido diretor da fabricante de microcomputadores Gateway, decidiu implementar dois programas de austeridade conduzidos por algoritmos, em uma tentativa de enfraquecer a seguridade social dos cidadãos mais pobres sob o pretexto de cortes no orçamento do estado. Primeiro, Snyder deu instruções para que um algoritmo de comparação fosse usado para a implementação da política de "condenado fugitivo" do estado, que visava a desqualificar automaticamente indivíduos para o recebimento de assistência alimentar com base em mandados criminais não cumpridos. Entre 2012 e 2015, o novo sistema identificou incorretamente mais de 19 mil residentes do estado e desqualificou automaticamente cada um deles para o recebimento de assistência alimentar[88].

O segundo esquema foi chamado de Michigan Integrated Data Automated System [Sistema Automatizado de Dados Integrados de Michigan] (MiDAS), um sistema construído para "robojulgar" e punir aqueles que considerasse estarem fraudando o seguro-desemprego pago pelo estado. O MiDAS foi projetado para tratar quase todas as discrepâncias ou inconsistências de dados nos registros de um indivíduo como evidências potenciais de conduta ilícita. O sistema identificou de forma errada mais de 40 mil residentes do Michigan como suspeitos de fraude. As consequências foram graves: congelamento de restituições de impostos, penhora de salários e imposições de multas civis quatro vezes maiores do que as quantias que as pessoas foram acusadas de terem recebido. No final, ambos os sistemas foram retumbantes fracassos financeiros e custaram a Michigan muito mais dinheiro do que pouparam. Os cidadãos prejudicados foram bem-sucedidos ao processar o estado pelo uso dos sistemas, mas não antes que milhares de pessoas fossem afetadas e várias entrassem em falência[89].

Quando considerado o contexto geral dos sistemas de IA operados pelo Estado, podemos ver uma lógica consistente entre a designação de alvos contra terroristas ou imigrantes ilegais, de um lado, e a designação de alvos contra criminosos fugitivos ou indivíduos suspeitos de fraude, de outro. Ainda que os benefícios de assistência alimentar e de seguro-desemprego tenham sido criados para auxiliar os mais pobres e para promover a estabilidade social e econômica, o uso de sistemas de comando e controle de caráter militar para fins de punição e exclusão comprometem os objetivos gerais dos programas sociais. Em essência, esses sistemas punitivos são projetados com base em um modelo de identificação de ameaças. Os temas da pontuação e do risco perpassaram profundamente as estruturas da burocracia estatal, e os sistemas de decisão automatizada que são imaginados nessas instituições intensificam ainda mais essa lógica na forma como comunidades e indivíduos são imaginados, avaliados, classificados e servidos.

O palheiro emaranhado

Estou quase no fim de um dia longo de pesquisa no arquivo Snowden quando deparo com um *slide* que descreve o planeta como um "palheiro de informações", no qual dados desejáveis de inteligência são agulhas perdidas em meio à palha. Incluído nesse *slide*, está um *clip-art* alegre de um palheiro gigante em um campo encoberto por um céu azul. Esse clichê da colheita de informações é tático: a palha é cortada pelo bem da fazenda, recolhida para a produção de valor. Isso evoca a imagética pastoral reconfortante de uma agricultura de dados – da preparação de plantações para ciclos posteriores de extração e produção ordenadas. Phil Agre observou certa vez que, "no presente, a tecnologia é uma filosofia disfarçada; o objetivo é fazer com que ela seja abertamente filosófica"[90]. A filosofia, aqui, é a de que os dados devem ser extraídos globalmente e estruturados a fim de preservar a hegemonia dos Estados Unidos. Mas vimos como essas histórias desmoronam quando analisadas de perto.

As matrizes sobrepostas da computação planetária são complexas, cruzam lógicas corporativas e estatais, excedem as fronteiras tradicionais dos Estados e os limites da governança e são muito mais bagunçadas do que a ideia de "o vencedor leva tudo" pode levar a crer. Como afirma Benjamin Bratton, "o esqueleto da computação de escala planetária tem uma lógica determinante que se autorreforça – se é que não se autorrealiza – e que, por meio da automação de suas próprias operações, excede quaisquer contornos nacionais, mesmo que também seja usada em benefício do país"[91]. A ideia jingoísta de uma IA soberana, contida de modo seguro dentro das fronteiras nacionais, é um mito. A infraestrutura de IA já é híbrida, como defende Hu, assim como a força de trabalho que a sustenta, desde os trabalhadores fabris na China que produzem componentes eletrônicos e os programadores na Rússia que oferecem trabalho em nuvem até os *freelancers* marroquinos que analisam conteúdos e rotulam imagens[92].

Considerados em conjunto, das forças armadas até o nível municipal, os sistemas de IA e algorítmicos usados pelos Estados revelam uma filosofia oculta de comando e controle infraestruturais *en masse* por meio de uma combinação de técnicas extrativistas de dados, lógicas de designação de alvos e vigilância. Essas metas têm sido centrais para agências de inteligência há décadas, mas agora se espalharam para muitas outras funções estatais, desde o policiamento local até a alocação de benefícios[93]. Isso é só parte de uma mistura mais profunda entre lógicas estatais, locais e corporativas por meio da computação extrativista planetária. Mas essa é uma barganha desconfortável: os Estados estão fazendo acordos com empresas de tecnologia que estão fora de seu controle ou até mesmo de sua capacidade de compreensão, e as empresas de tecnologia estão assumindo funções estatais e extraestatais para o desempenho das quais estão mal equipadas e pelas quais, em algum momento no futuro, podem vir a ser responsabilizadas.

Os arquivos Snowden mostram até onde essas lógicas de vigilância sobrepostas e contraditórias se estendem. Um dos documentos observa os sintomas daquilo que um empregado da NSA descreveu como sendo um vício presente nessa visão de cima, onisciente, que os dados parecem oferecer: "Montanhistas chamam esse fenômeno de 'febre do cume' – quando um 'indivíduo fica tão obcecado em alcançar o cume que perde consciência de todo o resto'. Creio que, assim como os escaladores de alta categoria, os SIGINTers não são imunes à febre do cume. É muito fácil perder o mau tempo de vista e continuar avançando implacavelmente, sobretudo depois de despejar montes de dinheiro, tempo e recursos em alguma coisa"[94].

Todo o dinheiro e os recursos gastos na vigilância implacável são parte de um delírio de controle centralizado que veio à custa de outras visões de organização social. Os vazamentos Snowden foram um divisor de águas na revelação de quão longe uma cultura de extração de dados pode ir quando o Estado e o setor comercial colaboram entre si, mas talvez seus diagramas de rede e os *clip-arts* de PowerPoint pareçam antiquados quando comparados a tudo o que aconteceu desde então[95]. Os métodos e ferramentas característicos da NSA desceram às salas de aula, delegacias de polícia, ambientes de trabalho e agências de atendimento a desempregados. Isso é resultado de investimentos enormes, de formas de privatização *de facto* e da securitização do risco e do medo. A atual profundidade do entrelaçamento de diferentes formas de poder era a meta a que a Terceira Compensação almejava. Houve um desvirtuamento para muito além desse objetivo de aquisição de vantagens estratégicas nas operações no campo de batalha, com a inclusão de todas aquelas partes da vida diária que possam ser rastreadas e pontuadas, lastreadas em definições normativas para as formas pelas quais bons cidadãos deveriam se comunicar, se comportar e gastar. Essa mudança traz consigo uma visão diferente de soberania estatal modulada pela governança corporativa algorítmica e aprofunda ainda mais o desequilíbrio de poder entre os agentes do Estado e as pessoas a quem eles deveriam servir.

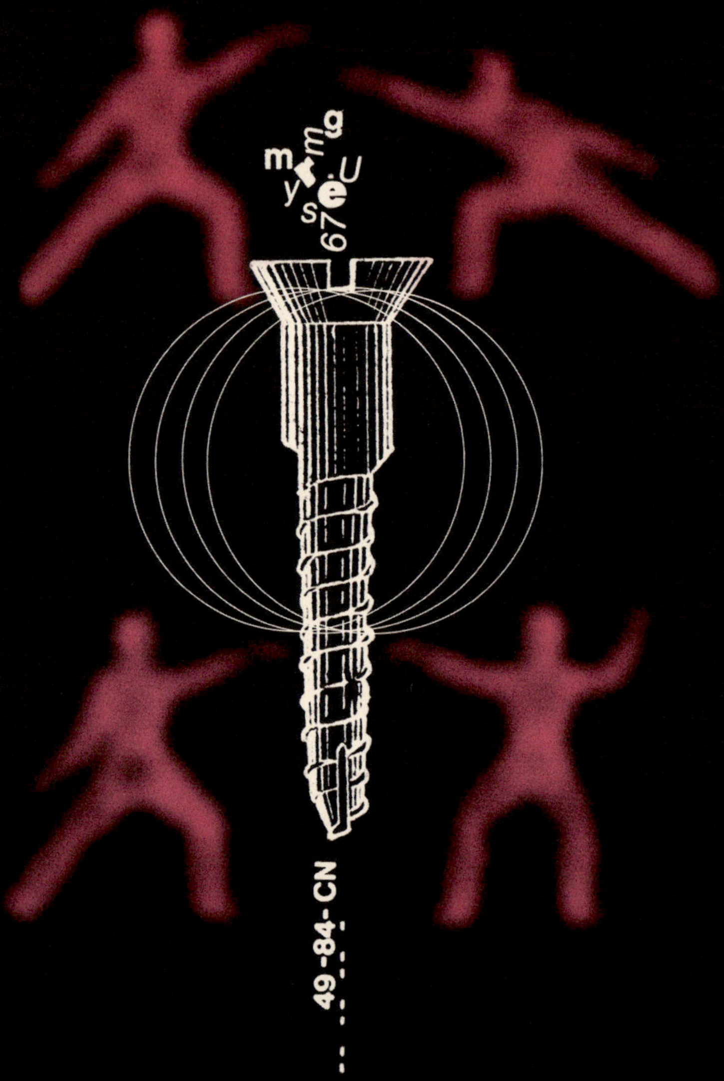
49-84-CN

CONCLUSÃO: PODER

A inteligência artificial não é uma técnica computacional objetiva, universal ou neutra, capaz de fazer determinações sem a interferência de seres humanos. Seus sistemas estão inseridos em mundos sociais, políticos, culturais e econômicos, são moldados por pessoas, instituições e imperativos que determinam o que as IAs fazem e como o fazem. Elas são projetadas para discriminar, amplificar hierarquias e codificar classificações bastante limitadas. Quando aplicadas a contextos sociais como o policiamento, o sistema de justiça, a saúde pública e a educação, elas podem reproduzir, otimizar e amplificar as desigualdades sociais existentes. Isso não acontece por acidente: os sistemas de IA são criados para ver e intervir no mundo de forma a beneficiar primariamente os Estados, as instituições e as corporações a serviço de quem estão. Nesse sentido, eles são expressões de poder que emergem de forças econômicas e políticas mais amplas, sendo criados para aumentar os lucros e centralizar o controle daqueles que os empreguem. Mas não é essa a história da inteligência artificial que costuma ser contada.

As abordagens-padrão para a IA frequentemente se concentram em um tipo de excepcionalismo algorítmico – a ideia de que, por realizarem feitos assombrosos de computação, os sistemas de IA devem ser mais inteligentes e mais objetivos que seus criadores humanos imperfeitos. Consideremos o diagrama do AlphaGo Zero, um programa de IA projetado pela DeepMind, do Google, para atuar em jogos de estratégia[1]. A imagem mostra como ele "aprendeu" a jogar o jogo de estratégia chinês Go depois de analisar mil opções para cada movimento. No artigo que anunciava esse desenvolvimento, os autores escrevem: "Começando *tabula rasa*, nosso programa AlphaGo Zero alcançou um desempenho sobrehumano"[2]. Demis Hassabis, cofundador da DeepMind, descreveu esses motores de jogos como assemelhados a uma inteligência alienígena. "Eles não jogam como humanos, mas também

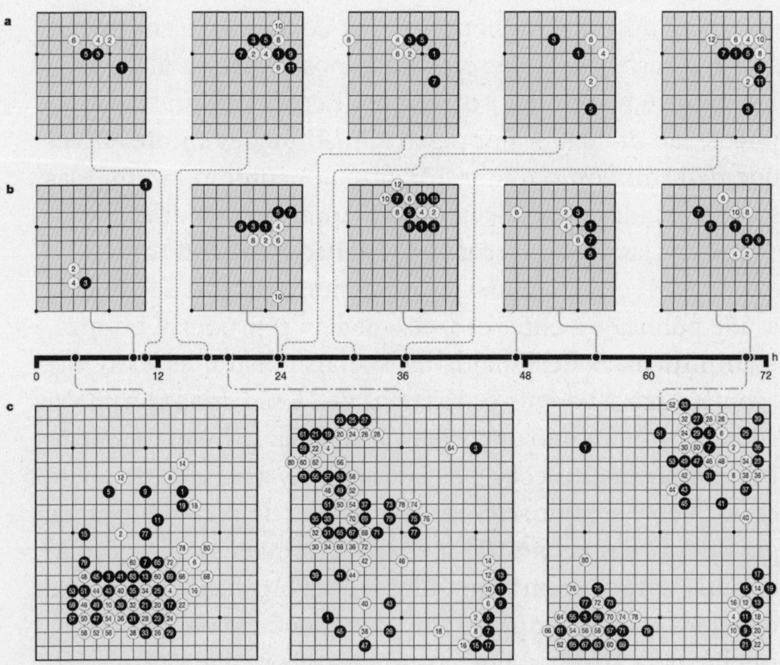

Conhecimentos de Go adquiridos pelo AlphaGo Zero.
Cortesia da DeepMind.

não jogam como motores computacionais. Eles jogam de uma terceira forma, quase alienígena [...] É como um xadrez de outra dimensão."[3] Quando a iteração seguinte aprendeu Go em três dias, Hassabis a descreveu como "a redescoberta de 3 mil anos de conhecimento humano em 72 horas!"[4].

O diagrama de Go não mostra máquinas, trabalhadores humanos, investimentos de capital ou pegadas de carbono – mostra apenas um sistema abstrato de regras dotado de habilidades de outro mundo. As narrativas mágicas e a mistificação são recorrentes em toda a história da IA e traçam grandes círculos brilhantes ao redor de demonstrações espetaculares de velocidade, eficiência e raciocínio computacional[5]. Não é por coincidência que um dos exemplos icônicos da IA contemporânea seja um jogo.

Jogos sem fronteiras

Desde os anos 1950, os jogos têm sido o ambiente de testes preferido para programas de IA[6]. Diferentemente da vida cotidiana, eles oferecem um mundo fechado com parâmetros predefinidos e condições de vitória claras. As raízes históricas da IA estão vinculadas a pesquisas de financiamento militar no contexto da Segunda Guerra Mundial, para o processamento e a otimização de sinais que buscavam simplificar o mundo e representá-lo de modo mais parecido com um jogo de estratégia. Uma forte ênfase na racionalização e na previsão veio à tona, ao lado de uma fé em que os formalismos matemáticos nos ajudariam a compreender os humanos e a sociedade[7]. A crença de que a exatidão das previsões depende fundamentalmente da redução das complexidades do mundo fez surgir uma teoria implícita para o social: localize os sinais em meio ao ruído e crie ordem a partir da desordem.

Esse achatamento epistemológico da complexidade em uma forma límpida de sinal para fins de previsão é, hoje, uma lógica central no aprendizado de máquina. O historiador da tecnologia Alex Campolo e eu damos a isso o nome de *determinismo encantado*: os sistemas de IA são vistos como encantados, algo para além do mundo conhecido, mas ainda assim deterministas, já que descobrem padrões que possam ser aplicados com certeza preditiva à vida cotidiana[8]. Em discussões sobre sistemas de aprendizado profundo, em que as técnicas de aprendizado de máquina são ampliadas com a separação de representações abstratas de dados em camadas que se sobrepõem, o determinismo encantado adquire uma qualidade quase teológica. O fato de que essas abordagens de aprendizado profundo frequentemente não são interpretáveis nem mesmo para os engenheiros que as criaram confere a esses sistemas a aura de que são complexos demais para serem regulados e poderosos demais para serem rejeitados. Como o antropólogo social F. G. Bailey observou, a técnica do "obscurecimento por mistificação" é frequentemente empregada em contextos públicos para defender a inevitabilidade de um fenômeno[9]. Somos instruídos a nos concentrar na natureza inovadora do método, e não naquilo que é fundamental: o propósito da coisa em si. Acima de tudo, o determinismo encantado oculta o poder e interdita a discussão pública bem-informada, o escrutínio crítico ou a possibilidade de rejeição pura e simples.

O determinismo encantado possui duas vertentes dominantes, uma sendo a imagem especular da outra. A primeira é uma forma de tecnoutopismo que oferece intervenções computacionais como soluções universais aplicáveis a qualquer problema. A outra é uma perspectiva tecnodistópica que culpa os algoritmos por seus resultados negativos como se fossem agentes independentes, sem levar em conta os contextos que os moldam e em que operam. Em seu extremo, a narrativa tecnodistópica termina na singularidade, ou superinteligência – a teoria de que poderia surgir uma inteligência de máquina que, ao final, dominaria ou destruiria os humanos[10].

Essa visão raramente se confronta com a realidade de que tantas pessoas ao redor do mundo *já são* dominadas pelos sistemas extrativistas da computação planetária.

Esses discursos utópicos e distópicos são gêmeos metafísicos: um coloca sua fé na IA como solução para todos os problemas do mundo, enquanto o outro a teme como o maior de todos os perigos. Cada um oferece uma visão profundamente a-histórica que situa o poder exclusivamente dentro da tecnologia em si. Seja a IA algo abstrato – como uma ferramenta multifuncional – ou uma soberana todo-poderosa, o resultado é o determinismo tecnológico. A IA assume a posição central na redenção ou na ruína da sociedade e permite que ignoremos as forças sistêmicas do neoliberalismo descontrolado, das políticas de austeridade, da desigualdade racial e da exploração generalizada do trabalho. Tanto os tecnoutópicos como os tecnodistópicos sempre enquadram o problema com a tecnologia no lugar de destaque, inevitavelmente em expansão rumo a todas as partes da vida e desvinculada das formas de poder a que ela serve e amplia.

Quando o AlphaGo derrota um grande mestre humano, é tentador imaginar que algum tipo de inteligência alienígena chegou. Mas há uma explicação muito mais simples e precisa. Os motores de jogos de IA são projetados para jogar milhões de partidas, processar análises estatísticas a fim de otimizar as possibilidades de vitória e, então, fazer milhões de outras jogadas. Esses programas produzem movimentos surpreendentes que são incomuns nos jogos humanos por uma razão bastante singela: eles jogam e analisam muito mais jogos em uma velocidade muito maior do que qualquer humano seria capaz de fazer. Não se trata de mágica; trata-se de uma análise estatística em escala. Ainda assim, os contos de uma inteligência de máquina preternatural persistem[11]. De novo e de novo, vemos a ideologia do dualismo cartesiano na IA: a fantasia de que os sistemas de IA são cérebros descorporizados que absorvem e produzem conhecimentos independentemente de seus criadores, de suas infraestruturas e do mundo em geral. Essas ilusões nos distraem de questões muito mais relevantes: a serviço de quem esses sistemas estão? Quais são as economias políticas que envolvem suas construções? E quais são suas consequências mais amplas, em nível planetário?

A cadeia produtiva da IA

Consideremos uma ilustração diferente para a IA: a planta baixa do primeiro *data center* de propriedade e operação do Google, localizado em The Dalles, no estado do Oregon. Ela representa três prédios de 6.380 m^2, um estabelecimento enorme que, segundo estimativas de 2008, usa energia suficiente para abastecer 82 mil casas, ou uma cidade do tamanho de Tacoma, no estado de Washington[12]. O *data center* agora se espraia pelas margens do rio Columbia, onde se vale intensamente de uma das redes de energias mais baratas da América do Norte. Os lobistas do Google negociaram por seis meses com autoridades locais para conseguir um acordo que incluísse isenções tributárias, garantias de energia barata e o uso de um anel óptico[13] construído pela cidade. Diferentemente da visão abstrata de um jogo de Go, o projeto de engenharia revela quanto a visão técnica do Google depende da infraestrutura pública, incluindo tubulações de gás e de esgoto e as linhas de alta voltagem pelas quais a eletricidade comprada com desconto fluirá. Nas palavras de Ginger Strand, "com a infraestrutura da cidade, os incentivos estatais e a energia subsidiada pelo governo federal, o YouTube é financiado por nós"[14].

A planta baixa nos lembra de como a expansão da indústria de inteligência artificial tem sido subsidiada por recursos públicos: dos fundos de defesa e agências federais de pesquisa até infraestruturas de luz, água e energia e desonerações

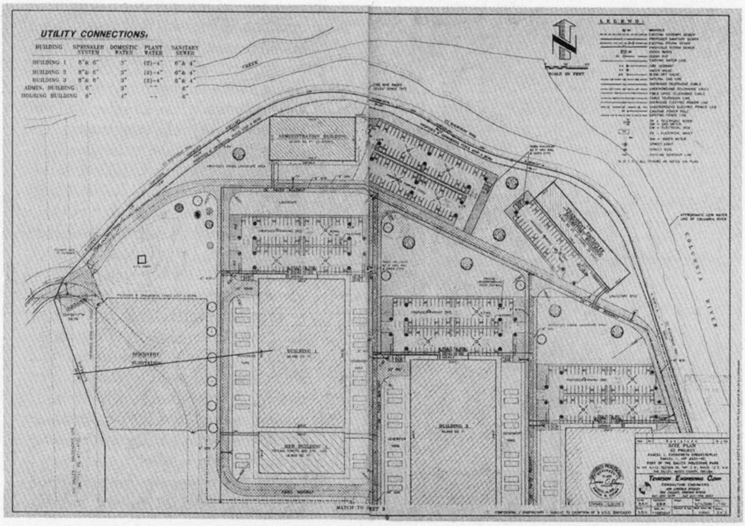

Planta baixa do Google Data Center. Cortesia da revista *Harper's*.

tributárias, passando pelos dados e o trabalho não remunerado extraídos de todos os usuários que façam buscas ou postem imagens *on-line*. A IA começou como um dos principais projetos públicos do século 20 e foi implacavelmente privatizada para produzir ganhos financeiros imensos para uma minúscula minoria no topo da pirâmide de extração.

Esses diagramas apresentam duas formas diferentes para entender como a IA funciona. Defendi que há muito em jogo em como definimos a IA, quais são suas fronteiras e quem as determina: é isso que molda o que pode ser visto e contestado. O diagrama de Go está alinhado com as narrativas da indústria sobre uma nuvem computacional abstrata bastante distanciada dos recursos terrenos necessários para produzi-la: um paradigma em que a inovação técnica é festejada, a regulação é rejeitada e os custos reais nunca são revelados. A planta baixa nos mostra a infraestrutura física, mas deixa de fora a totalidade das implicações ambientais e os acordos políticos que fizeram com que ela fosse possível. Esses relatos parciais sobre a IA representam o que os filósofos Michael Hardt e Antonio Negri chamam de "operação dúplice de abstração e extração" no capitalismo de informação: um distanciamento por abstração das condições materiais de produção acompanhado de uma extração de mais informações e recursos[15]. A descrição da IA como fundamentalmente abstrata a distancia da energia, do trabalho e do capital necessários para a produção dela e dos muitos tipos diferentes de mineração que esses recursos tornam possíveis.

Este livro explorou a infraestrutura planetária da IA como uma indústria extrativista: de sua gênese material à economia política de suas operações, passando pelos discursos que sustentam sua aura de imaterialidade e inevitabilidade. Vimos a política inerente a como os sistemas de IA são treinados para reconhecer o mundo. E observamos as formas sistêmicas de desigualdade que fazem com que a IA seja o que é hoje. Seu foco principal é no entrelaçamento profundo entre tecnologia, capital e poder, do qual a IA é a manifestação mais recente. Esses sistemas não são inescrutáveis ou alienígenas, mas produtos de estruturas sociais e econômicas maiores, com consequências materiais profundas.

O mapa não é o território

Como enxergar o ciclo de vida completo da inteligência artificial e as dinâmicas de poder que o conduzem? Precisamos ir além dos mapas convencionais da IA para localizar esses sistemas em uma paisagem mais ampla. Os atlas podem provocar uma mudança de escala, mostrar como os espaços se juntam uns em relação aos outros. Este livro propõe que o que está realmente em jogo com a IA não são os imaginários tecnocráticos de artificialidade, abstração e automação, mas os sistemas globais interconectados de extração e poder.

Para entender de fato o que é a IA, precisamos enxergar as estruturas de poder a serviço das quais ela está.

Nascida dos lagos salinos da Bolívia e das minas do Congo, a IA é construída com conjuntos de dados que, rotulados por trabalhadores em multidão, buscam classificar ações, emoções e identidades humanas. Ela é utilizada para pilotar drones sobre o Iêmen, para direcionar o policiamento migratório nos Estados Unidos e para modular créditos e pontuações para o valor humano e para o risco ao redor do mundo. Para enfrentar esses regimes que se sobrepõem, precisamos de uma perspectiva multiescala de ângulo amplo para a IA.

Este livro começou abaixo do solo, onde as políticas extrativistas da inteligência artificial podem ser vistas em seu sentido mais literal. Minerais de terras raras, água, carvão e petróleo: o setor de tecnologia esgota a terra para abastecer suas infraestruturas altamente dependentes de energia. A pegada de carbono da IA nunca é completamente admitida ou considerada pelo setor de tecnologia, que ao mesmo tempo expande as redes de *data centers* e ajuda as indústrias de petróleo e gás a localizar e secar as reservas remanescentes de combustíveis fósseis. A opacidade da cadeia de suprimentos mais ampla da computação de modo geral, e da IA em particular, é parte de um modelo de negócios bastante antigo que extrai valor a partir dos bens comuns e se esquiva da reparação dos danos duradouros que causa.

O trabalho representa outra forma de extração. No capítulo Trabalho, nos aventuramos além dos engenheiros bem-remunerados do aprendizado de máquina para considerar as outras formas de trabalho necessárias para fazer os sistemas de IA funcionarem. Dos mineiros que extraem estanho na Indonésia até os trabalhadores em multidão na Índia que concluem tarefas no Amazon Mechanical Turk e os trabalhadores fabris de iPhone na Foxconn, na China, a força de trabalho da IA é muito maior do que costumamos imaginar. Mesmo dentro das empresas de tecnologia, há uma grande força de trabalho oculta de terceirizados que ultrapassam significativamente o número dos contratados em tempo integral, mas têm menos benefícios e segurança trabalhista do que eles[16].

Nos nódulos logísticos do setor de tecnologia, encontramos humanos realizando tarefas que as máquinas não são capazes de fazer. Milhares de pessoas são necessárias para sustentar a ilusão da automação – marcando com *tags*, corrigindo, avaliando e editando sistemas de IA para fazer com que pareçam impecáveis. Outros carregam pacotes, dirigem carros de transporte de passageiros por aplicativo e entregam comida. Os sistemas de IA vigiam todas essas pessoas enquanto espremem a maior produtividade possível das funcionalidades básicas do corpo humano: as articulações complexas dos dedos, olhos e joelhos são mais baratas e fáceis de adquirir do que robôs. Nesses espaços, o futuro do trabalho se parece mais com as fábricas tayloristas do passado, mas com pulseiras que vibram quando os trabalhadores cometem erros e com penalidades que são aplicadas por se demorar demais na pausa para usar o banheiro.

Os usos da IA no ambiente de trabalho aprofundam desequilíbrios de poder ao colocar mais controle nas mãos do empregador. Aplicativos são usados para rastrear trabalhadores, direcioná-los a cumprir turnos mais longos e ranqueá-los em tempo real. A Amazon proporciona o exemplo canônico de como uma microfísica do poder – que disciplina corpos e seus movimentos pelo espaço – está conectada a uma macrofísica do poder, uma logística de tempo e informação planetários. Os sistemas de IA exploram diferenças no tempo e nos salários ao redor dos mercados para acelerar os circuitos do capital. De uma hora para outra, todas as pessoas em centros urbanos podem – e esperam – ter suas encomendas entregues no mesmo dia da compra. E o sistema acelera mais uma vez, com as consequências materiais escondidas por trás de caixas de papelão, caminhões de entrega e botões de "compre agora".

Na camada dos dados, podemos ver uma geografia diferente de extração. "Estamos construindo um espelho do mundo real", como disse um engenheiro do Google Street View em 2012. "Tudo o que você vê no mundo real tem que estar em nossos bancos de dados."[17] Desde então, a coleta do mundo real só tem se intensificado para alcançar espaços que até então eram difíceis de capturar. Como vimos no capítulo "Dados", tem havido uma pilhagem generalizada dos espaços públicos; os rostos das pessoas na rua são capturados para treinar sistemas de reconhecimento facial; *feeds* de redes sociais são engolidos para construir modelos de linguagem preditiva; *sites* em que pessoas mantêm fotos particulares ou tenham debates *on-line* são copiados para treinar algoritmos de visão computacional e de linguagem natural. Essas práticas se tornaram tão comuns que poucas pessoas na área da IA sequer as questionam. Em parte porque muitas carreiras e valores de mercado dependem disso. Até pouco tempo atrás da alçada das agências de inteligência, a mentalidade vamos-coletar-tudo foi não só normalizada, mas moralizada – passou-se a ver como um desperdício não recolher dados onde fosse possível fazê-lo[18].

Uma vez que sejam extraídos e organizados em conjuntos de treinamento, os dados se tornam a base epistêmica a partir da qual os sistemas de IA classificam o mundo. Com conjuntos de treinamento para análise de desempenho como os das coleções do ImageNet, do MS-Celeb ou do NIST, imagens são usadas para representar ideias muito mais relacionais e controversas do que seus rótulos sugerem. No capítulo "Classificação", vimos como as taxonomias de rotulação forçam as pessoas em binários de gênero, agrupamentos raciais simplistas e ofensivos e análises de caráter, mérito e estado emocional altamente normativas e estereotipadas. Inevitavelmente carregadas de juízos de valor, essas classificações impõem um modo de ver o mundo ao mesmo tempo que reivindicam uma neutralidade científica.

Na IA, os conjuntos de dados nunca são apenas matérias-primas a ser fornecidas aos algoritmos: eles são intervenções inerentemente políticas. As práticas de coleta, categorização e rotulação de dados e, depois, de seu uso para o treinamento de sistemas, são, como um todo, uma forma de política. Elas levaram a uma mudança naquelas que são chamadas "imagens operativas" – representações do mundo feitas exclusivamente por máquinas[19]. O viés é sintoma de uma doença mais profunda: uma lógica normativa centralizadora de longo alcance usada para determinar como o mundo deve ser visto e avaliado.

Um exemplo fundamental para isso é a detecção de afetos, descrita no capítulo "Afetos", que se vale de ideias controversas sobre a relação entre rostos e emoções e as aplica com a lógica reducionista de um detector de mentiras. A ciência por trás dela continua profundamente contestada[20]. As instituições sempre classificaram as pessoas em categorias de identidade, com o estreitamento da pessoalidade e sua fragmentação em caixas cujos limites são estabelecidos com rigidez. O aprendizado de máquina permite que isso aconteça em larga escala. Das cidades montanhosas da Papua-Nova Guiné aos laboratórios militares em Maryland, técnicas são desenvolvidas para reduzir a formas quantificáveis, detectáveis e rastreáveis a confusão dos sentimentos, estados de espírito, preferências e identificações.

Que violência epistemológica é necessária para que o mundo seja legível para um sistema de aprendizado de máquina? A IA procura sistematizar o insistematizável, formalizar o social e converter um universo infinitamente complexo e mutável em uma ordem lineana de tabelas que possam ser lidas por computadores. Muitos dos feitos da IA dependeram da redução das coisas a conjuntos lacônicos de formalismos baseados em elementos representativos: a identificação e a nomeação de alguns atributos, enquanto incontáveis outros são ignorados e obscurecidos. Em uma adaptação da frase da filósofa Babette Babich, o aprendizado de máquina explora o que sabe para prever o que não sabe: um jogo de repetidas aproximações. Os conjuntos de dados também são *representações* – imitações do que afirma estar medindo. Dito sem rodeios, isso está transmutando a diferença em uma mesmice computável. Esse tipo de esquema de conhecimento lembra o que Friedrich Nietzsche descreveu como "a falsificação do multifacetado e do incalculável no idêntico, similar e calculável"[21]. Os sistemas de IA se tornam determinísticos quando essas representações são tomadas como verdades básicas, quando rótulos fixos são aplicados a uma complexidade fluida. Vimos isso acontecer nos casos em que a IA é usada para prever gênero, raça ou sexualidade a partir de fotografias de rostos[22]. Essas abordagens se assemelham à frenologia e à fisiognomia em seus desejos de essencializar e impor identidades com base em aparências.

O problema da verdade básica nos sistemas de IA é amplificado no contexto do poder estatal, como vimos no capítulo Estado. As agências de inteligência foram pioneiras nas coleções maciças de dados, nas quais assinaturas de metadados bastam para ataques letais de drones e onde a localização de um telefone celular serve como representação de um alvo desconhecido. Mesmo aqui, a linguagem exangue dos metadados e dos ataques cirúrgicos está em contradição direta com as mortes involuntárias por mísseis de drones[23]. Como perguntou Lucy Suchman, de que modo os "objetos" são identificados como ameaças iminentes? Sabemos que a "caminhonete do Estado Islâmico" é uma categoria baseada em dados rotulados a mão, mas quem escolhe as categorias e quem identifica os veículos[24]? Vimos a confusão e os erros epistemológicos de conjuntos de treino para o reconhecimento de objetos como o ImageNet; os sistemas militares de IA e os ataques de drone são construídos sobre esse mesmo terreno instável.

As interconexões profundas entre o setor de tecnologia e os militares recebem agora o enquadramento de uma forte agenda nacionalista. A retórica sobre a guerra de IA entre

Estados Unidos e China leva os interesses das maiores empresas de tecnologia a operarem com um apoio governamental ampliado e menores restrições. Enquanto isso, a estrutura de vigilância usada por agências como a NSA e a CIA passa a ser implementada no nível municipal para uso doméstico em espaços intermediários da terceirização de serviços comerciais-militares por empresas como a Palantir. Imigrantes sem documentos são caçados com sistemas logísticos de controle e captura total de informações que antes estavam reservados à espionagem extralegal. Os sistemas de tomada de decisão para benefícios sociais são usados para rastrear padrões anômalos de dados a fim de cortar pagamentos de seguro-desemprego e acusar seus beneficiários de fraude. A tecnologia de leitura de placas de veículos está sendo empregada em sistemas de vigilância residencial – uma integração generalizada de redes de vigilância que até então estavam separadas[25].

O resultado é uma expansão rápida e profunda da vigilância e uma perda de nitidez das fronteiras entre as empresas privadas prestadoras de serviços terceirizados, a segurança pública e o setor de tecnologia – um processo alimentado por propinas e acordos secretos. Estamos diante de um redesenho radical da vida cívica, no qual os centros de poder são fortalecidos por ferramentas que enxergam pela lógica do capital, do policiamento e da militarização.

Rumo à conexão dos movimentos por justiça

Se atualmente a IA está a serviço das estruturas de poder, uma pergunta óbvia poderia ser: não deveríamos buscar democratizá-la? Não poderia haver uma IA para as pessoas, reorientada não para a extração industrial e a discriminação, mas para a justiça e a igualdade? Essa ideia pode parecer atraente, mas, como vimos ao longo deste livro, as infraestruturas e formas de poder que possibilitam e são possibilitadas pela IA pendem intensamente para a centralização do controle. Sugerir que podemos democratizar a IA para reduzir assimetrias de poder é um pouco como defender a democratização da produção de armas a serviço da paz. Como Audre Lorde nos lembra, as ferramentas do senhor jamais desmantelarão a casa-grande[26].

Já passou da hora de um acerto de contas com o setor de tecnologia. Até hoje, uma resposta comum da indústria tem sido a divulgação de princípios éticos para a IA. Como a eurodeputada Marietje Schaake observou, em 2019 havia 128 diretrizes de ética para a IA só na Europa[27]. Esses documentos são frequentemente apresentados como produto de um "consenso maior" sobre a ética da IA. Mas eles são, em sua grande maioria, produzidos por países economicamente desenvolvidos, com pouca representação da África, das Américas do Sul e Central ou da Ásia Central. As vozes das pessoas mais prejudicadas pelos sistemas de IA estão em grande medida ausentes dos processos que os produzem[28]. Além disso, esses princípios e declarações éticos não discutem suas próprias implementações e raramente são de aplicação obrigatória, nem podem ser cobrados pelo público mais amplo. Como Shannon Mattern destacou, o enfoque mais comumente escolhido está nos fins éticos da IA, mas sem uma análise dos meios éticos de suas aplicações[29]. Diferentemente da medicina ou do direito, a IA não dispõe de uma estrutura formal de regras ou de governança profissional – não há definições e metas consensuais para o campo, nem protocolos-padrão para a garantia de uma atuação ética[30].

Diretrizes éticas autorregulatórias permitem que as empresas escolham como implementar as tecnologias e, por extensão, decidam o que ser "ético" significa para o resto do mundo[31]. As empresas de tecnologia raramente sofrem penalidades financeiras graves quando seus sistemas de IA violam a lei – e arcam com ainda menos consequências quando seus princípios éticos são violados. Além disso, empresas de capital aberto são pressionadas por seus acionistas a maximizar os retornos de investimentos em detrimento de preocupações éticas, o que comumente deixa a ética em segundo plano em favor dos lucros. Como resultado, a ética é necessária, mas não basta para enfrentar as preocupações fundamentais discutidas neste livro.

Para entender o que está em jogo, devemos nos concentrar menos na ética e mais no poder. A IA é invariavelmente projetada para amplificar e reproduzir as formas de poder em que é empregada para otimizá-las. Para fazer face a isso, precisamos pôr em destaque os interesses das comunidades mais afetadas[32]. Em vez de glorificar fundadores de empresas, capitalistas de risco e visionários técnicos, devemos começar pelas experiências vividas por aqueles que foram desempoderados, discriminados e prejudicados pelos sistemas de IA. Quando alguém falar em "ética de IA", devemos avaliar as condições de trabalho de mineiros, terceirizados e trabalhadores em multidão. Quando ouvirmos falar em "otimização", devemos nos perguntar se estamos diante de ferramentas para o tratamento desumano de imigrantes. Quando houver aplausos para a "automação em larga escala", devemos lembrar a pegada de carbono daí resultante em uma época em que o planeta já está sob estresse extremo. O que significaria trabalhar rumo à justiça em todos esses sistemas?

Em 1986, o teórico político Langdon Winner descreveu uma sociedade "comprometida com a criação de realidades artificiais" que não se preocupava com os danos que poderia causar sobre as condições de vida: "vastas transformações na estrutura de nosso mundo em comum foram levadas a cabo com poucas preocupações quanto ao que aquelas alterações significavam [...] Na esfera técnica, entramos repetidamente em uma série de contratos sociais cujos termos só são revelados após a assinatura"[33].

Nas quatro décadas que se seguiram desde então, essas transformações agora atingiram uma escala que mudou a composição química da atmosfera, a temperatura da superfície e o conteúdo da crosta do planeta. O fosso entre como a tecnologia é avaliada no momento de seu lançamento e as consequências duradouras que ela produz só tem aumentado. Esse contrato social – na medida em que tenha havido um – nos trouxe uma crise climática, uma explosão na desigualdade de renda, discriminação racial, além de vigilância e exploração do trabalho generalizadas. Mas a ideia de que essas transformações tenham ocorrido sem que se soubesse quais seriam seus resultados possíveis é parte do problema. O filósofo Achille Mbembe faz duras críticas à ideia de que não havia como prever o que os sistemas de conhecimento do século 21 fariam, já que eles sempre foram "operações de abstração que pretendem racionalizar o mundo a partir de lógicas empresariais"[34]. Mbembe afirma: "Isso tem a ver com extração, captura, o culto dos dados, a mercadorização da capacidade humana de pensamento e o descarte da razão crítica em favor da programação [...] O que precisamos hoje, mais do que nunca, é de uma nova crítica da tecnologia, da experiência da vida técnica"[35].

A próxima era de crítica também precisará encontrar espaços para além da vida técnica, com a derrubada do dogma da inevitabilidade. Quando a rápida expansão da IA é vista como algo que não pode ser parado, tudo o que é possível fazer é remendar, *a posteriori*, restrições legais e técnicas aos sistemas: limpar conjuntos de dados, fortalecer leis de privacidades ou criar comissões de ética. Porém, essas sempre serão respostas parciais e incompletas em que a tecnologia é considerada como um pressuposto a que todo o resto deverá se adaptar. Mas o que acontece caso revertamos essa polaridade e comecemos pelo compromisso com um mundo mais justo e sustentável? Como seria possível intervir para enfrentar questões independentes de injustiças sociais, econômicas e climáticas? Em que locais a tecnologia estaria a serviço dessa visão? E haveria lugares em que a IA não deveria ser usada, nos quais ela comprometeria a justiça?

Essa é a base para uma política renovada de recusa – que se oponha às narrativas de inevitabilidade tecnológica que dizem: "se for possível fazer, faremos". Em vez de perguntar onde a IA será aplicada simplesmente porque é possível aplicá-la, a ênfase deveria estar no *porquê* de ela dever ser aplicada. Ao perguntar "por que usar inteligência artificial?", podemos questionar a ideia de que tudo deva estar submetido à lógica da previsão estatística e da acumulação de lucros – o que Donna Haraway chama de "informática da dominação"[36]. Vemos relances dessa recusa quando populações escolhem desmontar estruturas de policiamento preditivo, banir o reconhecimento facial ou protestar contra avaliações algorítmicas. Até agora, essas pequenas vitórias têm sido fragmentadas e locais, frequentemente centradas em cidades com mais recursos para se organizarem, como Londres, São Francisco, Hong Kong e Portland, no estado do Oregon. Mas elas apontam para a necessidade de movimentos nacionais e internacionais mais amplos que rejeitem abordagens do tipo "a tecnologia em primeiro lugar" e se concentrem no enfrentamento das desigualdades e injustiças subjacentes. A recusa exige a rejeição da ideia de que as mesmas ferramentas que estão a serviço do capital, dos militares e da polícia também são adequadas para transformar escolas, hospitais, cidades e ecologias, como se fossem calculadoras neutras que pudessem ser aplicadas em todos os lugares.

Os chamamentos por justiça laboral, climática e de dados são mais poderosos quando estão unidos. Acima de tudo, vejo com maiores esperanças os movimentos crescentes por justiça que abordam a inter-relação entre capitalismo, computação e controle: que reúnem questões de justiça climática, direitos trabalhistas, justiça racial, proteção de dados e dos abusos de poder da polícia e dos militares. Ao rejeitar sistemas que aprofundem a desigualdade e a violência, contestamos as estruturas de poder que são atualmente reforçadas pela IA e criamos as fundações para uma sociedade diferente[37].

Como Ruha Benjamin observa, "foram estas as palavras de Derrick Bell: 'para ver as coisas como elas realmente são, precisamos imaginar como elas poderiam ser'. Somos criadores de padrões e devemos mudar os conteúdos de nossos padrões existentes"[38]. Para isso, precisaremos nos livrar dos encantamentos do solucionismo tecnológico e adotar solidariedades alternativas – o que Mbembe chama de "uma política diferente de habitação da Terra, de reparação e de compartilhamento do planeta"[39]. Há coletivos políticos sustentáveis para além da extração do valor; há bens comuns que valem a pena serem mantidos, mundos para além do mercado e formas de viver não pautadas pela discriminação e pelos modos brutais de otimização. Nossa tarefa é traçar uma rota até eles.

CODA: ESPAÇO

Ouvimos uma contagem regressiva. Filmagens de arquivo começam a ser reproduzidas. As turbinas na base do enorme Saturn V se acendem, e a decolagem do foguete se inicia. Ouvimos a voz de Jeff Bezos: "Desde que eu tinha cinco anos" – foi quando Neil Armstrong pisou na superfície da Lua –, "sou apaixonado pelo espaço, por foguetes, por motores de foguetes, pela viagem espacial". Segue-se um desfile de imagens motivacionais: alpinistas em cumes, exploradores descendo cânions, um mergulhador nadando em meio a um cardume de peixes.

Corta para Bezos ajustando seu *headset* na sala de controle durante a decolagem. A narração em *off* continua: "Este é o trabalho mais importante que estou fazendo. O argumento é simples: este é o melhor dos planetas. Então estamos diante de uma escolha. Conforme seguimos adiante, teremos que decidir se queremos uma civilização estagnada – teremos um limite populacional, teremos um limite de uso de energia *per capita* – ou se resolveremos esse problema nos mudando para o espaço"[1].

A trilha sonora explode, e imagens do espaço profundo são contrapostas a cenas de avenidas movimentadas de Los

Angeles e cruzamentos viários congestionados. "Depois do pouso na Lua, Von Braun disse, 'aprendi a usar a palavra impossível com grande cautela'. E espero que todos vocês levem essa atitude para a vida."[2]

Essas cenas vêm de um vídeo promocional para a companhia aeroespacial privada de Bezos, a Blue Origin. O lema da empresa é *Gradatim Ferociter*, expressão em latim para "passo a passo, com valentia". No curto prazo, a Blue Origin está construindo foguetes e módulos lunares reutilizáveis, testados principalmente nas instalações de sua base suborbital em West Texas. A empresa pretendia já estar transportando astronautas e cargas para a Lua em 2024[3]. Mas, no longo prazo, a missão da empresa é bem mais ambiciosa: ajudar a criar um futuro em que milhões de pessoas vivam e trabalhem no espaço. Mais especificamente, Bezos esboçou a esperança de construir colônias espaciais gigantes em que as pessoas viveriam em ambientes flutuantes construídos[4]. A indústria pesada seria deslocada totalmente para fora do planeta, para a nova fronteira de extração. Enquanto isso, a Terra, reservada para prédios residenciais e indústrias leves, seria deixada como "um lugar lindo para se viver, um lugar lindo para se visitar" – presumivelmente, para aqueles que pudessem pagar para ficar por aqui em vez de ir trabalhar nas colônias no espaço[5].

Bezos detém um poder industrial extraordinário e que não para de crescer. A Amazon continua a extrair cada vez mais do comércio *on-line* dos Estados Unidos; o Amazon Web Services representa quase metade da indústria de computação em nuvem e, segundo algumas estimativas, o *site* da Amazon tem mais buscas de produtos do que o Google[6]. Apesar de tudo isso, Bezos está preocupado. Ele teme que as demandas crescentes de energia do planeta logo esgotarão a oferta limitada da Terra. Para ele, a maior preocupação "não é necessariamente a extinção", mas a *estagnação*: "Teremos que parar de crescer, o que considero um futuro muito ruim"[7].

Bezos não está sozinho. Ele é apenas um dos vários bilionários da tecnologia que estão com as atenções voltadas para o espaço. A Planetary Resources, liderada pelo criador da fundação X Prize, Peter Diamandis, e apoiada por investimentos de Larry Page e Eric Schmidt, do Google, tinha como objetivo criar a primeira mina comercial no espaço para a escavação de asteroides[8]. Elon Musk, diretor-executivo da Tesla e da SpaceX, anunciou sua intenção de colonizar Marte dentro de cem anos – enquanto admitiu que, para fazê-lo, os primeiros astronautas deveriam estar "preparados para morrer"[9]. Musk também defendeu a terraformação da superfície de Marte para povoamentos humanos e a explosão de armas nucleares nos polos do planeta[10]. A SpaceX fez uma camiseta que tinha "NUKE MARS" [Bombardeiem Marte] como estampa. Musk também conduziu aquele que é provavelmente o exercício de relações públicas mais caro da história quando lançou um carro da Tesla em órbita heliocêntrica com o uso de um foguete Falcon Heavy da SpaceX. Pesquisadores estimam que o carro permanecerá no espaço por milhões de anos até que finalmente caia de volta na Terra[11].

A ideologia desses espetáculos espaciais está profundamente conectada com a ideologia da indústria de IA. A riqueza e o poder extremos gerados por empresas de tecnologia agora permitem que um pequeno grupo de homens se dedique à sua própria corrida espacial privada. Eles confiam na exploração do conhecimento e nas infraestruturas dos programas espaciais públicos do século 20 e, frequentemente, também dependem de financiamentos públicos e de incentivos fiscais[12]. Seus objetivos consistem em não limitar a extração e o crescimento, mas estendê-los por todo o sistema solar. Na realidade, esses esforços se relacionam tanto a um *imaginário* do espaço, do crescimento infinito e da imortalidade quanto às possibilidades incertas e desagradáveis da efetiva colonização do espaço.

A inspiração de Bezos para a conquista do espaço vem, em parte, do físico e escritor de ficção científica Gerard K. O'Neill. O'Neill escreveu *The High Frontier: Human Colonies in Space* [A fronteira do alto: colônias humanas no espaço][13]. O plano de Bezos para a Blue Origin é inspirado nessa visão bucólica de povoamentos humanos permanentes para os quais as tecnologias necessárias ainda não existem[14]. O'Neill era motivado pelo "desânimo e pelo choque" que sentiu quando leu *Limites do crescimento*, o emblemático relatório do Clube de Roma[15]. Esse relatório publicou dados detalhados e modelos preditivos sobre o fim dos recursos não renováveis e seu impacto sobre o crescimento populacional, a sustentabilidade e o futuro da humanidade na Terra[16]. Como o estudioso de arquitetura e planejamento Fred Scharmen sintetiza:

> Os modelos do Clube de Roma calculam resultados de diferentes conjuntos de suposições iniciais. Os cenários de base, extrapolados a partir de correntes então vigentes, mostram o colapso dos recursos e das populações antes do ano 2100. Quando os modelos supõem o dobro das reservas conhecidas, há um novo colapso, em um nível ligeiramente maior, mas ainda antes de 2100. Quando supõem que a tecnologia produzirá recursos "ilimitados", as populações colapsam *de forma ainda mais acentuada* do que antes, devido a picos populacionais. Com a adição de controles populacionais ao modelo, as populações colapsam após ficarem sem comida. Em modelos que aumentam a capacidade agrícola, a poluição ultrapassa os controles anteriores e tanto comida como população colapsam[17].

Limites do crescimento sugeriu que a passagem para uma gestão sustentável e para o reuso de recursos seria a resposta para uma estabilidade de longo prazo para a sociedade global e que o estreitamento do fosso entre nações ricas e pobres era fundamental para nossa sobrevivência. Uma insuficiência do relatório está ligada à falta de previsões quanto ao conjunto maior de sistemas interconectados que hoje compõe a economia global e a como formas pouco lucrativas de mineração viriam a ser incentivadas e levariam a maiores danos ambientais, à degradação do solo e da água e acelerariam o esgotamento dos recursos.

Ao escrever *The High Frontier*, O'Neill queria imaginar uma forma de escapar do modelo de não crescimento que não envolvesse a limitação da produção e do consumo[18]. Ao postular que o espaço era a solução, O'Neill redirecionou as ansiedades globais dos anos 1970 quanto à escassez de gasolina e às crises do petróleo para visões de estruturas espaciais estáveis e serenas que ao mesmo tempo preservariam o *status quo* e ofereceriam novas oportunidades. "Se a Terra não tem superfície suficiente", conclamava O'Neill, "então os humanos devem simplesmente construir mais"[19]. A ciência necessária para o funcionamento de tudo isso e a economia para seu custeio eram detalhes a serem discutidos em algum outro dia; tudo que importava era o sonho[20].

O fato de a colonização espacial e a mineração em novas fronteiras terem se tornado fantasias corporativas comuns de bilionários da tecnologia é algo que realça um relacionamento fundamentalmente perturbador com a Terra. Essas visões de futuro não incluem a diminuição da exploração do petróleo e do gás natural ou a limitação do consumo de recursos – ou mesmo a redução das práticas de trabalho exploratórias que os enriqueceram. Em vez disso, a linguagem da elite da tecnologia frequentemente ecoa o colonialismo de povoamento, que procura desalojar a população da Terra e capturar territórios para extração mineral. A corrida espacial dos bilionários do Vale do Silício tem como pressuposto a ideia de que o último dos bens comuns – o espaço sideral – pode ser tomado pelo primeiro império que chegue até ele. E isso a despeito da principal convenção internacional sobre mineração espacial, o Tratado do Espaço Cósmico, de 1967, que reconhece que o espaço é "de interesse comum de toda a humanidade" e quc qualquer exploração ou uso "deve ser realizado em benefício de todos os povos"[21].

Em 2015, a Blue Origin de Bezos e a SpaceX de Musk fizeram *lobby* no Congresso e na administração Obama para a promulgação da Lei de Competitividade de Lançamentos Espaciais Comerciais[22]. A lei ampliou uma exceção para a regulação federal de companhias espaciais comerciais até 2023, e permite que elas sejam proprietárias de recursos minerários extraídos de asteroides e fiquem com os lucros da atividade[23]. Essa legislação atinge diretamente a ideia do espaço como um bem comum e cria um incentivo comercial para "ir em frente e conquistar"[24].

O espaço se tornou a ambição imperial definitiva e simboliza uma fuga dos limites da Terra, dos corpos e da regulação estatal. Talvez não seja surpreendente que muitos membros da elite da tecnologia do Vale do Silício estejam empenhados na ideia de abandonar o planeta. A colonização espacial combina bem com outras fantasias de dietas para a extensão da vida, transfusões rejuvenescedoras de sangue de adolescentes, *uploads* de cérebros na nuvem e vitaminas que tragam a imortalidade[25]. A publicidade resplandecente da Blue Origin é parte de um utopismo sombrio. Aos sussurros, há uma convocação para que essas pessoas se tornem *Übermenschen* [super-homens], para que excedam todas as fronteiras: biológica, social, ética e ecológica. Mas, por baixo da superfície, essas visões de admiráveis mundos novos parecem movidas sobretudo pelo medo: medo da morte – individual e coletiva – e medo de que o tempo esteja realmente se esgotando.

Estou mais uma vez na van, rumo ao último trecho de minha jornada. De Albuquerque, no estado do Novo México, dirijo para o sul, em direção à fronteira com o Texas. No caminho, pego um desvio depois da face rochosa do pico San Augustin e desço a ladeira íngreme até o White Sands Missile Range [Campo de Testes de Mísseis de White

Sands], onde, em 1946, os Estados Unidos lançaram ao espaço o primeiro foguete equipado com uma câmera. A missão foi liderada por Wernher von Braun, que havia sido o diretor técnico do programa de desenvolvimento de mísseis da Alemanha. Von Braun desertou para os Estados Unidos depois da guerra e, ali, começou a fazer experimentos com foguetes V2 confiscados – os mesmíssimos mísseis que havia ajudado a projetar e que foram disparados contra os Aliados em toda a Europa. Mas, desta vez, ele os lançou diretamente para cima, rumo ao espaço. O foguete ascendeu até uma altitude de 104 quilômetros, capturando imagens a cada 1,5 segundo, antes de despencar no deserto do Novo México. O filme fotográfico sobreviveu dentro de uma caixa de aço e revelou uma curvatura granulada, mas distintamente parecida com a da Terra[26].

Vista da Terra de uma câmera no V2 n. 13, lançado em 24 de outubro de 1946. Cortesia do Campo de Testes de Mísseis de White Sands/Laboratório de Física Aplicada.

A base de lançamentos suborbitais da Blue Origin, em West Texas. Fotografia de Kate Crawford.

É digno de nota o fato de Bezos escolher citar Von Braun em seu comercial para a Blue Origin. Von Braun foi o engenheiro-chefe de foguetes do Terceiro Reich e admitiu ter usado o trabalho escravizado nos campos de concentração para construir seus V2; alguns o consideram um criminoso de guerra[27]. Mais prisioneiros morreram nos campos de concentração enquanto construíam mísseis do que pessoas foram mortas por essas armas durante a guerra[28]. Mas é por seu trabalho como diretor do Centro de Voos Espaciais George C. Marshall, da NASA, onde foi instrumental para o projeto do foguete Saturn V, que Von Braun é mais conhecido[29]. Banhado no brilho da Apollo 11, purificado de sua história, Von Braun pareceu a Bezos um herói – um homem que se recusa a acreditar na impossibilidade.

Após atravessar a cidade de El Paso, no Texas, pego a Rota 62 em direção às dunas de Salt Basin. A tarde já está no fim, e as cores estão começando a proliferar em meio às nuvens *cumulus*. Há uma junção de vias e, depois de virar à direita, a estrada começa a contornar a Sierra Diablo. Esse é o território de Bezos. A primeira indicação é uma grande casa em estilo rancho americano afastada da estrada, com uma placa em letras vermelhas que dizem "Figure 2" em um portão branco. É o rancho que Bezos comprou em 2004, uma pequena parte dos 120 mil hectares que ele possui na região[30]. Essa região tem uma história colonial violenta: uma das batalhas finais entre os Texas Rangers e os Apaches ocorreu um pouco a oeste desse lugar, em 1881, e nove anos depois o rancho foi criado pelo antigo cavaleiro confederado e vaqueiro James Monroe Daugherty[31].

Nas proximidades, está a pista que leva até a base de lançamentos suborbitais da Blue Origin. Essa via particular está bloqueada por um portão azul brilhante, com alertas de que o ambiente está sendo filmado, e por uma estação de vigilância coberta de câmeras. Permaneço na estrada e paro a van no acostamento, a alguns minutos de distância. De lá, a vista se estende por todo o vale até a pista de pouso da Blue Origin, onde os foguetes estão sendo testados para o que se espera ser a primeira missão tripulada da empresa no espaço. Carros passam por cancelas enquanto trabalhadores batem ponto ao final do expediente.

Quando volto o olhar para os agrupamentos de galpões que demarcam a base de foguetes, as instalações me parecem muito improvisadas e provisórias na vastidão seca da bacia do Permiano. A grande extensão do vale é interrompida por um círculo esvaziado, com a logomarca em forma de pena pintada no centro – a área em que os foguetes reutilizáveis da Blue Origin devem pousar. É tudo o que há para ver. Trata-se de uma infraestrutura particular em construção, vigiada e fechada, um imaginário tecnocientífico de poder, extração e fuga impulsionado pelo homem mais rico do planeta. É uma proteção contra a Terra.

A luz está acabando agora, e nuvens de um cinza aço se deslocam pelo céu. O deserto parece prateado, salpicado de arbustos de artemísia e apinhado de tufos vulcânicos que pontuam o que outrora fora o leito de um grande mar continental. Depois de tirar uma foto, volto para a van e começo o último percurso do dia, rumo à cidade de Marfa. Só depois que começo a me afastar percebo que estou sendo seguida. Duas picapes Chevrolet pretas idênticas começam a encostar agressivamente em minha traseira. Paro no acostamento na esperança de que elas sigam suas viagens. Elas também encostam. Ninguém se move. Depois de esperar alguns minutos, volto lentamente a dirigir. Elas mantêm uma escolta sinistra por todo o caminho, até os limites do vale crepuscular.

O mundo sem água (Den Aardkloot van water ontbloot), mapa de 1694 de Thomas Burnet para um mundo drenado de seus oceanos.

NOTAS

Introdução

1 Edward T. Heyn, “Berlin’s Wonderful Horse; He Can Do Almost Everything but Talk – How He Was Taught”. *New York Times*, 4 set. 1904. Disponível em: <https://timesmachine.nytimes.com/timesmachine/1904/09/04/101396572.pdf>. Acesso em: 29 jul. 2024.

2 Oskar Pfungst, *Clever Hans (The Horse of Mr. von Osten): A Contribution to Experimental Animal and Human Psychology*. Trad. Carl L. Rahn. New York: Henry Holt, 1911.

3 “‘Clever Hans’ Again: Expert Commission Decides that the Horse Actually Reasons”. *New York Times*, 2 out. 1904. Disponível em: <https://timesmachine.nytimes.com/timesmachine/1904/10/02/120289067.pdf>. Acesso em: 29 jul. 2024.

4 Oskar Pfungst, *Clever Hans*, *op. cit*.

5 *Ibid*.

6 Sebastian Lapuschkin *et al*., “Unmasking Clever Hans Predictors and Assessing what Machines Really Learn”. *Nature Communications* 10, n. 1, 2019, pp. 1-8. Disponível em: <https://doi.org/10.1038/s41467-019-08987-4>. Acesso em: 29 jul. 2024.

7 Cf. a obra da filósofa Val Plumwood sobre o dualismo entre inteligência--estupidez, emocional-racional e senhor-escravo. Val Plumwood, “The Politics of Reason: Towards a Feminist Logic”. *Australasian Journal of Philosophy* 71, n. 4, 1993, pp. 436-62. Disponível em: <https://doi.org/10.1080/00048409312345432>. Acesso em: 29 jul. 2024.

8 A. M. Turing, “Computing Machinery and Intelligence”. *Mind*, 1 out. 1950, pp. 433-60. Disponível em: <https://doi.org/10.1093/mind/LIX.236.433>. Acesso em: 29 jul. 2024.

9 John von Neumann, *The Computer and the Brain*. New Haven: Yale University, 1958, p. 44. Essa abordagem foi profundamente criticada por Hubert L. Dreyfus, *What Computers Can’t Do: A Critique of Artificial Reason*. New York: Harper and Row, 1972.

10 Cf. Joseph Weizenbaum, “On the Impact of the Computer on Society: How Does One Insult a Machine?”.

Science, v. 176, n. 4.035,, 1972, p. 612. Após sua morte, Minsky foi envolvido em denúncias graves relacionadas ao pedófilo e estuprador Jeffrey Epstein. Minsky foi um dos vários cientistas que se encontraram com Epstein e visitaram sua ilha, onde garotas menores de idade eram forçadas a fazer sexo com membros do círculo de Epstein. Como a acadêmica Meredith Broussard observa, isso foi parte de uma cultura de exclusão mais ampla que se tornou endêmica com a IA: "Por mais maravilhosamente criativos que fossem, Minsky e seu grupo também solidificaram a cultura da tecnologia como um Clube do Bolinha de bilionários. Matemática, Física e outras ciências 'duras' nunca foram hospitaleiras com mulheres e minorias étnicas; a tecnologia seguiu esse exemplo". Cf. Meredith Broussard, *Artificial Unintelligence: How Computers Misunderstand the World*. Cambridge, Mass.: MIT Press, 2018, p. 174.

11 Joseph Weizenbaum, *Computer Power and Human Reason: From Judgment to Calculation*. San Francisco: W. H. Freeman, 1976, pp. 202-3.

12 Martin Greenberger (org.), *Management and the Computer of the Future*. New York: Wiley, 1962, p. 315.

13 Hubert L. Dreyfus, *Alchemy and Artificial Intelligence*. Santa Monica, Calif.: RAND, 1965.

14 *Idem*, *What Computers Can't Do*, *op. cit.*

15 Ellen Ullman, *Life in Code: A Personal History of Technology*. New York: MCD, 2017, pp. 136-7.

16 Em inglês, "*Labeled data*". Dados que possuem um "rótulo" ou "etiqueta" associado a cada entrada, fornecendo informações sobre sua categoria ou característica. Isso é essencial para o aprendizado de máquina supervisionado, em que o modelo aprende a partir de exemplos rotulados para fazer previsões sobre novos dados. [N.T.]

17 Cf., como um dentre vários exemplos, Tomaso Poggio *et al.*, "Why and when Can Deep – but not Shallow – Networks Avoid the Curse of Dimensionality: A Review". *International Journal of Automation and Computing*, v. 14, n. 5, 2017, pp. 503-19. Disponível em: <https://link.springer.com/article/10.1007/s11633-017-1054-2>. Acesso em: 30 jul. 2024.

18 Em inglês, "*Expert systems*". Sistemas que, construídos a partir de um conjunto de regras específicas de uma determinada área, são projetados para simular o raciocínio de um especialista humano e analisar, com base nesses parâmetros, informações inseridas por usuários. [N.T.]

19 Citado em Karamjit S. Gill, *Artificial Intelligence for Society*. New York: John Wiley and Sons, 1986, p. 3.

20 Stuart J. Russell e Peter Norvig, *Artificial Intelligence: A Modern Approach*. Upper Saddle River, New Jersey: Pearson, 2010, 3 .ed., p. 30 [ed. bras.: *Inteligência artificial*. Trad. Regina Célia Simille. Rio de Janeiro: Elsevier, 2013].

21 Lorraine Daston, "Cloud Physiognomy". *Representations*, v. 135, n. 1, 2016, pp. 45-71. Disponível em: <https://doi.org/10.1525/rep.2016.135.1.45>. Acesso em: 30 jul. 2024.

22 Georges Didi-Huberman, *Atlas, or the Anxious Gay Science: How to Carry the World on One's Back?* Chicago: University of Chicago Press, 2018, p. 5 [ed. bras.: *Atlas ou o gaio saber inquieto*. Trad. Márcia Arbex e Vera Casa Nova. Belo Horizonte: UFMG, 2018, p. 18].

23 *Ibid.*, p. 11 [ed. bras.: p. 27].

24 Ursula M. Franklin e Michelle

Swenarchuk, *The Ursula Franklin Reader: Pacifism as a Map*. Toronto, Ont.: Between the Lines, 2006, "Prelude".

25 Para uma abordagem das práticas da colonização de dados, cf. "Colonized by Data: The Costs of Connection with Nick Couldry and Ulises Mejías". Conversa sobre o livro, 19 set. 2019, Berkman Klein Center for Internet and Society at Harvard University. Disponível em: <https://cyber.harvard.edu/events/colonized-data-costs-connection-nick-couldry-and-ulises-mejias>. Acesso em: 30 jul. 2024; e Achille Mbembe, *Critique of Black Reason*. Durham, NC: Duke University Press, 2017 [ed. bras.: *Crítica da razão negra*. Trad. Sebastião Nascimento. São Paulo: n-1 edições, 2018].

26 No original, "*proprietary maps*". Em ciência da computação, o termo "proprietário" designa *softwares* (ou, neste caso, mapas) privados cujo código-fonte não está disponível ao público e cujo uso depende de licenciamento comercial junto a seu desenvolvedor ou proprietário. [N.T.]

27 Fei-Fei Li citada em Dave Gershgorn, "The Data that Transformed AI Research-and Possibly the World". *Quartz*, 26 jul. 2017. Disponível em: <https://qz.com/1034972/the-data-that-changed-the-direction-of-ai-research-and-possibly-the-world/>. Acesso em: 30 jul. 2024.

28 Stuart J. Russell e Peter Norvig, *Artificial Intelligence*, *op. cit.*, p. 1 [ed. bras.: *Inteligência artificial*, *op. cit.*].

29 Bledsoe *apud* Pamela McCorduck, *Machines Who Think: A Personal Inquiry into the History and Prospects of Artificial Intelligence*. Natick, Mass.: A. K. Peters, 2004, p. 136.

30 Shannon Mattern, *Code and Clay, Data and Dirt: Five Thousand Years of Urban Media*. Minneapolis: University of Minnesota Press, 2017, pp. xxxiv-xxxv.

31 Mike Ananny e Kate Crawford, "Seeing without Knowing: Limitations of the Transparency Ideal and Its Application to Algorithmic Accountability". *New Media and Society* 20, n. 3, 2018, pp. 973-89. Disponível em: <https://doi.org/10.1177/1461444816676645>. Acesso em: 30 jul. 2024.

32 Qualquer tentativa de lista será uma coleção inadequada de todas as pessoas e comunidades que inspiraram e contribuíram para esta obra. Sou particularmente grata a estas comunidades de pesquisa: à Fate (Fairness, Accountability, Transparency and Ethics) e ao Social Media Collective, na Microsoft Research, ao AI Now Institute, na Universidade de Nova York, ao grupo de trabalho Foundations of AI, na École Normale Supérieure, e aos Richard von Weizsäcker Visiting Fellows, na Academia Robert Bosch, em Berlim.

33 Samantha Saville, "Towards Humble Geographies". *Area*, v. 53, n. 1, 2021, pp. 97-105. Disponível em: <https://doi.org/10.1111/area.12664>. Acesso em: 30 jul. 2024.

34 Para mais sobre trabalhadores em multidão [*crowdworkers*], cf. Mary L. Gray e Siddharth Suri, *Ghost Work: How to Stop Silicon Valley from Building a New Global Underclass*. Boston: Houghton Miffiin Harcourt, 2019; e Sarah T. Roberts, *Behind the Screen: Content Moderation in the Shadows of Social Media*. New Haven: Yale University Press, 2019.

35 Jimena Canales, *A Tenth of a Second: A History*. Chicago: University of Chicago Press, 2010.

36 Shoshana Zuboff, *The Age of Surveillance Capitalism: The Fight for a Human Future at the New Frontier of Power*. New York: PublicAffairs, 2019 [ed. bras.: *A era do capitalismo de vigilância*. Trad.

George Schlesinger. Rio de Janeiro: Intrínseca, 2020].

37 Karin Knorr Cetina, *Epistemic Cultures: How the Sciences Make Knowledge*. Cambridge, Mass.: Harvard University Press, 1999, p. 3.

38 "Emotion Detection and Recognition (EDR) Market Size to Surpass 18%+ CAGR 2020 to 2027". *MarketWatch*, 5 out. 2020. Disponível em: <https://www.marketwatch.com/press-release/emotion-detection-and-recognition-edr-market-size-to-surpass-18-cagr-2020-to-2027-2020-10-05>. Acesso em: 2 ago. 2024.

39 "Cutucada", do inglês "*nudge*", é um conceito relacionado ao campo da arquitetura da escolha, uma série de preceitos organizacionais que pretende conduzir indiretamente os usuários de um bem ou serviço (ou, neste caso, o motorista) à tomada de decisões desejadas. [N.T.]

40 No contexto dos sistemas de rede de computação distribuída, os servidores *back-end* (por vezes traduzidos como "de retaguarda") são unidades remotas responsáveis pelo processamento de dados inseridos por usuários em computadores ou dispositivos locais (chamados "*front-end*" ou "clientes"). [N.T.]

41 Alondra Nelson, Thuy Linh N. Tu e Alicia Headlam Hines, "Introduction: Hidden Circuits". Em: *Technicolor: Race, Technology, and Everyday Life*. New York: New York University Press, 2001, p. 5.

42 Déborah Danowski e Eduardo Batalha Viveiros de Castro, *The Ends of the World*. Trad. Rodrigo Guimarães Nunes. Malden, Mass.: Polity, 2017 [ed. bras.: *Há mundo por vir? Ensaio sobre os medos e os fins*. Desterro, SC: Instituto Socioambiental, 2014, col. Cultura e Barbárie].

43 Ursula M. Franklin, *The Real World of Technology*. Toronto, Ont.: House of Anansi Press, 2004, edição revista, p. 5.

Terra

1 Nos Estados Unidos, o termo "comunidade não incorporada" – *unincorporated community* – é utilizado para designar áreas geográficas que, não inseridas no território de nenhuma municipalidade, são caracterizadas por um senso comum de identidade, mas não possuem organização política ou administrativa oficial. [N.T.]

2 Gray Brechin, *Imperial San Francisco: Urban Power, Earthly Ruin*. Berkeley: University of California Press, 2007.

3 *Ibid*., p. 29.

4 Agrícola *apud ibidem*, p. 25.

5 Extraído de uma carta que Mark Zuckerberg, fundador do Facebook (atual Meta), escreveu para investidores em 2012, o lema "*move fast and break things*" foi adotado pela indústria de tecnologia de modo geral para refletir uma filosofia de trabalho pautada por um senso de urgência, velocidade e experimentação livre de preocupações quanto aos danos que possam vir a ser causados no processo. [N.T.]

6 *Apud* Gray Brechin, *Imperial San Francisco*, *op. cit*., p. 50.

7 *Ibid*., p. 69.

8 Cf., p. ex., Kate Davies e Liam Young, *Tales from the Dark Side of the City: The Breastmilk of the Volcano, Bolivia and the Atacama Desert Expedition*. London: Unknown Fields, 2016; e "A Grey Goldmine: Recent Developments in Lithium Extraction in Bolivia and Alternative Energy Projects". *Council on Hemispheric Affairs*, 17 nov. 2009. Disponível em: <http://www.coha.org/a-grey-goldmine-recent-developments-in-lithium-extraction-in-bolivia-and-alternative-energy-projects/>. Acesso em: 2 ago. 2024.

9 Para mais sobre as mudanças de São Francisco no nível da rua, cf. Anne B. Bloomfield, "A History of the California Historical Society's New Mission Street Neighborhood". *California History* 74, n. 4, 1995-1996, pp. 372-93.

10 "South of Market". Bairro de São Francisco conhecido por ser repleto de galpões e armazéns. [N.E.]

11 "Street Homelessness". San Francisco Department of Homelessness and Supportive Housing. Disponível em: <https://www.sf.gov/topics/homelessness>. Acesso em: 15 jan. 2025. Cf. também "Counterpoints: An Atlas of Displacement and Resistance". *Anti-Eviction Mapping Project* (blog), 3 set. 2020. Disponível em: <https://antievictionmap.com/counterpoints-atlas>. Acesso em: 2 ago. 2024.

12 Alastair Gee, "San Francisco or Mumbai? UN Envoy Encounters Homeless Life in California". *Guardian*, 22 jan. 2018. Disponível em: <https://www.theguardian.com/us-news/2018/jan/22/un-rapporteur-homeless-san-francisco-california>. Acesso em: 2 ago. 2024.

13 H. W. Turner publicou uma sondagem geológica detalhada da área de Silver Peak em julho de 1909. Em sua bela prosa, Turner enaltece a variedade geológica no interior daquilo que descreve como "encostas de tufos cor de creme e cor-de-rosa e pequenos outeiros de um vermelho-tijolo brilhante". H. W. Turner, "Contribution to the Geology of the Silver Peak Quadrangle, Nevada". *Bulletin of the Geological Society of America* 20, n. 1, 1909, p. 228.

14 Fred Lambert, "Breakdown of Raw Materials in Tesla's Batteries and Possible Breaknecks". *Electrek*, 1º nov. 2016. Disponível em: <https://electrek.co/2016/11/01/breakdown-raw-materials-tesla-batteries-possible-bottleneck/>. Acesso em: 2 ago. 2024.

15 Kevin Bullis, "Lithium-Ion Battery." *MIT Technology Review*, 19 jun. 2012. Disponível em: <https://www.technologyreview.com/s/428155/lithium-ion-battery/>. Acesso em: 2 ago. 2024.

16 "Chinese Lithium Giant Agrees to Three-Year Pact to Supply Tesla". *Bloomberg*, 21 set. 2018. Disponível em: <https://www.industryweek.com/leadership/article/22026386/chinese-lithium-giant-agrees-to-threeyear-pact-to-supply-tesla>. Acesso em: 2 ago. 2024.

17 Ellen Wald, "Tesla Is a Battery Business, Not a Car Business". *Forbes*, 15 abr. 2017. Disponível em: <https://www.forbes.com/sites/ellenrwald/2017/04/15/tesla-is-a-battery-business-not-a-car-business>. Acesso em: 2 ago. 2024.

18 Ernest Scheyder, "Tesla Expects Global Shortage of Electric Vehicle Battery Minerals". *Reuters*, 2 maio 2019. Disponível em: <https://www.reuters.com/article/us-usa-lithium-electric-tesla-exclusive-idUSKCN1S81QS>. Acesso em: 2 ago. 2024.

19 Lizzie Wade, "Tesla's Electric Cars Aren't as Green as You Might Think". *Wired*, 31 mar. 2016. Disponível em: <https://www.wired.com/2016/03/teslas-electric-cars-might-not-green-think/>. Acesso em: 2 ago. 2024.

20 Business Council for Sustainable Energy, "2024 Sustainable Energy in America Factbook". *BCSE*, 2 set. 2024. Disponível em: <https://bcse.org/market-trends/>. Acesso em: 15 jan. 2025. U.S. Energy Information Administration, "What Is U.S. Electricity Generation by Energy Source?". Disponível em: <https://www.eia.gov/tools/faqs/faq.php?id=427 &t=21>. Acesso em: 2 ago. 2024.

21 Em ciência da computação, o termo pilha (*stack*) designa uma estrutura abstrata de dados "empilhados" de forma sequencial regidos pelo assim chamado princípio LIFO ("*last in, first out*", ou "último a entrar, primeiro a sair"). Segundo esse modelo, caso haja necessidade de remoção de dados, a exclusão começará a partir do "topo da pilha" (ou seja, pelo dado de inclusão mais recente). [N.T.]

22 Meredith Whittaker *et al.*, *AI Now Report 2018*. AI Now Institute, dez. 2018. Disponível em: <https://ainowinstitute.org/AI_Now_2018_Report.pdf>. Acesso em: 2 ago. 2024.

23 Jussi Parikka, *A Geology of Media*. Minneapolis: University of Minnesota Press, 2015, pp. VII-VIII; Marshall McLuhan, *Understanding Media: The Extensions of Man*. Reimpressão. Cambridge, Mass.: MIT Press, 1994 [ed. bras.: *Os meios de comunicação como extensões do homem*. Trad. Decio Pignatari. São Paulo: Cultrix, 1979, 5. ed.].

24 Chris Ely, "Product Lifecycles Shrinking". Consumer Technology Association, 3 fev. 2023. Disponível em: <https://www.cta.tech/Resources/i3-Magazine/i3-Issues/2023/January-February/Product-Lifecycles-Shrinking>. Acesso em: 15 jan. 2025.

25 Sandro Mezzadra e Brett Neilson usam o termo "extrativismo" para nomear a relação entre formas diferentes de operações de extração no capitalismo contemporâneo – e que vemos serem repetidas no contexto da indústria de IA. Sandro Mezzadra e Brett Neilson, "On the Multiple Frontiers of Extraction: Excavating Contemporary Capitalism". *Cultural Studies* 31, n. 2-3, 2017, pp. 185-204. Disponível em: <https://doi.org/10.1080/09502386.2017.1303425>. Acesso em: 2 ago. 2024.

26 Nedal Nassar *et al.* "Evaluating the Mineral Commodity Supply Risk of the US Manufacturing Sector". *Science Advances* 6, n. 8, 2020, eaa8647. Disponível em: <https://www.doi.org/10.1126/sciadv.aay8647>. Acesso em: 2 ago. 2024.

27 Lewis Mumford, *Technics and Civilization*. Chicago: University of Chicago Press, 2010, p. 74.

28 Cf., p. ex., Melvin Ayogu e Zenia Lewis, "Conflict Minerals: An Assessment of the Dodd-Frank Act." Brookings Institution, 3 out. 2011. Disponível em: <https://www.brookings.edu/opinions/conflict-minerals-an-assessment-of-the-dodd-frank-act/>. Acesso em: 5 ago. 2024.

29 Jason Burke, "Congo Violence Fuels Fears of Return to 90s Bloodbath". *Guardian*, 30 jun 2017. Disponível em: <https://www.theguardian.com/world/2017/jun/30/congo-violence-fuels-fears-of-return-to-90s-bloodbath>. Acesso em: 5 ago. 2024.

30 "Congo's Bloody Coltan". Pulitzer Center on Crisis Reporting, 6 jan. 2011. Disponível em: <https://pulitzercenter.org/reporting/congos-bloody-coltan>. Acesso em: 5 ago. 2024.

31 *Ibid.*

32 "Transforming Intel's Supply Chain with Real-Time Analytics". Intel, set. 2017. Disponível em: <https://www.intel.com/content/dam/www/public/us/en/documents/white-papers/transforming-supply-chain-with-real-time-analytics-whitepaper.pdf>. Acesso em: 5 ago. 2024.

33 Cf., p. ex., uma carta aberta escrita por dezessete signatários que critica as limitações do assim chamado processo de certificação "livre de conflito": "An Open Letter". Disponível em: <https://ethuin.files.wordpress.com/2014/09/09092014-open-letter-final-and-list.pdf>. Acesso em: 5 ago. 2024.

34 "Responsible Minerals Policy and Due Diligence". Philips. Disponível

em: <https://www.philips.com/a-w/about/environmental-social-governance/environmental/supplier-sustainability/responsible-sourcing-of-minerals.html>. Acesso em: 5 ago. 2024.

35 Em *The Elements of Power* (New Haven: Yale University Press, 2017), David S. Abraham descreve as redes invisíveis de negociantes de metais raros nas cadeias de suprimento globais de eletrônicos: "Das minas até nossos *laptops*, a rede para obtenção de metais raros viaja por uma teia nebulosa de negociantes, processadores e fabricantes de componentes. Os negociantes são os intermediários que fazem mais do que apenas comprar e vender metais raros: eles ajudam a regular a informação e são o elo oculto que ajuda na navegação no interior da rede entre as fábricas de metais e os componentes dos computadores" (p. 89).

36 "Responsible Minerals Sourcing". Dell. Disponível em: <https://www.dell.com/learn/us/en/uscorp1/conflict-minerals?s=corp>. Acesso em: 5 ago. 2024.

37 Zhiyi Liu, "Chinese Mining Dump Could Hold Trillion-Dollar Rare Earth Deposit". *China Dialogue*, 14 dez. 2012. Disponível em: <https://www.chinadialogue.net/article/show/single/en/5495-Chinese-mining-dump-could-hold-trillion-dollar-rare-earth-deposit>. Acesso em: 5 ago. 2024.

38 "Bayan Obo Deposit, [...] Inner Mongolia, China." Mindat.org. Disponível em: <https://www.mindat.org/loc-720.html>. Acesso em: 5 ago. 2024.

39 Tim Maughan, "The Dystopian Lake Filled by the World's Tech Lust". *BBC Future*, 2 abr. 2015. Disponível em: <https://www.bbc.com/future/article/20150402-the-worst-place-on-earth>. Acesso em: 5 ago. 2024.

40 M. J. Hird, "Waste, Landfills, and an Environmental Ethics of Vulnerability". *Ethics and the Environment* 18, n. 1, 2013, p. 105. Disponível em: <https://www.doi.org/10.2979/ethicsenviro.18.1.105>. Acesso em: 5 ago. 2024.

41 David S. Abraham, *The Elements of Power*, *op. cit.*, p. 175.

42 *Ibid.*, p. 176.

43 Cam Simpson, "The Deadly Tin inside Your Smartphone". *Bloomberg*, 24 ago. 2012. Disponível em: <https://www.bloomberg.com/news/articles/2012-08-23/the-deadly-tin-inside-your-smartphone>. Acesso em: 5 ago. 2024.

44 Kate Hodal, "Death Metal: Tin Mining in Indonesia". *Guardian*, 23 nov. 2012. Disponível em: <https://www.theguardian.com/environment/2012/nov/23/tin-mining-indonesia-bangka>. Acesso em: 5 ago. 2024.

45 *Ibid.*

46 John Tully, "A Victorian Ecological Disaster: Imperialism, the Telegraph, and Gutta-Percha". *Journal of World History* 20, n. 4, 2009, pp. 559-79. Disponível em: <https://doi.org/10.1353/jwh.0.0088>. Acesso em: 5 ago. 2024.

47 Nicole Starosielski, *The Undersea Network*. Durham, NC: Duke University Press, 2015, p. 34.

48 Cf. Nick Couldry e Ulises A. Mejías, *The Costs of Connection: How Data Is Colonizing Human Life and Appropriating It for Capitalism*. Stanford, California: Stanford University Press, 2019, p. 46.

49 *Ibid.*, p. 574.

50 Para uma explicação soberba sobre a história dos cabos submarinos, cf. Nicole Starosielski, *The Undersea Network*, *op. cit.*

51 Theodora Dryer, *Designing Certainty: The Rise of Algorithmic Computing in*

an Age of Anxiety 1920-1970. Tese de doutorado, University of California, San Diego, 2019, p. 45.

52 *Ibid*., p. 46.

53 *Ibid*., pp. 266-8.

54 Mais pessoas estão agora chamando atenção para esse problema – incluindo os pesquisadores do AI Now Institute. Cf. Roel Dobbe e Meredith Whittaker, "AI and Climate Change: How They're Connected, and what We Can Do about It". *Medium* (blog), 17 out. 2019. Disponível em: <https://ainowinstitute.org/publication/ai-and-climate-change-how-theyre-connected-and-what-we-can-do-about-it>. Acesso em: 15 jan. 2025.

55 Cf., como exemplo de primeiros estudos nessa área, Nathan Ensmenger, "Computation, Materiality, and the Global Environment". *IEEE Annals of the History of Computing* 35, n. 3, 2013, p. 80. Disponível em: <https://www.doi.org/10.1109/MAHC.2013.33>. Acesso em: 5 ago. 2024.

56 Tung-Hui Hu, *A Prehistory of the Cloud*. Cambridge, Mass.: MIT Press, 2015, p. 146.

57 Nicola Jones, "How to Stop Data Centres from Gobbling Up the World's Electricity". *Nature*, 12 set. 2018. Disponível em: <https://www.nature.com/articles/d41586-018-06610-y>. Acesso em: 5 ago. 2024. Alguns progressos foram alcançados com práticas de maior eficiência energética para a mitigação dessas preocupações, mas desafios significativos de longo prazo ainda persistem. Eric Masanetet *et al*., "Recalibrating Global Data Center Energy-Use Estimates." *Science* 367, n. 6481, 2020, pp. 984-6.

58 L. Belkhir e A. Elmeligi, "Assessing ICT Global Emissions Footprint: Trends to 2040 and Recommendations". *Journal of Cleaner Production* 177, 2018, pp. 448-63; Anders A. E. Andrae e Tomas Edler, "On Global Electricity Usage of Communication Technology: Trends to 2030". *Challenges* 6, n. 1, 2015, pp. 117-57. Disponível em: <https://www.doi.org/10.3390/challe6010117>. Acesso em: 5 ago. 2024.

59 Emma Strubell, Ananya Ganesh e Andrew McCallum, "Energy and Policy Considerations for Deep Learning in NLP." *ArXiv:1906.02243 [Cs]*, 5 jun. 2019. Disponível em: <http://arxiv.org/abs/1906.02243>. Acesso em: 5 ago. 2024.

60 *Ibid.*

61 Rich Sutton, "The Bitter Lesson". 13 mar. 2019. Disponível em: <http://www.incomplete-ideas.net/IncIdeas/BitterLesson.html>. Acesso em: 15 jan. 2025.

62 "AI and Compute". *Open AI*, 16 maio 2018. Disponível em: <https://openai.com/blog/ai-and-compute/>. Acesso em: 5 ago. 2024.

63 Gary Cook *et al*., *Clicking Clean: Who Is Winning the Race to Build a Green Internet?* Washington, DC: Greenpeace, 2017. Disponível em: <https://www.greenpeace.de/publikationen/20170110_greenpeace_clicking_clean.pdf>. Acesso em: 5 ago. 2024.

64 Shirin Ghaffary, "More Than 1,000 Google Employees Signed a Letter Demanding the Company Reduce Its Carbon Emissions". *Recode*, 4 nov. 2019. Disponível em: <https://www.vox.com/recode/2019/11/4/20948200/google-em ployees-letter-demand-climate-change-fossil-fuels-carbon-emissions>. Acesso em: 5 ago. 2024. Cf. também Apple, "Apple Commits to Be 100 Percent Carbon Neutral for Its Supply Chain and Products by 2030", 21 jul. 2020. Disponível em: <https://www.apple.com/au/newsroom/2020/07/apple-commits-to-be-100-percent-carbon-neutral-

for-its-supply-chain-and-products-by-2030/>. Acesso em: 5 ago. 2024; Roger Harrabin, “Google Says Its Carbon Footprint Is Now Zero”. *BBC News*, 14 set. 2020. Disponível em: <https://www.bbc.com/news/technology-54141899>. Acesso em 5 ago. 2024; Brad Smith, “Microsoft Will Be Carbon Negative by 2030”. *Official Microsoft Blog* (blog), 20 jan. 2020. Disponível em: <https://blogs.microsoft.com/blog/2020/01/16/microsoft-will-be-carbon-negative-by-2030/>. Acesso em: 5 ago. 2024.

65 “Powering the Cloud: How China’s Internet Industry Can Shift to Renewable Energy”. Greenpeace, 9 set. 2019. Disponível em: <https://storage.googleapis.com/planet4-eastasia-stateless/2019/11/7bfe9069-7bfe9069-powering-the-cloud-_-english-briefing.pdf>. Acesso em: 5 ago. 2024.

66 *Ibid*.

67 *Ibid*.

68 Mél Hogan, “Data Flows and Water Woes: The Utah Data Center”. *Big Data and Society*, dez. 2015. Disponível em: <https://www.doi.org/10.1177/2053951715592429>. Acesso em: 5 ago. 2024.

69 “Off Now: How Your State Can Help Support the Fourth Amendment”. Off-Now.org. Disponível em: <https://s3.amazonaws.com/TAChandbooks/OffNow-Handbook.pdf>. Acesso em: 5 ago. 2024.

70 Nate Carlisle, “Shutting Off NSA’s Water Gains Support in Utah Legislature”. *Salt Lake Tribune*, 20 nov. 2014. Disponível em: <https://archive.sltrib.com/article.php?id=1845843&itype=CMSID>. Acesso em: 5 ago. 2024.

71 O conceito de materialidade é complexo e há uma extensa literatura que o confronta em áreas como ciência, tecnologia e sociedade, antropologia e estudos de mídia. Em certo sentido, a materialidade se refere ao que Leah Lievrouw descreve como “o caráter físico e a existência de objetos e artefatos que os tornam úteis e utilizáveis para certos propósitos sob condições específicas” – Lievrouw *apud* Tarleton Gillespie, Pablo J. Boczkowski e Kirsten A. Foot (orgs.), *Media Technologies: Essays on Communication, Materiality, and Society*. Cambridge, Mass.: MIT Press, 2014, p. 25. Mas, como afirmam Diana Coole e Samantha Frost, “a materialidade é sempre algo mais do que a ‘mera’ matéria: um excesso, uma força, uma vitalidade, uma racionalidade ou uma diferença que torna a matéria ativa, autocriativa, produtiva e improdutiva”. Diana Coole e Samantha Frost (orgs.), *New Materialisms: Ontology, Agency, and Politics*. Durham, NC: Duke University Press, 2012, p. 9.

72 United Nations Conference on Trade and Development, *Review of Maritime Transport, 2017*. Disponível em: <https://unctad.org/en/PublicationsLibrary/rmt2017en.pdf>. Acesso em: 5 ago. 2024.

73 Rose George, *Ninety Percent of Everything: Inside Shipping, the Invisible Industry that Puts Clothes on Your Back, Gas in Your Car, and Food on Your Plate*. New York: Metropolitan Books, 2013, p. 4.

74 Zoë Schlanger, “If Shipping Were a Country, It Would Be the Sixth-Biggest Greenhouse Gas Emitter”. *Quartz*, 17 abr. 2018. Disponível em: <https://qz.com/1253874/if-shipping-were-a-country-it-would-the-worlds-sixth-biggest-greenhouse-gas-emitter/>. Acesso em: 5 ago. 2024.

75 John Vidal, “Health Risks of Shipping Pollution Have Been ‘Underestimated’”. *Guardian*, 9 abr. 2009. Disponível em: <https://www.theguardian.com/environment/2009/

apr/09/shipping-pollution>. Acesso em: 5 ago. 2024.

76 "Containers Lost at Sea-2017 Update". *World Shipping Council*, 10 jul. 2017. Disponível em: <https://ratical.org/collapsologie/ContainersLostAtSea-2017Jul10.pdf>. Acesso em: 5 ago. 2024.

77 Guy Adams, "Lost at Sea: On the Trail of Moby-Duck". *Independent*, 27 fev. 2011. Disponível em: <https://www.independent.co.uk/environment/nature/lost-at-sea-on-the-trail-of-moby-duck-2226788.html>. Acesso em: 5 ago. 2024.

78 Lewis Mumford, *The Myth of the Machine. v. 1: Technics and Human Development*. New York: Harcourt Brace Jovanovich, 1967.

79 Mazen Labban, "Deterritorializing Extraction: Bioaccumulation and the Planetary Mine". *Annals of the Association of American Geographers* 104, n. 3, 2014, pp. 560-76. Disponível em: <https://www.jstor.org/stable/24537757>. Acesso em: 6 ago. 2024. Para uma expansão dessa ideia, cf. Martin Arboleda, *Planetary Mine: Territories of Extraction under Late Capitalism*. London: Verso, 2020.

80 Mike Ananny e Kate Crawford, "Seeing without Knowing", *op. cit.*

Trabalho

1 Mark Wilson, "Amazon and Target Race to Revolutionize the Cardboard Shipping Box". *Fast Company*, 6 maio 2019. Disponível em: <https://www.fastcompany.com/90342864/rethinking-the-cardboard-box-has-never-been-more-important-just-ask-amazon-and-target>. Acesso em: 6 ago. 2024.

2 Jessa Lingel e Kate Crawford, "Alexa, Tell Me about Your Mother: The History of the Secretary and the End of Secrecy". *Catalyst: Feminism, Theory, Technoscience* 6, n. 1, 2020. Disponível em: <https://catalystjournal.org/index.php/catalyst/article/view/29949>. Acesso em: 6 ago. 2024.

3 Silvia Federici, *Wages against Housework*. London: Power of Women Collective and Falling Walls Press, 1975, 6. ed. [ed. bras.: "Salários contra o trabalho doméstico". Em: *O ponto zero da revolução*. Trad. Coletivo Sycorax. São Paulo: Elefante, 2019, pp. 40-54]; Melissa Gregg, *Counterproductive: Time Management in the Knowledge Economy*. Durham, NC: Duke University Press, 2018.

4 Em *The Utopia of Rules: On Technology, Stupidity, and the Secret Joys of Bureaucracy* [A utopia das regras] (Brooklyn, NY: Melville House, 2015), David Graeber detalha o senso de perda vivido por trabalhadores de colarinho branco que agora precisam inserir dados nos sistemas de tomada de decisão que, na maioria dos ambientes de trabalho profissionais, substituíram equipes administrativas de apoio.

5 Adam Smith, *An Inquiry into the Nature and Causes of the Wealth of Nations*. Chicago: University of Chicago Press, 1976, pp. 4-5 [ed. bras.: *A riqueza das nações*. Trad. Luiz João Baraúna. São Paulo: Nova Cultural, 1996, pp. 66-7].

6 Karl Marx e Friedrich Engels, *The Marx-Engels Reader*, Robert C. Tucker (org.). New York: W. W. Norton, 1978, 2. ed. Marx expande a noção do trabalhador como "apêndice": "Na manufatura e no artesanato, o trabalhador se serve da ferramenta; na fábrica, ele serve à máquina. Lá, o movimento do meio de trabalho parte dele; aqui, ao contrário, é ele quem tem de acompanhar o movimento. Na manufatura, os trabalhadores constituem membros de um mecanismo vivo. Na fábrica, tem-se um mecanismo morto, independente deles e ao qual são incorporados como apêndices vivos", em Karl Marx, *Das Kapital: A Critique of Political Economy*. Chicago: H.

Regnery, 1959, p. 548-9 [ed. bras.: *O capital: crítica da economia política*. Lv. I: *O processo de produção do capital*. Trad. Rubens Enderle. 2. ed. São Paulo: Boitempo, 2017, p. 554].

7 Rosa Luxemburgo, "Practical Economies: Volume 2 of Marx's Capital", em Peter Hudis (org.), *The Complete Works of Rosa Luxemburg*. London: Verso, 2013, p. 444.

8 Edward P. Thompson, "Time, Work-Discipline, and Industrial Capitalism". *Past and Present, v.* 38, 1967, pp. 56-97 [ed. bras.: "Tempo, disciplina de trabalho e capitalismo industrial". Em: *Costumes em comum*. Trad. Rosaura Eichemberg. São Paulo: Companhia das Letras, 1998, pp. 267-304].

9 *Ibid.*, pp. 88-90 [ed. bras.: pp. 295-297].

10 Simon Werrett, "Potemkin and the Panopticon: Samuel Bentham and the Architecture of Absolutism in Eighteenth Century Russia". *Journal of Bentham Studies* 2, 1999, p. 6. Disponível em: <https://doi.org/10.14324/111.2045-757X.010>. Acesso em: 6 ago. 2024.

11 Cf., por exemplo, Carolyn C. Cooper, "The Portsmouth System of Manufacture". *Technology and Culture* 25, n. 2, 1984, pp. 182-225. Disponível em: <https://doi.org/10.2307/3104712>. Acesso em: 6 ago. 2024.

12 Michel Foucault, *Discipline and Punish: The Birth of the Prison*. New York: Vintage Books, 1995, 2. ed. [ed. bras.: *Vigiar e punir: nascimento da prisão*. Trad. Raquel Ramalhete. Petrópolis, RJ: Vozes, 2014, 42. ed.]; Emily Horne e Tim Maly, *The Inspection House: An Impertinent Field Guide to Modern Surveillance*. Toronto: Coach House Books, 2014.

13 Nicholas Mirzoeff, *The Right to Look: A Counterhistory of Visuality*. Durham, NC: Duke University Press, 2011, p. 58.

14 *Ibid.*, p. 55.

15 *Ibid.*, p. 56.

16 Mary Gray e Siddharth Suri, *Ghost Work*, *op. cit*.

17 Lilly Irani, "The Hidden Faces of Automation". *XRDS* 23, n. 2, 2016, pp. 34-7. Disponível em: <https://doi.org/10.1145/3014390>. Acesso em: 6 ago. 2024.

18 Li Yuan, "How Cheap Labor Drives China's A.I. Ambitions". *New York Times*, 25 nov. 2018. Disponível em: <https://www.nytimes.com/2018/11/25/business/china-artificial-intelligence-labeling.html>. Acesso em: 6 ago. 2024; Mary L. Gray e Siddharth Suri, "The Humans Working behind the AI Curtain". *Harvard Business Review*, 9 jan. 2017. Disponível em: <https://hbr.org/2017/01/the-humans-working-behind-the-ai-curtain>. Acesso em: 6 ago. 2024.

19 Janine Berg *et al.*, *Digital Labour Platforms and the Future of Work: Towards Decent Work in the Online World*. Geneva: International Labor Organization, 2018. Disponível em: <https://www.ilo.org/wcmsp5/groups/public/---dgreports/---dcomm/---publ/documents/publication/wcms_645337.pdf>. Acesso em: 6 ago. 2024.

20 Sarah T. Roberts, *Behind the Screen*, *op. cit.*; Tarleton Gillespie, *Custodians of the Internet: Platforms, Content Moderation, and the Hidden Decisions that Shape Social Media*. New Haven: Yale University Press, 2018, pp. 111-40.

21 M. S. Silberman *et al.*, "Responsible Research with Crowds: Pay Crowdworkers at Least Minimum Wage". *Communications of the ACM* 61, n. 3, 2018, pp. 39-41. Disponível em: <https://doi.org/10.1145/3180492>. Acesso em: 6 ago. 2024.

22 *Ibid.*

23 Ellen Huet, "The Humans Hiding

behind the Chatbots". *Bloomberg*, 18 abr. 2016. Disponível em: <https://www.bloomberg.com/news/articles/2016-04-18/the-humans-hiding-behind-the-chatbots>. Acesso em: 6 ago. 2024.

24 *Ibid.*

25 Cf. Jathan Sadowski, "Potemkin AI". *Real Life*, 6 ago. 2018.

26 Astra Taylor, "The Automation Charade". *Logic Magazine*, 1 ago. 2018. Disponível em: <https://logicmag.io/failure/the-automation-charade/>. Acesso em: 7 ago. 2024.

27 *Ibid.*

28 Mary Gray e Siddharth Suri, *Ghost Work*, *op. cit.*

29 Tom Standage, *The Turk: The Life and Times of the Famous Eighteenth-Century Chess-Playing Machine*. New York: Walker, 2002, p. 23.

30 *Ibid.*

31 Cf., por exemplo, Ayhan Aytes, "Return of the Crowds: Mechanical Turk and Neoliberal States of Exception", em: Trebor Scholz (org.), *Digital Labor: The Internet as Playground and Factory*. New York: Routledge, 2013, p. 80.

32 Lilly Irani, "Difference and Dependence among Digital Workers: The Case of Amazon Mechanical Turk". *South Atlantic Quarterly, v.* 114, n. 1, 2015, p. 225. Disponível em: <https://doi.org/10.1215/00382876-2831665>. Acesso em: 7 ago. 2024.

33 Jason Pontin, "Artificial Intelligence, with Help from the Humans". *New York Times*, 25 mar. 2007. Disponível em: <https://www.nytimes.com/2007/03/25/business/yourmoney/25Stream.html>. Acesso em: 7 ago. 2024.

34 Utilizadas sobretudo na indústria de vestuário, as *sweatshops* ("fábricas de suor", em tradução literal) são locais de exploração intensa, insalubre e perigosa de trabalhadores precarizados e muitas vezes mantidos em condição análoga à escravidão. [N.T.]

35 Luigi Federico Menabrea e Ada Lovelace, "Sketch of the Analytical Engine Invented by Charles Babbage". *Bibliothèque Universelle de Genève*, n. 82, out. 1842. Disponível em: <https://www.fourmilab.ch/babbage/sketch.html>. Acesso em: 7 ago. 2024.

36 Charles Babbage, *On the Economy of Machinery and Manufactures* [1832]. Cambridge: Cambridge University Press, 2010, pp. 39-43.

37 Babbage evidentemente desenvolveu um interesse por processos de controle de qualidade enquanto tentava (em vão) estabelecer uma cadeia de suprimentos confiável para os componentes de suas máquinas de calcular.

38 Simon Schaffer, "Babbage's Calculating Engines and the Factory System". *Réseaux: Communication-Technologie - Société* 4, n. 2, 1996, p. 280. Disponível em: <https://doi.org/10.3406/reso.1996.3315>. Acesso em: 7 ago. 2024.

39 Astra Taylor, *The People's Platform: Taking Back Power and Culture in the Digital Age*. London: Picador, 2015, p. 42.

40 Lawrence F. Katz e Alan B. Krueger, "The Rise and Nature of Alternative Work Arrangements in the United States, 1995-2015". *ILR Review* 72, n. 2, 2019, pp. 382-416.

41 Jan Rehmann, "Taylorism and Fordism in the Stockyards". Em: *Max Weber: Modernisation as Passive Revolution*. Leiden, Netherlands: Brill, 2015, p. 26.

42 Harry Braverman, *Labor and Monopoly Capital: The Degradation of Work in the Twentieth Century*. Edição comemorativa de 25 anos. New York: Monthly Review Press, 1998, pp. 56, 67 [ed. bras: *Trabalho e*

capital monopolista: a degradação do trabalho no século 20. Rio de Janeiro: Guanabara Koogan, 1974 pp. 78, 85-6]; Joshua Specht, *Red Meat Republic: A Hoof-to-Table History of How Beef Changed America*. Princeton, NJ: Princeton University Press, 2019.

43 Frederick Winslow Taylor, *The Principles of Scientific Management*. New York: Harper and Brothers, 1911 [ed. bras.: *Princípios da administração científica*. Trad. Arlindo Vieira Ramos. São Paulo: Atlas, 1990, 8. ed.].

44 Karl Marx, *The Poverty of Philosophy*. New York: Progress, 1955, p. 22 [ed. bras.: *Miséria da filosofia*. Trad. José Paulo Netto. São Paulo: Boitempo, 2017, p. 61].

45 Jack Qiu, Melissa Gregg e Kate Crawford, "Circuits of Labour: A Labour Theory of the iPhone Era". *Triplec: Communication, Capitalism and Critique* 12, n. 2, 2014. Disponível em: <https://doi.org/10.31269/triplec.v12i2.540>. Acesso em: 7 ago. 2024; Jack Qiu, *Goodbye iSlave: A Manifesto for Digital Abolition*. Urbana: University of Illinois Press, 2016.

46 John Markoff, "Pentagon Turns to Silicon Valley for Edge in Artificial Intelligence." *New York Times*, 11 maio 2016. Disponível em: <https://www.nytimes.com/2016/05/12/technology/artificial-intelligence-as-the-pentagons-latest-weapon.html>. Acesso em: 7 ago. 2024.

47 Emily Guendelsberger, *On the Clock: What Low-Wage Work Did to Me and How It Drives America Insane*. New York: Little, Brown, 2019, p. 22.

48 Steven Greenhouse, "McDonald's Workers File Wage Suits in 3 States". *New York Times*, 13 mar. 2014. Disponível em: <https://www.nytimes.com/2014/03/14/business/mcdonalds-workers-in-three-states-file-suits-claiming-underpayment.html>. Acesso em: 7 ago. 2024.

49 *Ibid.*

50 Claire Mayhew e Michael Quinlan, "Fordism in the Fast-Food Industry: Pervasive Management Control and Occupational Health and Safety Risks for Young Temporary Workers". *Sociology of Health and Illness*, 24, n. 3, 2002, pp. 261-84. Disponível em: <https://doi.org/10.1111/1467-9566.00294>. Acesso em: 7 ago. 2024.

51 Ifeoma Ajunwa, Kate Crawford e Jason Schultz, "Limitless Worker Surveillance." *California Law Review*, 105, n. 3, 2017, pp. 735-76. Disponível em: <https://doi.org/10.15779/z38br8mf94>. Acesso em: 7 ago. 2024.

52 Betsy Mikel, "WeWork Just Made a Disturbing Acquisition; It Raises a Lot of Flags about Workers' Privacy". *Inc.com*, 17 fev. 2019. Disponível em: <https://www.inc.com/betsy-mikel/wework-is-trying-a-creepy-new-strategy-it-just-might-signal-end-of-workplace-as-we-know-it.html>. Acesso em: 7 ago. 2024.

53 Arwa Mahdawi, "The Domino's 'Pizza Checker' Is Just the Beginning – Workplace Surveillance Is Coming for You". *Guardian*, 15 out. 2019. Disponível em: <https://www.theguardian.com/commentisfree/2019/oct/15/the-dominos-pizza-checker-is-just-the-beginning-workplace-surveillance-is-coming-for-you>. Acesso em: 7 ago. 2024.

54 Judy Wajcman, "How Silicon Valley Sets Time". *New Media and Society* 21, n. 6, 2019, pp. 1272-89. Disponível em: <https://doi.org/10.1177/1461444818820073>. Acesso em: 7 ago. 2024.

55 *Ibid.*, p. 1277.

56 Walter Gora, Ulrich Herzog e Satish Tripathi, "Clock Synchronization on the Factory Floor (FMS)." *IEEE Transactions on Industrial Electronics*, 35, n. 3, 1988, pp. 372-80. Disponível em: <https://doi.org/10.1109/41.3109>. Acesso em: 7 ago. 2024.

57 Ron Eglash, "Broken Metaphor: The Master-Slave Analogy in Technical Literature". *Technology and Culture*, 48, n. 2, 2007, p. 361. Disponível em: <https://doi.org/10.1353/tech.2007.0066>. Acesso em: 7 ago. 2024.

58 John Kemeny e Thomas Kurtz, "Dartmouth Timesharing". *Science, v.* 162, 1968, p. 223.

59 Ron Eglash, "Broken Metaphor", *op. cit.*, p. 364.

60 Eric Brewer, "Spanner, TrueTime and the CAP Theorem". *Infrastructure: Google*, 14 fev. 2017. Disponível em: <https://storage.googleapis.com/pub-tools-public-publication-data/pdf/45855.pdf>. Acesso em: 7 ago. 2024.

61 James C. Corbett *et al.*, "Spanner: Google's Globally-Distributed Database". *Proceedings of OSDI* 2012, 2012, p. 14, *apud* Brian House, "Synchronizing Uncertainty: Google's Spanner and Cartographic Time", em Helen Pritchard, Eric Snodgrass e Magda Tyżlik-Carver (orgs.), *Executing Practices*. London: Open Humanities Press, 2018, p. 124.

62 Peter Galison, *Einstein's Clocks, Poincaré's Maps: Empires of Time*. New York: W. W. Norton, 2003, p. 104.

63 *Ibid.*, p. 112.

64 Colette Colligan e Margaret Linley (orgs.), *Media, Technology, and Literature in the Nineteenth Century: Image, Sound, Touch*. Burlington, VT: Ashgate, 2011, p. 246.

65 James W. Carey, "Technology and Ideology: The Case of the Telegraph". *Prospects* 8, 1983, pp. 303-25. Disponível em: <https://doi.org/10.1017/S0361233300003793>. Acesso em: 7 ago. 2024 [ed. bras.: "Tecnologia e ideologia: o caso do telégrafo", em Arthur Ituassu, Everardo Rocha e Tatiana Siciliano (orgs.), *Comunicação como cultura: ensaios sobre mídia, tecnologia e sociedade*. São Paulo: Loyola; Rio de Janeiro: Ed. PUC-Rio, 2022, pp. 101-34].

66 *Ibid.*, p. 303-25 [ed. bras.: p. 120].

67 Isso contrasta com o que Foucault chamou de "microfísica do poder" para descrever como as instituições e os aparatos criam lógicas e formas de validação particulares. Michel Foucault, *Discipline and Punish*, *op. cit.*, p. 26 [ed. bras.: *Vigiar e punir*, *op. cit.*, pp. 30-1].

68 John Spargo, *Syndicalism, Industrial Unionism, and Socialism* [1913]. St. Petersburg, Fla.: Red and Black, 2009.

69 Conversa com a autora no centro de distribuição da Amazon em Robbinsville, Nova Jersey, 8 out. 2019.

70 Abdi Muse, "Organizing Tech". *AI Now 2019 Symposium*. AI Now Institute, 2019. Disponível em: <https://ainowinstitute.org/symposia/2019-symposium.html>. Acesso em: 15 jan. 2025.

71 Abdi Muse, em conversa com a autora, 2 out. 2019.

72 Lauren Kaori Gurley, "60 Amazon Workers Walked Out over Warehouse Working Conditions". *Vice* (blog), 3 out. 2019. Disponível em: <https://www.vice.com/en/article/60-amazon-workers-walked-out-over-warehouse-working-conditions/>. Acesso em: 8 ago. 2024.

73 Abdi Muse citado em *Organizing Tech*, vídeo, *AI Now Institute, 2019*. Disponível em: <https://www.youtube.com/watch?v=jLeOyIS1jwc&feature=emb_title>. Acesso em: 28 ago. 2024

74 Desai *apud ibidem*.

75 Sam Estreicher e Christopher Owens, "Labor Board Wrongly Rejects Employee Access to Company Email for Organizational Purposes". *Verdict*, 19 fev. 2020. Disponível em: <https://verdict.justia.com/2020/02/19/labor-board-wrongly-rejects-employee-

access-to-company-email-for-organizational-purposes>. Acesso em: 8 ago. 2024.

76 Essa observação provém de conversas com vários organizadores trabalhistas, trabalhadores de tecnologia e pesquisadores, incluindo Astra Taylor, Dan Greene, Bo Daley e Meredith Whittaker.

77 Dara Kerr, "Tech Workers Protest in SF to Keep Attention on Travel Ban". *CNET*, 13 fev. 2017. Disponível em: <https://www.cnet.com/tech/tech-industry/trump-immigration-ban-tech-workers-protest-no-ban-no-wall/>. Acesso em: 8 ago. 2024.

Dados

1 National Institute of Standards and Technology (NIST), "Special Database 32 – Multiple Encounter Dataset (MEDS)." Disponível em: <https://www.nist.gov/itl/iad/image-group/special-database-32-multiple-encounter-dataset-meds>. Acesso em: 8 ago. 2024.

2 Andrew Russell, *Open Standards and the Digital Age: History, Ideology, and Networks*. New York: Cambridge University Press, 2014.

3 Pesquisadores do NIST (na época, National Bureau of Standards, NBS) começaram a trabalhar na primeira versão do Sistema Automatizado de Identificação de Impressões Digitais do FBI no final dos anos 1960. Cf. Michael D. Garris e Charles L. Wilson, "NIST Biometrics Evaluations and Developments". *National Institute of Standards and Technology*, NISTIR 7204, fev. 2005, p. 1. Disponível em: <https://www.govinfo.gov/content/pkg/GOVPUB-C13-1ba4778e3b87bdd6ce660349317d3263/pdf/GOVPUB-C13-1ba4778e3b87bdd6ce660349317d3263.pdf>. Acesso em: 8 ago. 2024.

4 *Ibid.*

5 *Ibid.*, p. 12.

6 Allan Sekula, "The Body and the Archive". *October*, *v.* 39, 1986, p. 17. Disponível em: <https://doi.org/10.2307/778312>. Acesso em: 8 ago. 2024.

7 *Ibid.*, p. 18-9.

8 *Ibid.*, p. 17.

9 Cf., por exemplo, Patrick Grother *et al.*, "The 2017 IARPA Face Recognition Prize Challenge (FRPC)". *National Institute of Standards and Technology*, NISTIR 8197, nov. 2017. Disponível em: <https://nvlpubs.nist.gov/nistpubs/ir/2017/NIST.IR.8197.pdf>. Acesso em: 8 ago. 2024.

10 Cf., por exemplo, Ever AI, "Ever AI Leads All US Companies on NIST's Prestigious Facial Recognition Vendor Test." *GlobeNewswire*, 27 nov. 2018. Disponível em: <http://www.globenewswire.com/news-release/2018/11/27/1657221/0/en/Ever-AI-Leads-All-US-Companies-on-NIST-s-Prestigious-acial-Recognition-Vendor-Test.html>. Acesso em: 8 ago. 2024.

11 Andrew P. Founds *et al.*, "NIST Special Database 32: Multiple Encounter Dataset II (MEDS-II)." *National Institute of Standards and Technology*, NISTIR 7807, fev. 2011. Disponível em: <https://tsapps.nist.gov/publication/get_pdf.cfm?pub_id=908383>. Acesso em: 8 ago. 2024.

12 Steven Curry *et al.*, "NIST Special Database 32: Multiple Encounter Dataset I (MEDS-I)". *National Institute of Standards and Technology*, NISTIR 7679, dez. 2009, p. 8. Disponível em: <https://www.nist.gov/publications/nist-special-database-32-multiple-encounter-dataset-i-meds-i-data-description-document>. Acesso em: 8 ago. 2024.

13 Cf., por exemplo, Florian Jaton, "We Get the Algorithms of our Ground Truths: Designing

Referential Databases in Digital Image Processing". *Social Studies of Science*, v. 47, n. 6, 2017, pp. 811-40. Disponível em: <https://doi.org/10.1177/0306312717730428>. Acesso em: 8 ago. 2024.

14 Tipo de algoritmo de aprendizado de máquina supervisionado usado em Inteligência Artificial (IA) para classificar e prever resultados. Imagine uma árvore com vários ramos. Cada ramo representa uma decisão ou regra, e as folhas da árvore representam os resultados possíveis. [N.E.]

15 Nils J. Nilsson, *The Quest for Artificial Intelligence: A History of Ideas and Achievements*. New York: Cambridge University Press, 2009, p. 398.

16 "ImageNet Large Scale Visual Recognition Competition (ILSVRC)". ImageNet. Disponível em: <http://image-net.org/challenges/LSVRC/>. Acesso em: 8 ago. 2024.

17 No final dos anos 1970, Ryszard Michalski escreveu um algoritmo baseado em variáveis simbólicas e regras lógicas. Essa linguagem ficou popular nas décadas de 1980 e 1990, mas, conforme as regras de tomada de decisão e de qualificação foram ficando mais complexas, esse algoritmo se tornou menos utilizável. Nesse mesmo momento, o potencial de uso de conjuntos de treinamento vastos disparou uma transição entre essa forma mais conceitual de agrupamento e as abordagens de aprendizado de máquina contemporâneas. Ryszard S. Michalski, "Pattern Recognition as Rule-Guided Inductive Inference". *IEEE Transactions on Pattern Analysis Machine Intelligence* 2, n. 4, 1980, pp. 349-61. Disponível em: <https://doi.org/10.1109/TPAMI.1980.4767034>. Acesso em: 8 ago. 2024.

18 Vannevar Bush, "As We May Think". *Atlantic*, jul. 1945. Disponível em: <https://www.theatlantic.com/magazine/archive/1945/07/as-we-may-think/303881/>. Acesso em: 12 ago. 2024.

19 Jennifer S. Light, "When Computers Were Women". *Technology and Culture* 40, n. 3, 1999, pp. 455-83. Disponível em: <https://www.jstor.org/stable/25147356>. Acesso em: 12 ago. 2024; Mar Hicks, *Programmed Inequality: How Britain Discarded Women Technologists and Lost Its Edge in Computing*. Cambridge, Mass.: MIT Press, 2017.

20 Como descrito em Stuart J. Russell e Peter Norvig, *Artificial Intelligence*, *op. cit.*, p. 546 [ed. bras.: *Inteligência artificial*, *op. cit.*].

21 Xiaochang Li, *Divination Engines: A Media History of Text Prediction*. Tese de doutorado, New York University, 2017, p. 143.

22 *Ibid.*, p. 144.

23 Peter Brown e Robert Mercer, "Oh, Yes, Everything's Right on Schedule, Fred". Palestra "Vinte anos da Bitext Workshop", Empirical Methods in Natural Language Processing Conference, Seattle, Wash., out. 2013. Disponível em: <http://cs.jhu.edu/~post/bitext>. Acesso em: 15 jan. 2025.

24 Stanislaw Lem, "The First Sally (A), or Trurl's Electronic Bard". Em: *From Here to Forever*. v. 4: *The Road to Science Fiction*, James Gunn (org.). Lan-ham, Md.: Scarecrow, 2003, p. 199.

25 *Ibid.*

26 Peter Brown e Robert Mercer, "Oh, Yes, Everything's Right on Schedule, Fred", *op. cit.*

27 Mitchell P. Marcus, Mary Ann Marcinkiewicz e Beatrice Santorini, "Building a Large Annotated Corpus of English: The Penn Treebank". *Computational Linguistics*, v. 19, n. 2, 1993, pp. 313-30. Disponível em: <https://dl.acm.org/doi/abs/10.5555/972470.972475>. Acesso em: 12 ago. 2024.

28 Bryan Klimt e Yiming Yang, "The Enron Corpus: A New Dataset for Email Classification Research", em Jean-Francois Boulicat et al. (orgs.), *Machine Learning: ECML 2004*. Berlin: Springer, 2004, pp. 217-26.

29 Pat Wood III, William L. Massey e Nora Mead Brownell, "FERC Order Directing Release of Information". *Federal Energy Regulatory Commission*, 21 mar. 2003, p. 12. Disponível em: <https://www.caiso.com/Documents/FERCOrderDirectingRelease-InformationinDocketNos_PA02-2-000etal_Manipulation-ElectricandGasPrices.pdf>. Acesso em: 15 jan. 2025.

30 Nathan Heller, "What the Enron Emails Say about Us". *New Yorker*, 17 jul. 2017. Disponível em: <https://www.newyorker.com/magazine/2017/07/24/what-the-enron-e-mails-say-about-us>. Acesso em: 12 ago. 2024.

31 Janet M. Baker *et al.*, "Research Developments and Directions in Speech Recognition and Understanding, Part 1". *IEEE*, abr. 2009. Disponível em: <https://dspace.mit.edu/handle/1721.1/51891>. Acesso em: 12 ago. 2024.

32 Participei de trabalhos iniciais para enfrentar essa lacuna. Cf., p. ex., Timnit Gebru *et al.*, "Datasheets for Datasets." *ArXiv:1803.09010 [Cs]*, 23 mar. 2018. Disponível em: <http://arxiv.org/abs/1803.09010>. Acesso em: 12 ago. 2024. Outros pesquisadores também buscaram abordar esse problema em modelos de IA; cf. Margaret Mitchell *et al.*, "Model Cards for Model Reporting", em *FAT*'19: Proceedings of the Conference on Fairness, Accountability, and Transparency*, pp. 220-9. Atlanta: ACM Press, 2019. Disponível em: <https://doi.org/10.1145/3287560.3287596>. Acesso em: 12 ago. 2024; Inioluwa Deborah Raji e Joy Buolamwini, "Actionable Auditing: Investigating the Impact of Publicly Naming Biased Performance Results of Commercial AI Products", em *Proceedings of the 2019 AAAI/ACM Conference on AI, Ethics, and Society*, 2019, pp. 429-35.

33 P. Jonathon Phillips, Patrick J. Rauss e Sandor Z. Der, "FERET (Face Recognition Technology) Recognition Algorithm Development and Test Results". Adelphi, Md.: Army Research Laboratory, out. 1996, p. 9. Disponível em: <https://www.nist.gov/system/files/documents/2021/04/27/feret3.pdf>. Acesso em: 12 ago. 2024.

34 *Ibid.*, p. 61.

35 *Ibid.*, p. 12.

36 Cf. Salman Aslam, "Facebook by the Numbers (2019): Stats, Demographics & Fun Facts". *Omnicore*, 6 jan. 2020. Disponível em: <https://www.omnicoreagency.com/facebook-statistics/>. Acesso em: 12 ago. 2024; e "Advertising on Twitter." *Twitter for Business*. Disponível em: <https://business.twitter.com/en/Twitter-ads-signup.html>. Acesso em: 15 jan. 2025.

37 Fei-Fei Li citada em Dave Gershgorn, "Data that Transformed AI Research", *op. cit.*

38 Jia Deng *et al.*, "ImageNet: A Large-Scale Hierarchical Image Database". Em: *2009 IEEE Conference on Computer Vision and Pattern Recognition*, pp. 248-55. Disponível em: <https://doi.org/10.1109/CVPR.2009.5206848>. Acesso em: 12 ago. 2024.

39 Dave Gershgorn, "Data that Transformed AI Research", *op. cit.*

40 *Ibid.*

41 John Markoff, "Seeking a Better Way to Find Web Images". *New York Times*, 19 nov. 2012. Disponível em: <https://www.nytimes.com/2012/11/20/science/for-web-images-creating-new-technology-to-seek-and-find.html>. Acesso em: 12 ago. 2024.

42 Elizabeth Hernandez, "CU Colorado Springs Students Secretly Photographed for Government-Backed Facial-Recognition Research". *Denver Post*, 27 maio 2019. Disponível em: <https://www.denverpost.com/2019/05/27/cu-colorado-springs-facial-recognition-research/>. Acesso em: 13 ago. 2024.

43 Zhimeng Zhang *et al.*, "Multi-Target, Multi-Camera Tracking by Hierarchical Clustering: Recent Progress on DukeMTMC Project". *arXiv:1712.09531 [cs.cv]*, 27 dez. 2017. Disponível em: <https://arxiv.org/abs/1712.09531>. Acesso em: 13 ago. 2024.

44 Jake Satisky, "A Duke Study Recorded Thousands of Students' Faces; Now They're Being Used All over the World". *Chronicle*, 12 jun. 2019. Disponível em: <https://www.dukechronicle.com/article/2019/06/duke-university-facial-recognition-data-set-study-surveillance-video-students-china-uyghur>. Acesso em: 13 ago. 2024.

45 Adam Harvey e Jules LaPlace, "Brainwash Dataset". MegaPixels. Disponível em: <https://megapixels.cc/brainwash/>. Acesso em: 13 ago. 2024.

46 Melissa Locker, "Microsoft, Duke, and Stanford Quietly Delete Databases with Millions of Faces". *Fast Company*, 6 jun. 2019. Disponível em: <https://www.fastcompany.com/90360490/ms-celeb-microsoft-deletes-10m-faces-from-face-database>. Acesso em: 13 ago. 2024.

47 Madhumita Murgia e Max Harlow, "Who's Using Your Face? The Ugly Truth about Facial Recognition". *Financial Times*, 19 abr. 2019. Disponível em: <https://www.ft.com/content/cf19b956-60a2-11e9-b285-3acd5d43599e>. Acesso em: 13 ago. 2024. Quando o jornal *Financial Times* expôs o conteúdo desse conjunto de dados, a Microsoft o removeu da internet, e um porta-voz da empresa afirmou simplesmente que a remoção havia acontecido "porque o torneio de pesquisa terminou". *Melissa* Locker, "Microsoft, Duke, and Stanford Quietly Delete Databases", *op. cit.*

48 Lorenzo Franceschi-Bicchierai, "Redditor Cracks Anonymous Data Trove to Pinpoint Muslim Cab Drivers". *Mashable*, 28 jan. 2015. Disponível em: <https://mashable.com/2015/01/28/redditor-muslim-cab-drivers/>. Acesso em: 13 ago. 2024.

49 Anthony Tockar, "Riding with the Stars: Passenger Privacy in the NYC Taxi-cab Dataset", 15 set. 2014. Disponível em: <https://agkn.wordpress.com/2014/09/15/riding-with-the-stars-passenger-privacy-in-the-nyc-taxicab-dataset/>. Acesso em: 13 ago. 2024.

50 Kate Crawford e Jason Schultz, "Big Data and Due Process: Toward a Framework to Redress Predictive Privacy Harms". *Boston College Law Review* 55, n. 1, 2014. Disponível em: <https://papers.ssrn.com/sol3/papers.cfm?abstract_id=2325784>. Acesso em: 13 ago. 2024.

51 Lorenzo Franceschi-Bicchierai, "Redditor Cracks Anonymous Data Trove", *op. cit.*

52 Nils J. Nilsson, *Quest for Artificial Intelligence*, *op. cit.*, p. 495.

53 E, como Geoffrey Bowker nos lembra em uma passagem famosa, "dados brutos são tanto um oximoro quanto uma má ideia; eles deveriam, ao contrário, ser cozinhados com cuidado". Geoffrey C. Bowker, *Memory Practices in the Sciences*. Cambridge, Mass.: MIT Press, 2005, pp. 184-5.

54 Marion Fourcade e Kieran Healy, "Seeing Like a Market". *Socio-Economic Review* 15, n. 1, 2016, p. 13, grifo

nosso. Disponível em: <https://doi.org/10.1093/ser/mww033>. Acesso em: 13 ago. 2024.

55 John W. Meyer e Ronald L. Jepperson, "The 'Actors' of Modern Society: The Cultural Construction of Social Agency". *Sociological Theory* 18, n. 1, 2000, pp. 100-20. Disponível em: <https://doi.org/10.1111/0735-2751.00090>. Acesso em: 13 ago. 2024.

56 Lisa Gitelman (org.), "*Raw Data" Is an Oxymoron*. Cambridge, Mass.: MIT Press, 2013, p. 3.

57 Muitos estudiosos olharam atentamente para o trabalho realizado por essas metáforas. Os professores de estudos de mídias Cornelius Puschmann e Jean Burgess analisaram as metáforas de dados mais comuns e perceberam duas categorias generalizadas: dados "como uma força natural a ser controlada e [dados] como um recurso a ser consumido". Cornelius Puschmann e Jean Burgess, "Big Data, Big Questions: Metaphors of Big Data". *International Journal of Communication* 8, 2014, pp. 1690-709, "Resumo". Os pesquisadores Tim Hwang e Karen Levy sugerem que a descrição dos dados como "o novo petróleo" carrega conotações de algo caro de se adquirir, mas também sugere a possibilidade de "grandes retornos para aqueles com meios de extraí-los". Tim Hwang e Karen Levy, "'The Cloud' and other Dangerous Metaphors". *Atlantic*, 20 jan. 2015. Disponível em: <https://www.theatlantic.com/technology/archive/2015/01/the-cloud-and-other-dangerous-metaphors/384518/>. Acesso em: 13 ago. 2024.

58 Luke Stark e Anna Lauren Hoffmann, "Data Is the New what? Popular Metaphors and Professional Ethics in Emerging Data Culture"; *Journal of Cultural Analytics* 1, n. 1, 2019. Disponível em: <https://doi.org/10.22148/16.036>. Acesso em: 13 ago. 2024.

59 Os estudiosos de mídias Nick Couldry e Ulises Mejías chamam esse processo de "colonialismo de dados": ele se apoia nas práticas históricas e predatórias do colonialismo, mas está vinculado aos (e obscurecido pelos) métodos de computação contemporâneos. Contudo, como outros estudiosos mostraram, essa é uma terminologia de dois gumes, já que pode ocultar os danos reais e ainda em curso do colonialismo. Nick Couldry e Ulises Mejías, "Data Colonialism: Rethinking Big Data's Relation to the Contemporary Subject". *Television and New Media* 20, n. 4, 2019, pp. 336-49. Disponível em: <https://doi.org/10.1177/1527476418796632>. Acesso em: 13 ago. 2024; *idem*, *The Costs of Connection*, *op. cit.*; Maria Soledad Segura e Silvio Waisbord, "Between Data Capitalism and Data Citizenship", *Television & New Media*, v. 20, n. 4, 2019, pp. 412-9. Disponível em: <https://doi.org/10.1177/1527476419834519>. Acesso em: 13 ago. 2024.

60 Os autores se referem a essa forma de capital como "ubercapital". Marion Fourcade e Kieran Healy, "Seeing Like a Market", *op. cit.*, p. 19.

61 Jathan Sadowski, "When Data Is Capital: Datafication, Accumulation, and Extraction". *Big Data and Society, v.* 6, n. 1, 2019, p. 8. Disponível em: <https://doi.org/10.1177/2053951718820549>. Acesso em: 13 ago. 2024.

62 *Ibid.*, p. 9.

63 Aqui estou me valendo de uma história da revisão do uso de cobaias humanas e dos estudos de dados em larga escala de coautoria com Jake Metcalf. Cf. Jacob Metcalf e Kate Crawford, "Where Are Human Subjects in Big Data Research? The Emerging Ethics Divide". *Big Data and Society* 3, n. 1, 2016,

pp. 1-14. Disponível em: <https://doi.org/10.1177/2053951716650211>. Acesso em: 13 ago. 2024.

64 "Federal Policy for the Protection of Human Subjects". *Federal Register*, 8 set. 2015. Disponível em: <https://www.federalregister.gov/documents/2015/09/08/2015-21756/federal-policy-for-the-rotection-of-human-subjects>. Acesso em: 13 ago. 2024.

65 Cf. Jacob Metcalf e Kate Crawford, "Where Are Human Subjects in Big Data Research?", *op. cit.*

66 Sungyong Seo *et al.*, "Partially Generative Neural Networks for Gang Crime Classification with Partial Information". Em: *Proceedings of the 2018 AAAI/ACM Conferenceon AI, Ethics, and Society*, pp. 257-63. Disponível em: <https://doi.org/10.1145/3278721.3278758>. Acesso em: 13 ago. 2024. Jeffrey Brantingham, um dos autores, também é cofundador da controversa empresa de vigilância preditiva PredPol. Cf. Ali Winston e Ingrid Burrington, "A Pioneer in Predictive Policing Is Starting a Troubling New Project". *The Verge* (blog), 26 abr. 2018. Disponível em: <https://www.theverge.com/2018/4/26/17285058/predictive-policing-predpol-pentagon-ai-racial-bias>. Acesso em: 13 ago. 2024.

67 "The CalGang Criminal Intelligence System". Sacramento: California State Auditor, Report 2015-130, ago. 2016. Disponível em: <https://www.auditor.ca.gov/pdfs/reports/2015-130.pdf>. Acesso em: 13 ago. 2024.

68 Sara Libby, "Scathing Audit Bolsters Critics' Fears about Secretive State Gang Database". *Voice of San Diego*, 11 ago. 2016. Disponível em: <https://www.voiceofsandiego.org/topics/public-safety/scathing-audit-bolsters-critics-fears-secretive-state-gang-database/>. Acesso em: 13 ago. 2024.

69 Matthew Hutson, "Artificial Intelligence Could Identify Gang Crimes – and Ignite an Ethical Firestorm". *Science*, 28 fev. 2018. Disponível em: <https://www.sciencemag.org/news/2018/02/artificial-intelligence-could-identify-gang-crimes-and-ignite-ethical-firestorm>. Acesso em: 13 ago. 2024.

70 Anna Lauren Hoffmann, "Data Violence and How Bad Engineering Choices Can Damage Society". *Medium* (blog), 30 abr. 2018. Disponível em: <https://medium.com/s/story/data-violence-and-how-bad-engineering-choices-can-damage-society-39e44150e1d4>. Acesso em: 13 ago. 2024.

71 Joseph Weizenbaum, *Computer Power and Human Reason*, *op. cit.*, p. 266.

72 *Ibid.*, p. 275-6.

73 *Ibid.*, p. 276.

74 Para mais informações sobre a história da extração de dados e ideias de comunidades marginalizadas, cf. Sasha Costanza-Chock, *Design Justice: Community-Led Practices to Build the Worlds We Need*. Cambridge, Mass.: MIT Press, 2020; e Catherine D'Ignazio e Lauren F. Klein, *Data Feminism*. Cambridge, Mass.: MIT Press, 2020.

75 Timothy Revell, "Google DeepMind's NHS Data Deal 'Failed to Comply' with Law". *New Scientist*, 3 jul. 2017. Disponível em: <https://www.newscientist.com/article/2139395-google-deepminds-nhs-data-deal-failed-to-comply-with-law/>. Acesso em: 13 ago. 2024.

76 "Royal Free – Google DeepMind Trial Failed to Comply with Data Protection Law". *Information Commissioner's Office*, 3 jul. 2017. Disponível em: <https://www.pslhub.org/learn/investigations-risk-management-and-legal-issues/investigations-and-complaints/investigation-reports/

other-reports-and-enquiries/ico-royal-free-%E2%80%93-google-deepmind-trial-failed-to-comply-with-data-protection-law-july-2017-r869/>. Acesso em: 13 ago. 2024.

Classificação

1 Ann Fabian, *The Skull Collectors: Race, Science, and America's Unburied Dead*. Chicago: University of Chicago Press, 2010.

2 Stephen Jay Gould, *The Mismeasure of Man*. New York: w. w. Norton, 1996, edição revista e ampliada, p. 83 [ed. bras.: *A falsa medida do homem*. Trad. Válter Lellis Siqueira. São Paulo: Martins Fontes, 1991, pp. 39-40].

3 Elizabeth Kolbert, "There's No Scientific Basis for Race–It's a Made-Up Label". *National Geographic*, 12 mar. 2018. Disponível em: <https://www.nationalgeographic.com/magazine/2018/04/race-genetics-science-africa/>. Acesso em: 13 ago. 2024.

4 Terence D. Keel, "Religion, Polygenism and the Early Science of Human Origins". *History of the Human Sciences* 26, n. 2, 2013, pp. 3-32. Disponível em: <https://doi.org/10.1177/0952695113482916>. Acesso em: 13 ago. 2024.

5 David Hurst Thomas, *Skull Wars: Kennewick Man, Archaeology, and the Battle for Native American Identity*. New York: Basic Books, 2002.

6 *Ibid*., p. 85.

7 Ibram X. Kendi, "A History of Race and Racism in America, in 24 Chapters". *New York Times*, 22 fev. 2017. Disponível em: <https://www.nytimes.com/2017/02/22/books/review/a-history-of-race-and-racism-in-america-in-24-chapters.html>. Acesso em: 13 ago. 2024.

8 Stephen Jay Gould, *The Mismeasure of Man*, *op. cit*., p. 88 [ed. bras.: *A falsa medida do homem*, *op. cit*., p. 43].

9 Paul Wolff Mitchell, "The Fault in His Seeds: Lost Notes to the Case of Bias in Samuel George Morton's Cranial Race Science". *PLOS Biology*, 16, n. 10, 2018, e2007008. Disponível em: <https://doi.org/10.1371/journal.pbio.2007008>. Acesso em: 14 ago. 2024.

10 Alexandra Horowitz, "Why Brain Size Doesn't Correlate with Intelligence". *Smithsonian*, dez. 2013. Disponível em: <https://www.smithsonianmag.com/science-nature/why-brain-size-doesnt-correlate-with-intelligence-180947627/>. Acesso em: 14 ago. 2024.

11 Paul Wolff Mitchell, "Fault in His Seeds", *op. cit*.

12 Stephen Jay Gould, The *Mismeasure of Man*, *op. cit*., p. 58 [ed. bras.: *A falsa medida do homem*, *op. cit*., pp. 9, 344].

13 Cornel West, "A Genealogy of Modern Racism", em Philomena Essed e David Theo Goldberg (orgs.), *Race Critical Theories: Text and Context*. Malden, Mass.: Blackwell, 2002, p. 91.

14 Teryn Bouche e Laura Rivard, "America's Hidden History: The Eugenics Movement". *Scitable*, 18 set. 2014. Disponível em: <https://www.nature.com/scitable/forums/genetics-generation/america-s-hidden-history-the-eugenics-movement-123919444/>. Acesso em: 14 ago. 2024.

15 Geoffrey C. Bowker e Susan Leigh Star, *Sorting Things Out: Classification and Its Consequences*. Cambridge, Mass.: MIT Press, 1999, p. 319.

16 *Ibid*.

17 Evelina Nedlund, "Apple Card Is Accused of Gender Bias; Here's How that Can Happen". *CNN*, 12 nov. 2019. Disponível em: <https://edition.cnn.com/2019/11/12/business/apple-card-

gender-bias/index.html>. Acesso em: 14 ago. 2024; Julia Angwin *et al.*, "Machine Bias". *ProPublica*, 23 maio 2016. Disponível em: <https://www.propublica.org/article/machine-bias-risk-assessments-in-criminal-sentencing>. Acesso em: 14 ago. 2024; *ibid.*, "Dozens of Companies Are Using Facebook to Exclude Older Workers from Job Ads". *ProPublica*, 20 dez. 2017. Disponível em: <https://www.propublica.org/article/facebook-ads-age-discrimination-targeting>. Acesso em: 14 ago. 2024.

18 Conor Dougherty, "Google Photos Mistakenly Labels Black People 'Gorillas'". *Bits Blog* (blog), 1 jul. 2015. Disponível em: <https://bits.blogs.nytimes.com/2015/07/01/google-photos-mistakenly-labels-black-people-gorillas/>. Acesso em: 14 ago. 2024; Sarah Perez, "Microsoft Silences Its New A.I. Bot Tay, after Twitter Users Teach It Racism [Updated]". *TechCrunch* (blog), 24 mar. 2016. Disponível em: <https://techcrunch.com/2016/03/24/microsoft-silences-its-new-a-i-bot-tay-after-twitter-users-teach-it-racism/>. Acesso em: 14 ago. 2024; Graeme McMillan, "It's Not You, It's It: Voice Recognition Doesn't Recognize Women". *Time*, 1 jun. 2011. Disponível em: <http://techland.time.com/2011/06/01/its-not-you-its-it-voice-recognition-doesnt-recognize-women/>. Acesso em: 14 ago. 2024; Garett Sloane, "Online Ads for High-Paying Jobs Are Targeting Men More than Women". *AdWeek* (blog), 7 jul. 2015. Disponível em: <https://www.adweek.com/digital/seemingly-sexist-ad-targeting-offers-more-men-women-high-paying-executive-jobs-165782/>. Acesso em: 14 ago. 2024.

19 Cf. Ruha Benjamin, *Race after Technology: Abolitionist Tools for the New Jim Code*. Cambridge: Polity, 2019; e Safiya Umoja Noble, *Algorithms of Oppression: How Search Engines Reinforce Racism*. New York: NYU Press, 2018.

20 Tristan Greene, "Science May Have Cured Biased AI". *The Next Web*, 26 out. 2017. Disponível em: <https://thenextweb.com/artificial-intelligence/2017/10/26/scientists-may-have-just-created-the-cure-for-biased-ai/>. Acesso em: 14 ago. 2024; Prem Natarajan, "Amazon and NSF Collaborate to Accelerate Fairness in AI Research". *Alexa Blogs* (blog), 25 mar. 2019. Disponível em: <https://developer.amazon.com/en-US/blogs/alexa/post/d9a995d4-943a-456b-9527-848f437b1a8c/amazon-and-nsf-collaborate-to-accelerate-fairness-in-ai-researc>. Acesso em: 14 ago. 2024.

21 Jeffrey Dastin, "Amazon Scraps Secret AI Recruiting Tool that Showed Bias against Women". *Reuters*, 10 out. 2018. Disponível em: <https://www.reuters.com/article/us-amazon-com-jobs-automation-insight-idUSKCN1MK08G>. Acesso em: 14 ago. 2024.

22 *Ibid.*

23 Isso é parte de uma tendência mais ampla à automação de aspectos da contratação. Para uma abordagem detalhada, cf. Ifeoma Ajunwa e Daniel Greene, "Platforms at Work: Automated Hiring Platforms and other New Intermediaries in the Organization of Work", em Steven P. Vallas e Anne Kovalainen (orgs.), *Work and Labor in the Digital Age*. Bingley, Reino Unido: Emerald, 2019, pp. 66-91.

24 Há vários relatos soberbos sobre a história da desigualdade e da discriminação na computação. Eis aqui alguns que influenciaram meu pensamento quanto a essas questões: Mar Hicks, *Programmed Inequality*, *op. cit.*; Charlton McIlwain, *Black Software: The Internet and Racial Justice, from the AfroNet to Black Lives*

Matter. New York: Oxford University Press, 2019; Jennifer S. Light, "When Computers Were Women", *op. cit.*; e Nathan Ensmenger, *The Computer Boys Take Over: Computers, Programmers, and the Politics of Technical Expertise.* Cambridge, Mass.: MIT Press, 2010.

25 Karin Knorr Cetina, *Epistemic Cultures*, *op. cit.*, p. 3.

26 Michele Merler *et al.*, "Diversity in Faces", ArXiv:1901.10436 [Cs], 8 abr. 2019. Disponível em: <https://arxiv.org/abs/1901.10436>. Acesso em: 14 ago. 2024.

27 Joy Buolamwini e Timnit Gebru, "Gender Shades: Intersectional Accuracy Disparities in Commercial Gender Classification". *Proceedings of the First Conference on Fairness, Accountability and Transparency*, PLMR, 81, 2018, pp. 77-91. Disponível em: <http://proceedings.mlr.press/v81/buolamwini18a.html>. Acesso em: 14 ago. 2024; Inioluwa Deborah Raji *et al.*, "Saving Face: Investigating the Ethical Concerns of Facial Recognition Auditing". Em: *Proceedings of the AAAI/ACM Conference on AI, Ethics, and Society*, 2020, pp. 145-51.

28 Michele Merler *et al.*, "Diversity in Faces", *op. cit.*

29 "YFCC100M Core Dataset". *Multimedia Commons Initiative*, 4 dez. 2015. Disponível em: <https://multimediacommons.wordpress.com/yfcc100m-core-dataset/>. Acesso em: 14 ago. 2024.

30 Michele Merler *et al.*, "Diversity in Faces", *op. cit.*, p. 1.

31 Há muitos livros excelentes sobre esses temas, mas, em particular, cf. Dorothy Roberts, *Fatal Invention: How Science, Politics, and Big Business Re-Create Race in the Twenty-First Century.* New York: New Press, 2011, pp. 18-41; e Alondra Nelson, *The Social Life of DNA: Race, Reparations, and Reconciliation after the Genome.* Boston: Beacon, 2016, p. 43. Cf. também Sarah A. Tishkoff e Kenneth K. Kidd, "Implications of Biogeography of Human Populations for 'Race' and Medicine". *Nature Genetics* 36, n. 11, 2004, pp. S21-S27. Disponível em: <https://doi.org/10.1038/ng1438>. Acesso em: 14 ago. 2024.

32 Simone Browne, "Digital Epidermalization: Race, Identity and Biometrics". *Critical Sociology* 36, n. 1, jan. 2010, p. 135.

33 Sebastian Benthall e Bruce D. Haynes, "Racial Categories in Machine Learning". Em: *FAT*'19: Proceedings of the Conference on Fairness, Accountability, and Transparency, pp.* 289-98. New York: ACM Press, 2019. Disponível em: <https://dl.acm.org/doi/10.1145/3287560.3287575>. Acesso em: 14 ago. 2024.

34 Tom M. Mitchell, "The Need for Biases in Learning Generalizations". Artigo de trabalho, Rutgers University, maio 1980.

35 Thomas Dietterich e Eun Bae Kong, "Machine Learning Bias, Statistical Bias, and Statistical Variance of Decision Tree Algorithms". Artigo não publicado, Oregon State University, 1995. Disponível em: <http://citeseerx.ist.psu.edu/viewdoc/summary?doi=10.1.1.38.2702>. Acesso em: 14 ago. 2024.

36 Pedro Domingos, "A Few Useful Things to Know about Machine Learning". *Communications of the ACM* 55, n. 10, 2012, p. 78. Disponível em: <https://doi.org/10.1145/2347736.2347755>. Acesso em: 14 ago. 2024.

37 *Maddox v. State*, 32 Ga. 5S7, 79 Am. Dec. 307; *Pierson v. State*, 18 Tex. App. 55S; *Hinkle v. State*, 94 Ga. 595, 21 S. E. 601.

38 Amos Tversky e Daniel Kahneman, "Judgment under Uncertainty: Heuristics and Biases". *Science*, 185, 1974, pp. 1.124-31. Disponível

em: <https://doi.org/10.1126/science.185.4157.1124>. Acesso em: 14 ago. 2024.

39 Anthony G. Greenwald e Linda Hamilton Krieger, "Implicit Bias: Scientific Foundations." *California Law Review* 94, n. 4, 2006, p. 951. Disponível em: <https://doi.org/10.2307/20439056>. Acesso em: 14 ago. 2024.

40 Christiane Fellbaum (org.), *WordNet: An Electronic Lexical Database*. Cambridge, Mass.: MIT Press, 1998, p. XVIII. Abaixo, eu me valerei da pesquisa sobre o ImageNet conduzida por Trevor Paglen. Cf. Kate Crawford e Trevor Paglen, "Excavating AI: the Politics of Images in Machine Learning Training Sets". *AI & Society*, v. 36, 2021, pp. 1.105-16. Disponível em: <https://doi.org/10.1007/s00146-021-01162-8>. Acesso em: 14 ago. 2024.

41 *Ibid.*, p. XIX.

42 Francis W. Nelson e Henry Kucera, *Brown Corpus Manual: Manual of Information to Accompany a Standard Corpus of Present-Day Edited American English for Use with Digital Computers*. Providence, RI: Brown University, 1979. Disponível em: <http://icame.uib.no/brown/bcm.html>. Acesso em: 14 ago. 2024.

43 Jorge Luis Borges, "John Wilkins' Analytical Language". Em: *Borges: Selected Non-Fictions*. New York: Penguin Books, 2000 [ed. bras.: "O idioma analítico de John Wilkins", em *Outras inquisições*. Trad. Davi Arrigucci Jr. São Paulo: Companhia das Letras, 2007, pp. 121-6].

44 Essas são algumas das categorias que, neste momento (1 out. 2020), foram completamente apagadas do ImageNet.

45 Cf. Os Keyes, "The Misgendering Machines: Trans/HCI Implications of Automatic Gender Recognition". Em: *Proceedings of the ACM on Human-Computer Interaction* 2, edição CSCW, 2018, art. 88. Disponível em: <https://doi.org/10.1145/3274357>. Acesso em: 14 ago. 2024.

46 Jack Drescher, "Out of DSM: Depathologizing Homosexuality". *Behavioral Sciences* 5, n. 4, 2015, pp. 565-75. Disponível em: <https://doi.org/10.3390/bs5040565>. Acesso em: 14 ago. 2024.

47 Cf. Ronald Bayer, *Homosexuality and American Psychiatry: The Politics of Diagnosis*. Princeton, NJ.: Princeton University Press, 1987.

48 Os Keyes, "The Misgendering Machines", *op. cit.*

49 Ian Hacking, "Making Up People." *London Review of Books*, 17 ago. 2006, p. 23.

50 Geoffrey Bowker e Susan Leigh Star, *Sorting Things Out*, *op. cit.*, p. 196.

51 Essa ideia é desenvolvida a partir de George Lakoff, *Women, Fire, and Dangerous Things: What Categories Reveal about the Mind*. Chicago: University of Chicago Press, 1987.

52 A ImageNet Roulette foi um dos resultados de uma pesquisa colaborativa de vários anos entre mim e o artista Trevor Paglen. Nessa pesquisa, estudamos a lógica subjacente de múltiplos conjuntos de treinamento de referência para IA. Liderada por Paglen e produzida por Leif Ryge, a ImageNet Roulette era um aplicativo que permitia que as pessoas interagissem com uma rede neural treinada na categoria "Pessoa" do ImageNet. Os usuários podiam enviar imagens de si mesmos – ou de artigos de jornal ou fotografias históricas – para ver como o ImageNet as rotularia. As pessoas também conseguiam ver quantos dos rótulos eram bizarros, racistas, misóginos ou problemáticos de algum outro modo. O aplicativo foi projetado para mostrar aos usuários esses rótulos preocupantes

enquanto os alertava de antemão quanto aos resultados potenciais. Todos os dados de imagens enviadas eram imediatamente deletados durante o processamento. Cf. Kate Crawford e Trevor Paglen, "Excavating AI", *op. cit.*

53 Kaiyu Yang *et al.*, "Towards Fairer Datasets: Filtering and Balancing the Distribution of the People Subtree in the ImageNet Hierarchy". Em: *FAT*'20: Proceedings of the 2020 Conference on Fairness, Accountability, and Transparency*, pp. 547-58. New York: ACM Press, 2020, parágrafo 4.2. Disponível em: <https://dl.acm.org/doi/proceedings/10.1145/3351095>. Acesso em: 15 ago. 2024.

54 *Ibid.*, parágrafo 4.3.

55 John Markoff, "Seeking a Better Way to Find Web Images", *op. cit.*

56 Simone Browne, *Dark Matters: On the Surveillance of Blackness*. Durham, NC: Duke University Press, 2015, p. 114.

57 Morgan Klaus Scheuerman *et al.*, "How We've Taught Algorithms to See Identity: Constructing Race and Gender in Image Databases for Facial Analysis". *Proceedings of the ACM on Human-Computer Interaction* 4, edição CSCW1, 2020, pp. 1-35. Disponível em: <https://doi.org/10.1145/3392866>. Acesso em: 15 ago. 2024.

58 UTKFace. "Large Scale Face Dataset". *UTKFace*. Disponível em: <https://susanqq.github.io/UTKFace>. Acesso em: 15 ago. 2024.

59 Geoffrey C. Bowker e Susan Leigh Star, *Sorting Things Out*, *op. cit.*, p. 197.

60 *Ibid.*, p. 198.

61 Paul N. Edwards e Gabrielle Hecht, "History and the Technopolitics of Identity: The Case of Apartheid South Africa". *Journal of Southern African Studies* 36, n. 3, 2010, p. 627. Disponível em: <https://doi.org/10.1080/03057070.2010.507568>. Acesso em: 15 ago. 2024.

62 Donna J. Haraway, *Modest_Witness@Second_Millennium.FemaleMan_ Meets_OncoMouse: Feminism and Technoscience*. New York: Routledge, 1997, p. 234.

63 Luke Stark, "Facial Recognition Is the Plutonium of AI." *XRDS: Crossroads, The ACM Magazine for Students* 25, n. 3, 2019, p. 53. Disponível em: <https://doi.org/10.1145/3313129>. Acesso em: 15 ago. 2024.

64 Na ordem dos exemplos, cf. Yilun Wang e Michal Kosinski, "Deep Neural Networks *Are* More Accurate than Humans at Detecting Sexual Orientation from Facial Images". *Journal of Personality and Social Psychology* 114, n. 2, 2018, pp. 246-57. Disponível em: <https://doi.org/10.1037/pspa0000098>. Acesso em: 15 ago. 2024; Xiaolin Wu e Xi Zhang, "Automated Inference on Criminality Using Face Images". *arXiv:1611.04135v1 [cs.CV]*, 13 nov. 2016. Disponível em: <https://arxiv.org/abs/1611.04135v1>. Acesso em: 15 ago. 2024; e Julia Angwin *et al.*, "Machine Bias", *op. cit.*

65 Blaise Agüera y Arcas, Margaret Mitchell e Alexander Todorov, "Physiognomy's New Clothes". *Medium: Artificial Intelligence* (blog), 7 maio 2017. Disponível em: <https://medium.com/@blaisea/physiognomys-new-clothes-f2d4b59fdd6a>. Acesso em: 15 ago. 2024.

66 Kim E. Nielsen, *A Disability History of the United States*. Boston: Beacon, 2012; Alison Kafer, *Feminist, Queer, Crip*. Bloomington: Indiana University Press, 2013; Tobin Siebers, *Disability Theory*. Ann Arbor: University of Michigan Press, 2008.

67 Meredith Whittaker *et al.*, "Disability, Bias, and AI". AI Now Institute, nov. 2019. Disponível em: <https://ainowinstitute.org/publication/disabilitybiasai-2019>. Acesso em: 15 ago. 2024.

68 Ian Hacking, "Kinds of People:

Moving Targets". *Proceedings of the British Academy* 151, 2007, p. 289.

69 Geoffrey C. Bowker e Susan Leigh Star, *Sorting Things Out*, *op. cit.*, p. 31.

70 *Ibid.*, p. 6.

71 Umberto Eco, *The Infinity of Lists: An Illustrated Essay*. Trad. Alastair McEwen. New York: Rizzoli, 2009 [ed. bras.: *A vertigem das listas*. Trad. Eliana Aguiar. Rio de Janeiro: Record, 2010].

72 Frederick Douglass, "West India Emancipation." Discurso proferido em Canandaigua, NY, 4 ago. 1857. Disponível em: <https://rbscp.lib.rochester.edu/4398>. Acesso em: 15 ago. 2024.

Afetos

1 Um agradecimento especial a Alex Campolo, que foi meu assistente de pesquisa e interlocutor para este capítulo, e por sua pesquisa sobre Paul Ekman e a história das emoções.

2 "Emotion Detection and Recognition", *op. cit.*; Oscar Schwartz, "Don't Look Now: Why You Should Be Worried about Machines Reading Your Emotions". *Guardian*, 6 mar. 2019. Disponível em: <https://www.theguardian.com/technology/2019/mar/06/facial-recognition-software-emotional-science>. Acesso em: 15 ago. 2024.

3 Miyoko Ohtake, "Psychologist Paul Ekman Delights at Exploratorium". *Wired*, 28 jan. 2008. Disponível em: <https://www.wired.com/2008/01/psychologist-pa/>. Acesso em: 15 ago. 2024.

4 Paul Ekman, *Emotions Revealed: Recognizing Faces and Feelings to Improve Communication and Emotional Life*. New York: Times Books, 2003, p. 7.

5 Para uma visão geral dos pesquisadores que encontraram falhas na afirmação de que as expressões emocionais são universais e podem ser previstas por IA, cf. Douglas Heaven, "Why Faces Don't Always Tell the Truth about Feelings". *Nature*, 26 fev. 2020. Disponível em: <https://www.nature.com/articles/d41586-020-00507-5>. Acesso em: 15 ago. 2024.

6 Lisa Feldman Barrett *et al.*, "Emotional Expressions Reconsidered: Challenges to Inferring Emotion from Human Facial Movements". *Psychological Science in the Public Interest* 20, n. 1, 2019, pp. 1-68. Disponível em: <https://doi.org/10.1177/1529100619832930>. Acesso em: 15 ago. 2024.

7 Patricia Nilsson, "How AI Helps Recruiters Track Jobseekers' Emotions". *Financial Times*, 28 fev. 2018. Disponível em: <https://www.ft.com/content/e2e85644-05be-11e8-9650-9c0ad2d7c5b5>. Acesso em: 15 ago. 2024.

8 Javier Sánchez-Monedero e Lina Dencik, "The Datafication of the Workplace". Artigo de trabalho, Data Justice Lab, Cardiff University, 9 maio 2019, p. 48. Disponível em: <https://datajusticeproject.net/wp-content/uploads/2019/05/Report-The-datafication-of-the-workplace.pdf>. Acesso em: 15 ago. 2024; Drew Harwell, "A Face-Scanning Algorithm Increasingly Decides Whether You Deserve the Job". *Washington Post*, 7 nov. 2019. Disponível em: <https://www.washingtonpost.com/technology/2019/10/22/ai-hiring-face-scanning-algorithm-increasingly-decides-whether-you-deserve-job/>. Acesso em: 15 ago. 2024.

9 Sam Byford, "Apple Buys Emotient, a Company that Uses AI to Read Emotions". *The Verge*, 7 jan. 2016. Disponível em: <https://www.theverge.com/2016/1/7/10731232/apple-emotient-ai-startup-acquisition>. Acesso em: 15 ago. 2024.

10 Phillip Molnar, Gary Robbins e David Pierson, "Cutting Edge: Apple's Purchase of Emotient Fuels Artificial Intelligence Boom in Silicon Valley". *Los Angeles Times*, 17 jan. 2016. Disponível em: <https://www.latimes.com/business/technology/la-fi-cutting-edge-facial-recognition-20160117-story.html>. Acesso em: 15 ago. 2024.

11 Rosalind Picard, "Affective Computing Group". MIT Media Lab. Disponível em: <https://affect.media.mit.edu/>. Acesso em: 15 ago. 2024.

12 "Affectiva Human Perception AI Analyzes Complex Human States." *Affectiva*. Disponível em: <https://www.affectiva.com/>. Acesso em: 15 ago. 2024.

13 Schwartz, "Don't Look Now", *op. cit.*

14 Cf., por exemplo, Patricia Nilsson, "How AI Helps Recruiters", *op. cit.*

15 "Face: An AI Service that Analyzes Faces in Images". Microsoft Azure. Disponível em: <https://azure.microsoft.com/en-us/services/cognitive-services/face/>. Acesso em: 15 ago. 2024.

16 "Amazon Rekognition Improves Face Analysis." *Amazon Web Services*, 12 ago. 2019. Disponível em: <https://aws.amazon.com/about-aws/whats-new/2019/08/amazon-rekognition-improves-face-analysis/>. Acesso em: 15 ago. 2024; "Amazon Rekognition – Video and Image – AWS". *Amazon Web Services*. Disponível em: <https://aws.amazon.com/rekognition/>. Acesso em: 15 ago. 2024.

17 Lisa Feldman Barrett *et al.*, "Emotional Expressions Reconsidered", *op. cit.*, p. 1.

18 Eve Kosofsky Sedgwick, Adam Frank e Irving E. Alexander (orgs.), *Shame and Its Sisters: A Silvan Tomkins Reader*. Durham, NC: Duke University Press, 1995, p. 258.

19 Silvan S. Tomkins, *Affect, Imagery, Consciousness: The Complete Edition*. New York: Springer, 2008.

20 *Ibid.*

21 Ruth Leys, *The Ascent of Affect: Genealogy and Critique*. Chicago: University of Chicago Press, 2017, p. 18.

22 Silvan S. Tomkins, *Affect, Imagery, Consciousness*, *op. cit.* p. 23.

23 *Ibid.*

24 *Ibid.*

25 Para Ruth Leys, essa "associação radical entre sentimentos e cognição" é a principal razão para a atração exercida sobre as humanidades, e mais notavelmente sobre Eve Kosofsky Sedgwick, que pretende revalorizar nossas experiências de erro ou confusão como novas formas de liberdade. Ruth Leys, *Ascent of Affect*, *op. cit.*, p. 35; Eve Kosofsky Sedgwick, *Touching Feeling: Affect, Pedagogy, Performativity*. Durham, NC: Duke University Press, 2003.

26 Silvan S. Tomkins, *Affect, Imagery, Consciousness*, *op. cit.*, p. 204.

27 *Ibid.*, p. 206; Charles Darwin, *The Expression of the Emotions in Man and Animals*, Joe Cain e Sharon Messenger (orgs.). London: Penguin, 2009 [ed. bras.: *A expressão das emoções no homem e nos animais*. Trad. Leon de Souza Lobo Garcia. São Paulo: Companhia das Letras, 2000]; G.-B Duchenne (de Boulogne), *Mécanisme de la physionomie humaine ou Analyse électro-physiologique de l'expression des passions applicable à la pratique des arts plastiques*. Paris: Librairie J.-B. Baillière et Fils, 1876, 2. ed.

28 Silvan S. Tomkins, *Affect, Imagery, Consciousness*, *op. cit.*, p. 243, citado em Ruth Leys, *The Ascent of Affect*, *op. cit.*, p. 32.

29 Silvan S. Tomkins, *Affect, Imagery, Consciousness*, *op. cit.*, p. 216.

30 Paul Ekman, *Nonverbal Messages: Cracking the Code: My Life's Pursuit*. San Francisco: PEG, 2016, p. 45.

31 Anna Tuschling, "The Age of Affective Computing". Em: *Timing of Affect: Epistemologies, Aesthetics, Politics*, Marie-Luise Angerer, Bernd Bösel e Michaela Ott (orgs.), pp. 179-90. Zurich: Diaphanes, 2014, p. 186.

32 Paul Ekman, *Nonverbal Messages*, *op. cit.*, p. 45.

33 *Ibid.*, p. 46.

34 *Ibid.*

35 *Ibid.*

36 *Ibid.*

37 *Ibid.*

38 Paul Ekman e Erika L. Rosenberg (orgs.), *What the Face Reveals: Basic and Applied Studies of Spontaneous Expression Using the Facial Action Coding System (FACS)*. New York: Oxford University Press, 1997, p. 375.

39 Silvan S. Tomkins e Robert McCarter, "What and where Are the Primary Affects? Some Evidence for a Theory". *Perceptual and Motor Skills* 18, n. 1, 1964, pp. 119-58. Disponível em: <https://doi.org/10.2466/pms.1964.18.1.119>. Acesso em: 16 ago. 2024.

40 James A. Russell, "Is There Universal Recognition of Emotion from Facial Expression? A Review of the Cross-Cultural Studies". *Psychological Bulletin*, *v.* 115, n. 1, 1994, p. 116. Disponível em: <https://doi.org/10.1037/0033-2909.115.1.102>. Acesso em: 16 ago. 2024.

41 Ruth Leys, *The Ascent of Affect*, *op. cit.*, p. 93.

42 Paul Ekman e Erika L. Rosenberg, *What the Face Reveals*, *op. cit.*, p. 377.

43 Paul Ekman, Richard Sorenson e Wallace V. Friesen, "Pan-Cultural Elements in Facial Displays of Emotion". *Science* 164, 1969, pp. 86-7. Disponível em: <https://doi.org/10.1126/science.164.3875.86>. Acesso em: 16 ago. 2024.

44 Paul Ekman e Wallace V. Friesen, "Constants across Cultures in the Face and Emotion". *Journal of Personality and Social Psychology* 17, n. 2, 1971, p. 128. Disponível em: <https://doi.org/10.1037/h0030377>. Acesso em: 16 ago. 2024.

45 Aristóteles, *The Categories: On Interpretation*. Trad. Harold Percy Cooke e Hugh Tredennick. Loeb Classical Library 325. Cambridge, Mass.: Harvard University Press, 1938, 70b8-13, p. 527 [ed. bras.: *Categorias. Trad. Jose Verissimo Teixeira da Mata. Sao Paulo: Editora Unesp, 2019*].

46 *Ibid.*, 805a, 27-30, p. 87.

47 Seria difícil exagerar a influência dessa obra, que desde então caiu em descrédito: já em 1810, ela havia passado por dezesseis edições em alemão e vinte em inglês. Graham, "Lavater's Physiognomy in England", p. 561.

48 Richard T. Gray, *About Face: German Physiognomic Thought from Lavater to Auschwitz*. Detroit, Mich.: Wayne State University Press, 2004, p. 342.

49 Jean-Jacques Courtine e Claudine Haroche, *Histoire du visage: Exprimer et taire ses émotions (du XVIE^{ème} siècle au début du XIXème siècle)*. Paris: Payot et Rivages, 2007, p. 132.

50 Paul Ekman, "Duchenne and Facial Expression of Emotion." Em: G.-B. Duchenne de Boulogne, *The Mechanism of Human Facial Expression*, pp. 270-84. Org. e trad. R. A. Cuthbertson. Cambridge: Cambridge University Press, 1990.

51 G.-B. Duchenne (de Boulogne), *Mécanisme de la physionomie humaine*, *op. cit.*

52 François Clarac, Jean Massion e Allan M. Smith, "Duchenne, Charcot and Babinski, Three Neurologists of La Salpetrière Hospital, and Their Contribution to Concepts of the Central Organization of Motor

Synergy". *Journal of Physiology – Paris*, 103, n. 6, 2009, p. 362. Disponível em: <https://doi.org/10.1016/j.jphysparis.2009.09.001>. Acesso em: 16 ago. 2024.

53 François Delaporte, *Anatomy of the Passions*. Trad. Susan Emanuel. Stanford, Calif.: Stanford University Press, 2008, p. 33.

54 *Ibid.*, pp. 48-51.

55 Lorraine Daston e Peter Galison, *Objectivity*. Edição de bolso. New York: Zone Books, 2010.

56 Charles Darwin, *The Expression of the Emotions in Man and Animals*, *op. cit.*, pp. 12, 307 [ed. bras.: *A expressão das emoções no homem e nos animais*, *op. cit.*, pp. 16, 287].

57 Ruth Leys, *The Ascent of Affect*, *op. cit.*, p. 85; James A. Russell, "Is There Universal Recognition of Emotion", *op. cit.*, p. 114.

58 Paul Ekman e Wallace V. Friesen, "Nonverbal Leakage and Clues to Deception". *Psychiatry* 31, n. 1, 1969, pp. 88-106, p. 93.

59 Mark Williams Pontin, "Lie Detection." *MIT Technology Review*, 21 abr. 2009. Disponível em: <https://www.technologyreview.com/s/413133/lie-detection/>. Acesso em: 16 ago. 2024.

60 Paul Ekman e Wallace V. Friesen, "Nonverbal Leakage and Clues to Deception", *op. cit.*, p. 94. Em uma nota de rodapé, Ekman e Frisen explicam: "Nossa própria pesquisa e as evidências da neuropsicologia da percepção visual sugerem fortemente que microexpressões que sejam tão breves como um *frame* de cinema ($^1/_{50}$ de segundo) podem ser percebidas. O fato de, em geral, essas microexpressões não serem vistas é algo que deve estar relacionado a estarem incorporadas a outras expressões que distraem a atenção, à baixa frequência com que aparecem ou a algum hábito perceptivo adquirido de ignorar expressões faciais breves".

61 Paul Ekman, Richard Sorenson e Wallace V. Friesen, "Pan-Cultural Elements in Facial Displays of Emotion", *op. cit.*, p. 87.

62 Paul Ekman, Wallace V. Friesen e Silvan S. Tomkins, "Facial Affect Scoring Technique: A First Validity Study". *Semiotica* 3 (1), 1971, p. 40.

63 Paul Ekman, *Nonverbal Messages*, *op. cit.*, p. 97.

64 *Ibid.*, p. 102.

65 Paul Ekman e Erika L. Rosenberg (orgs.), *What the Face Reveals*, *op. cit.*

66 Paul Ekman, *Nonverbal Messages*, *op. cit.*, p. 105.

67 *Ibid.*, p. 169.

68 *Ibid.*, p. 106; Igor Aleksander (org.), *Artificial Vision for Robots*. Boston: Springer, EUA, 1983.

69 "Magic from Invention". *Brunel University London*. Disponível em: <https://www.brunel.ac.uk/research/Brunel-Innovations/Magic-from-invention>. Acesso em: 15 jan. 2025.

70 W. W. Bledsoe, "The Model Method in Facial Recognition". Relatório técnico, PRI 15. Palo Alto, Calif.: Panoramic Research, 1964.

71 Phillip Molnar, Gary Robbins e David Pierson, "Cutting Edge", *op. cit.*

72 Takeo Kanade, *Computer Recognition of Human Faces*. Basel: Birkhäuser Boston, 2013.

73 *Ibid.*, p. 16.

74 Takeo Kanade, J. F. Cohn e Yingli Tian, "Comprehensive Database for Facial Expression Analysis". Em: *Proceedings Fourth IEEE International Conference on Automatic Face and Gesture Recognition*, pp. 46-53, 2000. Disponível em: <https://doi.org/10.1109/AFGR.2000.840611>. Acesso em: 16 ago. 2024.

75 Cf. *Ibid.*; M. Lyons *et al.*, "Coding Facial Expressions with Gabor Wavelets". Em: *Proceedings Third IEEE International Conference on Automatic Face and Gesture Recognition*, pp. 200-5, 1998. Disponível em: <https://doi.org/10.1109/AFGR.1998.670949>. Acesso em: 16 ago. 2024; e Ellen Goeleven *et al.*, "The Karolinska Directed Emotional Faces: A Validation Study." *Cognition and Emotion* 22, n. 6, 2008, pp. 1094-118. Disponível em: <https://doi.org/10.1080/02699930701626582>. Acesso em: 16 ago. 2024.

76 Patrick Lucey *et al.*, "The Extended Cohn-Kanade Dataset (CK+): A Complete Dataset for Action Unit and Emotion-Specified Expression". Em: *2010 IEEE Computer Society Conference on Computer Vision and Pattern Recognition–Workshops*, pp. 94-101. Disponível em: <https://doi.org/10.1109/CVPRW.2010.5543262>. Acesso em: 16 ago. 2024.

77 Daniel McDuff *et al.*, "Affectiva-MIT Facial Expression Dataset (AM-FED): Naturalistic and Spontaneous Facial Expressions Collected 'In-the-Wild'". Em: *2013 IEEE Conference on Computer Vision and Pattern Recognition Workshops*, pp. 881-8. Disponível em: <https://doi.org/10.1109/CVPRW.2013.130>. Acesso em: 16 ago. 2024.

78 *Ibid.*

79 Paul Ekman e Wallace V. Friesen, *Facial Action Coding System (FACS): A Technique for the Measurement of Facial Action*. Palo Alto, Calif.: Consulting Psychologists Press, 1978.

80 Judy Foreman, "A Conversation with: Paul Ekman; The 43 Facial Muscles that Reveal Even the Most Fleeting Emotions". *New York Times*, 5 ago. 2003. Disponível em: <https://www.nytimes.com/2003/08/05/health/conversation-with-paul-ekman-43-facial-muscles-that-reveal-even-most-fleeting.html>. Acesso em: 16 ago. 2024; Jill Bolte Taylor, "The 2009 Time 100". *Time*, 30 abr. 2009. Disponível em: <http://content.time.com/time/specials/packages/article/0,28804,1894410_1893209_1893475,00.html>. Acesso em: 16 ago. 2024; Paul Ekman Group. Disponível em: <https://www.paulekman.com/>. Acesso em: 16 ago. 2024.

81 Sharon Weinberger, "Airport Security: Intent to Deceive?". *Nature* 465, 2010, p. 413. Disponível em: <https://doi.org/10.1038/465412a>. Acesso em: 16 ago. 2024.

82 Ashley Halsey III, "House Member Questions $900 Million TSA 'SPOT' Screening Program". *Washington Post*, 14 nov. 2013. Disponível em: <https://www.washingtonpost.com/local/trafficandcommuting/house-member-questions-900-million-tsa-spot-screening-program/2013/11/14/ad194cfe-4d5c-11e3-be6b-d3d28122e6d4_story.html>. Acesso em: 16 ago. 2024.

83 Paul Ekman, "A Life's Pursuit". Em: *The Semiotic Web '86: An International Yearbook*, Thomas A. Sebeok e Jean Umiker-Sebeok (orgs.), pp. 4-46. Berlin: Mouton de Gruyter, 1987; *idem*, *Nonverbal Messages*, *op. cit.*, pp. 79-81.

84 Margaret Mead, Review of *Darwin and Facial Expression: A Century of Research in Review*, Paul Ekman (org.). *Journal of Communication* 25, n. 1, 1975, p. 209. Disponível em: <https://doi.org/10.1111/j.1460-2466.1975.tb00574.x>. Acesso em: 16 ago. 2024.

85 Silvan S. Tomkins, *Affect, Imagery, Consciousness*, *op. cit.*, p. 216.

86 Margaret Mead, "Review of *Darwin and Facial Expression*", *op. cit.*, p. 212. Cf. também Alan Fridlund, "A Behavioral Ecology View of Facial Displays, 25 Years Later". *Emotion Researcher*, ago. 2015. Disponível em: <https://emotionresearcher.

com/the-behavioral-ecology-view-of-facial-displays-25-years-later/>. Acesso em: 16 ago. 2024. Ekman mais tarde admitiu que muitos dos argumentos de Mead estavam certos. Cf. Paul Ekman, "An Argument for Basic Emotions". *Cognition and Emotion* 6, n 3-4, 1992, pp. 169-200; *idem*, *Emotions Revealed*, *op. cit.*; e *idem*, "What Scientists Who Study Emotion Agree About". *Perspectives on Psychological Science* 11, n. 1, 2016, pp. 81-8. Disponível em: <https://doi.org/10.1177/1745691615596992>. Acesso em: 16 ago. 2024. Ekman também tinha seus defensores. Cf. Alan Cowen *et al.*, "Mapping the Passions: Toward a High-Dimensional Taxonomy of Emotional Experience and Expression". *Psychological Science in the Public Interest* 20, n. 1, 2019, pp. 61-90. Disponível em: <https://doi.org/10.1177/1529100619850176>. Acesso em: 16 ago. 2024; e Hillary Anger Elfenbein e Nalini Ambady, "On the Universality and Cultural Specificity of Emotion Recognition: A Meta-Analysis". *Psychological Bulletin* 128, n. 2, 2002, pp. 203-35. Disponível em: <https://doi.org/10.1037/0033-2909.128.2.203>. Acesso em: 16 ago. 2024.

87 José-Miguel Fernández-Dols e James A. Russell (orgs.), *The Science of Facial Expression*, *op. cit.*, p. 4.

88 Maria Gendron e Lisa Feldman Barrett, *Facing the Past*. Vol. 1. New York: Oxford University Press, 2017, p. 30.

89 James Vincent, "AI 'Emotion Recognition' Can't Be Trusted'". *The Verge*, 25 jul. 2019. Disponível em: <https://www.theverge.com/2019/7/25/8929793/emotion-recognition-analysis-ai-machine-learning-facial-expression-review>. Acesso em: 19 ago. 2024. Acadêmicos dos estudos da deficiência também observaram que suposições sobre como a biologia e os corpos funcionam podem igualmente suscitar preocupações relacionadas ao viés, sobretudo quando automatizadas com tecnologia. Cf. Whittaker *et al.*, "Disability, Bias, and AI", *op. cit.*

90 Carroll E. Izard, "The Many Meanings/Aspects of Emotion: Definitions, Functions, Activation, and Regulation". *Emotion Review* 2, n. 4, 2010, pp. 363-70. Disponível em: <https://doi.org/10.1177/1754073910374661>. Acesso em: 19 ago. 2024.

91 Ruth Leys, *The Ascent of Affect*, *op. cit.*, p. 22.

92 *Ibid.*, p. 92.

93 *Ibid.*, p. 94.

94 *Ibid.*

95 Lisa Feldman Barrett, "Are Emotions Natural Kinds?". *Perspectives on Psychological Science* 1, n. 1, 2006, p. 28. Disponível em: <https://doi.org/10.1111/j.1745-6916.2006.00003.x>. Acesso em: 19 ago. 2024.

96 *Ibid.*, p. 30.

97 Cf. p. ex., *idem*, "Emotional Expressions Reconsidered", *op. cit.*

98 *Ibid.*, p. 40.

99 A. Kappas, "Smile when You Read this, Whether You Like It or Not: Conceptual Challenges to Affect Detection". *IEEE Transactions on Affective Computing* 1, n. 1, 2010, p. 39. Disponível em: <https://doi.org/10.1109/T-AFFC.2010.6>. Acesso em: 19 ago. 2024. Ênfase acrescentada.

100 *Ibid.*, p. 40.

101 Lisa Feldman Barrett *et al.*, "Emotional Expressions Reconsidered", *op. cit.*, p. 46.

102 *Ibid.*, pp. 47-8.

103 *Ibid.*, p. 47. Ênfase acrescentada.

104 Yaacov Apelbaum, "One Thousand and One Nights and Ilhan Omar's Biographical Engineering". *The Illustrated Primer* (blog), 13 ago. 2019.

Disponível em: <https://www.yaacovapelbaum.com/2019/08/13/one-thousand-and-one-nights-and-ilhan-omars-biographical-engineering/>. Acesso em: 19 ago. 2024.

105 Cf, p. ex., Joe Hoft, “Facial, Speech and Virtual Polygraph Analysis Shows Ilhan Omar Exhibits Many Indications of a Compulsive Fibber!!!”. *The Gateway Pundit*, 21 jul. 2019. Disponível em: <https://www.thegatewaypundit.com/2019/07/facial-speech-and-virtual-polygraph-analysis-shows-ilhan-omar-exhibits-many-indications-of-a-compulsive-fibber/>. Acesso em: 19 ago. 2024.

106 Lauren Rhue, “Racial Influence on Automated Perceptions of Emotions”. *SSRN*, 9 nov. 2018. Disponível em: <https://dx.doi.org/10.2139/ssrn.3281765>. Acesso em: 19 ago. 2024.

107 Lisa Feldman Barrett *et al.*, “Emotional Expressions Reconsidered”, *op. cit*,, p. 48.

108 Cf., p. ex., Neil Connor, “Chinese School Uses Facial Recognition to Monitor Student Attention in Class”. *Telegraph*, 17 maio 2018. Disponível em: <https://www.telegraph.co.uk/news/2018/05/17/chinese-school-uses-facial-recognition-monitor-student-attention/>. Acesso em: 19 ago. 2024; e Lisa Du e Ayaka Maki, “AI Cameras that Can Spot Shoplifters Even before They Steal.” *Bloomberg*, 4 mar. 2019. Disponível em: <https://www.bloomberg.com/news/articles/2019-03-04/the-ai-cameras-that-can-spot-shoplifters-even-before-they-steal>. Acesso em: 19 ago. 2024.

Estado

1 NOFORN significa Not Releasable to Foreign Nationals [Não Divulgável para Cidadãos Estrangeiros]. “Use of the ‘Not Releasable to Foreign Nationals’ (NOFORN) Caveat on Department of Defense (DOD) Information”. U.S. Department of Defense, 17 maio 2005. Disponível em: <https://fas.org/sgp/othergov/dod/noforn051705.pdf>. Acesso em: 19 ago. 2024.

2 A Cinco Olhos é uma aliança global de inteligência formada por Austrália, Canadá, Estados Unidos, Nova Zelândia e Reino Unido. “Five Eyes Intelligence Oversight and Review Council”. U.S. Office of the Director of National Intelligence. Disponível em: <https://www.dni.gov/index.php/who-we-are/organizations/enterprise-capacity/chco/chcorelated-menus/chco-related-links/recruitment-and-outreach/217-about/organization/icig-pages/2660-icig-fiorc>. Acesso em: 19 ago. 2024.

3 Peter Galison, “Removing Knowledge.” *Critical Inquiry* 31, n. 1, 2004, p. 229. Disponível em: <https://doi.org/10.1086/427309>. Acesso em: 19 ago. 2024.

4 James Risen e Laura Poitras, “N.S.A. Report Outlined Goals for More Power”. *New York Times*, 22 nov. 2013. Disponível em: <https://www.nytimes.com/2013/11/23/us/politics/nsa-report-outlined-goals-for-more-power.html>. Acesso em: 19 ago. 2024; Andy Müller-Maguhn *et al.*, “The NSA Breach of Telekom and other German Firms”. *Spiegel*, 14 set. 2014. Disponível em: <https://www.spiegel.de/international/world/snowden-documents-indicate-nsa-has-breached-deutsche-telekom-a-991503.html>. Acesso em: 19 ago. 2024.

5 FOXACID é um *software* desenvolvido pelo Escritório de Operações de Acesso Adaptado, hoje Operações de Rede de Computadores, uma unidade de ciberguerra da NSA para coleta de inteligência.

6 Bruce Schneier, “Attacking Tor: How the NSA Targets Users’ Online Anonymity”. *Guardian*, 4 out. 2013. Disponível em: <https://www.theguardian.com/world/2013/oct/04/tor-attacks-nsa-users-online-anonymity>. Acesso em: 19 ago. 2024. Documento disponível em: “NSA Phishing Tactics and Man in the Middle Attacks”. *The Intercept* (blog), 12 mar. 2014. Disponível em: <https://theintercept.com/document/nsa-phishing-tactics-manmiddle-attacks/>. Acesso em: 19 ago. 2024.

7 Dan Swinhoe, “What Is Spear Phishing? Why Targeted Email Attacks Are So Difficult to Stop”. CSO Online, 21 jan. 2019. Disponível em: <https://www.csoonline.com/article-/3334617/what-is-spear-phishing-why-targeted-email-attacks-are-so-difficult-to-stop.html>. Acesso em: 15 jan. 2025.

8 “A Strategy for Surveillance Powers”. *New York Times*, 23 fev. 2012. Disponível em: <https://archive.nytimes.com/www.nytimes.com/interactive/2013/11/23/us/politics/23nsa-sigint-strategy-document.html>. Acesso em: 19 ago. 2024.

9 Paul N. Edwards, The Closed World: Computers and the Politics of Discourse in Cold War America. Cambridge, Mass.: MIT Press, 1996.

10 *Ibid*.

11 *Ibid*., p. 198.

12 Achille Mbembe, *Necropolitics*. Durham, NC: Duke University Press, 2019, p. 82 [ed. bras.: *Necropolítica: biopoder, soberania, estado de exceção, política da morte*. Trad. Renata Santini. São Paulo: n-1 edições, 2018, p. 47].

13 Benjamin H. Bratton, *The Stack: On Software and Sovereignty*. Cambridge, Mass.: MIT Press, 2015, p. 151.

14 Para uma excelente abordagem da história da internet nos Estados Unidos, cf. Janet Abbate, *Inventing the Internet*. Cambridge, Mass.: MIT Press, 1999.

15 SHARE Foundation. “Serbian Government Is Implementing Unlawful Video Surveillance with Face Recognition in Belgrade”. Relatório policial, sem data. Disponível em: <https://www.sharefoundation.info/wp-content/uploads/Serbia-Video-Surveillance-Policy-brief-final.pdf>. Acesso em: 19 ago. 2024.

16 Departamento de Cooperação Internacional, Ministério da Ciência e Tecnologia da China, “Next Generation Artificial Intelligence Development Plan”. *China Science and Technology Newsletter*, n. 17, 15 set. 2017. Disponível em: <http://fi.china-embassy.org/eng/kxjs/P020171025789108009001.pdf>. Acesso em: 19 ago. 2024.

17 Wendy Hui Kyong Chun, *Control and Freedom: Power and Paranoia in the Age of Fiber Optics*. Cambridge, Mass.: MIT Press, 2005; Tung-Hui Hu, *A Prehistory of the Cloud*, *op. cit*., pp. 87-8.

18 Stephen Cave e Seán S. ÓhÉigeartaigh, “An AI Race for Strategic Advantage: Rhetoric and Risks”. Em: *Proceedings of the 2018 AAAI/ACM Conference on AI, Ethics, and Society*, pp. 36-40. Disponível em: <https://dl.acm.org/doi/10.1145/3278721.3278780>. Acesso em: 19 ago. 2024.

19 John Markoff, “Pentagon Turns to Silicon Valley for Edge”, *op. cit.*

20 Harold Brown, *Department of Defense Annual Report: Fiscal Year 1982*. Report AD-A-096066/6. Washington, DC, 19 jan. 1982. Disponível em: <https://history.defense.gov/Portals/70/Documents/annual_reports/1982_DoD_AR.pdf?ver=2014-06-24-150904-113>. Acesso em: 19 ago. 2024.

21 Robert Martinage, Toward a New Offset Strategy: Exploiting U.S. Long-

Term Advantages to Restore U.S. Global Power Projection Capability. Washington, DC: Center for Strategic and Budgetary Assessments, 2014, pp. 5-16. Disponível em: <https://csbaonline.org/uploads/documents/Offset-Strategy-Web.pdf>. Acesso em: 19 ago. 2024.

22 Ash Carter, *Remarks on "the Path to an Innovative Future for Defense" (CSIS Third Offset Strategy Conference)*. Washington, DC: US Department of Defense, 28 out. 2016. Disponível em: <https://www.defense.gov/Newsroom/Speeches/Speech/Article/990315/remarks-on-the-path-to-an-innovative-future-for-defense-csisthird-offset-strat/>. Acesso em: 19 ago. 2024; Cheryl Pellerin, "Deputy Secretary: Third Offset Strategy Bolsters America's Military Deterrence". Washington, DC: US Department of Defense, 31 out. 2016. Disponível em: <https://www.defense.gov/Explore/News/Article/Article/991434/deputysecretary-third-offset-strategy-bolsters-americas-military-deterrence/>. Acesso em: 19 ago. 2024.

23 As origens das compensações militares estadunidenses podem ser retraçadas até dezembro de 1952, quando a União Soviética tinha um número dez vezes maior de divisões militares que os Estados Unidos. O presidente Dwight Eisenhower se voltou para a dissuasão nuclear como uma forma de "compensar" essa disparidade. A estratégia envolvia não apenas a ameaça do poder retaliatório das forças nucleares dos Estados Unidos, mas também a aceleração do crescimento do estoque de armas do país, assim como o desenvolvimento de bombardeiros de longo alcance, da bomba de hidrogênio e, com o tempo, de mísseis balísticos intercontinentais. Também incluía uma dependência cada vez maior da espionagem, da sabotagem e de operações secretas. Nas décadas de 1970 e 1980, a estratégia militar dos Estados Unidos se voltou para os avanços computacionais na analítica e na logística, com o aproveitamento da influência de arquitetos militares como Robert McNamara em busca da supremacia militar. Essa Segunda Compensação pôde ser vista em conflitos militares, como a Operação Tempestade no Deserto, durante a Guerra do Golfo de 1991, em que as atividades de reconhecimento, a supressão de defesas inimigas e o uso de munições guiadas de precisão dominaram não apenas a forma como os Estados Unidos lutavam a guerra, mas também como pensavam e falavam sobre ela. Ainda assim, conforme Rússia e China começavam a adotar essas capacidades e a implementar redes digitais para a guerra, surgiram ansiedades quanto ao reestabelecimento de um novo tipo de vantagem estratégica. Cf. Robert S. McNamara e James G. Blight, *Wilson's Ghost: Reducing the Risk of Conflict, Killing, and Catastrophe in the 21st Century*. New York: Public Affairs, 2001.

24 Cheryl Pellerin, "Deputy Secretary", *op. cit.*

25 Barton Gellman e Laura Poitras, "U.S., British Intelligence Mining Data from Nine U.S. Internet Companies in Broad Secret Program". *Washington Post*, 7 jun. 2013. Disponível em: <https://www.washingtonpost.com/investigations/us-intelligence-mining-data-from-nine-us-internet-companies-in-broad-secret-program/2013/06/06/3a0c0da8-cebf-11e2-8845-d970ccb04497_story.html>. Acesso em: 19 ago. 2024.

26 Deputy Secretary of Defense to Secretaries of the Military Departments *et al.*, 26 abr. 2017. Memorando: "Establishment of an Algorithmic Warfare Cross-

Functional Team (Project Maven)". Disponível em: <https://www.govexec.com/media/gbc/docs/pdfs_edit/establishment_of_the_awcft_project_maven.pdf>. Acesso em: 20 ago. 2024.

27 *Ibid*.

28 Arthur Holland Michel, *Eyes in the Sky: The Secret Rise of Gorgon Stare and How It Will Watch Us All*. Boston: Houghton Miffiin Harcourt, 2019, p. 134.

29 *Ibid*., p. 135.

30 Dell Cameron e Kate Conger, "Google Is Helping the Pentagon Build AI for Drones". *Gizmodo*, 6 mar. 2018. Disponível em: <https://gizmodo.com/google-is-helping-the-pentagon-build-ai-for-drones-1823464533>. Acesso em: 20 ago. 2024.

31 Por exemplo, Timnit Gebru *et al*., "Fine-Grained Car Detection for Visual Census Estimation". Em: *Proceedings of the Thirty-First AAAI Conference on Artificial Intelligence*, *AAAI* '17, 4502-8.

32 Lee Fang, "Leaked Emails Show Google Expected Lucrative Military Drone AI Work to Grow Exponentially". *The Intercept* (blog), 31 maio 2018. Disponível em: <https://theintercept.com/2018/05/31/google-leaked-emails-drone-ai-pentagon-lucrative/>. Acesso em: 20 ago. 2024.

33 Mark Bergen, "Pentagon Drone Program Is Using Google AI". *Bloomberg*, 6 mar. 2018. Disponível em: <https://www.bloomberg.com/news/articles/2018-03-06/google-ai-used-by-pentagon-drone-program-in-rare-military-pilot>. Acesso em: 20 ago. 2024.

34 Scott Shane e Daisuke Wakabayashi, "'The Business of War': Google Employees Protest Work for the Pentagon". *New York Times*, 4 abr. 2018. Disponível em: <https://www.nytimes.com/2018/04/04/technology/google-letter-ceo-pentagon-project.html>. Acesso em: 20 ago. 2024.

35 Brad Smith, "Technology and the US Military". *Microsoft on the Issues* (blog), 26 out. 2018. Disponível em: <https://blogs.microsoft.com/on-the-issues/2018/10/26/technology-and-the-us-military/>. Acesso em: 20 ago. 2024.

36 Quando, ao final, a empresa acabou por se sagrar vencedora no processo de contratação do JEDI, Brad Smith, seu presidente, explicou que a razão pela qual a Microsoft havia ganhado o contrato era o fato de que o negócio havia sido visto "não só como uma oportunidade de vendas, mas, na realidade, como um projeto de engenharia de escala muito grande". Ashley Stewart e Nicholas Carlson, "The President of Microsoft Says It Took Its Bid for the $10 Billion JEDI Cloud Deal as an Opportunity to Improve Its Tech – and that's Why It Beat Amazon". *Business Insider*, 23 jan. 2020. Disponível em: <https://www.businessinsider.com/brad-smith-microsofts-jedi-win-over-amazon-was-no-surprise-2020-1>. Acesso em: 20 ago. 2024.

37 Sundar Pichai, "AI at Google: Our Principles". Google, 7 jun. 2018. Disponível em: <https://blog.google/technology/ai/ai-principles/>. Acesso em: 20 ago. 2024.

38 *Ibid*. O Project Maven foi assumido em seguida pelas Anduril Industries, uma modesta *startup* de tecnologia fundada por Palmer Luckey, criador do Oculus Rift. Lee Fang, "Defense Tech Startup Founded by Trump's Most Prominent Silicon Valley Supporters Wins Secretive Military AI Contract". *The Intercept* (blog), 9 mar. 2019. Disponível em: <https://theintercept.com/2019/03/09/anduril-industries-project-maven-palmer-luckey/>. Acesso em: 20 ago. 2024.

39 Meredith Whittaker *et al.*, AI *Now Report 2018*, *op. cit.*

40 Schmidt *apud* Paul Scharre *et al.*, "Eric Schmidt Keynote Address at the Center for a New American Security Artificial Intelligence and Global Security Summit". *Center for a New American Security*, 13 nov. 2017. Disponível em: <https://www.cnas.org/publications/transcript/eric-schmidt-keynote-address-at-the-center-for-a-new-american-security-artificial-intelligence-and-global-security-summit>. Acesso em: 20 ago. 2024.

41 Como Suchman observa, "sob as leis da guerra, 'matar pessoas corretamente' pressupõe a adesão ao princípio da distinção e a identificação de uma ameaça iminente". Lucy Suchman, "Algorithmic Warfare and the Reinvention of Accuracy". *Critical Studies on Security*, 2020, n. 18. Disponível em: <https://doi.org/10.1080/21624887.2020.1760587>. Acesso em: 20 ago. 2024.

42 *Ibid.*

43 *Ibid.*

44 Thilo Hagendorff, "The Ethics of AI Ethics: An Evaluation of Guidelines". *Minds and Machines* 30, 2020, pp. 99-120. Disponível em: <https://doi.org/10.1007/s11023-020-09517-8>. Acesso em: 20 ago. 2024.

45 Joshua Brustein e Mark Bergen, "Google Wants to Do Business with the Military – Many of Its Employees Don't". *Bloomberg News*, 21 nov. 2019. Disponível em: <https://www.bloomberg.com/features/2019-google-military-contract-dilemma/>. Acesso em: 20 ago. 2024.

46 Para mais sobre por que as municipalidades deveriam avaliar com mais cuidado os riscos das plataformas algorítmicas, cf. Ben Green, *Smart Enough City: Taking Off Our Tech Goggles and Reclaiming the Future of Cities*. Cambridge, Mass.: MIT Press, 2019.

47 Peter Thiel, "Good for Google, Bad for America". *New York Times*, 1 ago. 2019. Disponível em: <https://www.nytimes.com/2019/08/01/opinion/peter-thiel-google.html>. Acesso em: 20 ago. 2024.

48 Michael Steinberger, "Does Palantir See Too Much?". *New York Times Magazine*, 21 out. 2020. Disponível em: <https://www.nytimes.com/interactive/2020/10/21/magazine/palantir-alex-karp.html>. Acesso em: 20 ago. 2024.

49 Moira Weigel, "Palantir Goes to the Frankfurt School". *Boundary* 2 (blog), 10 jul. 2020. Disponível em: <https://www.boundary2.org/2020/07/moira-weigel-palantir-goes-to-the-frankfurt-school/>. Acesso em: 20 ago. 2024.

50 Ken Dilanian, "US Special Operations Forces Are Clamoring to Use Software from Silicon Valley Company Palantir". *Business Insider*, 26 mar. 2015. Disponível em: <https://www. businessinsider.com/us-special-operations-forces-are-clamoring-to-use-software-from-silicon-valley-company-palantir-2015-3>. Acesso em: 20 ago. 2024.

51 "The War against Immigrants: Trump's Tech Tools Powered by Palantir". *Mijente*, ago. 2019. Disponível em: <https://progov21.org/Home/Document/5R6X35>. Acesso em: 20 ago. 2024.

52 William Alden, "Inside Palantir, Silicon Valley's Most Secretive Company". *Buzzfeed News*, 6 maio 2016. Disponível em: <https://www.buzzfeednews.com/article/williamalden/inside-palantir-silicon-valleys-most-secretive-company>. Acesso em: 20 ago. 2024.

53 *Ibid.*

54 Peter Waldman, Lizette Chapman e Jordan Robertson, “Palantir Knows Everything about You.” *Bloomberg*, 19 abr. 2018. Disponível em: <https://www.bloomberg.com/features/2018-palantir-peter-thiel/>. Acesso em: 20 ago. 2024.

55 George Joseph, “Data Company Directly Powers Immigration Raids in Workplace”. *WNYC*, 16 jul. 2019. Disponível em: <https://www.wnyc.org/story/palantir-directly-powers-ice-workplace-raids-emails-show/>. Acesso em: 20 ago. 2024; Eillie Anzilotti, “Emails Show that ICE Uses Palantir Technology to Detain Undocumented Immigrants”, *FastCompany* (blog), 16 jul. 2019. Disponível em: <https://www.fastcompany.com/90377603/ice-uses-palantir-tech-to-detain-immigrants-wnyc-report>. Acesso em: 20 ago. 2024.

56 Andrew Ferguson, conversa com a autora, 21 jun. 2019.

57 Sarah Brayne, “Big Data Surveillance: The Case of Policing”. *American Sociological Review* 82, n. 5, 2017, pp. 977-1008. Disponível em: <https://doi.org/10.1177/0003122417725865>. Acesso em: 20 ago. 2024. Brayne também observou que a migração do policiamento para a inteligência já vinha acontecendo antes mesmo da mudança para a analítica preditiva, caso consideradas decisões judiciais como as de Terry contra Ohio e Whren contra Estados Unidos, que fizeram com que fosse mais fácil para policiais contornar a necessidade de indícios prévios e levaram a uma proliferação do uso de pretextos falsos para abordagens policiais.

58 Rashida Richardson, Jason M. Schultz e Kate Crawford, “Dirty Data, Bad Predictions: How Civil Rights Violations Impact Police Data, Predictive Policing Systems, and Justice”. *NYU Law Review Online* 94, n. 15, 2019, pp. 15-55. Disponível em: <https://www.nyulawreview.org/wp-content/uploads/2019/04/NYULawReview-94-Richardson-Schultz-Crawford.pdf>. Acesso em: 20 ago. 2024.

59 Sarah Brayne, “Big Data Surveillance”, p. 997.

60 *Ibid*.

61 Cf., por exemplo, Martin A. French e Simone A. Browne, “Surveillance as Social Regulation”, *op. cit*.

62 Kate Crawford e Jason Schultz, “AI Systems as State Actors”. *Columbia Law Review* 119, n. 7, 2019. Disponível em: <https://columbialawreview.org/content/ai-systems-as-state-actors/>. Acesso em: 20 ago. 2024.

63 Julie E. Cohen, *Between Truth and Power: The Legal Constructions of Informational Capitalism*. New York: Oxford University Press, 2019; Ryan Calo e Danielle Citron, “The Automated Administrative State: A Crisis of Legitimacy”, 9 mar. 2020. *Emory Law Journal*. Disponível em: <https://ssrn.com/abstract=3553590>. Acesso em: 20 ago. 2024.

64 “Vigilant Solutions”, NCPA. Disponível em: <http://www.ncpa.us/Vendors/Vigilant%20 Solutions>. Acesso em: 15 jan. 2025. Peter Maass e Beryl Lipton. “What We Learned”. *MuckRock*, 15 nov. 2018. Disponível em: <https://www.muckrock.com/news/archives/2018/nov/15/alpr-what-we-learned/>. Acesso em: 20 ago. 2024.

65 Lily Hay Newman, “Internal Docs Show How ICE Gets Surveillance Help From Local Cops”. *Wired*, 13 mar. 2019. Disponível em: <https://www.wired.com/story/ice-license-plate-surveillance-vigilant-solutions/>. Acesso em: 20 ago. 2024.

66 Rachel England, “UK Police’s Facial Recognition System Has an 81 Percent Error Rate”. *Engadget*, 4 jul.

2019. Disponível em: <https://www.engadget.com/2019/07/04/uk-met-facial-recognition-failure-rate/>. Acesso em: 20 ago. 2024.

67 James C. Scott, *Seeing Like a State: How Certain Schemes to Improve the Human Condition Have Failed*. New Haven: Yale University Press, 1998.

68 Caroline Haskins, "How Ring Transmits Fear to American Suburbs". *Vice* (blog), 12 jul. 2019. Disponível em: <https://www.vice.com/en/article/ywaa57/how-ring-transmits-fear-to-american-suburbs>. Acesso em: 20 ago. 2024.

69 *Idem*, "Amazon's Home Security Company Is Turning Everyone into Cops". *Vice* (blog), 7 fev. 2019. Disponível em: <https://www.vice.com/en_us/article/qvyvzd/amazons-home-security-company-is-turning-everyone-into-cops>. Acesso em: 20 ago. 2024.

70 *Ibid*.

71 *Idem*, "Amazon Requires Police to Shill Surveillance Cameras". *Vice* (blog), 25 jul. 2019. Disponível em: <https://www.vice.com/en/article/mb88za/amazon-requires-police-to-shill-surveillance-cameras-in-secret-agreement>. Acesso em: 20 ago. 2024.

72 *Idem*, "Amazon Is Coaching Cops on How to Obtain Surveillance Footage without a Warrant". *Vice* (blog), 5 ago. 2019. Disponível em: <https://www.vice.com/en_us/article/43kga3/amazon-is-coaching-cops-on-how-to-obtain-surveillance-footage-without-a-warrant>. Acesso em: 20 ago. 2024.

73 *Ibid*.

74 *Ibid*.

75 Tung-Hui Hu, *Prehistory of the Cloud*, *op. cit.*, p. 115.

76 *Ibid*.

77 Kristina Benson, "'Kill 'Em and Sort It Out Later': Signature Drone Strikes and International Humanitarian Law". *Pacific McGeorge Global Business and Development Law Journal* 27, n. 1, 2014, p. 17. Disponível em: <https://scholarlycommons.pacific.edu/globe/vol27/iss1/2/>. Acesso em: 20 ago. 2024.

78 Lisa Hajjar, "Lawfare and Armed Conflicts: A Comparative Analysis of Israeli and U.S. Targeted Killing Policies". Em: *Life in the Age of Drone Warfare*, Lisa Parks e Caren Kaplan (org.), pp. 59-88. Durham, NC: Duke University Press, 2017, p. 70.

79 Jeremy Scahill e Glenn Greenwald, "The NSA's Secret Role in the U.S. Assassination Program". *The Intercept* (blog), 10 fev. 2014. Disponível em: <https://theintercept.com/2014/02/10/the-nsas-secret-role/>. Acesso em: 20 ago. 2024.

80 David Cole, "'We Kill People Based on Metadata'." *New York Review of Books*, 10 maio 2014. Disponível em: <https://www.nybooks.com/daily/2014/05/10/we-kill-people-based-metadata/>. Acesso em: 20 ago. 2024.

81 Dana Priest, "NSA Growth Fueled by Need to Target Terrorists". *Washington Post*, 21 jul. 2013. Disponível em: <https://www.washingtonpost.com/world/national-security/nsa-growth-fueled-by-need-to-target-terrorists/2013/07/21/24c93cf4-f0b1-11e2-bed3-b9b6fe264871_story.html>. Acesso em: 22 ago. 2024.

82 Gibson citada em Spencer Ackerman, "41 Men Targeted but 1,147 People Killed: US Drone Strikes – the Facts on the Ground". *Guardian*, 24 nov. 2014. Disponível em: <https://www.theguardian.com/us-news/2014/nov/24/-sp-us-drone-strikes-kill-1147>. Acesso em: 22 ago. 2024.

83 Patrick Tucker, "Refugee or Terrorist? IBM Thinks Its Software Has the Answer". *Defense One*, 27 jan. 2016.

Disponível em: <https://www.defenseone.com/technology/2016/01/refugee-or-terrorist-ibm-thinks-its-software-has-answer/125484/>. Acesso em: 22 ago. 2024.

84 *Ibid.*

85 Cathy O'Neil, *Weapons of Math Destruction: How Big Data Increases Inequality and Threatens Democracy*. New York: Crown, 2016, pp. 288-326.

86 Marion Fourcade e Kieran Healy, "Seeing Like a Market", *op. cit.*

87 Virginia Eubanks, *Automating Inequality: How High-Tech Tools Profile, Police, and Punish the Poor*. New York: St. Martin's, 2017.

88 Rashida Richardson, Jason M. Schultz e Vincent M. Southerland, "Litigating Algorithms: 2019 US Report". *AI Now Institute*, set. 2019, p. 19. Disponível em: <https://ainowinstitute.org/wp-content/uploads/2023/04/litigatingalgorithms-2019-us.pdf>. Acesso em: 22 ago. 2024.

89 *Ibid.*, p. 23.

90 Philip E. Agre, *Computation and Human Experience*. Cambridge: Cambridge University Press, 1997, p. 240.

91 Benjamin H. Bratton, *The Stack*, *op. cit.*, p. 140.

92 Tung-Hui Hu, *A Prehistory of the Cloud*, *op. cit.*, p. 89.

93 Ellen Nakashima e Joby Warrick, "For NSA Chief, Terrorist Threat Drives Passion to 'Collect It All'". *Washington Post*, 14 jul. 2013. Disponível em: <https://www.washingtonpost.com/world/national-security/for-nsa-chief-terrorist-threat-drives-passion-to-collect-it-all/2013/07/14/3d26ef80-ea49-11e2-a301-ea5a8116d211_story.html>. Acesso em: 22 ago. 2024.

94 Documento disponível em Peter Maass, "Summit Fever." *The Intercept* (blog), 25 jun. 2012. Disponível em: <https://www.documentcloud.org/documents/2088979-summit-fever.html>. Acesso em: 22 ago. 2024.

95 O futuro do arquivo Snowden é incerto. Em março de 2019, foi anunciado que o *Intercept* – a publicação que Glenn Greenwald fundou com Laura Poitras e Jeremy Scahill depois que compartilharam um Prêmio Pulitzer por reportagens sobre os materiais Snowden – não iria mais financiá-lo. Maxwell Tani, "The Intercept Shuts Down Access to Snowden Trove". *Daily Beast*, 14 mar. 2019. Disponível em: <https://www.thedailybeast.com/the-intercept-shuts-down-access-to-snowden-trove>. Acesso em: 22 ago. 2024.

Conclusão: Poder

1 David Silver *et al.*, "Mastering the Game of Go without Human Knowledge". *Nature* 550, 2017, pp. 354-9. Disponível em: <https://doi.org/10.1038/nature24270>. Acesso em: 22 ago. 2024.

2 *Ibid.*, p. 357.

3 Para a conversa inteira no Artificial Intelligence Channel, ver: Demis Hassabis, *DeepMind – Learning from First Principles – Artificial Intelligence NIPS2017*. Vídeo, 9 dez. 2017. Disponível em: <https://www.youtube.com/watch?v=DXNqYSNvnjA&feature=emb_title>. Acesso em: 22 ago. 2024. Cf. também Will Knight, "Alpha Zero's 'Alien' Chess Shows the Power, and the Peculiarity, of AI". *MIT Technology Review*, 8 dez. 2017. Disponível em: <https://www.technologyreview.com/s/609736/alpha-zeros-alien-chess-shows-the-power-and-the-peculiarity-of-ai/>. Acesso em: 22 ago. 2024.

4 Demis Hassabis, *DeepMind – Learning from First Principles*, *op. cit.*

5 Para mais sobre os mitos sobre a

"mágica" da IA, cf. Madeline Clare Elish e danah boyd, "Situating Methods in the Magic of Big Data and IA". *Communication Monographs* 85, n. 1, 2018, pp. 57-80. Disponível em: <https://doi.org/10.1080/03637751.2017.1375130>. Acesso em: 22 ago. 2024.

6 Meredith Broussard observa que a capacidade de jogar tem sido perigosamente confundida com inteligência. Ela cita o programador George V. Neville-Neil, que afirma: "Tivemos quase 50 anos de competições humano/computador no jogo de xadrez, mas isso significa que algum desses computadores seja inteligente? Não, não significa – por duas razões. A primeira é que o xadrez não é um teste de inteligência; é um teste para uma habilidade específica: a habilidade de jogar xadrez. Caso eu conseguisse derrotar um grande mestre de xadrez e, sentado à mesa de jantar, ainda não fosse capaz de passar o saleiro quando você me pedisse, eu seria inteligente? A segunda razão é que pensar que o xadrez poderia ser um teste de inteligência era uma ideia que tinha como base a falsa premissa cultural de que jogadores de xadrez brilhantes eram donos de mentes brilhantes, pessoas mais talentosas do que aquelas a seu redor. Sim, muitas pessoas inteligentes também se destacam no xadrez, mas o enxadrismo, ou qualquer outra habilidade isolada, não denota inteligência". Meredith Broussard, *Artificial Unintelligence*, *op. cit.*, p. 206.

7 Peter Galison, "The Ontology of the Enemy: Norbert Wiener and the Cybernetic Vision". *Critical Inquiry* 21, n. 1, 1994, pp. 228-66.

8 Alexander Campolo e Kate Crawford, "Enchanted Determinism: Power without Responsibility in Artificial Intelligence". *Engaging Science, Technology, and Society* 6, 2020, pp. 1-19. Disponível em: <https://doi.org/10.17351/ests2020.277>. Acesso em: 22 ago. 2024.

9 F. G. Bailey, "Dimensions of Rhetoric in Conditions of Uncertainty". Em: *Politically Speaking: Cross-Cultural Studies of Rhetoric*. Robert Paine (org.), pp. 25-38. Philadelphia: ISHI Press, 1981, p. 30.

10 Nick Bostrom, *Superintelligence: Paths, Dangers, Strategies*. Oxford: Oxford University Press, 2014.

11 *Ibid.*

12 Ginger Gail Strand, "Keyword: Evil". *Harper's Magazine*, mar. 2008, pp. 64-5. Disponível em: <https://harpers.org/archive/2008/03/keyword/>. Acesso em: 22 ago. 2024.

13 Topologia de rede em que todos os nós (ou seja, os dispositivos eletrônicos de computação) são conectados a dois outros nós, de modo a criar uma linha circular contínua. Ao permitir mais de uma forma de conexão entre os nós, esse tipo de rede cria redundâncias que podem ser utilizadas em caso de falha mecânica na fibra óptica de algum de seus trechos. [N.T.]

14 *Ibid.*, p. 65.

15 Michael Hardt e Antonio Negri, *Assembly*. New York: Oxford University Press, 2017, p. 116, ênfase adicionada [ed. bras.: *Assembly: a organização multitudinária do comum*. Trad. Lucas Carpinelli e Jefferson Viel. São Paulo: Filosófica Politeia, 2018, p. 158].

16 Daisuke Wakabayashi, "Google's Shadow Work Force: Temps Who Out-number Full-Time Employees". *New York Times*, 28 maio 2019. Disponível em: <https://www.nytimes.com/2019/05/28/technology/google-temp-workers.html>. Acesso em: 15 jan. 2025.

17 Citado em Joanne McNeil, "Two Eyes See More than Nine". Em: *Jon Rafman: Nine Eyes*, Kate Steinmann

(org.). Los Angeles: New Documents, 2016, p. 23.

18 Sobre a ideia de dados como capital, cf. Jathan Sadowski, "When Data Is Capital", *op. cit.*

19 Harun Farocki discutido em Trevor Paglen, "Operational Images". *e-flux*, nov. 2014. Disponível em: <https://www.e-flux.com/journal/59/61130/operational-images/>. Acesso em: 15 jan. 2025.

20 Para um resumo, cf. Douglas Heaven, "Why Faces Don't Always Tell the Truth about Feelings", *op. cit.*

21 Friedrich Nietzsche, *Sämtliche Werke*. v. 11. Berlin: De Gruyter, 1980, p. 506.

22 Yilun Wang e Michal Kosinski, "Deep Neural Networks Are More Accurate than Humans at Detecting Sexual Orientation from Facial Images". *Journal of Personality and Social Psychology*, v. 114, n. 2, 2018, pp. 246-57. Disponível em: <https://doi.org/10.1037/pspa0000098>. Acesso em: 28 ago. 2024; Jon Kleinberg *et al.*, "Human Decisions and Machine Predictions". *Quarterly Journal of Economics* 133, n. 1, 2018, pp. 237-93. Disponível em: <https://doi.org/10.1093/qje/qjx032>. Acesso em: 15 jan. 2025. Penny Crosman, "Is AI a Threat to Fair Lending?". *American Banker*, 7 set. 2017. Disponível em: <https://www.americanbanker.com/news/is-artificial-intelligence-a-threat-to-fair-lending>. Acesso em: 15 jan. 2025; Seo *et al.*, "Partially Generative Neural Networks", *op. cit.*

23 Joseph Pugliese, "Death by Metadata: The Bioinformationalisation of Life and the Transliteration of Algorithms to Flesh". Em: *Security, Race, Biopower: Essays on Technology and Corporeality*, Holly Randell-Moon e Ryan Tippet (orgs.). London: Palgrave Macmillan, 2016, pp. 3-20.

24 Lucy Suchman, "Algorithmic Warfare and the Reinvention of Accuracy", *op. cit.*

25 Brandon Simmons, "Rekor Software Adds License Plate Reader Technology to Home Surveillance, Causing Privacy Concerns". *WKYC*, 31 jan. 2020. Disponível em: <https://www.wkyc.com/article/tech/rekor-software-adds-license-plate-reader-technology-to-home-surveillance-causing-privacy-concerns/95-7c9834d9-5d54-4081-b983-b2e6142a3213>. Acesso em: 15 jan. 2025.

26 Audre Lorde, *The Master's Tools Will Never Dismantle the Master's House*. London: Penguin Classics, 2018.

27 Marietje Schaake, "What Principles Not to Disrupt: On AI and Regulation". *Medium* (blog), 5 nov. 2019. Disponível em: <https://medium.com/@marietje.schaake/what-principles-not-to-disrupt-on-ai-and-regulation-cabbd92fd30e>. Acesso em: 15 jan. 2025.

28 Anna Jobin, Marcello Ienca e Effy Vayena, "The Global Landscape of AI Ethics Guidelines". *Nature Machine Intelligence* 1, 2019, pp. 389-99. Disponível em: <https://doi.org/10.1038/s42256-019-0088-2>. Acesso em: 15 jan. 2025.

29 Shannon Mattern, "Calculative Composition: The Ethics of Automating Design". Em: *The Oxford Handbook of Ethics of AI*, Markus D. Dubber, Frank Pasquale e Sunit Das (orgs.), pp. 572-92. Oxford: Oxford University Press, 2020, p. 572.

30 Para mais informações sobre por que linhas gerais de ética de IA são de eficácia limitada, cf. Kate Crawford *et al.*, *AI Now 2019 Report*. New York: AI Now Institute, 2019. Disponível em: <https://ainowinstitute.org/AI_Now_2019_Report.html>. Acesso em: 15 jan. 2025.

31 Brent Mittelstadt, "Principles Alone Cannot Guarantee Ethical AI". *Nature Machine Intelligence* 1, n. 11, 2019,

pp. 501-7. Disponível em: <https://doi.org/10.1038/s42256-019-0114-4>. Acesso em: 15 jan. 2025. Cf. também Jacob Metcalf, Emanuel Moss e danah boyd, "Owning Ethics: Corporate Logics, Silicon Valley, and the Institutionalization of Ethics". *International Quarterly* 82, n. 2, 2019, pp. 449-76.

32 Para estudos recentes que abordam os importantes passos práticos para que isso seja feito sem que haja uma repetição de formas de extração e de causação de danos, cf. Sasha Costanza-Chock, *Design Justice*, *op. cit*.

33 Langdon Winner, *The Whale and the Reactor: A Search for Limits in an Age of High Technology*. Chicago: University of Chicago Press, 2001, p. 9.

34 Achille Mbembe, *Critique of Black Reason*, *op. cit*., p. 3 [ed. bras.: *Crítica da razão negra*, *op. cit*., p. 15].

35 Sindre Bangstad *et al*., "Thoughts on the Planetary: An Interview with Achille Mbembe". *New Frame*, 5 set. 2019. Disponível em: <https://www.academia.edu/40268677/Thoughts_on_the_planetary_An_interview_with_Achille_Mbembe>. Acesso em: 15 jan. 2025.

36 Donna J. Haraway, *Simians, Cyborgs, and Women: The Reinvention of Nature*. New York: Routledge, 1990, p. 161 [ed. bras.: *A reinvenção da natureza: símios, ciborgues e mulheres*. Trad. Rodrigo Gonçalves. São Paulo: WMF Martins Fontes, 2023, p. 280].

37 Shakir Mohamed, Marie-Therese Png e William Isaac, "Decolonial AI: Decolonial Theory as Sociotechnical Foresight in Artificial Intelligence". *Philosophy and Technology*, 2020, p. 405. Disponível em: <https://doi.org/10.1007/s13347-020-00405-8>. Acesso em: 15 jan. 2025.

38 "Race after Technology, Ruha Benjamin". Minutas de reunião, Old Guard of Princeton, NJ., 14 nov. 2018. Disponível em: <https://www.theoldguardofprinceton.org/11-14-2018.html>. Acesso em: 15 jan. 2025.

39 Sindre Bangstad *et al*., "Thoughts on the Planetary", *op. cit*.

Coda: Espaço

1 *Blue Origin's Mission*. Blue Origin. Vídeo, 1 fev. 2019. Disponível em: <https://www.youtube.com/watch?v=1YOL89kY8Og>. Acesso em: 15 jan. 2025.

2 *Ibid*.

3 Corey S. Powell, "Jeff Bezos Foresees a Trillion People Living in Millions of Space Colonies". *NBC News*, 15 maio 2019. Disponível em: <https://www.nbcnews.com/mach/science/jeff-bezos-foresees-trillion-people-living-millions-space-colonies-here-ncna1006036>.

4 Jeff Bezos, *Going to Space to Benefit Earth*. Vídeo, 9 mai, 2019. Disponível em: <https://www.youtube.com/watch?v=GQ98hGUe6FM&>. Acesso em: 15 jan. 2025.

5 *Ibid*.

6 Franklin Foer, "Jeff Bezos's Master Plan". *Atlantic*, nov. 2019. Disponível em: <https://www.theatlantic.com/magazine/archive/2019/11/what-jeff-bezos-wants/598363/>. Acesso em: 15 jan. 2025.

7 *Ibid*.

8 "Why Asteroids". *Planetary Resources*. Disponível em: <https://www.planetaryresources.com/why-asteroids/>. Acesso em: 15 jan. 2025.

9 Chris Welch, "Elon Musk: First Humans Who Journey to Mars Must 'Be Prepared to Die'". *The Verge*, 27 set. 2016. Disponível em: <https://www.theverge.com/2016/9/27/13080836/elon-musk-spacex-mars-mission-death-risk>. Acesso em: 15 jan. 2025.

10 Anthony Cuthbertson, "Elon Musk Really Wants to 'Nuke Mars'". *Independent*, 19 ago. 2019. Disponível em: <https://www.independent.co.uk/life-style/gadgets-and-tech/news/elon-musk-mars-nuke-spacex-t-shirt-nuclear-weapons-space-a9069141.html>. Acesso em: 15 jan. 2025.

11 Hanno Rein, Daniel Tamayo e David Vokrouhlicky, "The Random Walk of Cars and Their Collision Probabilities with Planets". *Aerospace* 5, n. 2, 2018, p. 57. Disponível em: <https://doi.org/10.3390/aerospace5020057>. Acesso em: 23 ago. 2024.

12 Dominic Gates, "Bezos's Blue Origin Seeks Tax Incentives to Build Rocket Engines Here". *Seattle Times*, 14 jan. 2016. Disponível em: <https://www.seattletimes.com/business/boeing-aerospace/bezoss-blue-origin-seeks-tax-incentives-to-build-rocket-engines-here/>. Acesso em: 23 ago. 2024.

13 Paris Marx, "Instead of Throwing Money at the Moon, Jeff Bezos Should Try Helping Earth". *NBC News*, 15 maio 2019. Disponível em: <https://www.nbcnews.com/think/opinion/jeff-bezos-blue-origin-space-colony-dreams-ignore-plight-millions-ncna1006026>. Acesso em: 23 ago. 2024; Gerard K. O'Neill, *The High Frontier: Human Colonies in Space*. Burlington, Ont.: Apogee Books, 2000, 3. ed.

14 "Our Mission". *Blue Origin*. Disponível em: <https://www.blueorigin.com/pt-BR/about-blue>. Acesso em: 23 ago. 2024.

15 Monte Davis, "Gerard K. O'Neill on Space Colonies". *Omni Magazine*, 12 out. 2017. Disponível em: <https://omnimagazine.com/interview-gerard-k-oneill-space-colonies/>. Acesso em: 23 ago. 2024.

16 Donella H. Meadows *et al.*, *The Limits to Growth*. New York: Signet, 1972 [ed. bras.: *Limites do crescimento: um relatório para o projeto do Clube de Roma sobre o dilema da humanidade*. Trad. Inês M. F. Litto. São Paulo: Perspectiva, 1978, 2. ed].

17 Fred Scharmen, *Space Settlements*. New York: Columbia University Press, 2019, p. 216. Em anos recentes, estudiosos sugeriram que os modelos do Clube de Roma eram otimistas demais, já que subestimavam a rápida taxa de extração e de consumo de recursos em todo o mundo e as implicações climáticas dos gases de efeito estufa e do calor residual das indústrias. Cf. Graham Turner, "Is Global Collapse Imminent? An Updated Comparison of the Limits to Growth with Historical Data". Artigo de pesquisa n. 4, *Melbourne Sustainable Society Institute*, University of Melbourne, ago. 2014.

18 A causa de um modelo de não crescimento que envolva permanecer no planeta foi defendida por muitos estudiosos do movimento dos limites do crescimento. Cf., por exemplo, Ted Trainer, *Renewable Energy Cannot Sustain a Consumer Society*. Dordrecht, Netherlands: Springer, 2007.

19 Fred Scharmen, *Space Settlements*, *op. cit.*, p. 91.

20 É de se questionar como a missão de Bezos seria diferente se sua inspiração viesse do escritor de ficção científica Philip K. Dick, que escreveu o conto "Autofab" em 1955. No conto, sobreviventes humanos de uma guerra apocalíptica são deixados na Terra com os "autofabs" – máquinas fabris enormes e autorreplicantes. Os autofabs foram programados para a produção de mercadorias na sociedade pré-guerra, mas não haviam parado de fazê-lo e, assim, consumiam os recursos do planeta e ameaçavam a existência das pessoas que haviam sobrado. A única forma de sobreviver era enganar as máquinas de inteligência artificial

para que lutassem umas contra as outras pelo material fundamental de que precisavam para a produção: o elemento de terra rara tungstênio. O plano parece dar certo: plantas começam a crescer em meio às fábricas e fazendeiros podem voltar à terra. É só mais tarde que as pessoas descobrem que os autofabs haviam buscado mais recursos nas profundezas do núcleo da Terra e em breve lançariam milhares de "sementes" autorreplicantes para minerar o resto da galáxia. Philip K. Dick, "Autofac". *Galaxy Magazine*, nov. 1955. Disponível em: <http://archive.org/details/galaxymagazine-1955-11>. Acesso em: 23 ago. 2024 [ed. bras.: "Autofab". Em: *Sonhos elétricos*. Trad. Daniel Lühmann. São Paulo: Aleph, 2020].

21 NASA, "Outer Space Treaty of 1967". NASA History, 1967. Disponível em: <https://history.nasa.gov/1967treaty.html>. Acesso em: 23 ago. 2024.

22 U.S. Commercial Space Launch Competitiveness Act. Pub. L. N. 114-90, 114th Cong., 2015. Disponível em: <https://www.congress.gov/114/plaws/publ90/PLAW-114publ90.pdf>. Acesso em: 23 ago. 2024.

23 Megan R. Wilson, "Top Lobbying Victories of 2015". *The Hill*, 16 dez. 2015. Disponível em: <https://thehill.com/business-a-lobbying/business-a-lobbying/263354-lobbying-victories-of-2015>. Acesso em: 23 ago. 2024.

24 Matthew Shaer, "The Asteroid Miner's Guide to the Galaxy". *Foreign Policy* (blog), 28 abr. 2016. Disponível em: <https://foreignpolicy.com/2016/04/28/the-asteroid-miners-guide-to-the-galaxy-space-race-mining-asteroids-planetary-research-deep-space-industries/>. Acesso em: 23 ago. 2024.

25 Como Mark Andrejevic escreve, "a promessa de imortalidade tecnológica é inseparável da automação, que oferece a suplantação das limitações humanas a cada esquina." Mark Andrejevic, *Automated Media*. New York: Routledge, 2020, p. 1.

26 Tony Reichhardt, "First Photo from Space". *Air and Space Magazine*, 24 out. 2006. Disponível em: <https://www.airspacemag.com/space/the-first-photo-from-space-13721411/>. Acesso em: 15 jan. 2025.

27 Cf., por exemplo, a reportagem do jornalista vencedor do Pulitzer Wayne Biddle sobre Von Braun como um criminoso de guerra que participou do tratamento brutal dispensado aos trabalhadores escravizados sob o regime nazista. Wayne Biddle, *Dark Side of the Moon: Wernher von Braun, the Third Reich, and the Space Race*. New York: W. W. Norton, 2012.

28 Paul Grigorieff, "The Mittelwerk/Mittelbau/Camp Dora." *v2rocket.com*. Disponível em: <http://www.v2rocket.com/start/chapters/mittel.html>. Acesso em: 23 ago. 2024.

29 Bob Ward, *Dr. Space: The Life of Wernher von Braun*. Annapolis, Md.: Naval Institute Press, 2009.

30 Nancy Keates, "The Many Places Amazon CEO Jeff Bezos Calls Home". *Wall Street Journal*, 9 jan. 2019. Disponível em: <https://www.wsj.com/articles/the-many-places-amazon-ceo-jeff-bezos-calls-home-1507204462>. Acesso em: 23 ago. 2024.

31 Center for Land Use Interpretation, "Figure 2 Ranch, Texas". Disponível em: <http://www.clui.org/ludb/site/figure-2-ranch>. Acesso em: 26 ago. 2024.

AGRADECIMENTOS

Todos os livros são projetos coletivos, e, quanto mais tempo levam para serem escritos, maior é o grupo que os compõe. *O atlas da IA* foi escrito ao longo de muitos anos e só foi possível graças aos amigos, colegas, colaboradores e coaventureiros que me acompanharam nesse processo. Foram muitas conversas até tarde da noite e cafés logo cedo, pela manhã, assim como viagens de carro e mesas-redondas – e todas essas coisas trouxeram à vida este livro. Meus agradecimentos seriam suficientes para preencher um outro volume, mas estas poucas palavras terão de bastar por enquanto.

Primeiro, agradeço aos estudiosos e amigos cujas obras deixaram a impressão mais profunda neste livro: Mike Ananny, Geoffrey Bowker, Benjamin Bratton, Simone Browne, Wendy Chun, Vladan Joler, Alondra Nelson, Jonathan Sterne, Lucy Suchman, Fred Turner e McKenzie Wark. A Jer Thorp, muito obrigada pelos dias que passamos escrevendo lado a lado e pelas condolências e comemorações (dependendo da semana).

Ao longo dos anos, tive a sorte de ser membro de múltiplas comunidades de pesquisa, com as quais aprendi muito. Há muitos especialistas e engenheiros que fazem da Microsoft Research um lugar excepcional, e sou grata por integrar tanto o grupo FATE como o Social Media Colletive. Obrigada a Ifeoma Ajunwa, Peter Bailey, Solon Barocas, Nancy Baym, Christian Borgs, Margarita Boyarskaya, danah boyd, Sarah Brayne, Jed Brubaker, Bill Buxton, Jennifer Chayes, Tressie McMillan Cottom, Hal Daume, Jade Davis, Fernando Diaz, Kevin Driscoll, Miro Dudik, Susan Dumais, Megan Finn, Timnit Gebru, Tarleton Gillespie, Mary L. Gray, Dan Greene, Caroline Jack, Adam Kalai, Tero Karppi, Os Keyes, Airi Lampinen, Jessa Lingel, Sonia Livingstone, Michael Madaio, Alice Marwick, J. Nathan Matias, Josh McVeigh-Schultz, Andrés Monroy-Hernández, Dylan Mulvin, Laura Norén, Alexandra Olteanu, Aaron Plasek, Nick Seaver, Aaron Shapiro, Luke Stark, Lana Swartz, TL Taylor, Jenn Wortman Vaughan, Hanna Wallach e Glen Weyl. Seria impossível pedir para aprender com uma constelação mais luminosa de estudiosos.

Um agradecimento especial a todos que participaram da criação do Instituto AI Now na Universidade de Nova York: Alejandro Calcaño Bertorelli, Alex Butzbach, Roel Dobbe, Theodora Dryer, Genevieve Fried, Casey Gollan, Ben Green, Joan Greenbaum, Amba Kak, Elizabeth Kaziunas, Varoon Mathur, Erin McElroy, Andrea Nill Sánchez, Mariah Peebles, Deb Raji, Joy Lisi Rankin, Noopur Raval, Dillon Reisman, Rashida Richardson, Julia Bloch Thibaud, Nantina Vgontzas, Sarah Myers West e Meredith Whittaker.

E serei sempre agradecida aos extraordinários acadêmicos australianos que me deram suporte desde o começo, incluindo Kath Albury, Mark Andrejevic, Genevieve Bell, Jean Burgess, Chris Chesher, Anne Dunn, Gerard Goggin, Melissa Gregg, Larissa Hjorth, Catharine Lumby, Elspeth Probyn, Jo Tacchi e Graeme Turner. A estrada é longa, mas sempre nos leva de volta para casa.

Ao longo dos anos, este livro se beneficiou enormemente de vários assistentes de pesquisa, leitores e arquivistas, todos eles estudiosos incríveis. Obrigada a Sally Collings, Sarah Hamid, Rebecca Hoffman, Caren Litherland, Kate Miltner,

Léa Saint-Raymond e Kiran Samuel por me ajudarem a pensar melhor, rastrear fontes, acessar arquivos e completar as notas de rodapé e referências bibliográficas. Um agradecimento especial a Alex Campolo por sua *expertise* profunda em história da ciência do século 20 – trabalhar com você é uma alegria. Elmo Keep foi uma interlocutora brilhante e Joy Lisi Rankin, uma editora muito perspicaz. Vários arquivistas ajudaram generosamente com este projeto, mas particularmente Janet Monge, do arquivo de crânios de Samuel Morton, e Henrik Miltke, com o arquivo Snowden.

Devo muito a Joseph Calamia. Obrigada por acreditar neste projeto e pela paciência enquanto eu completava as muitas jornadas que foram necessárias para isso. Obrigada também a Bill Frucht e a Karen Olson, da Yale University Press, por levarem o livro até a linha de chegada.

Tenho uma imensa dívida de gratidão com as instituições que me convidaram para visitá-las e me deram tempo para escrever. Obrigada à École Normale Supérieure de Paris, onde inaugurei a cátedra de IA e Justiça, à Academia Robert Bosch, em Berlim, onde fui uma bolsista Richard von Weizsäcker, e à Universidade de Melbourne, pela bolsa de distinção Mienguyah de professora visitante. As comunidades em cada uma dessas instituições foram muito acolhedoras e expandiram os contextos deste atlas. Por fazer com que tudo isso fosse possível, obrigada a Anne Bouverot, Tanya Perelmuter, Mark Mezard, à Fondation Abeona, Sandra Breka, Jannik Rust e Jeannie Paterson.

Desenvolvi as ideias deste livro em apresentações de conferência, exposições e palestras ao longo de mais de uma década, perpassando as áreas de arquitetura, arte, geografia crítica, ciência da computação, estudos culturais, direito, estudos de mídias, filosofia e estudos de ciência e tecnologia. Os públicos na Universidade Nacional Australiana, no Instituto de Tecnologia da Califórnia, da Universidade de Columbia, na Haus der Kulturen der Welt, no MIT, na

Academia Nacional de Ciências, na Universidade de Nova York, na Royal Society de Londres, no Museu Smithsonian, na Universidade de New South Wales, na Universidade de Yale, na École Normal Supérieure e em conferências como NeurIPS, AoIR e ICML proporcionaram um *feedback* fundamental enquanto eu desenvolvia este projeto.

Alguns materiais presentes em vários dos capítulos foram extraídos de artigos anteriores publicados em periódicos e substancialmente alterados para este contexto, e eu gostaria de agradecer a todos os coautores e publicações com quem tive a honra de colaborar:

"Enchanted Determinism: Power without Responsibility in Artificial Intelligence", *Engaging Science, Technology, and Society* 6, 2020, pp. 1-19 (com Alex Campolo); "Excavating AI: The Politics of Images in Machine Learning Training Sets", *AI and Society* 2020 (com Trevor Paglen); "Alexa, Tell Me about Your Mother: The History of the Secretary and the End of Secrecy", *Catalyst: Feminism, Theory, Technoscience* 6, n. 1, 2020 (com Jessa Lingel); "AI Systems as State Actors", *Columbia Law Review* 119, 2019, pp. 1941-72 (com Jason Schultz); "Halt the Use of Facial-Recognition Technology until It Is Regulated", *Nature* 572, 2019, p. 565; "Dirty Data, Bad Predictions: How Civil Rights Violations Impact Police Data, Predictive Policing Systems, and Justice", *NYU Law Review Online* 94, n. 15, 2019, pp. 15-55 (com Rashida Richardson e Jason Schultz); "Anatomy of an AI System: The Amazon Echo as an Anatomical Map of Human Labor, Data and Planetary Resources", *AI Now Institute* and *Share Lab*, 7 set. 2018 (com Vladan Joler); "Datasheets for Datasets", *Proceedings of the Fifth Workshop on Fairness, Accountability, and Transparency in Machine Learning*, Stockholm, 2018 (com Timnit Gebru, Jamie Morgenstern, Briana Vecchione, Jennifer Wortman Vaughan, Hanna Wallach e Hal Daumeé III); "The Problem with Bias: Allocative Versus Representational Harms in Machine Learning", SIGCIS Conference 2017 (com Solon

Barocas, Aaron Shapiro e Hanna Wallach); "Limitless Worker Surveillance", *California Law Review* 105, n. 3, 2017, pp. 735-76 (com Ifeoma Ajunwa e Jason Schultz); "Can an Algorithm Be Agonistic? Ten Scenes from Life in Calculated Publics", *Science, Technology and Human Values* 41, 2016, pp. 77-92; "Asking the Oracle", em *Astro Noise*, Laura Poitras (org.). New Haven: Yale University Press, 2016, pp. 128-41; "Seeing without Knowing: Limitations of the Transparency Ideal and Its Application to Algorithmic Accountability", *New Media and Society* 20, n. 3, 2018, pp. 973-89 (com Mike Ananny); "Where Are the Human Subjects in Big Data Research? The Emerging Ethics Divide", *Big Data and Society* 3, n. 1, 2016 (com Jake Metcalf); "Exploring or Exploiting? Social and Ethical Implications of Autonomous Experimentation in AI", Workshop on Fairness, Accountability, and Transparency in Machine Learning (FAccT), 2016 (com Sarah Bird, Solon Barocas, Fernando Diaz e Hanna Wallach); "There Is a Blind Spot in AI Research", *Nature* 538, 2016, pp. 311-3 (com Ryan Calo); "Circuits of Labour: A Labour Theory of the iPhone Era", *TripleC: Communication, Capitalism and Critique*, 2014 (com Jack Qiu e Melissa Gregg); "Big Data and Due Process: Toward a Framework to Redress Predictive Privacy Harms", *Boston College Law Review* 55, n. 1, 2014 (com Jason Schultz); e "Critiquing Big Data: Politics, Ethics, Epistemology", *International Journal of Communications* 8, 2014, pp. 663-72 (com Kate Miltner e Mary Gray).

Além de artigos, tive a sorte de participar, com a equipe do Instituto AI Now, da elaboração de relatórios colaborativos que subsidiaram este livro: *AI Now 2019 Report*, AI Now Institute, 2019 (com Roel Dobbe, Theodora Dryer, Genevieve Fried, Ben Green, Amba Kak, Elizabeth Kaziunas, Varoon Mathur, Erin McElroy, Andrea Nill Sánchez, Deborah Raji, Joy Lisi Rankin, Rashida Richardson, Jason Schultz, Sarah Myers West e Meredith Whittaker); "Discriminating Systems: Gender, Race and Power in AI", AI Now Institute, 2019 (com Sarah Myers West e Meredith Whittaker); *AI Now Report*

2018, AI Now Institute, 2018 (com Meredith Whittaker, Roel Dobbe, Genevieve Fried, Elizabeth Kaziunas, Varoon Mathur, Sarah Myers West, Rashida Richardson, Jason Schultz e Oscar Schwartz); "Algorithmic Impact Assessments: A Practical Framework for Public Agency Accountability", AI Now Institute, 2018 (com Dillon Reisman, Jason Schultz e Meredith Whittaker); *AI Now 2017 Report*, AI Now Institute, 2017 (com Alex Campolo, Madelyn Sanfilippo e Meredith Whittaker); e *AI Now 2016 Report*, NYU Information Law Institute, 2016 (com Madeleine Clare Elish, Solon Barocas, Aaron Plasek, Kadija Ferryman e Meredith Whittaker).

Por fim, este livro não existiria sem estas pessoas: Trevor Paglen, uma verdadeira bússola, das explorações no deserto até as investigações arqueológicas; Vladan Joler, um amigo na criação de mapas, cujas obras iluminam este livro e meu pensamento; Laura Poitras, que me encorajou; Karen Murphy, por seus olhos de *designer*; Adrian Hobbes e Edwina Throsby, por me ajudarem a atravessar os incêndios; Bo Daley, que fez com que tudo ficasse melhor; e a minha família: Margaret, James, Judith, Claudia, Cliff e Hilary. Devo uma gratidão eterna a Jason e Elliott, meus cartógrafos favoritos.

REFERÊNCIAS

ABBATE, Janet. *Inventing the Internet*. Cambridge, Mass.: MIT Press, 1999.

ABRAHAM, David S. *The Elements of Power: Gadgets, Guns, and the Struggle for a Sustainable Future in the Rare Metal Age*. New Haven: Yale University Press, 2017.

ACHTENBERG, Emily. "Bolivia Bets on State-Run Lithium Industry." NACLA, 15 nov. 2010. Disponível em: <https://nacla.org/news/bolivia-bets-state-run-lithium-industry>. Acesso em: 28 ago. 2024.

ACKERMAN, Spencer. "41 Men Targeted but 1,147 People Killed: US Drone Strikes – the Facts on the Ground". *Guardian*, 24 nov. 2014. Disponível em: <https://www.theguardian.com/us-news/2014/nov/24/-sp-us-drone-strikes-kill-1147>. Acesso em: 28 ago. 2024.

ADAMS, Guy. "Lost at Sea: On the Trail of Moby-Duck". *Independent*, 27 fev. 2011. Disponível em: <https://www.independent.co.uk/environment/nature/lost-at-sea-on-the-trail-of-moby-duck-2226788.html>. Acesso em: 28 ago. 2024.

"ADVERTISING on Twitter." Twitter for Business. Disponível em: <https://business.Twitter.com/en/Twitter-ads-signup.html>. Acesso em: 28 ago. 2024.

"AFFECTIVA HUMAN PERCEPTION AI Analyzes Complex Human States." Affectiva. Disponível em: <https://www.affectiva.com/>. Acesso em: 28 ago. 2024.

AGRE, Philip E. *Computation and Human Experience*. Cambridge: Cambridge University Press, 1997.

AGÜERA Y ARCAS, Blaise; MITCHELL, Margaret; TODOROV, Alexander. "Physiognomy's New Clothes." *Medium: Artificial Intelligence* (blog), 7 maio 2017. Disponível em: <https://medium.com/@blaisea/physiognomys-new-clothes-f2d4b59fdd6a>. Acesso em: 28 ago. 2024.

"AI and compute." *Open AI*, 16 maio 2018. Disponível em: <https://openai.com/blog/ai-and-compute/>. Acesso em: 28 ago. 2024.

AJUNWA, Ifeoma; CRAWFORD, Kate; SCHULTZ, Jason. "Limitless Worker Surveillance." *California*

Law Review 105, n. 3, 2017, pp. 735-76. Disponível em: <https://doi.org/10.15779z38br8mf94>. Acesso em: 28 ago. 2024.

AJUNWA, Ifeoma; GREENE, Daniel. "Platforms at Work: Automated Hiring Platforms and other New Intermediaries in the Organization of Work." Em: *Work and Labor in the Digital Age*, Steven P. Vallas e Anne Kovalainen (orgs.), pp. 66-91. Bingley, Reino Unido: Emerald, 2019.

"ALBEMARLE (nyse:alb) Could Be Targeting These Nevada Lithium Juniors". *SmallCapPower*, 9 set. 2016. Disponível em: <https://smallcappower.com/top-stories/albemarle-nysealb-targeting-nevada-lithium-juniors/>. Acesso em: 28 ago. 2024.

ALDEN, William. "Inside Palantir, Silicon Valley's Most Secretive Company". *Buzzfeed News*, 6 maio 2016. Disponível em: <https://www.buzzfeednews.com/article/williamalden/inside-palantir-silicon-valleys-most-secretive-company>. Acesso em: 28 ago. 2024.

ALEKSANDER, Igor (org.). *Artificial Vision for Robots*. Boston: Springer, EUA, 1983.

"AMAZON.com Market Cap | amzn." *YCharts*. Disponível em: <https://ycharts.com/companies/AMZN/market_cap>. Acesso em: 28 ago. 2024.

"AMAZON Rekognition Improves Face Analysis." Amazon Web Services, 12 ago. 2019. Disponível em: <https://aws.amazon.com/about-aws/whats-new/2019/08/amazon-rekognition-improves-face-analysis/>. Acesso em: 28 ago. 2024.

"AMAZON Rekognition – Video and Image – aws". Amazon Web Services. Disponível em: <https://aws.amazon.com/rekognition/>. Acesso em: 28 ago. 2024.

ANANNY, Mike; CRAWFORD, Kate. "Seeing without Knowing: Limitations of the Transparency Ideal and Its Application to Algorithmic Accountability". *New Media and Society* 20, n. 3, 2018, pp. 973-89. Disponível em: <https://doi.org/10.1177/1461444816676645>. Acesso em: 28 ago. 2024.

ANDERSON, Warwick. *The Collectors of Lost Souls: Turning Kuru Scientists into Whitemen*. Edição atualizada. Baltimore: Johns Hopkins University Press, 2019.

ANDRAE, Anders A. E.; EDLER, T. "On Global Electricity Usage of Communication Technology: Trends to 2030". *Challenges* 6, n. 1, 2015, pp. 117-57. Disponível em: <https://www.doi.org/10.3390/challe6010117>. Acesso em: 28 ago. 2024.

ANDREJEVIC, Mark. *Automated Media*. New York: Routledge, 2020.

ANGWIN, Julia *et al*. "Dozens of Companies Are Using Facebook to Exclude Older Workers from Job Ads". *ProPublica*, 20 dez. 2017. Disponível em: <https://www.propublica.org/article/facebook-ads-age-discrimination-targeting>. Acesso em: 28 ago. 2024.

ANGWIN, Julia *et al*. "Machine Bias". *ProPublica*, 23 maio 2016. Disponível em: <https://www.propublica.org/article/machine-bias-risk-assessments-in-criminal-sentencing>. Acesso em: 28 ago. 2024.

ANZILOTTI, Eillie. "Emails Show that ICE Uses Palantir Technology to Detain Undocumented Immigrants", *FastCompany* (blog), 16 jul. 2019. Disponível em: <https://www.fastcompany.com/90377603/ice-uses-palantir-tech-to-detain-immigrants-wnyc-report>. Acesso em: 28 ago. 2024.

APELBAUM, Yaacov. "One Thousand and One Nights and Ilhan Omar's Biographical Engineering". *The Illustrated Primer* (blog), 13 ago. 2019.

Disponível em: <https://www.yaacovapelbaum.com/2019/08/13/one-thousand-and-one-nights-and-ilhan-omars-biographical-engineering/>. Acesso em: 28 ago. 2024.

APPLE. "Apple Commits to Be 100 Percent Carbon Neutral for Its Supply Chain and Products by 2030", 21 jul. 2020. Disponível em: <https://www.apple.com/au/newsroom/2020/07/apple-commits-to-be-100-percent-carbon-neutral-for-its-supply-chain-and-products-by-2030/>. Acesso em: 28 ago. 2024.

APPLE. *Supplier Responsibility: 2018 Progress Report*. Cupertino, Calif.: Apple, sem data. Disponível em: <https://www.apple.com/supplier-responsibility/pdf/Apple_SR_2018_Progress_Report.pdf>. Acesso em: 28 ago. 2024.

ARBOLEDA, Martin. *Planetary Mine: Territories of Extraction under Late Capitalism*. London: Verso, 2020.

ARISTÓTELES. *The Categories: On Interpretation*. Trad. Harold Percy Cooke e Hugh Tredennick. Loeb Classical Library 325. Cambridge, Mass.: Harvard University Press, 1938 [ed. bras.: *Categorias*. Trad. José Veríssimo Teixeira da Mata. São Paulo: Editora Unesp, 2019].

ASLAM, Salman. "Facebook by the Numbers (2019): Stats, Demographics & Fun Facts". *Omnicore*, 6 jan. 2020. Disponível em: <https://www.omnicoreagency.com/facebook-statistics/>. Acesso em: 28 ago. 2024.

AYOGU, Melvin; LEWIS, Zenia. "Conflict Minerals: An Assessment of the Dodd-Frank Act." *Brookings Institution*, 3 out. 2011. Disponível em: <https://www.brookings.edu/opinions/conflict-minerals-an-assessment-of-the-dodd-frank-act/>. Acesso em: 28 ago. 2024.

AYTES, Ayhan. "Return of the Crowds: Mechanical Turk and Neoliberal States of Exception". Em: *Digital Labor: The Internet as Playground and Factory*, Trebor Scholz (org.). New York: Routledge, 2013.

BABBAGE, Charles. *On the Economy of Machinery and Manufactures* [1832]. Cambridge: Cambridge University Press, 2010.

BABICH, Babette E. *Nietzsche's Philosophy of Science: Reflecting Science on the Ground of Art and Life*. Albany: State University of New York Press, 1994.

BAILEY, F. G. "Dimensions of Rhetoric in Conditions of Uncertainty". Em: *Politically Speaking: Cross-Cultural Studies of Rhetoric*, Robert Paine (org.), pp. 25-38. Philadelphia: ISHI Press, 1981.

BAKER, Janet M. *et al*. "Research Developments and Directions in Speech Recognition and Understanding, Part 1". *IEEE*, abr. 2009. Disponível em: <https://dspace.mit.edu/handle/1721.1/51891>. Acesso em: 28 ago. 2024.

BANGSTAD, Sindre *et al*. "Thoughts on the Planetary: An Interview with Achille Mbembe". *New Frame*, 5 set. 2019. Disponível em: <https://www.academia.edu/40268677/Thoughts_on_the_planetary_An_interview_with_Achille_Mbembe>. Acesso em: 28 ago. 2024.

BARRETT, Lisa Feldman. "Are Emotions Natural Kinds?". *Perspectives on Psychological Science* 1, n. 1, 2006, pp. 28-58. Disponível em: <https://doi.org/10.1111/j.1745-6916.2006.00003.x>. Acesso em: 28 ago. 2024.

BARRETT, Lisa Feldman *et al*. "Emotional Expressions Reconsidered: Challenges to Inferring Emotion from Human Facial Movements". *Psychological Science in the Public Interest* 20, n. 1, 2019, pp. 1-68. Disponível em: <https://doi.

org/10.1177/1529100619832930>. Acesso em: 28 ago. 2024.

"**BAYAN** Obo Deposit, [...] Inner Mongolia, China." *Mindat.org*. Disponível em: <https://www.mindat.org/loc-720.html>. Acesso em: 28 ago. 2024.

BAYER, Ronald. *Homosexuality and American Psychiatry: The Politics of Diagnosis*. Princeton, NJ: Princeton University Press, 1987.

BECHMANN, Anja; BOWKER, Geoffrey C. "Unsupervised by Any Other Name: Hidden Layers of Knowledge Production in Artificial Intelligence on Social Media". *Big Data and Society* 6, n. 1, 2019: 205395171881956. Disponível em: <https://doi.org/10.1177/2053951718819569>. Acesso em: 28 ago. 2024.

BECK, Julie. "Hard Feelings: Science's Struggle to Define Emotions." *Atlantic*, 24 fev. 2015. Disponível em: <https://www.theatlantic.com/health/archive/2015/02/hard-feelings-sciences-struggle-to-define-emotions/385711/>. Acesso em: 28 ago. 2024.

BEHRMANN, Elisabeth; FARCHY, Jack; DODGE, Sam. "Hype Meets Reality as Electric Car Dreams Run into Metal Crunch". *Bloomberg*, 11 jan. 2018. Disponível em: <https://www.bloomberg.com/graphics/2018-cobalt-batteries/>. Acesso em: 28 ago. 2024.

BELKHIR, L.; ELMELIGI, A. "Assessing ICT Global Emissions Footprint: Trends to 2040 and Recommendations". *Journal of Cleaner Production* 177, 2018, pp. 448-63.

BENJAMIN, Ruha. *Race after Technology: Abolitionist Tools for the New Jim Code*. Cambridge: Polity, 2019.

BENSON, Kristina. "'Kill 'Em and Sort It Out Later': Signature Drone Strikes and International Humanitarian Law". *Pacific McGeorge Global Business and Development Law Journal* 27, n. 1, 2014, pp. 17-51. Disponível em: <https://scholarlycommons.pacific.edu/globe/vol27/iss1/2/>. Acesso em: 28 ago. 2024.

BENTHALL, Sebastian; HAYNES, Bruce D. "Racial Categories in Machine Learning". Em: *FAT*'19: Proceedings of the Conference on Fairness, Accountability, and Transparency*, 289-98. New York: ACM Press, 2019. Disponível em: <https://dl.acm.org/doi/10.1145/3287560.3287575>. Acesso em: 28 ago. 2024.

BERG, Janine *et al. Digital Labour Platforms and the Future of Work: Towards Decent Work in the Online World*. Geneva: International Labor Organization, 2018. Disponível em: <https://www.ilo.org/wcmsp5/groups/public/---dgreports/---dcomm/---publ/documents/publication/wcms_645337.pdf>. Acesso em: 28 ago. 2024.

BERGEN, Mark."Pentagon Drone Program Is Using Google AI". *Bloomberg*, 6 mar. 2018. Disponível em: <https://www.bloomberg.com/news/articles/2018-03-06/google-ai-used-by-pentagon-drone-program-in-rare-military-pilot>. Acesso em: 28 ago. 2024.

BERMAN, Sanford. *Prejudices and Antipathies: A Tract on the LC Subject Heads Concerning People*. Metuchen, NJ: Scarecrow Press, 1971.

BEZOS, Jeff. *Going to Space to Benefit Earth*. Vídeo, 9 maio 2019. Disponível em: <https://www.youtube.com/watch?v=GQ98hGUe6FM&>. Acesso em: 28 ago. 2024.

BIDDLE, Wayne. *Dark Side of the Moon: Wernher von Braun, the Third Reich, and the Space Race*. New York: W. W. Norton, 2012.

BLACK, Edwin. *IBM and the Holocaust: The Strategic Alliance between Nazi*

Germany and America's Most Powerful Corporation. Edição expandida. Washington, DC: Dialog Press, 2012.

BLEDSOE, W. W. "The Model Method in Facial Recognition". Relatório técnico, pri 15. Palo Alto, Calif.: Panoramic Research, 1964.

BLOOMFIELD, Anne B. "A History of the California Historical Society's New Mission Street Neighborhood". *California History* 74, n. 4, 1995-1996, pp. 372-93.

BLUE, Violet. "Facebook Patents Tech to Determine Social Class". *Engadget*, 9 fev. 2018. Disponível em: <https://www.engadget.com/2018-02-09-facebook-patents-tech-to-determine-social-class.html>. Acesso em: 28 ago. 2024.

BLUE ORIGIN'S MISSION. Blue Origin. Vídeo, 1º fev. 2019. Disponível em: <https://www.youtube.com/watch?v=1YOL89kY8Og>. Acesso em: 16 jan. 2025.

BOND JR., Charles F. "Commentary: A Few Can Catch a Liar, Sometimes: Comments on Ekman and O'Sullivan (1991), as Well as Ekman, O'Sullivan, and Frank (1999)". *Applied Cognitive Psychology* 22, n. 9, 2008, pp. 1298-1300. Disponível em: <https://doi.org/10.1002/acp.1475>. Acesso em: 28 ago. 2024.

BORGES, Jorge Luis. *Collected Fictions*, trad Andrew Hurley. New York: Penguin Books, 1998.

BORGES, Jorge Luis. "John Wilkins' Analytical Language". Em: *Borges: Selected Non-Fictions*, Eliot Weinberger (org.). New York: Penguin Books, 2000 [ed. bras.: "O idioma analítico de John Wilkins". Em: *Outras inquisições*. Trad. Davi Arrigucci Jr. São Paulo: Companhia das Letras, 2007.

BORGES, Jorge Luis. *The Library of Babel*. Trad. Andrew Hurley. Boston: David R. Godine, 2000 [ed. bras.: "A biblioteca de Babel". Em: *Ficções*. Trad. Davi Arrigucci Jr. São Paulo: Companhia das Letras, 2007.

BOSTROM, Nick. *Superintelligence: Paths, Dangers, Strategies*. Oxford: Oxford University Press, 2014.

BOUCHE, Teryn; RIVARD, Laura. "America's Hidden History: The Eugenics Movement". *Scitable*, 18 set. 2014. Disponível em: <https://www.nature.com/scitable/forums/genetics-generation/america-s-hidden-history-the-eugenics-movement-123919444/>. Acesso em: 28 ago. 2024.

BOWKER, Geoffrey C. *Memory Practices in the Sciences*. Cambridge, Mass.: MIT Press, 2005.

BOWKER, Geoffrey C.; STAR, Susan Leigh. *Sorting Things Out: Classification and Its Consequences*. Cambridge, Mass.: MIT Press, 1999.

BRATTON, Benjamin H. *The Stack: On Software and Sovereignty*. Cambridge, Mass.: MIT Press, 2015.

BRAVERMAN, Harry. *Labor and Monopoly Capital: The Degradation of Work in the Twentieth Century*. Edição comemorativa de 25 anos. New York: Monthly Review Press, 1998 [ed. bras.: *Trabalho e capital monopolista: a degradação do trabalho no século 20*. Rio de Janeiro: Guanabara Koogan, 1974].

BRAYNE, Sarah. "Big Data Surveillance: The Case of Policing". *American Sociological Review* 82, n. 5, 2017, pp. 977-1008. Disponível em: <https://doi.org/10.1177/0003122417725865>. Acesso em: 28 ago. 2024.

BRECHIN, Gray. *Imperial San Francisco: Urban Power, Earthly Ruin*. Berkeley: University of California Press, 2007.

BREWER, Eric. "Spanner, TrueTime and the CAP Theorem". Infrastructure: Google, 14 fev. 2017. Disponível em: <https://storage.googleapis.com/pub-tools-public-publication-data/pdf/45855.pdf>. Acesso em: 28 ago. 2024.

BRIDLE, James. “Something Is Wrong on the Internet”. *Medium* (blog), 6 nov. 2017. Disponível em: <https://medium.com/@jamesbridle/something-is-wrong-on-the-internet-c39c471271d2>. Acesso em: 28 ago. 2024.

BROUSSARD, Meredith. *Artificial Unintelligence: How Computers Misunderstand the World*. Cambridge, Mass.: MIT Press, 2018.

BROWN, Harold. *Department of Defense Annual Report: Fiscal Year 1982*. Report AD-A-096066/6. Washington, DC, 19 jan. 1982. Disponível em: <https://history.defense.gov/Portals/70/Documents/annual_reports/1982_DoD_AR.pdf?ver=2014-06-24-150904-113>. Acesso em: 28 ago. 2024.

BROWN, Peter; MERCER, Robert. “Oh, Yes, Everything’s Right on Schedule, Fred”. Palestra, Vinte anos da Bitext Workshop, Empirical Methods in Natural Language Processing Conference, Seattle, Wash., out. 2013. Disponível em: <http://cs.jhu.edu/~post/bitext>. Acesso em: 28 ago. 2024.

BROWNE, Simone. *Dark Matters: On the Surveillance of Blackness*. Durham, NC: Duke University Press, 2015.

BROWNE, Simone. “Digital Epidermalization: Race, Identity and Biometrics”. *Critical Sociology* 36, n. 1, jan. 2010, pp. 131-50.

BRUSTEIN, Joshua; BERGEN, Mark. “Google Wants to Do Business with the Military – Many of its Employees Don’t”. *Bloomberg News*, 21 nov. 2019. Disponível em: <https://www.bloomberg.com/features/2019-google-military-contract-dilemma/>. Acesso em: 28 ago. 2024.

BULLIS, Kevin. “Lithium-Ion Battery.” *MIT Technology Review*, 19 jun. 2012. Disponível em: <https://www.technologyreview.com/s/428155/lithium-ion-battery/>. Acesso em: 28 ago. 2024.

BUOLAMWINI, Joy; GEBRU, Timnit. “Gender Shades: Intersectional Accuracy Disparities in Commercial Gender Classification”. *Proceedings of the First Conference on Fairness, Accountability and Transparency*, PLMR, 81, 2018, pp. 77-91. Disponível em: <http://proceedings.mlr.press/v81/buolamwini18a.html>. Acesso em: 28 ago. 2024.

BURKE, Jason. “Congo Violence Fuels Fears of Return to 90s Bloodbath”. *Guardian*, 30 jun. 2017. Disponível em: <https://www.theguardian.com/world/2017/jun/30/congo-violence-fuels-fears-of-return-to-90s-bloodbath>. Acesso em: 28 ago. 2024.

BUSH, Vannevar. “As We May Think”. *Atlantic*, jul. 1945. Disponível em: <https://www.theatlantic.com/magazine/archive/1945/07/as-we-may-think/303881/>. Acesso em: 28 ago. 2024.

BUSINESS COUNCIL FOR SUSTAINABLE ENERGY. “2019 Sustainable Energy in America Factbook”. BCSE, 11 fev. 2019. Disponível em: <https://www.bcse.org/wp-content/uploads/2019-Sustainable-Energy-in-America-Factbook.pdf>. Acesso em: 28 ago. 2024.

BYFORD, Sam. “Apple Buys Emotient, a Company that Uses AI to Read Emotions”. *The Verge*, 7 jan. 2016. Disponível em: <https://www.theverge.com/2016/1/7/10731232/apple-emotient-ai-startup-acquisition>. Acesso em: 28 ago. 2024.

CALGANG CRIMINAL INTELLIGENCE SYSTEM, THE. Sacramento: California State Auditor, Report 2015-130, ago. 2016. Disponível em: <https://www.auditor.ca.gov/pdfs/reports/2015-130.pdf>. Acesso em: 28 ago. 2024.

CALO, Ryan; CITRON, Danielle. "The Automated Administrative State: A Crisis of Legitimacy". *Emory Law Journal*, 9 mar. 2020. Disponível em: <https://ssrn.com/abstract=3553590>. Acesso em: 28 ago. 2024.

CAMERON, Dell; CONGER, Kate. "Google Is Helping the Pentagon Build AI for Drones". *Gizmodo*, 6 mar. 2018. Disponível em: <https://gizmodo.com/google-is-helping-the-pentagon-build-ai-for-drones-1823464533>. Acesso em: 28 ago. 2024.

CAMPOLO, Alexander; CRAWFORD, Kate. "Enchanted Determinism: Power without Responsibility in Artificial Intelligence". *Engaging Science, Technology, and Society* 6, 2020, pp. 1-19. Disponível em: <https://doi.org/10.17351/ests2020.277>. Acesso em: 28 ago. 2024.

CANALES, Jimena. *A Tenth of a Second: A History.* Chicago: University of Chicago Press, 2010.

CAREY, James W. "Technology and Ideology: The Case of the Telegraph". *Prospects* 8, 1983, pp. 303-25. Disponível em: <https://doi.org/10.1017/S0361233300003793>. Acesso em: 28 ago. 2024. [ed. bras.: "Tecnologia e ideologia: o caso do telégrafo". Em: James Carey. *Comunicação como cultura: ensaios sobre mídia, tecnologia e sociedade*, Arthur Ituassu, Everardo Rocha e Tatiana Siciliano (orgs.). São Paulo: Loyola; Rio de Janeiro: Ed. PUC-Rio, 2022.

CARLISLE, Nate. "NSA Utah Data Center Using More Water". *Salt Lake Tribune*, 2 fev. 2015. Disponível em: <https://archive.sltrib.com/article.php?id=2118801 &itype=CMSID>. Acesso em: 28 ago. 2024.

CARLISLE, Nate. "Shutting Off NSA's Water Gains Support in Utah Legislature". *Salt Lake Tribune*, 20 nov. 2014. Disponível em: <https://archive.sltrib.com/article.php?id=1845843&itype=CMSID>. Acesso em: 28 ago. 2024.

CARTER, Ash. "*Remarks on 'the Path to an Innovative Future for Defense' (CSIS Third Offset Strategy Conference)*". Washington, DC: US Department of Defense, 28 out. 2016. Disponível em: <https://www.defense.gov/Newsroom/Speeches/Speech/Article/990315/remarks-on-the-path-to-an-innovative-future-for-defense-csis-third-offset-strat/>. Acesso em: 28 ago. 2024.

CAVE, Stephen; ÓHÉIGEARTAIGH, Seán S. "An AI Race for Strategic Advantage: Rhetoric and Risks". Em: *Proceedings of the 2018 AAAI/ACM Conference on AI, Ethics, and Society*, pp. 36-40. Disponível em: <https://dl.acm.org/doi/10.1145/3278721.3278780>. Acesso em: 28 ago. 2024.

CENTER FOR LAND USE INTERPRETATION. "Figure 2 Ranch, Texas". Disponível em: <http://www.clui.org/ludb/site/figure-2-ranch>. Acesso em: 28 ago. 2024.

CETINA, Karin Knorr. *Epistemic Cultures: How the Sciences Make Knowledge*. Cambridge, Mass.: Harvard University Press, 1999.

CHAMPS, Emmanuelle de. "The Place of Jeremy Bentham's Theory of Fictions in Eighteenth-Century Linguistic Thought". *Journal of Bentham Studies* 2, 1999. Disponível em: <https://doi.org/10.14324/111.2045-757X.011>. Acesso em: 28 ago. 2024.

"CHINESE Lithium Giant Agrees to Three-Year Pact to Supply Tesla". *Bloomberg*, 21 set. 2018. Disponível em: <https://www.industryweek.com/leadership/article/22026386/chinese-lithium-giant-agrees-to-threeyear-pact-to-supply-tesla>. Acesso em: 28 ago. 2024.

CHINOY, Sahil. "Opinion: The Racist History behind Facial Recognition". *New York Times*, 10 jul. 2019. Disponível em: <https://www.nytimes.com/2019/07/10/opinion/

facial-recognition-race.html>. Acesso em: 28 ago. 2024.

CHUN, Wendy Hui Kyong. *Control and Freedom: Power and Paranoia in the Age of Fiber Optics*. Cambridge, Mass.: MIT Press, 2005.

CITTON, Yves. *The Ecology of Attention*. Cambridge: Polity, 2017.

CLARAC, François; MASSION, Jean; SMITH, Allan M. "Duchenne, Charcot and Babinski, Three Neurologists of La Salpetrière Hospital, and Their Contribution to Concepts of the Central Organization of Motor Synergy". *Journal of Physiology – Paris* 103, n. 6, 2009, pp. 361-76. Disponível em: <https://doi.org/10.1016/j.jphysparis.2009.09.001>. Acesso em: 28 ago. 2024.

CLARK, Nicola; WALLIS, Simon. "Flamingos, Salt Lakes and Volcanoes: Hunting for Evidence of Past Climate Change on the High Altiplano of Bolivia". *Geology Today* 33, n. 3, 2017, pp. 101-7. Disponível em: <https://doi.org/10.1111/gto.12186>. Acesso em: 28 ago. 2024.

CLAUSS, Sidonie. "John Wilkins' Essay toward a Real Character: Its Place in the Seventeenth-Century Episteme". *Journal of the History of Ideas* 43, n. 4, 1982, pp. 531-53. Disponível em: <https://doi.org/10.2307/2709342>. Acesso em: 28 ago. 2024.

"'CLEVER Hans' Again: Expert Commission Decides that the Horse Actually Reasons". *New York Times*, 2 out. 1904. Disponível em: <https://timesmachine.nytimes.com/timesmachine/1904/10/02/120289067.pdf>. Acesso em: 28 ago. 2024.

COCHRAN, Susan D. *et al*. "Proposed Declassification of Disease Categories Related to Sexual Orientation in the International Statistical Classification of Diseases and Related Health Problems (ICD-11)". *Bulletin of the World Health Organization* 92, n. 9, 2014, pp. 672-9. Disponível em: <https://doi.org/10.2471/BLT.14.135541>. Acesso em: 28 ago. 2024.

COHEN, Julie E. *Between Truth and Power: The Legal Constructions of Informational Capitalism*. New York: Oxford University Press, 2019.

COLE, David. "'We Kill People Based on Metadata'." *New York Review of Books*, 10 maio 2014. Disponível em: <https://www.nybooks.com/daily/2014/05/10/we-kill-people-based-metadata/>. Acesso em: 28 ago. 2024.

COLLIGAN, Colette; LINLEY, Margaret (orgs.). *Media, Technology, and Literature in the Nineteenth Century: Image, Sound, Touch*. Burlington, VT: Ashgate, 2011.

"COLONIZED by Data: The Costs of Connection with Nick Couldry and Ulises Mejías". Conversa sobre o livro, 19 set. 2019, Berkman Klein Center for Internet and Society at Harvard University. Disponível em: <https://cyber.harvard.edu/events/colonized-data-costs-connection-nick-couldry-and-ulises-mejias>. Acesso em: 28 ago. 2024.

"CONGO'S Bloody Coltan". *Pulitzer Center on Crisis Reporting*, 6 jan. 2011. Disponível em: <https://pulitzercenter.org/reporting/congos-bloody-coltan>. Acesso em: 28 ago. 2024.

CONNOLLY, William E. *Climate Machines, Fascist Drives, and Truth*. Durham, NC: Duke University Press, 2019.

CONNOR, Neil. "Chinese School Uses Facial Recognition to Monitor Student Attention in Class". *Telegraph*, 17 maio 2018. Disponível em: <https://www.telegraph.co.uk/news/2018/05/17/chinese-school-uses-facial-recognition-monitor-student-attention/>. Acesso em: 28 ago. 2024.

"**CONTAINERS** Lost at Sea – 2017 Update". *World Shipping Council*, 10 jul. 2017. Disponível em: <https://ratical.org/collapsologie/ContainersLostAtSea-2017Jul10.pdf>. Acesso em: 28 ago. 2024.

COOK, Gary *et al. Clicking Clean: Who Is Winning the Race to Build a Green Internet?* Washington, DC: Greenpeace, 2017. Disponível em: <https://www.greenpeace.de/publikationen/20170110_greenpeace_clicking_clean.pdf>. Acesso em: 28 ago. 2024.

COOK, James. "Amazon Patents New Alexa Feature that Knows when You're Ill and Offers You Medicine." *Telegraph*, 9 out. 2018. Disponível em: <https://www.telegraph.co.uk/technology/2018/10/09/amazon-patents-new-alexa-feature-knows-offers-medicine/>. Acesso em: 28 ago. 2024.

COOLE, Diana; FROST, Samantha (orgs.). *New Materialisms: Ontology, Agency, and Politics*. Durham, NC: Duke University Press, 2012.

COOPER, Carolyn C. "The Portsmouth System of Manufacture". *Technology and Culture*, v. 25, n. 2, 1984, pp. 182-225. Disponível em: <https://doi.org/10.2307/3104712>. Acesso em: 28 ago. 2024.

CORBETT, James C. *et al.* "Spanner: Google's Globally-Distributed Database". *Proceedings of OSDI 2012*, 2012, p. 14.

COSTANZA-CHOCK, Sasha. *Design Justice: Community-Led Practices to Build the Worlds We Need*. Cambridge, Mass.: MIT Press, 2020.

COULDRY, Nick; MEJÍAS, Ulises A. *The Costs of Connection: How Data Is Colonizing Human Life and Appropriating It for Capitalism*. Stanford, Calif.: Stanford University Press, 2019.

COULDRY, Nick. "Data Colonialism: Rethinking Big Data's Relation to the Contemporary Subject". *Television and New Media* 20, n. 4, 2019, pp. 336-49. Disponível em: <https://doi.org/10.1177/1527476418796632>. Acesso em: 28 ago. 2024.

"**COUNTERPOINTS:** An Atlas of Displacement and Resistance". *Anti-Eviction Mapping Project* (blog), 3 set. 2020. Disponível em: <https://antievictionmap.com/counterpoints-atlas>. Acesso em: 2 ago. 2024.

COURTINE, Jean-Jacques; HAROCHE, Claudine. *Histoire du visage: Exprimer et taire ses émotions (du XVIEème siècle au début du XIXème siècle)*. Paris: Payot et Rivages, 2007.

COWEN, Alan *et al.* "Mapping the Passions: Toward a High-Dimensional Taxonomy of Emotional Experience and Expression". *Psychological Science in the Public Interest* 20, n. 1, 2019, pp. 61-90. Disponível em: <https://doi.org/10.1177/1529100619850176>. Acesso em: 28 ago. 2024.

CRAWFORD, Kate. "Halt the Use of Facial-Recognition Technology until It Is Regulated". *Nature* 572, 2019, p. 565. Disponível em: <https://doi.org/10.1038/d41586-019-02514-7>. Acesso em: 28 ago. 2024.

CRAWFORD, Kate, e Vladan Joler. "Anatomy of an AI System". *Anatomy of an AI System*, 2018. Disponível em: <http://www.anatomyof.ai>. Acesso em: 28 ago. 2024.

CRAWFORD, Kate, e Jason Schultz. "AI Systems as State Actors". *Columbia Law Review* 119, n. 7, 2019. Disponível em: <https://columbialawreview.org/content/ai-systems-as-state-actors/>. Acesso em: 28 ago. 2024.

CRAWFORD, Kate; SCHULTZ, Jason. "Big Data and Due Process: Toward a Framework to Redress Predictive Privacy Harms". *Boston College Law Review* 55, n. 1, 2014. Disponível em: <https://papers.ssrn.com/sol3/papers.

cfm?abstract_id=2325784>. Acesso em: 28 ago. 2024.

CRAWFORD, Kate *et al. AI Now 2019 Report*. New York: AI Now Institute, 2019. Disponível em: <https://ainowinstitute.org/AI_Now_2019_Report.html>. Acesso em: 28 ago. 2024.

CREVIER, Daniel. *AI: The Tumultuous History of the Search for Artificial Intelligence*. New York: Basic Books, 1993.

CROSMAN, Penny. "Is AI a Threat to Fair Lending?". *American Banker*, 7 set. 2017. Disponível em: <https://www.americanbanker.com/news/is-artificial-intelligence-a-threat-to-fair-lending>. Acesso em: 28 ago. 2024.

CURRIER, Cora; GREENWALD, Glenn; FISHMAN, Andrew. "U.S. Government Designated Prominent Al Jazeera Journalist as 'Member of Al Qaeda.'" *The Intercept* (blog), 8 maio 2015. Disponível em: <https://theintercept.com/2015/05/08/u-s-government-designated-prominent-al-jazeera-journalist-al-qaeda-member-put-watch-list/>. Acesso em: 28 ago. 2024.

CURRY, Steven *et al.* "NIST Special Database 32: Multiple Encounter Dataset I (MEDS-I)". *National Institute of Standards and Technology*, NISTIR 7679, dez. 2009. Disponível em: <https://www.nist.gov/publications/nist-special-database-32-multiple-encounter-dataset-i-meds-i-data-description-document>. Acesso em: 15 jan. 2025.

CUTHBERTSON, Anthony. "Elon Musk Really Wants to 'Nuke Mars'". *Independent*, 19 ago. 2019. Disponível em: <https://www.independent.co.uk/life-style/gadgets-and-tech/news/elon-musk-mars-nuke-spacex-t-shirt-nuclear-weapons-space-a9069141.html>. Acesso em: 28 ago. 2024.

DANOWSKI, Déborah; VIVEIROS DE CASTRO, Eduardo Batalha. *The Ends of the World*. Trad. Rodrigo Guimarães Nunes. Malden, Mass.: Polity, 2017 [ed. bras.: *Há mundo por vir? Ensaio sobre os medos e os fins*. Desterro, SC: Instituto Socioambiental, 2014].

DANZIGER, Shai; LEVAV, Jonathan; AVNAIM-PESSO, Liora. "Extraneous Factors in Judicial Decisions." *Proceedings of the National Academy of Sciences* 108, n. 17, 2011, pp. 6889-92. Disponível em: <https://doi.org/10.1073/pnas.1018033108>. Acesso em: 28 ago. 2024.

DARWIN, Charles. *The Expression of the Emotions in Man and Animals*, Joe Cain e Sharon Messenger (orgs.). London: Penguin, 2009 [ed. bras.: *A expressão das emoções no homem e nos animais*. Trad. Leon de Souza Lobo Garcia. São Paulo: Companhia das Letras, 2000].

DASTIN, Jeffrey. "Amazon Scraps Secret AI Recruiting Tool that Showed Bias against Women". *Reuters*, 10 out. 2018. Disponível em: <https://www.reuters.com/article/us-amazon-com-jobs-automation-insight-idUSKCN1MK08G>. Acesso em: 28 ago. 2024.

DASTON, Lorraine. "Cloud Physiognomy". *Representations* 135, n. 1, 2016, pp. 45-71. Disponível em: <https://doi.org/10.1525/rep.2016.135.1.45>. Acesso em: 28 ago. 2024.

DASTON, Lorraine; GALISON, Peter. *Objectivity*. Edição de bolso. New York: Zone Books, 2010.

DAVIES, Kate; YOUNG, Liam. *Tales from the Dark Side of the City: The Breastmilk of the Volcano, Bolivia and the Atacama Desert Expedition*. London: Unknown Fields, 2016.

DAVIS, F. James. *Who Is Black? One Nation's Definition*. Edição comemorativa do décimo aniversário. University Park: Pennsylvania State University Press, 2001.

DAVIS, Monte. "Gerard K. O'Neill on Space Colonies". *Omni Magazine*, 12 out. 2017. Disponível em: <https://omnimagazine.com/interview-gerard-k-oneill-space-colonies/>. Acesso em: 28 ago. 2024.

DELAPORTE, François. *Anatomy of the Passions*. Trad. Susan Emanuel. Stanford, Calif.: Stanford University Press, 2008.

DEMIS HASSABIS, *DeepMind – Learning from First Principles – Artificial Intelligence NIPS2017.* Vídeo, 9 dez. 2017. Disponível em: <https://www.youtube.com/watch?v=DXNqYSNvnjA&feature=emb_title>. Acesso em: 28 ago. 2024.

DENG, Jia *et al.* "ImageNet: A Large-Scale Hierarchical Image Database". Em: *2009 IEEE Conference on Computer Vision and Pattern Recognition*, pp. 248-55. Disponível em: <https://doi.org/10.1109/CVPR.2009.5206848>. Acesso em: 28 ago. 2024.

DEPARTAMENTO DE COOPERAÇÃO INTERNACIONAL, MINISTÉRIO DA CIÊNCIA E TECNOLOGIA. "Next Generation Artificial Intelligence Development Plan". *China Science and Technology Newsletter*, n. 17, 15 set. 2017. Disponível em: <http://fi.china-embassy.org/eng/kxjs/P020171025789108009001.pdf>. Acesso em: 28 ago. 2024.

DEPUTY SECRETARY OF DEFENSE TO SECRETARIES OF THE MILITARY DEPARTMENTS *et al.* Memorando: "Establishment of an Algorithmic Warfare Cross-Functional Team (Projeto Maven)". 26 abr. 2017. Disponível em: <https://www.govexec.com/media/gbc/docs/pdfs_edit/establishment_of_the_awcft_project_maven.pdf>. Acesso em: 28 ago. 2024.

DERRIDA, Jacques; PRENOWITZ, Eric. "Archive Fever: A Freudian Impression". *Diacritics* 25, n. 2, 1995, p. 9. Disponível em: <https://doi.org/10.2307/465144> [ed. bras.: *Mal de arquivo: uma impressão freudiana*. Trad. Claudia de Moraes Rego. Rio de Janeiro: Relume Dumará, 2001].

DICK, Philip K. "Autofac". *Galaxy Magazine*, nov. 1955. Disponível em: <http://archive.org/details/galaxymagazine-1955-11>. Acesso em: 28 ago. 2024 [ed. bras.: "Autofab". Em: *Sonhos elétricos*. Trad. Daniel Lühmann. São Paulo: Aleph, 2020].

DIDI-HUBERMAN, Georges. *Atlas, or the Anxious Gay Science: How to Carry the World on One's Back?* Chicago: University of Chicago Press, 2018 [ed. bras.: *Atlas ou o gaio saber inquieto*. Trad. Márcia Arbex e Vera Casa Nova. Belo Horizonte: UFMG, 2018].

DIETTERICH, Thomas; KONG, Eun Bae. "Machine Learning Bias, Statistical Bias, and Statistical Variance of Decision Tree Algorithms". Artigo não publicado, Oregon State University, 1995. Disponível em: <http://citeseerx.ist.psu.edu/view doc/summary?doi=10.1.1.38.2702>. Acesso em: 28 ago. 2024.

D'IGNAZIO, Catherine; KLEIN, Lauren F. *Data Feminism*. Cambridge, Mass.: MIT Press, 2020.

DILANIAN, Ken. "US Special Operations Forces Are Clamoring to Use Software from Silicon Valley Company Palantir". *Business Insider*, 26 mar. 2015. Disponível em: <https://www.businessinsider.com/us-special-operations-forces-are-clamoring-to-use-software-from-silicon-valley-company-palantir-2015-3>. Acesso em: 28 ago. 2024.

DOBBE, Roel; WHITTAKER, Meredith. "AI and Climate Change: How They're Connected, and what We

Can Do about It". *Medium* (blog), 17 out. 2019. Disponível em: <https://medium.com/@AINowInstitute/ai-and-climate-change-how-theyre-connected-and-what-we-can-do-about-it-6aa8d0f5b32c>. Acesso em: 28 ago. 2024.

DOMINGOS, Pedro. "A Few Useful Things to Know about Machine Learning". *Communications of the ACM* 55, n. 10, 2012, p. 78. Disponível em: <https://doi.org/10.1145/2347736.2347755>. Acesso em: 28 ago. 2024.

DOOLEY, Ben; YAMAMITSU, Eimi; INOUE, Makiko. "Fukushima Nuclear Disaster Trial Ends with Acquittals of 3 Executives". *New York Times*, 19 set. 2019. Disponível em: <https://www.nytimes.com/2019/09/19/business/japan-tepco-fukushima-nuclear-acquitted.html>. Acesso em: 28 ago. 2024.

DOUGHERTY, Conor. "Google Photos Mistakenly Labels Black People 'Gorillas'". *Bits Blog* (blog), 1 jul. 2015. Disponível em: <https://bits.blogs.nytimes.com/2015/07/01/google-photos-mistakenly-labels-black-people-gorillas/>. Acesso em: 28 ago. 2024.

DOUGLASS, Frederick. "West India Emancipation." Discurso proferido em Canandaigua, NY, 4 ago. 1857. Disponível em: <https://rbscp.lib.rochester.edu/4398>. Acesso em: 28 ago. 2024.

DRESCHER, Jack. "Out of DSM: Depathologizing Homosexuality". *Behavioral Sciences* 5, n. 4, 2015, pp. 565-75. Disponível em: <https://doi.org/10.3390/bs5040565>. Acesso em: 28 ago. 2024.

DREYFUS, Hubert L. *Alchemy and Artificial Intelligence*. Santa Monica, Calif.: RAND, 1965.

DREYFUS, Hubert L. *What Computers Can't Do:A Critique of Artificial Reason*. New York: Harper and Row, 1972.

DRYER, Theodora. *Designing Certainty: The Rise of Algorithmic Computing in an Age of Anxiety 1920-1970*. Tese de doutorado, University of California, San Diego, 2019.

DU, Lisa; MAKI, Ayaka. "AI Cameras that Can Spot Shoplifters Even before They Steal." *Bloomberg*, 4 mar. 2019. Disponível em: <https://www.bloomberg.com/news/articles/2019-03-04/the-ai-cameras-that-can-spot-shoplifters-even-before-they-steal>. Acesso em: 28 ago. 2024.

DUCHENNE (DE BOULOGNE), G.-B. *Mécanisme de la physionomie humaine ou Analyse électro-physiologique de l'expression des passions applicable à la pratique des arts plastiques*. Paris: Librairie J.-B. Baillière et Fils, 1876, 2. ed.

ECO, Umberto. *The Infinity of Lists: An Illustrated Essay*. Trad. Alastair McEwen. New York: Rizzoli, 2009 [ed. bras.: *A vertigem das listas*. Trad. Eliana Aguiar. Rio de Janeiro: Record, 2010].

EDWARDS, Paul N. *The Closed World: Computers and the Politics of Discourse in Cold War America*. Cambridge, Mass.: MIT Press, 1996.

EDWARDS, Paul N.; HECHT, Gabrielle. "History and the Technopolitics of Identity: The Case of Apartheid South Africa". *Journal of Southern African Studies* 36, n. 3, 2010, pp. 619-39. Disponível em: <https://doi.org/10.1080/03057070.2010.507568>. Acesso em: 28 ago. 2024.

EGLASH, Ron. "Broken Metaphor: The Master-Slave Analogy in Technical Literature". *Technology and Culture*, 48, n. 2, 2007, pp. 360-9. Disponível em: <https://doi.org/10.1353tech.2007.0066>. Acesso em: 28 ago. 2024.

EKMAN, Paul. "An Argument for Basic Emotions". *Cognition and Emotion* 6, n. 3-4, 1992, pp. 169-200.

EKMAN, Paul. "Duchenne and Facial Expression of Emotion." Em: G.-B. Duchenne de Boulogne, *The Mechanism of Human Facial Expression*, pp. 270-84. Org. e trad. R. A. Cuthbertson. Cambridge: Cambridge University Press, 1990.

EKMAN, Paul. *Emotions Revealed: Recognizing Faces and Feelings to Improve Communication and Emotional Life*. New York: Times Books, 2003.

EKMAN, Paul. "A Life's Pursuit". Em: *The Semiotic Web '86: An International Yearbook*, Thomas A. Sebeok e Jean Umiker-Sebeok (orgs.), pp. 4-46. Berlin: Mouton de Gruyter, 1987.

EKMAN, Paul. *Nonverbal Messages: Cracking the Code: My Life's Pursuit*. San Francisco: PEG, 2016.

EKMAN, Paul. *Telling Lies: Clues to Deceit in the Marketplace, Politics, and Marriage*.New York: W. W. Norton, 2009, 4ª. ed.

EKMAN, Paul. "Universal Facial Expressions of Emotion". *California Mental Health Research Digest* 8, n. 4, 1970, pp. 151-8.

EKMAN, Paul. "What Scientists Who Study Emotion Agree About". *Perspectives on Psychological Science*, v. 11, n. 1, 2016, pp. 81-8. Disponível em: <https://doi.org/10.1177/1745691615596992>. Acesso em: 28 ago. 2024.

EKMAN, Paul; Wallace V. Friesen. "Constants across Cultures in the Face and Emotion". *Journal of Personality and Social Psychology, v.* 17, n. 2, 1971, pp. 124-9. Disponível em: <https://doi.org/10.1037/h0030377>. Acesso em: 28 ago. 2024.

EKMAN, Paul; FRIESEN, Wallace V. *Facial Action Coding System (FACS): A Technique for the Measurement of Facial Action*. Palo Alto, Calif.: Consulting Psychologists Press, 1978.

EKMAN, Paul; FRIESEN, Wallace V. "Nonverbal Leakage and Clues to Deception". *Psychiatry* 31, n. 1, 1969, pp. 88-106.

EKMAN, Paul; FRIESEN, Wallace V. *Unmasking the Face*. Cambridge, Mass.: Malor Books, 2003.

EKMAN, Paul; OSTER, Harriet. "Facial Expressions of Emotion". *Annual Review of Psychology* 30, 1979, pp. 527-54.

EKMAN, Paul; O'SULLIVAN, Maureen. "Who Can Catch a Liar?". *American Psychologist* 46, n. 9, 1991, pp. 913-20. Disponível em: <https://doi.org/10.1037/0003-066X.46.9.913>. Acesso em: 28 ago. 2024.

EKMAN, Paul; O'SULLIVAN, Maureen; FRANK, Mark G. "A Few Can Catch a Liar". *Psychological Science* 10, n. 3, 1999, pp. 263-6. Disponível em: <https://doi.org/10.1111/1467-9280.00147>. Acesso em: 28 ago. 2024.

EKMAN, Paul; ROSENBERG, Erika L. (orgs.) *What the Face Reveals: Basic and Applied Studies of Spontaneous Expression Using the Facial Action Coding System (FACS)*. New York: Oxford University Press, 1997.

EKMAN, Paul; SORENSON, Richard; FRIESEN, Wallace V. "Pan-Cultural Elements in Facial Displays of Emotion". *Science* 164, 1969, pp. 86-8. Disponível em: <https://doi.org/10.1126/science.164.3875.86>. Acesso em: 28 ago. 2024.

EKMAN, Paul *et al*. "Universals and Cultural Differences in the Judgments of Facial Expressions of Emotion". *Journal of Personality and Social Psychology* 53, n. 4, 1987, pp. 712-7.

ELFENBEIN, Hillary Anger; AMBADY, Nalini. "On the Universality and Cultural Specificity of Emotion Recognition: A Meta-Analysis". *Psychological Bulletin* 128, n. 2, 2002, pp. 203-35. Disponível em: <https://doi.org/10.1037/0033-

2909.128.2.203>. Acesso em: 28 ago. 2024.

ELISH, Madeline Clare; BOYD, danah. "Situating Methods in the Magic of Big Data and IA". *Communication Monographs* 85, n. 1, 2018, pp. 57-80. Disponível em: <https://doi.org/10.1080/03637751.2017.1375130>. Acesso em: 28 ago. 2024.

ELY, Chris. "The Life Expectancy of Electronics". Consumer Technology Association, 16 set. 2014. Disponível em: <https://www.cta.tech/News/Blog/Articles/2014/September/The-Life-Expectancy-of-Electronics.aspx>. Acesso em: 28 ago. 2024.

"**EMOTION** Detection and Recognition (EDR) Market Size to Surpass 18%+ CAGR 2020 to 2027". *MarketWatch*, 5 out. 2020. Disponível em: <https://www.marketwatch.com/press-release/emotion-detection-and-recognition-edr-market-size-to-surpass-18-cagr-2020-to-2027-2020-10-05>. Acesso em: 28 ago. 2024.

ENGLAND, Rachel. "UK Police's Facial Recognition System Has an 81 Percent Error Rate". *Engadget*, 4 jul. 2019. Disponível em: <https://www.engadget.com/2019/07/04/uk-met-facial-recognition-failure-rate/>. Acesso em: 28 ago. 2024.

ENSMENGER, Nathan. "Computation, Materiality, and the Global Environment". *IEEE Annals of the History of Computing* 35, n. 3, 2013, p. 80. Disponível em: <https://www.doi.org/10.1109/MAHC.2013.33>. Acesso em: 29 ago. 2024.

ENSMENGER, Nathan. *The Computer Boys Take Over: Computers, Programmers, and the Politics of Technical Expertise*. Cambridge, Mass.: MIT Press, 2010.

ESCHNER, Kat. "Lie Detectors Don't Work as Advertised and They Never Did". *Smithsonian*, 2 fev. 2017. Disponível em: <https://www.smithsonianmag.com/smart-news/lie-detectors-dont-work-advertised-and-they-never-did-180961956/>. Acesso em: 28 ago. 2024.

ESTREICHER, Sam; OWENS, Christopher. "Labor Board Wrongly Rejects Employee Access to Company Email for Organizational Purposes". *Verdict*, 19 fev. 2020. Disponível em: <https://verdict.justia.com/2020/02/19/labor-board-wrongly-rejects-employee-access-to-company-email-for-organizational-purposes>. Acesso em: 28 ago. 2024.

EUBANKS, Virginia. *Automating Inequality: How High-Tech Tools Profile, Police, and Punish the Poor.* New York: St. Martin's, 2017.

EVER AI. "Ever AI Leads All US Companies on NIST's Prestigious Facial Recognition Vendor Test." *GlobeNewswire*, 27 nov. 2018. Disponível em: <http://www.globenewswire.com/news-release/2018/11/27/1657221/0/en/Ever-AI-Leads-All-US-Companies-on-NIST-s-Prestigious-acial-Recognition-Vendor-Test.html>. Acesso em: 28 ago. 2024.

FABIAN, Ann. *The Skull Collectors: Race, Science, and America's Unburied Dead*. Chicago: University of Chicago Press, 2010.

"**FACE:** An AI Service that Analyzes Faces in Images". Microsoft Azure. Disponível em: <https://azure.microsoft.com/en-us/services/cognitive-services/face/>. Acesso em: 28 ago. 2024.

FADELL, Anthony M. *et al*. "Smart-home Automation System that Suggests or Automatically Implements Selected Household Policies Based on Sensed Observations". US10114351B2, protocolado em: 5 mar. 2015, publicado em: 30 out. 2018.

FANG, Lee. "Defense Tech Startup Founded by Trump's Most

Prominent Silicon Valley Supporters Wins Secretive Military AI Contract". *The Intercept* (blog), 9 mar. 2019. Disponível em: <https://theintercept.com/2019/03/09/anduril-industries-project-maven-palmer-luckey/>. Acesso em: 28 ago. 2024.

FANG, Lee. "Leaked Emails Show Google Expected Lucrative Military Drone AI Work to Grow Exponentially". *The Intercept* (blog), 31 maio 2018. Disponível em: <https://theintercept.com/2018/05/31/google-leaked-emails-drone-ai-pentagon-lucrative/>. Acesso em: 28 ago. 2024.

"**FEDERAL** Policy for the Protection of Human Subjects". *Federal Register*, 8 set. 2015. Disponível em: <https://www.federalregister.gov/documents/2015/09/08/2015-21756/federal-policy-for-the-rotection-of-human-subjects>. Acesso em: 28 ago. 2024.

FEDERICI, Silvia. *Wages against Housework*. London: Power of Women Collective and Falling Walls Press, 1975, 6ª. ed. [ed. bras.: "Salários contra o trabalho doméstico". Em: *O ponto zero da revolução*. Trad. Coletivo Sycorax. São Paulo: Elefante, 2019].

FELLBAUM, Christiane (org.). *WordNet: An Electronic Lexical Database*. Cambridge, Mass.: MIT Press, 1998.

FERNÁNDEZ-DOLS, José-Miguel; RUSSELL, James A. (orgs.). *The Science of Facial Expression*. New York: Oxford University Press, 2017.

FEUER, William. "Palantir CEO Alex Karp Defends His Company's Relationship with Government Agencies". *CNBC*, 23 jan. 2020. Disponível em: <https://www.cnbc.com/2020/01/23/palantir-ceo-alex-karp-defends-his-companys-work-for-the-government.html>. Acesso em: 28 ago. 2024.

"**FIVE** Eyes Intelligence Oversight and Review Council". U.S. Office of the Director of National Intelligence. Disponível em: <https://www.dni.gov/index.php/who-we-are/organizations/enterprise-capacity/chco/chco-related-menus/chco-related-links/recruitment-and-outreach/217-about/organization/icig-pages/2660-icig-fiorc>. Acesso em: 28 ago. 2024.

FOER, Franklin. "Jeff Bezos's Master Plan". *Atlantic*, nov. 2019. Disponível em: <https:// www.theatlantic.com/magazine/archive/2019/11/what-jeff-bezos-wants/598363/>. Acesso em: 15 jan. 2025.

FOREMAN, Judy. "A Conversation with: Paul Ekman; The 43 Facial Muscles that Reveal Even the Most Fleeting Emotions". *New York Times*, 5 ago. 2003. Disponível em: <https://www.nytimes.com/2003/08/05/health/conversation-with-paul-ekman-43-facial-muscles-that-reveal-even-most-fleeting.html>. Acesso em: 28 ago. 2024.

FORSYTHE, Diana E. "Engineering Knowledge: The Construction of Knowledge in Artificial Intelligence". *Social Studies of Science*, 23, n. 3, 1993, pp. 445-77. Disponível em: <https://doi.org/10.1177/0306312793023003002>. Acesso em: 28 ago. 2024.

FORTUNATI, Leopoldina. "Robotization and the Domestic Sphere". *New Media and Society* 20, n. 8, 2018, pp. 2.673-90. Disponível em: <https://doi.org/10.1177/1461444817729366>. Acesso em: 28 ago. 2024.

FOUCAULT, Michel. *Discipline and Punish: The Birth of the Prison*. New York: Vintage Books, 1995, 2. ed. [ed. bras.: *Vigiar e punir: nascimento da prisão*. Trad. Raquel Ramalhete. Petrópolis, RJ: Vozes, 2014, 42. ed.]

FOUNDS, Andrew P. *et al*. "NIST Special Database 32: Multiple Encounter Dataset II (MEDS-II)."

National Institute of Standards and Technology, NISTIR 7807, fev. 2011. Disponível em: <https://tsapps.nist.gov/publication/get_pdf.cfm?pub_id=908383>. Acesso em: 28 ago. 2024.

FOURCADE, Marion; HEALY, Kieran. "Seeing Like a Market". *Socio-Economic Review* 15, n. 1, 2016, pp. 9-29. Disponível em: <https://doi.org/10.1093/ser/mww033>. Acesso em: 28 ago. 2024.

FRANCESCHI-BICCHIERAI, Lorenzo. "Redditor Cracks Anonymous Data Trove to Pinpoint Muslim Cab Drivers". *Mashable*, 28 jan. 2015. Disponível em: <https://mashable.com/2015/01/28/redditor-muslim-cab-drivers/>. Acesso em: 28 ago. 2024.

FRANKLIN, Ursula M. *The Real World of Technology*. Toronto, Ont.: House of Anansi Press, 2004, edição revista.

FRANKLIN, Ursula M.; SWENARCHUK, Michelle. *The Ursula Franklin Reader: Pacifism as a Map*. Toronto, Ont.: Between the Lines, 2006.

FRENCH, Martin A.; BROWNE, Simone A. "Surveillance as Social Regulation: Profiles and Profiling Technology". Em: *Criminalization, Representation, Regulation: Thinking Differently about Crime*, Deborah R. Brock, Amanda Glasbeek e Carmela Murdocca (orgs.), pp. 251-84. North York, Ont.: University of Toronto Press, 2014.

FRIDLUND, Alan. "A Behavioral Ecology View of Facial Displays, 25 Years Later". *Emotion Researcher*, ago. 2015. Disponível em: <https://emotionresearcher.com/the-behavioral-ecology-view-of-facial-displays-25-years-later/>. Acesso em: 28 ago. 2024.

FUSSELL, Sidney. "The Next Data Mine Is Your Bedroom". *Atlantic*, 17 nov. 2018. Disponível em: <https://www.theatlantic.com/technology/archive/2018/11/google-patent-bedroom-privacy-smart-home/576022/>. Acesso em: 28 ago. 2024.

GALISON, Peter. *Einstein's Clocks, Poincaré's Maps: Empires of Time*. New York: W. W. Norton, 2003.

GALISON, Peter. "The Ontology of the Enemy: Norbert Wiener and the Cybernetic Vision". *Critical Inquiry* 21, n. 1, 1994, pp. 228-66.

GALISON, Peter. "Removing Knowledge." *Critical Inquiry* 31, n. 1, 2004, pp. 229-43. Disponível em: <https://doi.org/10.1086/427309>. Acesso em: 28 ago. 2024.

GARRIS, Michael D.; WILSON, Charles L. "NIST Biometrics Evaluations and Developments". *National Institute of Standards and Technology*, NISTIR 7204, fev. 2005. Disponível em: <https://www.govinfo.gov/content/pkg/GOVPUB-C13-1ba4778e3b87bdd6ce660349317d3263/pdf/GOVPUB-C13-1ba4778e3b87bdd6ce660349317d3263.pdf>. Acesso em: 28 ago. 2024.

GATES, Dominic. "Bezos's Blue Origin Seeks Tax Incentives to Build Rocket Engines Here". *Seattle Times*, 14 jan. 2016. Disponível em: <https://www.seattletimes.com/business/boeing-aerospace/bezoss-blue-origin-seeks-tax-incentives-to-build-rocket-engines-here/>. Acesso em: 28 ago. 2024.

GEBRU, Timnit *et al*. "Datasheets for Datasets." *ArXiv:1803.09010 [Cs]*, 23 mar. 2018. Disponível em: <http://arxiv.org/abs/1803.09010>. Acesso em: 28 ago. 2024.

GEBRU, Timnit *et al*. "Fine-Grained Car Detection for Visual Census Estimation". Em: *Proceedings of the Thirty-First AAAI Conference on Artificial Intelligence*, AAAI '17, 4502-8.

GEE, Alastair. "San Francisco or Mumbai? UN Envoy Encounters Homeless Life in California". *Guardian*, 22 jan. 2018. Disponível em: <https://www.theguardian.com/

us-news/2018/jan/22/un-rapporteur-homeless-san-francisco-california>. Acesso em: 28 ago. 2024.

GELLMAN, Barton; POITRAS, Laura. "U.S., British Intelligence Mining Data from Nine U.S. Internet Companies in Broad Secret Program". *Washington Post*, 7 jun. 2013. Disponível em: <https://www.washingtonpost.com/investigations/us-intelligence-mining-data-from-nine-us-internet-companies-in-broad-secret-program/2013/06/06/3a0c0da8-cebf-11e2-8845-d970ccb0 4497_story.html>. Acesso em: 28 ago. 2024.

GENDRON, Maria; BARRETT, Lisa Feldman. *Facing the Past*. Vol. 1. New York: Oxford University Press, 2017.

GEORGE, Rose. *Ninety Percent of Everything: Inside Shipping, the Invisible Industry That Puts Clothes on Your Back, Gas in Your Car, and Food on Your Plate*. New York: Metropolitan Books, 2013.

GERSHGORN, Dave. "The Data that Transformed AI Research – and Possibly the World". *Quartz*, 26 jul. 2017. Disponível em: <https://qz.com/1034972/the-data-that-changed-the-direction-of-ai-research-and-possibly-the-world/>. Acesso em: 28 ago. 2024.

GHAFFARY, Shirin. "More Than 1,000 Google Employees Signed a Letter Demanding the Company Reduce Its Carbon Emissions". *Recode*, 4 nov. 2019. Disponível em: <https://www.vox.com/recode/2019/11/4/20948200/google-employees-letter-demand-climate-change-fossil-fuels-carbon-emissions>. Acesso em: 28 ago. 2024.

GILL, Karamjit S. *Artificial Intelligence for Society*. New York: John Wiley and Sons, 1986.

GILLESPIE, Tarleton. *Custodians of the Internet: Platforms, Content Moderation, and the Hidden Decisions that Shape Social Media*. New Haven: Yale University Press, 2018.

GILLESPIE, Tarleton, BOCZKOWSKI, Pablo J.; FOOT, Kirsten A. (orgs.). *Media Technologies: Essays on Communication, Materiality, and Society*. Cambridge, Mass.: MIT Press, 2014.

GITELMAN, Lisa (org.). "*Raw Data*" *Is an Oxymoron*. Cambridge, Mass.: MIT Press, 2013.

GOELEVEN, Ellen *et al*. "The Karolinska Directed Emotional Faces: A Validation Study." *Cognition and Emotion* 22, n. 6, 2008, pp. 1094-118 Disponível em: <https://doi.org/10.1080/02699930701626582>. Acesso em: 28 ago. 2024.

GOENKA, Aakash *et al*. "Database Systems and User Interfaces for Dynamic and Interactive Mobile Image Analysis and Identification". United States Patent. US10339416B2, protocolado em: 5 jul. 2018, publicado em: 2 jul. 2019.

"**GOOGLE** Outrage at 'NSA Hacking'". *BBC News*, 31 out. 2013. Disponível em: <https://www.bbc.com/news/world-us-canada-24751821>. Acesso em: 28 ago. 2024.

GORA, Walter; HERZOG, Ulrich; TRIPATHI, Satish. "Clock Synchronization on the Factory Floor (FMS)." *IEEE Transactions on Industrial Electronics* 35, n. 3, 1988, pp. 372-80. Disponível em: <https://doi.org/10.1109/41.3109>. Acesso em: 28 ago. 2024.

GOULD, Stephen Jay. *The Mismeasure of Man*. New York: W. W. Norton, 1996, edição revista e ampliada [ed. bras.: *A falsa medida do homem*. Trad. Válter Lellis Siqueira. São Paulo: Martins Fontes, 1991.]

GRAEBER, David. *The Utopia of Rules: On Technology, Stupidity, and the Secret Joys of Bureaucracy*. Brooklyn, NY: Melville House, 2015.

GRAHAM, John. "Lavater's Physiognomy in England". *Journal of the History of Ideas* 22, n. 4, 1961,

p. 561. Disponível em: <https://doi.org/10.2307/2708032>. Acesso em: 28 ago. 2024.

GRAHAM, Mark; HAARSTAD, Håvard. "Transparency and Development: Ethical Consumption through Web 2.0 and the Internet of Things". *Information Technologies and International Development* 7, n. 1, 2011, pp. 1-18.

GRAY, Mary L.; SURI, Siddharth. *Ghost Work: How to Stop Silicon Valley from Building a New Global Underclass.* Boston: Houghton Miffiin Harcourt, 2019.

GRAY, Mary L. "The Humans Working behind the AI Curtain". *Harvard Business Review*, 9 jan. 2017. Disponível em: <https://hbr.org/2017/01/the-humans-working-behind-the-ai-curtain>. Acesso em: 28 ago. 2024.

GRAY, Richard T. *About Face: German Physiognomic Thought from Lavater to Auschwitz*. Detroit, Mich.: Wayne State University Press, 2004.

GREEN, Ben. *Smart Enough City: Taking off Our Tech Goggles and Reclaiming the Future of Cities*. Cambridge, Mass.: MIT Press, 2019.

GREENBERGER, Martin (org.). *Management and the Computer of the Future*. New York: Wiley, 1962.

GREENE, Tristan. "Science May Have Cured Biased AI". The Next Web, 26 out. 2017. Disponível em: <https://thenextweb.com/artificial-intelligence/2017/10/26/scientists-may-have-just-created-the-cure-for-biased-ai/>. Acesso em: 28 ago. 2024.

GREENHOUSE, Steven. "McDonald's Workers File Wage Suits in 3 States". *New York Times*, 13 mar. 2014. Disponível em: <https://www.nytimes.com/2014/03/14/business/mcdonalds-workers-in-three-states-file-suits-claiming-under payment.html>. Acesso em: 28 ago. 2024.

GREENWALD, Anthony G.; KRIEGER, Linda Hamilton. "Implicit Bias: Scientific Foundations." *California Law Review* 94, n. 4, 2006, p. 945-67. Disponível em: <https://doi.org/10.2307/20439056>. Acesso em: 28 ago. 2024.

GREGG, Melissa. *Counterproductive: Time Management in the Knowledge Economy.* Durham, NC: Duke University Press, 2018.

"**A GREY** Goldmine: Recent Developments in Lithium Extraction in Bolivia and Alternative Energy Projects". Council on Hemispheric Affairs, 17 nov. 2009. Disponível em: <http://www.coha.org/a-grey-goldmine-recent-developments-in-lithium-extraction-in-bolivia-and-alternative-energy-projects/>. Acesso em: 28 ago. 2024.

GRIGORIEFF, Paul. "The Mittelwerk/Mittelbau/Camp Dora." v2rocket.com. Disponível em: <http://www.v2rocket.com/start/chapters/mittel.html>. Acesso em: 28 ago. 2024.

GROTHER, Patrick *et al.* "The 2017 IARPA Face Recognition Prize Challenge (FRPC)". National Institute of Standards and Technology, NISTIR 8197, nov. 2017. Disponível em: <https://nvlpubs.nist.gov/nistpubs/ir/2017/NIST.IR.8197.pdf>. Acesso em: 28 ago. 2024.

GROTHOFF, Christian; PORUP, J. M. "The NSA's SKYNET Program May Be Killing Thousands of Innocent People". Ars Technica, 16 fev. 2016. Disponível em: <https://arstechnica.com/information-technology/2016/02/the-nsas-skynet-program-may-be-killing-thousands-of-innocent-people/>. Acesso em: 28 ago. 2024.

GUENDELSBERGER, Emily. *On the Clock: What Low-Wage Work Did to Me and How It Drives America Insane*. New York: Little, Brown, 2019.

GURLEY, Lauren Kaori. "60 Amazon Workers Walked Out over

Warehouse Working Conditions". *Vice* (blog), 3 out. 2019. Disponível em: <https://www.vice.com/en/article/60-amazon-workers-walked-out-over-warehouse-working-conditions/>. Acesso em: 15 jan. 2025.

HACKING, Ian. "Kinds of People: Moving Targets". *Proceedings of the British Academy* 151, 2007, pp. 285-318.

HACKING, Ian. "Making Up People." *London Review of Books*, 17 ago. 2006, pp. 23-6.

HAGENDORFF, Thilo. "The Ethics of AI Ethics: An Evaluation of Guidelines". *Minds and Machines* 30, 2020, pp. 99-120. Disponível em: <https://doi.org/10.1007/s11023-020-09517-8>. Acesso em: 28 ago. 2024.

HAGGERTY, Kevin D.; ERICSON, Richard V. "The Surveillant Assemblage". *British Journal of Sociology* 51, n. 4, 2000, pp. 605-22. Disponível em: <https://doi.org/10.1080/00071310020015280>. Acesso em: 28 ago. 2024.

HAJJAR, Lisa. "Lawfare and Armed Conflicts: A Comparative Analysis of Israeli and U.S. Targeted Killing Policies". Em: *Life in the Age of Drone Warfare*, Lisa Parks e Caren Kaplan (org.), pp. 59-88. Durham, NC: Duke University Press, 2017.

HALSEY III, Ashley. "House Member Questions $900 Million TSA 'SPOT' Screening Program". *Washington Post*, 14 nov. 2013. Disponível em: <https://www.washingtonpost.com/local/trafficandcommuting/house-member-ques tions-900-million-tsa-spot-screening-program/2013/11/14/ad194cfe-4d5c-11e3-be6b-d3d28122e6d4_story.html>. Acesso em: 28 ago. 2024.

HAO, Karen. "AI Is Sending People to Jail – and Getting It Wrong." *MIT Technology Review*, 21 jan. 2019. Disponível em: <https://www.technologyreview.com/s/612775/algorithms-criminal-justice-ai/>. Acesso em: 28 ago. 2024.

HAO, Karen. "The Technology behind OpenAI's Fiction-Writing, Fake-News-Spewing AI, Explained". *MIT Technology Review*, 16 fev. 2019. Disponível em: <https://www.technologyreview.com/s/612975/ai-natural-language-processing-explained/>. Acesso em: 28 ago. 2024.

HAO, Karen. "Three Charts Show How China's AI Industry Is Propped Up by Three Companies". *MIT Technology Review*, 22 jan. 2019. Disponível em: <https://www.technologyreview.com/s/612813/the-future-of-chinas-ai-industry-is-in-the-hands-of-just-three-companies/>. Acesso em: 28 ago. 2024.

HARAWAY, Donna J. *Modest_Witness@Second_Millennium.FemaleMan_Meets_OncoMouse: Feminism and Technoscience*. New York: Routledge, 1997.

HARAWAY, Donna J. *Simians, Cyborgs, and Women: The Reinvention of Nature*. New York: Routledge, 1990 [ed. bras.: *A reinvenção da natureza: símios, ciborgues e mulheres*. Trad. Rodrigo Gonçalves. São Paulo: WMF Martins Fontes, 2023].

HARAWAY, Donna J. *When Species Meet*. Minneapolis: University of Minnesota Press, 2008 [ed. bras.: *Quando as espécies se encontram*. Trad. Juliana Fausto. São Paulo: Ubu, 2022].

HARDT, Michael; NEGRI, Antonio. *Assembly*. New York: Oxford University Press, 2017 [ed. bras.: *Assembly: a organização multitudinária do comum*. Trad. Lucas Carpinelli e Jefferson Viel. São Paulo: Filosófica Politeia, 2018].

HARRABIN, Roger. "Google Says Its Carbon Footprint Is Now Zero". BBC News, 14 set. 2020. Disponível em: <https://www.bbc.com/news/

technology-54141899>. Acesso em: 28 ago. 2024.

HARVEY, Adam R. "MegaPixels". MegaPixels. Disponível em: <https://megapixels.cc/>. Acesso em: 28 ago. 2024.

HARVEY, Adam; LAPLACE, Jules. "Brainwash Dataset". MegaPixels. Disponível em: <https://megapixels.cc/brainwash/>. Acesso em: 28 ago. 2024.

HARWELL, Drew. "A Face-Scanning Algorithm Increasingly Decides Whether You Deserve the Job". *Washington Post*, 7 nov. 2019. Disponível em: <https://www.washingtonpost.com/technology/2019/10/22/ai-hiring-face-scanning-algorithm-increasingly-decides-whether-you-deserve-job/>. Acesso em: 28 ago. 2024.

HASKINS, Caroline. "Amazon Is Coaching Cops on How to Obtain Surveillance Footage without a Warrant". *Vice* (blog), 5 ago. 2019. Disponível em: <https://www.vice.com/en_us/article/43kga3/amazon-is-coaching-cops-on-how-to-obtain-surveillance-footage-without-a-warrant>. Acesso em: 28 ago. 2024.

HASKINS, Caroline. "Amazon's Home Security Company Is Turning Everyone into Cops". *Vice* (blog), 7 fev. 2019. Disponível em: <https://www.vice.com/en_us/article/qvyvzd/amazons-home-security-company-is-turning-everyone-into-cops>. Acesso em: 28 ago. 2024.

HASKINS, Caroline. "How Ring Transmits Fear to American Suburbs". *Vice* (blog), 12 jul. 2019. Disponível em: <https://www.vice.com/en/article/ywaa57/how-ring-transmits-fear-to-american-suburbs>. Acesso em: 28 ago. 2024.

HEAVEN, Douglas. "Why Faces Don't Always Tell the Truth about Feelings". *Nature*, 26 fev. 2020. Disponível em: <https://www.nature.com/articles/d41586-020-00507-5>. Acesso em: 28 ago. 2024.

HELLER, Nathan. "What the Enron Emails Say about Us". *New Yorker*, 17 jul. 2017. Disponível em: <https://www.newyorker.com/magazine/2017/07/24/what-the-enron-e-mails-say-about-us>. Acesso em: 28 ago. 2024.

HERNANDEZ, Elizabeth. "CU Colorado Springs Students Secretly Photographed for Government-Backed Facial-Recognition Research." *Denver Post*, 27 maio 2019. Disponível em: <https://www.denverpost.com/2019/05/27/cu-colorado-springs-facial-recognition-research/>. Acesso em: 28 ago. 2024.

HEYN, Edward T. "Berlin's Wonderful Horse; He Can Do Almost Everything but Talk – How He Was Taught". *New York Times*, 4 set. 1904. Disponível em: <https://timesmachine.nytimes.com/timesmachine/1904/09/04/101396572.pdf>. Acesso em: 28 ago. 2024.

HICKS, Mar. *Programmed Inequality: How Britain Discarded Women Technologists and Lost Its Edge in Computing.* Cambridge, Mass.: MIT Press, 2017.

HIRD, M. J. "Waste, Landfills, and an Environmental Ethics of Vulnerability". *Ethics and the Environment* 18, n. 1, 2013, pp. 105-24. Disponível em: <https://www.doi.org/10.2979/ethicsenviro.18.1.105>. Acesso em: 28 ago. 2024.

HODAL, Kate. "Death Metal: Tin Mining in Indonesia". *Guardian*, 23 nov. 2012. Disponível em: <https://www.theguardian.com/environment/2012/nov/23/tin-mining-indonesia-bangka>. Acesso em: 28 ago. 2024.

HOFFMANN, Anna Lauren. "Data Violence and How Bad Engineering Choices Can Damage Society". *Medium* (blog), 30 abr. 2018. Disponível em: <https://medium.

com/s/story/data-violence-and-how-bad-engineering-choices-can-damage-society-39e44150e1d4>. Acesso em: 28 ago. 2024.

HOFFOWER, Hillary. “We Did the Math to Calculate How Much Money Jeff Bezos Makes in a Year, Month, Week, Day, Hour, Minute, and Second”. *Business Insider*, 9 jan. 2019. Disponível em: <https://www.businessinsider.com/what-amazon-ceo-jeff-bezos-makes-every-day-hour-minute-2018-10>. Acesso em: 28 ago. 2024.

HOFT, Joe. “Facial, Speech and Virtual Polygraph Analysis Shows Ilhan Omar Exhibits Many Indications of a Compulsive Fibber!!!”. *The Gateway Pundit*, 21 jul. 2019. Disponível em: <https://www.thegatewaypundit.com/2019/07/facial-speech-and-virtual-polygraph-analysis-shows-ilhan-omar-exhibits-many-indications-of-a-compulsive-fibber/>. Acesso em: 28 ago. 2024.

HOGAN, Mél. “Data Flows and Water Woes: The Utah Data Center”. *Big Data and Society*, dez. 2015. Disponível em: <https://www.doi.org/10.1177/2053951715592429>. Acesso em: 28 ago. 2024.

HOLMQVIST, Caroline. *Policing Wars: On Military Intervention in the Twenty-First Century*. London: Palgrave Macmillan, 2014.

HORNE, Emily; MALY, Tim. *The Inspection House: An Impertinent Field Guide to Modern Surveillance*. Toronto: Coach House Books, 2014.

HOROWITZ, Alexandra. “Why Brain Size Doesn’t Correlate with Intelligence”. *Smithsonian*, dez. 2013. Disponível em: <https://www.smithsonianmag.com/science-nature/why-brain-size-doesnt-correlate-with-intelligence-180947627/>. Acesso em: 28 ago. 2024.

HOUSE, Brian. “Synchronizing Uncertainty: Google’s Spanner and Cartographic Time”. Em: *Executing Practices*, Helen Pritchard, Eric Snodgrass e Magda Tyżlik-Carver (orgs.), pp. 117-26. London: Open Humanities Press, 2018.

“HOW Does a Lithium-Ion Battery Work?”. *Energy.gov*, 14 set. 2017. Disponível em: <https://www.energy.gov/eere/articles/how-does-lithium-ion-battery-work>.Acesso em: 15 jan. 2025.

HU, Tung-Hui. *A Prehistory of the Cloud*. Cambridge, Mass.: MIT Press, 2015.

HUET, Ellen. “The Humans Hiding behind the Chatbots”. *Bloomberg*, 18 abr. 2016. Disponível em: <https://www.bloomberg.com/news/articles/2016-04-18/the-humans-hiding-behind-the-chatbots>. Acesso em: 28 ago. 2024.

HUTSON, Matthew. “Artificial Intelligence Could Identify Gang Crimes – and Ignite an Ethical Firestorm”. *Science*, 28 fev. 2018. Disponível em: <https://www.sciencemag.org/news/2018/02/artificial-intelligence-could-identify-gang-crimes-and-ignite-ethical-firestorm>. Acesso em: 28 ago. 2024.

HWANG, Tim; LEVY, Karen. “‘The Cloud’ and other Dangerous Metaphors”. *Atlantic*, 20 jan. 2015. Disponível em: <https://www.theatlantic.com/technology/archive/2015/01/the-cloud-and-other-dangerous-metaphors/384518/>. Acesso em: 28 ago. 2024.

“IMAGENET Large Scale Visual Recognition Competition (ILSVRC).” Disponível em: <http://image-net.org/challenges/LSVRC/>. Acesso em: 28 ago. 2024.

“INTEL’S Efforts to Achieve a Responsible Minerals Supply Chain”. *Intel*, maio 2019. Disponível em: <https://www.intel.com/content/www/us/en/corporate responsibility/conflict-minerals-white-paper.html>. Acesso em: 28 ago. 2024.

IRANI, Lilly. "Difference and Dependence among Digital Workers: The Case of Amazon Mechanical Turk". *South Atlantic Quarterly* 114, n. 1, 2015, pp. 225-34. Disponível em: <https://doi.org/10.1215/00382876-2831665>. Acesso em: 28 ago. 2024.

IRANI, Lilly. "The Hidden Faces of Automation." *XRDS* 23, n. 2, 2016, pp. 34-7. Disponível em: <https://doi.org/10.1145/3014390>. Acesso em: 28 ago. 2024.

IZARD, Carroll E. "The Many Meanings/Aspects of Emotion: Definitions, Functions, Activation, and Regulation". *Emotion Review* 2, n. 4, 2010, pp. 363-70. Disponível em: <https://doi.org/10.1177/1754073910374661>. Acesso em: 28 ago. 2024.

JATON, Florian. "We Get the Algorithms of Our Ground Truths: Designing Referential Databases in Digital Image Processing". *Social Studies of Science* 47, n. 6, 2017, pp. 811-40. Disponível em: <https://doi.org/10.1177/0306312717730428>. Acesso em: 28 ago. 2024.

JIN, Huafeng; WANG, Shuo. "Voice-based determination of physical and emotional characteristics of users". United States Patent. US10096319B1, 2017. Disponível em: <https://patents.google.com/patent/US10096319B1/en&xid=17259,15700019,15700186,15700190,15700256,15700259,15700262>. Acesso em: 25 mar. 2025.

JOBIN, Anna; IENCA, Marcello; VAYENA, Effy. "The Global Landscape of AI Ethics Guidelines". *Nature Machine Intelligence* 1, 2019, pp. 389-99. Disponível em: <https://doi.org/10.1038/s42256-019-0088-2>. Acesso em: 28 ago. 2024.

JONES, Nicola. "How to Stop Data Centres from Gobbling Up the World's Electricity". *Nature*, 12 set. 2018. Disponível em: <https://www.nature.com/articles/d41586-018-06610-y>. Acesso em: 28 ago. 2024.

JOSEPH, George. "Data Company Directly Powers Immigration Raids in Workplace". *WNYC*, 16 jul. 2019. Disponível em: <https://www.wnyc.org/story/palantir-directly-powers-ice-workplace-raids-emails-show/>. Acesso em: 28 ago. 2024.

JUNE, Laura. "YouTube Has a Fake Peppa Pig Problem". *The Outline*, 16 mar. 2017. Disponível em: <https://theoutline.com/post/1239/youtube-has-a-fake-peppa-pig-problem>. Acesso em: 28 ago. 2024.

KAFER, Alison. *Feminist, Queer, Crip*. Bloomington: Indiana University Press, 2013.

KAK, Amba (org.). "Regulating Biometrics: Global Approaches and Urgent Questions". AI Now Institute, 1º set. 2020. Disponível em: <https://ainowinstitute.org/regulatingbiometrics.html>. Acesso em: 28 ago. 2024.

KANADE, Takeo. *Computer Recognition of Human Faces*. Basel: Birkhäuser Boston, 2013.

KANADE, T.; COHN, J. F.; TIAN, Yingli. "Comprehensive Database for Facial Expression Analysis". Em: *Proceedings Fourth IEEE International Conference on Automatic Face and Gesture Recognition*, pp. 46-53, 2000. Disponível em: <https://doi.org/10.1109/AFGR.2000.840611>. Acesso em: 28 ago. 2024.

KAPPAS, A. "Smile when You Read this, Whether You Like It or Not: Conceptual Challenges to Affect Detection". *IEEE Transactions on Affective Computing* 1, n. 1, 2010, pp. 38-41. Disponível em: <https://doi.org/10.1109/T-AFFC.2010.6>. Acesso em: 28 ago. 2024.

KATZ, Lawrence F.; KRUEGER, Alan B. "The Rise and Nature of Alternative Work Arrangements in the United States, 1995-2015". *ILR Review* 72, n. 2, 2019, pp. 382-416.

KEATES, Nancy. "The Many Places Amazon CEO Jeff Bezos Calls Home". *Wall Street Journal*, 9 jan. 2019. Disponível em: <https://www.wsj.com/articles/the-many-places-amazon-ceo-jeff-bezos-calls-home-1507204462>. Acesso em: 28 ago. 2024.

KEEL, Terence D. "Religion, Polygenism and the Early Science of Human Origins". *History of the Human Sciences* 26, n. 2, 2013, pp. 3-32. Disponível em: <https://doi.org/10.1177/0952695113482916>. Acesso em: 15 jan. 2025.

KELLY, Kevin. *What Technology Wants*. New York: Penguin Books, 2011.

KEMENY, John; KURTZ, Thomas. "Dartmouth Timesharing." *Science* 162, 1968, pp. 223-68.

KENDI, Ibram X. "A History of Race and Racism in America, in 24 Chapters". *New York Times*, 22 fev. 2017. Disponível em: <https://www.nytimes.com/2017/02/22/books/review/a-history-of-race-and-racism-in-america-in-24-chapters.html>. Acesso em: 28 ago. 2024.

KERR, Dara. "Tech Workers Protest in SF to Keep Attention on Travel Ban". *CNET*, 13 fev. 2017. Disponível em: <https://www.cnet.com/tech/tech-industry/trump-immigration-ban-tech-workers-protest-no-ban-no-wall/>. Acesso em: 28 ago. 2024.

KEYES, Os. "The Misgendering Machines: Trans/HCI Implications of Automatic Gender Recognition". Em: *Proceedings of the ACM on Human-Computer Interaction* 2, edição CSCW, 2018, art. 88. Disponível em: <https://doi.org/10.1145/3274357>. Acesso em: 28 ago. 2024.

KLEINBERG, Jon *et al*. "Human Decisions and Machine Predictions". *Quarterly Journal of Economics* 133, n. 1, 2018, pp. 237-93. Disponível em: <https://doi.org/10.1093/qje/qjx032>. Acesso em: 28 ago. 2024.

KLIMT, Bryan; YANG, Yiming. "The Enron Corpus: A New Dataset for Email Classification Research". Em: *Machine Learning: ECML 2004*, Jean-François Boulicat *et al*. (orgs.), pp. 217-26. Berlin: Springer, 2004.

KLOSE, Alexander. *The Container Principle: How a Box Changes the Way We Think*. Trad. Charles Marcrum. Cambridge, Mass.: MIT Press, 2015.

KNIGHT, Will. "Alpha Zero's 'Alien' Chess Shows the Power, and the Peculiarity, of AI." *MIT Technology Review*, 8 dez. 2017. Disponível em: <https://www.technologyreview.com/s/609736/alpha-zeros-alien-chess-shows-the-power-and-the-peculiarity-of-ai/>. Acesso em: 28 ago. 2024.

KOLBERT, Elizabeth. "There's No Scientific Basis for Race–It's a Made-Up Label". *National Geographic*, 12 mar. 2018. Disponível em: <https://www.nationalgeographic.com/magazine/2018/04/race-genetics-science-africa/>. Acesso em: 28 ago. 2024.

KRIZHEVSKY, Alex; SUTSKEVER, Ilya; HINTON, Geoffrey E. "ImageNet Classification with Deep Convolutional Neural Networks". *Communications of the ACM* 60, n. 6, 2017, pp. 84-90. Disponível em: <https://doi.org/10.1145/3065386>. Acesso em: 28 ago. 2024.

LABBAN, Mazen. "Deterritorializing Extraction: Bioaccumulation and the Planetary Mine". *Annals of the Association of American Geographers* 104, n. 3, 2014, pp. 560-76.

Disponível em: <https://www.jstor.org/stable/24537757>. Acesso em: 28 ago. 2024.

LAKOFF, George. *Women, Fire, and Dangerous Things: What Categories Reveal about the Mind*. Chicago: University of Chicago Press, 1987.

LAMBERT, Fred. "Breakdown of Raw Materials in Tesla's Batteries and Possible Breaknecks". *Electrek*, 1º nov. 2016. Disponível em: <https://electrek.co/2016/11/01/breakdown-raw-materials-tesla-batteries-possible-bottleneck/>. Acesso em: 28 ago. 2024.

LAPUSCHKIN, Sebastian *et al.* "Unmasking Clever Hans Predictors and Assessing what Machines Really Learn". *Nature Communications* 10, n. 1, 2019, pp. 1-8. Disponível em: <https://doi.org/10.1038/s41467-019-08987-4>. Acesso em: 28 ago. 2024.

LATOUR, Bruno. "Tarde's Idea of Quantification". Em: *The Social after Gabriel Tarde: Debates and Assessments*, Matei Candea (org.), pp. 147-64. New York: Routledge, 2010.

LEM, Stanislaw. "The First Sally (A), or Trurl's Electronic Bard". Em: *From Here to Forever*, vol. 4, *The Road to Science Fiction*, James Gunn (org.). Lan-ham, Md.: Scarecrow, 2003.

LEYS, Ruth. *The Ascent of Affect: Genealogy and Critique*. Chicago: University of Chicago Press, 2017.

LI, Xiaochang. *Divination Engines: A Media History of Text Prediction*. Tese de doutorado, New York University, 2017.

LIBBY, Sara. "Scathing Audit Bolsters Critics' Fears about Secretive State Gang Database". *Voice of San Diego*, 11 ago. 2016. Disponível em: <https://www.voiceofsandiego.org/topics/public-safety/scathing-audit-bolsters-critics-fears-secretive-state-gang-database/>. Acesso em: 28 ago. 2024.

LIGHT, Jennifer S. "When Computers Were Women". *Technology and Culture* 40, n. 3, 1999, pp. 455-83. Disponível em: <https://www.jstor.org/stable/25147356>. Acesso em: 28 ago. 2024.

LINGEL, Jessa; CRAWFORD, Kate. "Alexa, Tell Me about Your Mother: The History of the Secretary and the End of Secrecy". *Catalyst: Feminism, Theory, Technoscience* 6, n. 1, 2020. Disponível em: <https://catalystjournal.org/index.php/catalyst/article/view/29949>. Acesso em: 28 ago. 2024.

LIU, Zhiyi. "Chinese Mining Dump Could Hold Trillion-Dollar Rare Earth Deposit". China Dialogue, 14 dez. 2012. Disponível em: <https://www.chinadialogue.net/article/show/single/en/5495-Chinese-mining-dump-could-hold-trillion-dollar-rare-earth-deposit>. Acesso em: 28 ago. 2024.

LLOYD, G. E. R. "The Development of Aristotle's Theory of the Classification of Animals". *Phronesis* 6, n. 1-2, 1961, pp. 59-81. Disponível em: <https://doi.org/10.1163/156852861X00080>. Acesso em: 28 ago. 2024.

LO, Chris. "The False Monopoly: China and the Rare Earths Trade". *Mining Technology, Mining News and Views Updated Daily* (blog), 19 ago. 2015. Disponível em: <https://www.mining-technology.com/features/featurethe-false-monopoly-china-and-the-rare-earths-trade-4646712/>. Acesso em: 28 ago. 2024.

LOCKER, Melissa. "Microsoft, Duke, and Stanford Quietly Delete Databases with Millions of Faces". *Fast Company*, 6 jun. 2019. Disponível em: <https://www.fastcompany.com/90360490/ms-celeb-microsoft-deletes-10m-faces-from-face-database>. Acesso em: 28 ago. 2024.

LORDE, Audre. *The Master's Tools Will Never Dismantle the Master's House.* London: Penguin Classics, 2018.

LUCEY, Patrick *et al.* "The Extended Cohn-Kanade Dataset (CK+): A Complete Dataset for Action Unit and Emotion-Specified Expression". Em: *2010 IEEE Computer Society Conference on Computer Vision and Pattern Recognition–Workshops*, pp. 94-101. Disponível em: <https://doi.org/10.1109/CVPRW.2010.5543262>. Acesso em: 28 ago. 2024.

LUXEMBURGO, Rosa. "Practical Economies: Volume 2 of Marx's Capital". Em: *The Complete Works of Rosa Luxemburg*, Peter Hudis (org.), pp. 421-60. London: Verso, 2013.

LYONS, M. *et al.* "Coding Facial Expressions with Gabor Wavelets". Em: *Proceedings Third IEEE International Conference on Automatic Face and Gesture Recognition*, pp. 200-5, 1998. Disponível em: <https://doi.org/10.1109/AFGR.1998.670949>. Acesso em: 28 ago. 2024.

LYOTARD, Jean François. "Presenting the Unpresentable: The Sublime". *Art-forum*, abr. 1982.

MAASS, Peter. "Summit Fever." *The Intercept* (blog), 25 jun. 2012. Disponível em: <https://www.documentcloud.org/documents/2088979-summit-fever.html>. Acesso em: 28 ago. 2024.

MAASS, Peter; LIPTON, Beryl. "What We Learned". *MuckRock*, 15 nov. 2018. Disponível em: <https://www.muckrock.com/news/archives/2018/nov/15/alpr-what-we-learned/>. Acesso em: 28 ago. 2024.

MACKENZIE, Donald A. *Inventing Accuracy: A Historical Sociology of Nuclear Missile Guidance.* Cambridge, Mass.: MIT Press, 2001.

"**MAGIC** from Invention". *Brunel University London*. Disponível em: <https://www.brunel.ac.uk/research/Brunel-Innovations/Magic-from-invention>. Acesso em: 28 ago. 2024.

MAHDAWI, Arwa. "The Domino's 'Pizza Checker' Is Just the Beginning – Workplace Surveillance Is Coming for You". *Guardian*, 15 out. 2019. Disponível em: <https://www.theguardian.com/commentisfree/2019/oct/15/the-dominos-pizza-checker-is-just-the-beginning-workplace-surveillance-is-coming-for-you>. Acesso em: 28 ago. 2024.

MARCUS, Mitchell P.; MARCINKIEWICZ, Mary Ann; SANTORINI, Beatrice. "Building a Large Annotated Corpus of English: The Penn Treebank". *Computational Linguistics* 19, n. 2, 1993, pp. 313-30. Disponível em: <https://dl.acm.org/doi/abs/10.5555/972470.972475>. Acesso em: 28 ago. 2024.

MARKOFF, John. "Pentagon Turns to Silicon Valley for Edge in Artificial Intelligence." *New York Times*, 11 maio 2016. Disponível em: <https://www.nytimes.com/2016/05/12/technology/artificial-intelligence-as-the-pentagons-latest-weapon.html>. Acesso em: 28 ago. 2024.

MARKOFF, John. "Seeking a Better Way to Find Web Images". *New York Times*, 19 nov. 2012. Disponível em: <https://www.nytimes.com/2012/11/20/science/for-web-images-creating-new-technology-to-seek-and-find.html>. Acesso em: 28 ago. 2024.

MARKOFF, John. "Skilled Work, without the Worker". *New York Times*, 18 ago. 2012. Disponível em: <https://www.nytimes.com/2012/08/19/business/new-wave-of-adept-robots-is-changing-global-industry.html>. Acesso em: 28 ago. 2024.

MARTINAGE, Robert. *Toward a New Offset Strategy: Exploiting U.S. Long-Term Advantages to Restore U.S.*

Global Power Projection Capability. Washington, DC: Center for Strategic and Budgetary Assessments, 2014. Disponível em: <https://csbaonline.org/uploads/documents/Offset-Strategy-Web.pdf>. Acesso em: 28 ago. 2024.

MARX, Karl. *Das Kapital: A Critique of Political Economy*. Chicago: H. Regnery, 1959 [ed. bras.: *O capital: crítica da economia política. Lv. I: O processo de produção do capital*. Trad. Rubens Enderle. São Paulo: Boitempo, 2017, 2. ed.]

MARX, Karl. *The Poverty of Philosophy*. New York: Progress, 1955 [ed. bras.: *Miséria da filosofia*. Trad. José Paulo Netto. São Paulo: Boitempo, 2017].

MARX, Karl; ENGELS, Friedrich. *The Marx-Engels Reader*, Robert C. Tucker (org.). New York: W. W. Norton, 1978, 2. ed.

MARX, Paris. "Instead of Throwing Money at the Moon, Jeff Bezos Should Try Helping Earth". *NBC News*, 15 maio 2019. Disponível em: <https://www.nbcnews.com/think/opinion/jeff-bezos-blue-origin-space-colony-dreams-ignore-plight-millions-ncna1006026>. Acesso em: 28 ago. 2024.

MASANET, Eric *et al*. "Recalibrating Global Data Center Energy-Use Estimates." *Science* 367, n. 6481, 2020, pp. 984-6.

MATNEY, Lucas. "More than 100 Million Alexa Devices Have Been Sold". *TechCrunch* (blog), 4 jan. 2019. Disponível em: <http://social.techcrunch.com/2019/01/04/more-than-100-million-alexa-devices-have-been-sold/>. Acesso em: 28 ago. 2024.

MATTERN, Shannon. "Calculative Composition: The Ethics of Automating Design". Em: *The Oxford Handbook of Ethics of AI*, Markus D. Dubber, Frank Pasquale e Sunit Das (orgs.), pp. 572-92. Oxford: Oxford University Press, 2020.

MATTERN, Shannon. *Code and Clay, Data and Dirt: Five Thousand Years of Urban Media*. Minneapolis: University of Minnesota Press, 2017.

MAUGHAN, Tim. "The Dystopian Lake Filled by the World's Tech Lust". *BBC Future*, 2 abr. 2015. Disponível em: <https://www.bbc.com/future/article/20150402-the-worst-place-on-earth>. Acesso em: 28 ago. 2024.

MAYHEW, Claire; QUINLAN, Michael. "Fordism in the Fast-Food Industry: Pervasive Management Control and Occupational Health and Safety Risks for Young Temporary Workers". *Sociology of Health and Illness* 24, n. 3, 2002, pp. 261-84. Disponível em: <https://doi.org/10.1111/1467-9566.00294>. Acesso em: 28 ago. 2024.

MAYR, Ernst. *The Growth of Biological Thought: Diversity, Evolution, and Inheritance*. Cambridge, Mass.: Harvard University Press, 1982.

MBEMBE, Achille. *Critique of Black Reason*. Durham, NC: Duke University Press, 2017 [ed. bras.: *Crítica da razão negra*. Trad. Sebastião Nascimento. São Paulo: n-1 edições, 2018].

MBEMBE, Achille. *Necropolitics*. Durham, NC: Duke University Press, 2019 [ed. bras.: *Necropolítica: biopoder, soberania, estado de exceção, política da morte*. Trad. Renata Santini. São Paulo: n-1 edições, 2018].

MBEMBE, Achille; MEINTJES, Libby. "Necropolitics". *Public Culture* 15, n. 1, 2003, pp. 11-40. Disponível em: <https://www.muse.jhu.edu/article/39984>. Acesso em: 28 ago. 2024.

MCCORDUCK, Pamela. *Machines Who Think: A Personal Inquiry into the History and Prospects of Artificial Intelligence*. Natick, Mass.: A. K. Peters, 2004.

MCCURRY, Justin. "Fukushima Disaster: Japanese Power Company Chiefs

Cleared of Negligence". *Guardian*, 19 set. 2019. Disponível em: <https://www.the guardian.com/environment/2019/sep/19/fukushima-disaster-japanese-power-company-chiefs-cleared-of-negligence>. Acesso em: 28 ago. 2024.

MCCURRY, Justin. "Fukushima Nuclear Disaster: Former Tepco Executives Go on Trial". *Guardian*, 30 jun. 2017. Disponível em: <https://www.theguardian.com/environment/2017/jun/30/fukushima-nuclear-crisis-tepco-criminal-trial-japan>. Acesso em: 28 ago. 2024.

MCDUFF, Daniel *et al.* "Affectiva-MIT Facial Expression Dataset (AM-FED): Naturalistic and Spontaneous Facial Expressions Collected 'In-the-Wild'". Em: *2013 IEEE Conference on Computer Vision and Pattern Recognition Workshops*, pp. 881-8. Disponível em: <https://doi.org/10.1109/CVPRW.2013.130>. Acesso em: 28 ago. 2024.

MCILWAIN, Charlton. *Black Software: The Internet and Racial Justice, from the AfroNet to Black Lives Matter.* New York: Oxford University Press, 2019.

MCLUHAN, Marshall. *Understanding Media: The Extensions of Man.* Cambridge, Mass.: MIT Press, 1994, reimpressão [ed. bras.: *Os meios de comunicação como extensões do homem.* Trad. Decio Pignatari. São Paulo: Cultrix, 1979, 5. ed.]

MCMILLAN, Graeme. "It's Not You, It's It: Voice Recognition Doesn't Recognize Women". *Time*, 1º jun. 2011. Disponível em: <http://techland.time.com/2011/06/01/its-not-you-its-it-voice-recognition-doesnt-recognize-women/>. Acesso em: 28 ago. 2024.

MCNAMARA, Robert S.; BLIGHT, James G. *Wilson's Ghost: Reducing the Risk of Conflict, Killing, and Catastrophe in the 21st Century.* New York: Public Affairs, 2001.

MCNEIL, Joanne. "Two Eyes See More than Nine". Em: *Jon Rafman: Nine Eyes*, Kate Steinmann (org.). Los Angeles: New Documents, 2016.

MEAD, Margaret. Review of *Darwin and Facial Expression: A Century of Research in Review*, Paul Ekman (org.). *Journal of Communication* 25, n. 1, 1975, pp. 209-40. Disponível em: <https://doi.org/10.1111/j.1460-2466.1975.tb00574.x>. Acesso em: 28 ago. 2024.

MEADOWS, Donella H. *et al. The Limits to Growth.* New York: Signet, 1972 [ed. bras.: *Limites do crescimento: um relatório para o projeto do Clube de Roma sobre o dilema da humanidade.* Trad. Inês M. F. Litto. São Paulo: Perspectiva, 1978, 2. ed.]

MENABREA, Luigi Federico; LOVELACE, Ada. "Sketch of the Analytical Engine Invented by Charles Babbage". *Bibliothèque Universelle de Genève*, n. 82, out. 1842. Disponível em: <https://www.fourmilab.ch/babbage/sketch.html>. Acesso em: 28 ago. 2024.

MERLER, Michele *et al.* "Diversity in Faces". *ArXiv:1901.10436 [Cs]*, 8 abr. 2019. Disponível em: <https://arxiv.org/abs/1901.10436>. Acesso em: 29 ago. 2024.

METCALF, Jacob; CRAWFORD, Kate. "Where Are Human Subjects in Big Data Research? The Emerging Ethics Divide". *Big Data and Society* 3, n. 1, 2016, pp. 1-14. Disponível em: <https://doi.org/10.1177/2053951716650211>. Acesso em: 28 ago. 2024.

METCALF, Jacob; MOSS, Emanuel; BOYD, danah. "Owning Ethics: Corporate Logics, Silicon Valley, and the Institutionalization of Ethics". *International Quarterly* 82, n. 2, 2019, pp. 449-76.

MEULEN, Rob van der. "Gartner Says 8.4 Billion Connected 'Things' Will Be in Use in 2017, Up 31 Percent from 2016". *Gartner*, 7 fev. 2017. Disponível em: <https://www.gartner.com/en/newsroom/press-releases/2017-02-07-gartner-says-8-billion-connected-things-will-be-in-use-in-2017-up-31-per cent-from-2016>. Acesso em: 28 ago. 2024.

MEYER, John W.; JEPPERSON, Ronald L. "The 'Actors' of Modern Society: The Cultural Construction of Social Agency". *Sociological Theory* 18, n. 1, 2000, pp. 100-20. Disponível em: <https://doi.org/10.1111/0735-2751.00090>. Acesso em: 28 ago. 2024.

MEZZADRA, Sandro; NEILSON, Brett. "On the Multiple Frontiers of Extraction: Excavating Contemporary Capitalism". *Cultural Studies* 31, n. 2-3, 2017, pp. 185-204. Disponível em: <https://doi.org/10.1080/09502386.2017.1303425>. Acesso em: 28 ago. 2024.

MICHALSKI, Ryszard S. "Pattern Recognition as Rule-Guided Inductive Inference". *IEEE Transactions on Pattern Analysis Machine Intelligence* 2, n. 4, 1980, pp. 349-61. Disponível em: <https://doi.org/10.1109/TPAMI.1980.4767034>. Acesso em: 28 ago. 2024.

MICHEL, Arthur Holland. *Eyes in the Sky: The Secret Rise of Gorgon Stare and How It Will Watch Us All.* Boston: Houghton Miffiin Harcourt, 2019.

MIKEL, Betsy. "WeWork Just Made a Disturbing Acquisition; It Raises a Lot of Flags about Workers' Privacy". *Inc.com*, 17 fev. 2019. Disponível em: <https://www.inc.com/betsy-mikel/wework-is-trying-a-creepy-new-strategy-it-just-might-signal-end-of-workplace-as-we-know-it.html>. Acesso em: 28 ago. 2024.

MIRZOEFF, Nicholas. *The Right to Look: A Counterhistory of Visuality.* Durham, NC: Duke University Press, 2011.

MITCHELL, Margaret *et al.* "Model Cards for Model Reporting". Em: *FAT*'19: Proceedings of the Conference on Fairness, Accountability, and Transparency*, pp. 220-9. Atlanta: ACM Press, 2019. Disponível em: <https://doi.org/10.1145/3287560.3287596>. Acesso em: 28 ago. 2024.

MITCHELL, Paul Wolff. "The Fault in His Seeds: Lost Notes to the Case of Bias in Samuel George Morton's Cranial Race Science". *PLOS Biology* 16, n. 10, 2018, e2007008. Disponível em: <https://doi.org/10.1371/journal.pbio.2007008>. Acesso em: 28 ago. 2024.

MITCHELL, Tom M. "The Need for Biases in Learning Generalizations". Artigo de trabalho, Rutgers University, maio 1980.

MITCHELL, W. J. T. *Picture Theory: Essays on Verbal and Visual Representation.* Chicago: University of Chicago Press, 1994.

MITTELSTADT, Brent. "Principles Alone Cannot Guarantee Ethical AI." *Nature Machine Intelligence* 1, n. 11, 2019, pp. 501-7. Disponível em: <https://doi.org/10.1038/s42256-019-0114-4>. Acesso em: 28 ago. 2024.

MOHAMED, Shakir; PNG, Marie-Therese; ISAAC, William. "Decolonial AI: Decolonial Theory as Sociotechnical Foresight in Artificial Intelligence". *Philosophy and Technology, v. 33,* 2020, pp. 659-84. Disponível em: <https://doi.org/10.1007/s13347-020-00405-8>. Acesso em: 28 ago. 2024.

MOLL, Joana. "CO2GLE." Disponível em: <http://www.janavirgin.com/CO2/>. Acesso em: 28 ago. 2024.

MOLNAR, Phillip; ROBBINS, Gary; PIERSON, David. "Cutting Edge: Apple's Purchase of Emotient Fuels Artificial Intelligence Boom in Silicon Valley". *Los Angeles Times*, 17 jan. 2016. Disponível em: <https://www.latimes.com/business/technology/la-fi-cutting-edge-facial-recognition-20160117-story.html>. Acesso em: 28 ago. 2024.

MORRIS, David Z. "Major Advertisers Flee YouTube over Videos Exploiting Children." *Fortune*, 26 nov. 2017. Disponível em: <https://fortune.com/2017/11/26/advertisers-flee-youtube-child-exploitation/>. Acesso em: 28 ago. 2024.

MORTON, Timothy. *Hyperobjects: Philosophy and Ecology after the End of the World*. Minneapolis: University of Minnesota Press, 2013.

MOSCO, Vincent. *To the Cloud: Big Data in a Turbulent World*. Boulder, Colo.: Paradigm, 2014.

MÜLLER-MAGUHN, Andy *et al*. "The NSA Breach of Telekom and other German Firms". *Spiegel*, 14 set. 2014. Disponível em: <https://www.spiegel.de/international/world/snowden-documents-indicate-nsa-has-breached-deutsche-telekom-a-991503.html>. Acesso em: 28 ago. 2024.

MUMFORD, Lewis. "The First Megamachine". *Diogenes* 14, n. 55, 1966, pp. 1-15. Disponível em: <https://doi.org/10.1177/039219216601405501>. Acesso em: 28 ago. 2024.

MUMFORD, Lewis. *The Myth of the Machine*. v. 1: *Technics and Human Development*. New York: Harcourt Brace Jovanovich, 1967.

MUMFORD, Lewis. *Technics and Civilization*. Chicago: University of Chicago Press, 2010.

MURGIA, Madhumita; HARLOW, Max. "Who's Using Your Face? The Ugly Truth about Facial Recognition". *Financial Times*, 19 abr. 2019. Disponível em: <https://www.ft.com/content/cf19b956-60a2-11e9-b285-3acd5d43599e>. Acesso em: 28 ago. 2024.

MUSE, Abdi. "Organizing Tech". Em: AI Now 2019 Symposium. AI Now Institute, 2019. Disponível em: <https://ainowinstitute.org/symposia/2019-symposium.html>. Acesso em: 28 ago. 2024.

NAKASHIMA, Ellen; WARRICK, Joby. "For NSA Chief, Terrorist Threat Drives Passion to 'Collect It All'". *Washington Post*, 14 jul. 2013. Disponível em: <https://www.washingtonpost.com/world/national-security/for-nsa-chief-terrorist-threat-drives-passion-to-collect-it-all/2013/07/14/3d26ef80-ea49-11e2-a301-ea5a8116d211_story.html>. Acesso em: 28 ago. 2024.

NASA. "Outer Space Treaty of 1967". *NASA History*, 1967. Disponível em: <https://history.nasa.gov/1967treaty.html>. Acesso em: 28 ago. 2024.

NASSAR, Nedal *et al*. "Evaluating the Mineral Commodity Supply Risk of the US Manufacturing Sector". *Science Advances* 6, n. 8, 2020, eaa8647. Disponível em: <https://www.doi.org/10.1126/sciadv.aay8647>. Acesso em: 28 ago. 2024.

NATARAJAN, Prem. "Amazon and NSF Collaborate to Accelerate Fairness in AI Research". *Alexa Blogs* (blog), 25 mar. 2019. Disponível em: <https://developer.amazon.com/en-US/blogs/alexa/post/d9a995d4-943a-456b-9527-848f437b1a8c/amazon-and-nsf-collaborate-to-accelerate-fairness-in-ai-researc>. Acesso em: 15 jan. 2025.

NATIONAL INSTITUTE OF STANDARDS AND TECHNOLOGY (NIST). "Special Database 32 – Multiple Encounter Dataset (MEDS)." Disponível em: <https://www.nist.gov/itl/iad/image-group/special-database-32-multiple-encounter-dataset-meds>. Acesso em: 28 ago. 2024.

NEDLUND, Evelina. "Apple Card Is Accused of Gender Bias; Here's How that Can Happen." *CNN*, 12 nov. 2019. Disponível em: <https://edition.cnn.com/2019/11/12/business/apple-card-gender-bias/index.html>. Acesso em: 28 ago. 2024.

NEGRONI, Christine. "How to Determine the Power Rating of

Your Gadget's Batteries." *New York Times*, 26 dez. 2016. Disponível em: <https://www.nytimes.com/2016/12/26/business/lithium-ion-battery-airline-safety.html>. Acesso em: 28 ago. 2024.

"**NEIGHBORS** by Ring: Appstore for Android". Amazon. Disponível em: <https://www.amazon.com/Ring-Neighbors-by/dp/B07V7K49QT>. Acesso em: 28 ago. 2024.

NELSON, Alondra. *The Social Life of DNA: Race, Reparations, and Reconciliation after the Genome*. Boston: Beacon, 2016.

NELSON, Alondra; TU, Thuy Linh N.; HINES, Alicia Headlam. "Introduction: Hidden Circuits". Em: *Technicolor: Race, Technology, and Everyday Life*, Alondra Nelson, Thuy Linh N. Tu e Alicia Headlam Hines (orgs.), pp. 1-12. New York: New York University Press, 2001.

NELSON, Francis W.; KUCERA, Henry. *Brown Corpus Manual: Manual of Information to Accompany a Standard Corpus of Present-Day Edited American English for Use with Digital Computers*. Providence, RI: Brown University, 1979. Disponível em: <http://icame.uib.no/brown/bcm.html>. Acesso em: 28 ago. 2024.

NELSON, Robin. "Racism in Science: The Taint that Lingers". *Nature* 570, 2019, pp. 440-1. Disponível em: <https://doi.org/10.1038/d41586-019-01968-z>. Acesso em: 28 ago. 2024.

NEWMAN, Lily Hay. "Internal Docs Show How ICE Gets Surveillance Help from Local Cops". *Wired*, 13 mar. 2019. Disponível em: <https://www.wired.com/story/ice-license-plate-surveillance-vigilant-solutions/>. Acesso em: 28 ago. 2024.

NIELSEN, Kim E. *A Disability History of the United States*. Boston: Beacon, 2012.

NIETZSCHE, Friedrich. *Sämtliche Werke*. Vol. 11. Berlin: De Gruyter, 1980.

NILSSON, Nils J. *The Quest for Artificial Intelligence: A History of Ideas and Achievements*. New York: Cambridge University Press, 2009.

NILSSON, Patricia. "How AI Helps Recruiters Track Jobseekers' Emotions". *Financial Times*, 28 fev. 2018. Disponível em: <https://www.ft.com/content/e2e85644-05be-11e8-9650-9c0ad2d7c5b5>. Acesso em: 28 ago. 2024.

NOBLE, Safiya Umoja. *Algorithms of Oppression: How Search Engines Reinforce Racism*. New York: NYU Press, 2018.

"**NSA** Phishing Tactics and Man in the Middle Attacks". *The Intercept* (blog), 12 mar. 2014. Disponível em: <https://theintercept.com/document/nsa-phishing-tactics-man-middle-attacks/>. Acesso em: 15 jan. 2025.

"**OFF** Now: How Your State Can Help Support the Fourth Amendment". Off-Now.org. Disponível em: <https://s3.amazonaws.com/TAChandbooks/OffNow-Handbook.pdf>. Acesso em: 28 ago. 2024.

OHM, Paul. "Don't Build a Database of Ruin". *Harvard Business Review*, 23 ago. 2012. Disponível em: <https://hbr.org/2012/08/dont-build-a-database-of-ruin>. Acesso em: 28 ago. 2024.

OHTAKE, Miyoko. "Psychologist Paul Ekman Delights at Exploratorium". *WIRED*, 28 jan. 2008. Disponível em: <https://www.wired.com/2008/01/psychologist-pa/>. Acesso em: 28 ago. 2024.

O'NEIL, Cathy. *Weapons of Math Destruction: How Big Data Increases Inequality and Threatens Democracy*. New York: Crown, 2016.

O'NEILL, Gerard K. *The High Frontier: Human Colonies in Space*. Burlington, Ont.: Apogee Books, 2000, 3. ed.

"**ONE**-YEAR Limited Warranty for Amazon Devices or Accessories".

Amazon. Disponível em: <https://www.amazon.com/gp/help/customer/display.html?nodeId=201014520>. Acesso em: 28 ago. 2024.

"**AN** OPEN Letter". Suluhu.org, 9 set. 2014. Disponível em: <https://ethuin.files.wordpress.com/2014/09/09092014-open-letter-final-and-list.pdf>. Acesso em: 28 ago. 2024.

ORGANIZING Tech. Vídeo, *AI Now Institute*, 2019. Disponível em: <https://www.youtube.com/watch?v=jLeOyIS1jwc&feature=emb_title>. Acesso em: 28 ago. 2024.

OSUMI, Magdalena. "Former Tepco Executives Found Not Guilty of Criminal Negligence in Fukushima Nuclear Disaster". *Japan Times Online*, 19 set. 2019. Disponível em: <https://www.japantimes.co.jp/news/2019/09/19/national/crime-legal/tepco-trio-face-tokyo-court-ruling-criminal-case- stemming-fukushima-nuclear-disaster/>. Acesso em: 28 ago. 2024.

"**OUR** Mission". Blue Origin. Disponível em: <https://www.blueorigin.com/pt-BR/about-blue>. Acesso em: 15 jan. 2025.

PAGLEN, Trevor. "Operational Images". *e-flux*, nov. 2014. Disponível em: <https://www.e-flux.com/journal/59/61130/operational-images/>. Acesso em: 28 ago. 2024.

PALANTIR. "Palantir Gotham". Disponível em: <https://palantir.com/palantir-gotham/index.html>. Acesso em: 28 ago. 2024.

"**PALANTIR** and Cambridge Analytica: What Do We Know?". *WikiTribune*, 27 mar. 2018. Disponível em: <https://www.wikitribune.com/wt/news/article/58386/>. Acesso em: 28 ago. 2024.

PANDE, Vijay. "Artificial Intelligence's 'Black Box' Is Nothing to Fear". *New York Times*, 25 jan. 2018. Disponível em: <https://www.nytimes.com/2018/01/25/opinion/artificial-intelligence-black-box.html>. Acesso em: 28 ago. 2024.

PAPERT, Seymour A. "The Summer Vision Project". Massachusetts Institute of Technology, 7 jul. 1966. Disponível em: <https://people.csail.mit.edu/brooks/idocs/AIM-100.pdf>. Acesso em: 28 ago. 2024.

PARIKKA, Jussi. *A Geology of Media*. Minneapolis: University of Minnesota Press, 2015.

PASQUALE, Frank. *The Black Box Society: The Secret Algorithms that Control Money and Information*. Cambridge, Mass.: Harvard University Press, 2015.

PATTERSON, Scott; WEXLER, Alexandra. "Despite Cleanup Vows, Smartphones and Electric Cars still Keep Miners Digging by Hand in Congo". *Wall Street Journal*, 13 set. 2018. Disponível em: <https://www.wsj.com/articles/smartphones-electric-cars-keep-miners-digging-by-hand-in-congo-1536835334>. Acesso em: 28 ago. 2024.

PAUL EKMAN GROUP. Disponível em: <https://www.paulekman.com/>. Acesso em: 28 ago. 2024.

PELLERIN, Cheryl. "Deputy Secretary: Third Offset Strategy Bolsters America's Military Deterrence". Washington, DC: US Department of Defense, 31 out. 2016. Disponível em: <https://www.defense.gov/Explore/News/Article/Article/991434/deputy-secretary-third-offset-strategy-bolsters-americas-military-deterrence/>. Acesso em: 28 ago. 2024.

PEREZ, Sarah. "Microsoft Silences Its New A.I. Bot Tay, after Twitter Users Teach It Racism [Updated]". *TechCrunch* (blog), 24 mar. 2016. Disponível em: <http://social.techcrunch.com/2016/03/24/microsoft-silences-its-new-a-i-bot-

tay-after-twitter-users-teach-it-racism/>. Acesso: em 28 ago. 2024.

PFUNGST, Oskar. *Clever Hans (The Horse of Mr. von Osten): A Contribution to Experimental Animal and Human Psychology*. Trad. Carl L. Rahn. New York: Henry Holt, 1911.

PHILLIPS, P. Jonathon; RAUSS, Patrick J.; DER, Sandor Z. "FERET (Face Recognition Technology) Recognition Algorithm Development and Test Results". Adelphi, Md.: Army Research Laboratory, out. 1996. Disponível em: <https://www.nist.gov/system/files/documents/2021/04/27/feret3.pdf>. Acesso em: 15 jan. 2025.

PICARD, Rosalind. "Affective Computing Group". MIT Media Lab. Disponível em: <https://affect.media.mit.edu/>. Acesso em: 28 ago. 2024.

PICHAI, Sundar. "AI at Google: Our Principles". Google, 7 jun. 2018. Disponível em: <https://blog.google/technology/ai/ai-principles/>. Acesso em: 28 ago. 2024.

PLUMWOOD, Val. "The Politics of Reason: Towards a Feminist Logic". *Australasian Journal of Philosophy* 71, n. 4, 1993, pp. 436-62. Disponível em: <https://doi.org/10.1080/00048409312345432>. Acesso em: 28 ago. 2024.

POGGIO, Tomaso *et al.* "Why and when Can Deep – but not Shallow – Networks Avoid the Curse of Dimensionality: A Review". *International Journal of Automation and Computing* 14, n. 5, 2017, pp. 503-19. Disponível em: <https://link.springer.com/article/10.1007/s11633-017-1054-2>. Acesso em: 28 ago. 2024.

PONTIN, Jason. "Artificial Intelligence, with Help from the Humans". *New York Times*, 25 mar. 2007. Disponível em: <https://www.nytimes.com/2007/03/25/business/yourmoney/25Stream.html>. Acesso em: 28 ago. 2024.

PONTIN, Mark Williams. "Lie Detection". *MIT Technology Review*, 21 abr. 2009. Disponível em: <https://www.technologyreview.com/s/413133/lie-detection/>. Acesso em: 28 ago. 2024.

POWELL, Corey S. "Jeff Bezos Foresees a Trillion People Living in Millions of Space Colonies". *NBC News*, 15 maio 2019. Disponível em: <https://www.nbcnews.com/mach/science/jeff-bezos-foresees-trillion-people-living-millions-space-colonies-here-ncna1006036>. Acesso em: 28 ago. 2024.

"POWERING the Cloud: How China's Internet Industry Can Shift to Renewable Energy". Greenpeace, 9 set. 2019. Disponível em: <https://storage.googleapis.com/planet4-eastasia-stateless/2019/11/7bfe9069-7bfe9069-powering-the-cloud-_-english-briefing.pdf>. Acesso em: 28 ago. 2024.

PRATT, Mary Louise. "Arts of the Contact Zone". *Profession, Ofession*, 1991, pp. 33-40.

PRATT, Mary Louise. *Imperial Eyes: Travel Writing and Transculturation*. London: Routledge, 2008, 2. ed.

PRIEST, Dana. "NSA Growth Fueled by Need to Target Terrorists". *Washington Post*, 21 jul. 2013. Disponível em: <https://www.washingtonpost.com/world/national-security/nsa-growth-fueled-by-need-to-target-terrorists/2013/07/21/24c93cf4-f0b1-11e2-bed3-b9b6fe264871_story.html>. Acesso em: 28 ago. 2024.

PRYZBYLSKI, David J. "Changes Coming to NLRB's Stance on Company E-Mail Policies?". *National Law Review*, 2 ago. 2018. Disponível em: <https://www.natlawreview.com/article/changes-coming-to-nlrb-s-stance-company-e-mail-policies>. Acesso em: 28 ago. 2024.

PUAR, Jasbir K. *Terrorist Assemblages: Homonationalism in Queer Times*.

Durham, NC: Duke University Press, 2017, 2. ed.

PUGLIESE, Joseph. “Death by Metadata: The Bioinformationalisation of Life and the Transliteration of Algorithms to Flesh”. Em: *Security, Race, Biopower: Essays on Technology and Corporeality*, Holly Randell-Moon e Ryan Tippet (orgs.), pp. 3-20. London: Palgrave Macmillan, 2016.

PUSCHMANN, Cornelius; BURGESS, Jean. “Big Data, Big Questions: Metaphors of Big Data”. *International Journal of Communication*, v. 8, 2014, pp. 1.690-709.

QIU, Jack. *Goodbye iSlave: A Manifesto for Digital Abolition*. Urbana: University of Illinois Press, 2016.

QIU, Jack; GREGG, Melissa; CRAWFORD, Kate. “Circuits of Labour: A Labour Theory of the iPhone Era”. *Triplec: Communication, Capitalism and Critique*, v. 12, n. 2, 2014. Disponível em: <https://doi.org/10.31269/triplec.v12i2.540>. Acesso em: 28 ago. 2024.

“**RACE** after Technology, Ruha Benjamin”. Minutas de reunião, Old Guard of Princeton, NJ, 14 nov. 2018. Disponível em: <https://www.theoldguardofprinceton.org/11-14-2018.html>. Acesso em: 28 ago. 2024.

RAJI, Inioluwa Deborah; BUOLAMWINI, Joy. “Actionable Auditing: Investigating the Impact of Publicly Naming Biased Performance Results of Commercial AI Products”. Em: *Proceedings of the 2019 AAAI/ACM Conference on AI, Ethics, and Society*, 2019, pp. 429-35.

RAJI, Inioluwa Deborah *et al*. “Saving Face: Investigating the Ethical Concerns of Facial Recognition Auditing”. Em: *Proceedings of the AAAI/ACM Conference on AI, Ethics, and Society*, 2020, pp. 145-51.

RAMACHANDRAN, Vilayanur S.; ROGERS-RAMACHANDRAN, Diane. “Aristotle’s Error”. *Scientific American*, 1 mar. 2010. Disponível em: <https://doi.org/10.1038/scientificamericanmind0310-20>. Acesso em: 28 ago. 2024.

RANKIN, Joy Lisi. *A People’s History of Computing in the United States*. Cambridge, Mass.: Harvard University Press, 2018.

RANKIN, Joy Lisi. “Remembering the Women of the Mathematical Tables Project”. *The New Inquiry* (blog), 14 mar. 2019. Disponível em: <https://thenewinquiry.com/blog/remembering-the-women-of-the-mathematical-tables-project/>. Acesso em: 28 ago. 2024.

REHMANN, Jan. “Taylorism and Fordism in the Stockyards”. Em: *Max Weber: Modernisation as Passive Revolution*. Leiden, Netherlands: Brill, 2015.

REICHHARDT, Tony. “First Photo from Space”. *Air and Space Magazine*, 24 out. 2006. Disponível em: <https://www.airspacemag.com/space/the-first-photo-from-space-13721411/>. Acesso em: 28 ago. 2024.

REIN, Hanno; TAMAYO, Daniel; VOKROUHLICKY, David. “The Random Walk of Cars and their Collision Probabilities with Planets”. *Aerospace* 5, n. 2, 2018, p. 57. Disponível em: <https://doi.org/10.3390/aerospace5020057>. Acesso em: 28 ago. 2024.

“**RESPONSIBLE** Minerals Policy and Due Diligence”. Philips. Disponível em: <https://www.philips.com/a-w/about/company/suppliers/supplier-sustainability/our-programs/responsible-sourcing-of-minerals.html>. Acesso em: 28 ago. 2024.

“**RESPONSIBLE** Minerals Sourcing”. Dell. Disponível em: <https://www.dell.com/learn/us/en/uscorp1/conflict-minerals?s=corp>. Acesso em: 28 ago. 2024.

REVELL, Timothy. “Google DeepMind’s NHS Data Deal ‘Failed to Comply’ with Law". *New Scientist*, 3 jul. 2017. Disponível em: <https://www.newscientist.com/article/2139395-google-deepminds-nhs-data-deal-failed-to-comply-with-law/>. Acesso em: 28 ago. 2024.

RHUE, Lauren. "Racial Influence on Automated Perceptions of Emotions". SSRN, 9 nov. 2018. Disponível em: <https://dx.doi.org/10.2139/ssrn.3281765>. Acesso em: 28 ago. 2024.

RICHARDSON, Rashida; SCHULTZ, Jason M.; CRAWFORD, Kate. "Dirty Data, Bad Predictions: How Civil Rights Violations Impact Police Data, Predictive Policing Systems, and Justice". *NYU Law Review Online*, 94, n. 15, 2019, pp. 15-55. Disponível em: <https://www.nyulawreview.org/wp-content/uploads/2019/04/NYULawReview-94-Richardson-Schultz-Crawford.pdf>. Acesso em: 28 ago. 2024.

RICHARDSON, Rashida; SCHULTZ, Jason M., SOUTHERLAND, Vincent M. "Litigating Algorithms: 2019 US Report". *AI Now Institute*, set. 2019. Disponível em: <https://ainowinstitute.org/wp-content/uploads/2023/04/litigatingalgorithms-2019-us.pdf>. Acesso em: 15 jan. 2025.

RISEN, James; POITRAS, Laura. "N.S.A. Report Outlined Goals for More Power". *New York Times*, 22 nov. 2013. Disponível em: <https://www.nytimes.com/2013/11/23/us/politics/nsa-report-outlined-goals-for-more-power.html>. Acesso em: 28 ago. 2024.

ROBBINS, Martin. "How Can Our Future Mars Colonies Be Free of Sexism and Racism?". *Guardian*, 6 maio 2015. Disponível em: <https://www.theguardian.com/science/the-lay-scientist/2015/may/06/how-can-our-future-mars-colonies-be-free-of-sexism-and-racism>. Acesso em: 28 ago. 2024.

ROBERTS, Dorothy. *Fatal Invention: How Science, Politics, and Big Business Re-Create Race in the Twenty-First Century*. New York: New Press, 2011.

ROBERTS, Sarah T. *Behind the Screen: Content Moderation in the Shadows of Social Media*. New Haven: Yale University Press, 2019.

ROMANO, Benjamin. "Suits Allege Amazon's Alexa Violates Laws by Recording Children's Voices without Consent". *Seattle Times*, 12 jun. 2019. Disponível em: <https://www.seattletimes.com/business/amazon/suit-alleges-amazons-alexa-violates-laws-by-recording-childrens-voices-without-consent/>. Acesso em: 28 ago. 2024.

ROMM, Tony. "U.S. Government Begins Asking Foreign Travelers about Social Media". *Politico*, 22 dez. 2016. Disponível em: <https://www.politico.com/story/2016/12/foreign-travelers-social-media-232930>. Acesso em: 28 ago. 2024.

ROUAST, Philipp V.; ADAM, Marc; CHIONG, Raymond. "Deep Learning for Human Affect Recognition: Insights and New Developments". Em: *IEEE Transactions on Affective Computing*, 2019, p. 1. Disponível em: <https://doi.org/10.1109/TAFFC.2018.2890471>. Acesso em: 28 ago. 2024.

"ROYAL Free – Google DeepMind Trial Failed to Comply with Data Protection Law". Information Commissioner's Office, 3 jul. 2017. Disponível em: <https://www.pslhub.org/learn/investigations-risk-management-and-legal-issues/investigations-and-complaints/investigation-reports/other-reports-and-enquiries/ico-royal-free-%E2%80%93-google-deepmind-trial-failed-to-comply-with-data-protection-law-july-2017-r869/>. Acesso em: 29 ago. 2024.

RUSSELL, Andrew. *Open Standards and the Digital Age: History, Ideology, and Networks*. New York: Cambridge University Press, 2014.

RUSSELL, James A. "Is There Universal Recognition of Emotion from Facial Expression? A Review of the Cross-Cultural Studies". *Psychological Bulletin* 115, n. 1, 1994, pp. 102-41. Disponível em: <https://doi.org/10.1037/0033-2909.115.1.102>. Acesso em: 28 ago. 2024.

RUSSELL, Stuart J.; NORVIG, Peter. *Artificial Intelligence: A Modern Approach*. Upper Saddle River, NJ: Pearson, 2010, 3. ed. [ed. bras.: *Inteligência artificial*. Trad. Regina Célia Simille. Rio de Janeiro: Elsevier, 2013].

SADOWSKI, Jathan. "When Data Is Capital: Datafication, Accumulation, and Extraction". *Big Data and Society, v.* 6, n. 1, 2019, pp. 1-12. Disponível em: <https://doi.org/10.1177/2053951718820549>. Acesso em: 28 ago. 2024.

SADOWSKI, Jathan. "Potemkin AI". *Real Life*, 6 ago. 2018.

SAMPLE, Ian. "What Is the Internet? 13 Key Questions Answered". *Guardian*, 22 out. 2018. Disponível em: <https://www.theguardian.com/technology/2018/oct/22/what-is-the-internet-13-key-questions-answered>. Acesso em: 28 ago. 2024.

SÁNCHEZ-MONEDERO, Javier; DENCIK, Lina. "The Datafication of the Workplace". Artigo de trabalho, Data Justice Lab, Cardiff University, 9 maio 2019. Disponível em: <https://datajusticeproject.net/wp-content/uploads/sites/30/2019/05/Report-The-datafication-of-the-workplace.pdf>. Acesso em: 28 ago. 2024.

SATISKY, Jake. "A Duke Study Recorded Thousands of Students' Faces; Now They're Being Used All over the World". *Chronicle*, 12 jun. 2019. Disponível em: <https://www.dukechronicle.com/article/2019/06/duke-university-facial-recognition-data-set-study-surveillance-video-students-china-uyghur>. Acesso em: 28 ago. 2024.

SAVILLE, Samantha. "Towards Humble Geographies". *Area*, v. 53, n. 1, 2021, pp. 97-105. Disponível em: <https://doi.org/10.1111/area.12664>. Acesso em: 28 ago. 2024.

SCAHILL, Jeremy; GREENWALD, Glenn. "The NSA's Secret Role in the U.S. Assassination Program". *The Intercept* (blog), 10 fev. 2014. Disponível em: <https://theintercept.com/2014/02/10/the-nsas-secret-role/>. Acesso em: 28 ago. 2024.

SCHAAKE, Marietje. "What Principles Not to Disrupt: On AI and Regulation". *Medium* (blog), 5 nov. 2019. Disponível em: <https://medium.com/@marietje.schaake/what-principles-not-to-disrupt-on-ai-and-regulation-cabbd92 fd30e>. Acesso em: 28 ago. 2024.

SCHAFFER, Simon. "Babbage's Calculating Engines and the Factory System". *Réseaux: Communication –Technologie – Société* 4, n. 2, 1996, pp. 271-98. Disponível em: <https://doi.org/10.3406/reso.1996.3315>. Acesso em: 28 ago. 2024.

SCHARMEN, Fred. *Space Settlements*. New York: Columbia University Press, 2019.

SCHARRE, Paul *et al.* "Eric Schmidt Keynote Address at the Center for a New American Security Artificial Intelligence and Global Security Summit". Center for a New American Security, 13 nov. 2017. Disponível em: <https://www.cnas.org/publications/transcript/eric-schmidt-keynote-address-at-the-center-for-a-new-american-security-artificial-intelligence-and-global-security-summit>. Acesso em: 28 ago. 2024.

SCHEUERMAN, Morgan Klaus *et al.* "How We've Taught Algorithms to See Identity: Constructing Race and Gender in Image Databases for Facial Analysis". *Proceedings of the ACM on Human-Computer Interaction* 4, edição CSCW1, 2020, pp. 1-35. Disponível em: <https://doi.org/10.1145/3392866>. Acesso em: 28 ago. 2024.

SCHEYDER, Ernest. "Tesla Expects Global Shortage of Electric Vehicle Battery Minerals". *Reuters*, 2 maio 2019. Disponível em: <https://www.reuters.com/article/us-usa-lithium-electric-tesla-exclusive-idUSKCN1S81QS>. Acesso em: 28 ago. 2024.

SCHLANGER, Zoë. "If Shipping Were a Country, it Would Be the Sixth-Biggest Greenhouse Gas Emitter". *Quartz*, 17 abr. 2018. Disponível em: <https://qz.com/1253874/if-shipping-were-a-country-it-would-the-worlds-sixth-biggest-greenhouse-gas-emitter/>. Acesso em: 28 ago. 2024.

SCHMIDT, Eric. "I Used to Run Google; Silicon Valley Could Lose to China". *New York Times*, 27 fev. 2020. Disponível em: <https://www.nytimes.com/2020/02/27/opinion/eric-schmidt-ai-china.html>. Acesso em: 28 ago. 2024.

SCHNEIER, Bruce. "Attacking Tor: How the NSA Targets Users' Online Anonymity". *Guardian*, 4 out. 2013. Disponível em: <https://www.theguardian.com/world/2013/oct/04/tor-attacks-nsa-users-online-anonymity>. Acesso em: 28 ago. 2024.

SCHWARTZ, Oscar. "Don't Look Now: Why You Should Be Worried about Machines Reading Your Emotions". *Guardian*, 6 mar. 2019. Disponível em: <https://www.theguardian.com/technology/2019/mar/06/facial-recognition-software-emotional-science>. Acesso em: 28 ago. 2024.

SCOTT, James C. *Seeing Like a State: How Certain Schemes to Improve the Human Condition Have Failed*. New Haven: Yale University Press, 1998.

SEDGWICK, Eve Kosofsky. *Touching Feeling: Affect, Pedagogy, Performativity.* Durham, NC: Duke University Press, 2003.

SEDGWICK, Eve Kosofsky; FRANK, Adam; ALEXANDER, Irving E. (orgs.). *Shame and Its Sisters: A Silvan Tomkins Reader.* Durham, NC: Duke University Press, 1995.

SEGURA, Maria Soledad; WAISBORD, Silvio. "Between Data Capitalism and Data Citizenship". Television & New Media, v. 20, n. 4, 2019, pp. 412-9. Disponível em: <https://doi.org/10.1177/1527476419834519>. Acesso em: 13 ago. 2024.

SEKULA, Allan. "The Body and the Archive". *October, v.* 39, 1986, pp. 3-64. Disponível em: <https://doi.org/10.2307/778312>. Acesso em: 28 ago. 2024.

SENECHAL, Thibaud; MCDUFF, Daniel; KALIOUBY, Rana el. "Facial Action Unit Detection Using Active Learning and an Efficient Non-Linear Kernel Approximation". Em: *2015 IEEE International Conference on Computer Vision Workshop (ICCVW)*, pp. 10-8. Disponível em: <https://doi.org/10.1109/ICCVW.2015.11>. Acesso em: 28 ago. 2024.

SENIOR, Ana. "John Hancock Leaves Traditional Life Insurance Model Behind to Incentivize Longer, Healthier Lives". Release de imprensa, John Hancock, 19 set. 2018.

SEO, Sungyong *et al.* "Partially Generative Neural Networks for Gang Crime Classification with Partial Information". Em: *Proceedings of the 2018 AAAI/ACM Conferenceon AI, Ethics, and Society*, pp. 257-63. Disponível em: <https://doi.org/10.1145/3278721.3278758>. Acesso em: 28 ago. 2024.

SHAER, Matthew. "The Asteroid Miner's Guide to the Galaxy". *Foreign Policy* (blog), 28 abr. 2016. Disponível em: <https://foreignpolicy.com/2016/04/28/the-asteroid-miners-guide-to-the-galaxy-space-race-mining-asteroids-planetary-research-deep-space-industries/>. Acesso em: 28 ago. 2024.

SHANE, Scott; WAKABAYASHI, Daisuke. "'The Business of War': Google Employees Protest Work for the Pentagon". *New York Times*, 4 abr. 2018. Disponível em: <https://www.nytimes.com/2018/04/04/technology/google-letter-ceo-pentagon-project.html>. Acesso em: 28 ago. 2024.

SHANKLEMAN, Jessica *et al*. "We're Going to Need More Lithium". *Bloomberg*, 7 set. 2017. Disponível em: <https://www.bloomberg.com/graphics/2017-lithium-battery-future/>. Acesso em: 28 ago. 2024.

SHARE Foundation. "Serbian Government Is Implementing Unlawful Video Surveillance with Face Recognition in Belgrade". Relatório policial, sem data. Disponível em: <https://www.sharefoundation.info/wp-content/uploads/Serbia-Video-Surveillance-Policy-brief-final.pdf>. Acesso em: 28 ago. 2024.

SIEBERS, Tobin. *Disability Theory*. Ann Arbor: University of Michigan Press, 2008.

SIEGEL, Erika H. *et al*. "Emotion Fingerprints or Emotion Populations? A Meta-Analytic Investigation of Autonomic Features of Emotion Categories". *Psychological Bulletin* 144, n. 4, 2018, pp. 343-93. Disponível em: <https://doi.org/10.1037/bul0000128>. Acesso em: 28 ago. 2024.

SILBERMAN, M. S. *et al*. "Responsible Research with Crowds: Pay Crowdworkers at Least Minimum Wage". *Communications of the ACM* 61, n. 3, 2018, pp. 39-41. Disponível em: <https://doi.org/10.1145/3180492>. Acesso em: 28 ago. 2024.

SILVER, David *et al*. "Mastering the Game of Go without Human Knowledge". *Nature* 550, 2017, pp. 354-9. Disponível em: <https://doi.org/10.1038/nature24270>. Acesso em: 28 ago. 2024.

SIMMONS, Brandon. "Rekor Software Adds License Plate Reader Technology to Home Surveillance, Causing Privacy Concerns". *WKYC*, 31 jan. 2020. Disponível em: <https://www.wkyc.com/article/tech/rekor-software-adds-license-plate-reader-technology-to-home-surveillance-causing-privacy-concerns/95-7c9834d9-5d54-4081-b983-b2e6142a3213>. Acesso em: 28 ago. 2024.

SIMPSON, Cam. "The Deadly Tin inside Your Smartphone". *Bloomberg*, 24 ago. 2012. Disponível em: <https://www.bloomberg.com/news/articles/2012-08-23/the-deadly-tin-inside-your-smartphone>. Acesso em: 28 ago. 2024.

SINGH, Amarjot. *Eye in the Sky: Real-Time Drone Surveillance System (DSS) for Violent Individuals Identification*. Vídeo, 2 jun. 2018. Disponível em: <https://www.youtube.com/watch?time_continue=1&v=zYypJPJipYc>. Acesso em: 28 ago. 2024.

"SKYNET: Courier Detection via Machine Learning". *The Intercept* (blog), 8 maio 2015. Disponível em: <https://theintercept.com/document/2015/05/08/skynet-courier/>. Acesso em: 28 ago. 2024.

SLOANE, Garett. "Online Ads for High-Paying Jobs Are Targeting Men More than Women". *AdWeek* (blog), 7 jul. 2015. Disponível em: <https://www.adweek.com/digital/seemingly-sexist-ad-targeting-offers-more-

men-women-high-paying-executive-jobs-165782/>. Acesso em: 28 ago. 2024.

SMITH, Adam. *An Inquiry into the Nature and Causes of the Wealth of Nations.* Chicago: University of Chicago Press, 1976 [ed. bras.: *A riqueza das nações.* Trad. Luiz João Baraúna. São Paulo: Nova Cultural, 1996].

SMITH, Brad. "Microsoft Will Be Carbon Negative by 2030". *Official Microsoft Blog* (blog), 20 jan. 2020. Disponível em: <https://blogs.microsoft.com/blog/2020/01/16/microsoft-will-be-carbon-negative-by-2030/>. Acesso em: 28 ago. 2024.

SMITH, Brad. "Technology and the US Military". *Microsoft on the Issues* (blog), 26 out. 2018. Disponível em: <https://blogs.microsoft.com/on-the-issues/2018/10/26/technology-and-the-us-military/>. Acesso em: 28 ago. 2024.

"**SNOWDEN** Archive: The SIDtoday Files". *The Intercept* (blog), 29 maio 2019. Disponível em: <https://theintercept.com/snowden-sidtoday/>. Acesso em: 28 ago. 2024.

SOLON, Olivia. "Facial Recognition's 'Dirty Little Secret': Millions of Online Photos Scraped without Consent". *NBC News*, 12 mar. 2019. Disponível em: <https://www.nbcnews.com/tech/internet/facial-recognition-s-dirty-little-secret-millions-online-photos-scraped-n981921>. Acesso em: 28 ago. 2024.

SOURIAU, Étienne. *The Different Modes of Existence.* Trad. Erik Beranek e Tim Howles. Minneapolis: University of Minnesota Press, 2015.

SPANGLER, Todd. "Listen to the Big Ticket with Marc Malkin". *IHeartRadio*, 3 maio 2019. Disponível em: <https://www.iheart.com/podcast/28955447/>. Acesso em: 28 ago. 2024.

SPARGO, John. *Syndicalism, Industrial Unionism, and Socialism* [1913]. St. Petersburg, Fla.: Red and Black, 2009.

SPECHT, Joshua. *Red Meat Republic: A Hoof-to-Table History of How Beef Changed America.* Princeton, NJ: Princeton University Press, 2019.

STANDAGE, Tom. *The Turk: The Life and Times of the Famous Eighteenth-Century Chess-Playing Machine.* New York: Walker, 2002.

STARK, Luke. "Facial Recognition Is the Plutonium of AI." *XRDS: Crossroads, The ACM Magazine for Students* 25, n. 3, 2019. Disponível em: <https://doi.org/10.1145/3313129>. Acesso em: 28 ago. 2024.

STARK, Luke; HOFFMANN, Anna Lauren. "Data Is the New what? Popular Metaphors and Professional Ethics in Emerging Data Culture". *Journal of Cultural Analytics* 1, n. 1, 2019. Disponível em: <https://doi.org/10.22148/16.036>. Acesso em: 28 ago. 2024.

STAROSIELSKI, Nicole. *The Undersea Network.* Durham, NC: Duke University Press, 2015.

STEADMAN, Philip. "Samuel Bentham's Panopticon". *Journal of Bentham Studies* 2, 2012, pp. 1-30. Disponível em: <https://doi.org/10.14324/111.2045-757X.044>. Acesso em: 28 ago. 2024.

STEINBERGER, Michael. "Does Palantir See Too Much?". *New York Times Magazine*, 21 out. 2020. Disponível em: <https://www.nytimes.com/interactive/2020/10/21/magazine/palantir-alex-karp.html>. Acesso em: 28 ago. 2024.

STEWART, Ashley; CARLSON, Nicholas. "The President of Microsoft Says It Took Its Bid for the $10 Billion JEDI Cloud Deal as an Opportunity to Improve Its Tech – and that's Why

It Beat Amazon". *Business Insider*, 23 jan. 2020. Disponível em: <https://www.businessinsider.com/brad-smith-microsofts-jedi-win-over-amazon-was-no-surprise-2020-1>. Acesso em: 28 ago. 2024.

STEWART, Russell. *Brainwash Dataset.* Stanford Digital Repository, 2015. Disponível em: <https://purl.stanford.edu/sx925dc9385>. Acesso em: 28 ago. 2024.

STOLLER, Bill. "Why the Northern Virginia Data Center Market Is Bigger than Most Realize". *Data Center Knowledge*, 14 fev. 2019. Disponível em: <https://www.datacenterknowledge.com/amazon/why-northern-virginia-data-center-market-bigger-most-realize>. Acesso em: 28 ago. 2024.

STRAND, Ginger Gail. "Keyword: Evil". *Harper's Magazine*, mar. 2008. Disponível em: <https:// harpers.org/archive/2008/03/keyword/>. Acesso em: 28 ago. 2024.

"**A STRATEGY** for Surveillance Powers". *New York Times*, 23 fev. 2012. Disponível em: <https://archive.nytimes.com/www.nytimes.com/interactive/2013/11/23/us/politics/23nsa-sigint-strategy-document.html>. Acesso em: 15 jan. 2025.

"**STREET** Homelessness". San Francisco Department of Homelessness and Supportive Housing. Disponível em: <http://hsh.sfgov.org/street-homelessness/>. Acesso em: 28 ago. 2024.

STRUBELL, Emma; GANESH, Ananya; MCCALLUM, Andrew. "Energy and Policy Considerations for Deep Learning in NLP." *ArXiv:1906.02243 [Cs]*, 5 jun. 2019. Disponível em: <http://arxiv.org/abs/1906.02243>. Acesso em: 28 ago. 2024.

SUCHMAN, Lucy. "Algorithmic Warfare and the Reinvention of Accuracy". *Critical Studies on Security*, 2020, n. 18. Disponível em: <https://doi.org/10.1080/21624887.2020.1760587>. Acesso em: 28 ago. 2024.

SULLIVAN, Mark. "Fact: Apple Reveals It Has 900 Million iPhones in the Wild". *Fast Company*, 29 jan. 2019. Disponível em: <https://www.fastcompany.com/90298944/fact-apple-reveals-it-has-900-million-iphones-in-the-wild>. Acesso em: 28 ago. 2024.

SUTTON, Rich. "The Bitter Lesson". 13 mar. 2019. Disponível em: <http://www.incomplete-ideas.net/IncIdeas/BitterLesson.html>. Acesso em: 28 ago. 2024.

SWINHOE, Dan. "What Is Spear Phishing? Why Targeted Email Attacks Are So Difficult to Stop". *CSO Online*, 21 jan. 2019. Disponível em: <https://www.csoonline.com/article/3334617/what-is-spear-phishing-why-targeted-email-attacks-are-so-difficult-to-stop.html>. Acesso em: 28 ago. 2024.

SZALAI, Jennifer. "How the 'Temp' Economy Became the New Normal". *New York Times*, 22 ago. 2018. Disponível em: <https://www.nytimes.com/2018/08/22/books/review-temp-louis-hyman.html>. Acesso em: 28 ago. 2024.

TANI, Maxwell. "The Intercept Shuts Down Access to Snowden Trove". *Daily Beast*, 14 mar. 2019. Disponível em: <https://www.thedailybeast.com/the-intercept-shuts-down-access-to-snowden-trove>. Acesso em: 28 ago. 2024.

TAYLOR, Astra. "The Automation Charade". *Logic Magazine*, 1 ago. 2018. Disponível em: <https://logicmag.io/failure/the-automation-charade/>. Acesso em: 28 ago. 2024.

TAYLOR, Astra. *The People's Platform: Taking Back Power and Culture in the Digital Age*. London: Picador, 2015.

TAYLOR, Frederick Winslow. *The Principles of Scientific Management.*

New York: Harper and Brothers, 1911 [ed. bras.: *Princípios da administração científica*. Trad. Arlindo Vieira Ramos. São Paulo: Atlas, 1990, 8. ed.]

TAYLOR, Jill Bolte. "The 2009 Time 100". *Time*, 30 abr. 2009. Disponível em: <http://content.time.com/time/specials/packages/article/0,28804,1894410_1893209_1893475,00.html>. Acesso em: 28 ago. 2024.

THEOBALD, Ulrich. "Liji". *Chinaknowledge.de*, 24 jul. 2010. Disponível em: <http://www.chinaknowledge.de/Literature/Classics/liji.html>. Acesso em: 28 ago. 2024.

THIEL, Peter. "Good for Google, Bad for America". *New York Times*, 1 ago. 2019. Disponível em: <https://www.nytimes.com/2019/08/01/opinion/peter-thiel-google.html>. Acesso em: 28 ago. 2024.

THOMAS, David Hurst. *Skull Wars: Kennewick Man, Archaeology, and the Battle for Native American Identity.* New York: Basic Books, 2002.

THOMPSON, Edward P. "Time, Work-Discipline, and Industrial Capitalism". *Past and Present* 38, 1967, pp. 56-97 [ed. bras.: "Tempo, disciplina de trabalho e capitalismo industrial". Em: *Costumes em comum*. Trad. Rosaura Eichemberg. São Paulo: Companhia das Letras, 1998, pp. 267-304.]

TISHKOFF, Sarah A.; KIDD, Kenneth K. "Implications of Biogeography of Human Populations for 'Race' and Medicine". *Nature Genetics* 36, n. 11, 2004, pp. S21-S27. Disponível em: <https://doi.org/10.1038/ng1438>. Acesso em: 28 ago. 2024.

TOCKAR, Anthony. "Riding with the Stars: Passenger Privacy in the NYC Taxi-cab Dataset". 15 set. 2014. Disponível em: <https://agkn.wordpress.com/2014/09/15/riding-with-the-stars-passenger-privacy-in-the-nyc-taxicab-dataset/>. Acesso em: 28 ago. 2024.

TOMKINS, Silvan S. *Affect, Imagery, Consciousness: The Complete Edition*. New York: Springer, 2008.

TOMKINS, Silvan S.; MCCARTER, Robert. "What and where Are the Primary Affects? Some Evidence for a Theory". *Perceptual and Motor Skills* 18, n. 1, 1964, pp. 119-58. Disponível em: <https://doi.org/10.2466/pms.1964.18.1.119>. Acesso em: 28 ago. 2024.

TOSCANO, Marion E.; MAYNARD, Elizabeth. "Understanding the Link: 'Homosexuality,' Gender Identity, and the DSM." *Journal of LGBT Issues in Counseling* 8, n. 3, 2014, pp. 248-63. Disponível em: <https://doi.org/10.1080/15538605.2014.897296>. Acesso em: 28 ago. 2024.

TRAINER, Ted. *Renewable Energy Cannot Sustain a Consumer Society.* Dordrecht, Netherlands: Springer, 2007.

"**TRANSFORMING** Intel's Supply Chain with Real-Time Analytics". Intel, set. 2017. Disponível em: <https://www.intel.com/content/dam/www/public/us/en/documents/white-papers/transforming-supply-chain-with-real-time-analy tics-whitepaper.pdf>. Acesso em: 28 ago. 2024.

TRONCHIN, Lamberto. "The 'Phonurgia Nova' of Athanasius Kircher: The Marvellous Sound World of 17th Century". Artigo de conferência, 155º Encontro da Acoustical Society of America, jan. 2008. Disponível em: <https://doi.org/10.1121/1.2992053>. Acesso em: 28 ago. 2024.

TSUKAYAMA, Hayley. "Facebook Turns to Artificial Intelligence to Fight Hate and Misinformation in Myanmar". *Washington Post*, 15 ago. 2018. Disponível em: <https://www.washingtonpost.com/technology/2018/08/16/facebook-

turns-artificial-intelligence-fight-hate-misinformation-myanmar/>. Acesso em: 28 ago. 2024.

TUCKER, Patrick. "Refugee or Terrorist? IBM Thinks Its Software Has the Answer". *Defense One*, 27 jan. 2016. Disponível em: <https://www.defenseone.com/technology/2016/01/refugee-or-terrorist-ibm-thinks-its-software-has-answer/125484/>. Acesso em: 28 ago. 2024.

TULLY, John. "A Victorian Ecological Disaster: Imperialism, the Telegraph, and Gutta-Percha". *Journal of World History* 20, n. 4, 2009, pp. 559-79. Disponível em: <https://doi.org/10.1353/jwh.0.0088>. Acesso em: 28 ago. 2024.

TURING, A. M. "Computing Machinery and Intelligence". *Mind*, 1 out. 1950, pp. 433-60. Disponível em: <https://doi.org/10.1093/mind/LIX.236.433>. Acesso em: 28 ago. 2024.

TURNER, Graham. "Is Global Collapse Imminent? An Updated Comparison of the Limits to Growth with Historical Data". Artigo de pesquisa n. 4, *Melbourne Sustainable Society Institute*, University of Melbourne, ago. 2014.

TURNER, H. W. "Contribution to the Geology of the Silver Peak Quadrangle, Nevada". *Bulletin of the Geological Society of America* 20, n. 1, 1909, pp. 223-64.

TUSCHLING, Anna. "The Age of Affective Computing". Em: *Timing of Affect: Epistemologies, Aesthetics, Politics*, Marie-Luise Angerer, Bernd Bösel e Michaela Ott (orgs.), pp. 179-90. Zurich: Diaphanes, 2014.

TVERSKY, Amos; KAHNEMAN, Daniel. "Judgment under Uncertainty: Heuristics and Biases". *Science* 185, 1974, pp. 1124-31. Disponível em: <https://doi.org/10.1126/science.185.4157.1124>. Acesso em: 28 ago. 2024.

ULLMAN, Ellen. *Life in Code: A Personal History of Technology*. New York: MCD, 2017.

UNITED NATIONS Conference on Trade and Development. *Review of Maritime Transport, 2017*. Disponível em: <https://unctad.org/en/PublicationsLibrary/rmt2017_en.pdf>. Acesso em: 28 ago. 2024.

U.S. COMMERCIAL SPACE LAUNCH COMPETITIVENESS ACT. Pub. L. N. 114-90, 114th Cong., 2015. Disponível em: <https://www.congress.gov/114/plaws/publ90/PLAW-114publ90.pdf>. Acesso em: 28 ago. 2024.

U.S. CONGRESS. Senate Select Committee on Intelligence Activities. *Covert Action in Chile, 1963-1973*. Staff Report, 18 dez. 1975. Disponível em: <https://www.archives.gov/files/declassification/iscap/pdf/2010-009-doc17.pdf>. Acesso em: 28 ago. 2024.

U.S. ENERGY INFORMATION ADMINISTRATION. "What Is U.S. Electricity Generation by Energy Source?". Disponível em: <https://www.eia.gov/tools/faqs/faq.php?id=427 &t=21>. Acesso em: 28 ago. 2024.

"USE of the 'Not Releasable to Foreign Nationals' (NOFORN) Caveat on Department of Defense (DOD) Information". U.S. Department of Defense, 17 maio 2005. Disponível em: <https://fas.org/sgp/othergov/dod/noforn051705.pdf>. Acesso em: 28 ago. 2024.

"UTKFACE – AICIP". Disponível em: <http://aicip.eecs.utk.edu/wiki/UTKFace>. Acesso em: 28 ago. 2024.

UTKFACE. "Large Scale Face Dataset". UTKFace. Disponível em: <https://susanqq.github.io/UTKFace>. Acesso em: 15 ago. 2024.

VIDAL, John. "Health Risks of Shipping Pollution Have Been

‘Underestimated’”. *Guardian*, 9 abr. 2009. Disponível em: <https://www.theguardian.com/environment/2009/apr/09/shipping-pollution>. Acesso em: 15 jan. 2025.

“**VIGILANT** Solutions”. *NCPA*. Disponível em: <http://www.ncpa.us/Vendors/Vigilant%20 Solutions>. Acesso em: 28 ago. 2024.

VINCENT, James. “AI ‘Emotion Recognition’ Can’t Be Trusted”. *The Verge*, 25 jul. 2019. Disponível em: <https://www.theverge.com/2019/7/25/8929793/emotion-recognition-analysis-ai-machine-learning-facial-expression-review>. Acesso em: 28 ago. 2024.

VINCENT, James. “Drones Taught to Spot Violent Behavior in Crowds Using AI”. *The Verge*, 6 jun. 2018. Disponível em: <https://www.theverge.com/2018/6/6/17433482/ai-automated-surveillance-drones-spot-violent-behavior-crowds>. Acesso em: 28 ago. 2024.

VOLLMANN, William T. “Invisible and Insidious”. *Harper’s Magazine*, mar. 2015. Disponível em: <https://harpers.org/archive/2015/03/invisible-and-insidious/>. Acesso em: 28 ago. 2024.

VON NEUMANN, John. *The Computer and the Brain*. New Haven: Yale University, 1958.

WADE, Lizzie. “Tesla’s Electric Cars Aren’t as Green as You Might Think”. *Wired*, 31 mar. 2016. Disponível em: <https://www.wired.com/2016/03/teslas-electric-cars-might-not-green-think/>. Acesso em: 28 ago. 2024.

WAJCMAN, Judy. “How Silicon Valley Sets Time”. *New Media and Society* 21, n. 6, 2019, pp. 1272-89. Disponível em: <https://doi.org/10.1177/1461444818820073>. Acesso em: 28 ago. 2024.

WAJCMAN, Judy. *Pressed for Time: The Acceleration of Life in Digital Capitalism*. Chicago: University of Chicago Press, 2015.

WAKABAYASHI, Daisukc. “Googlc’s Shadow Work Force: Temps Who Out-number Full-Time Employees”. *New York Times*, 28 maio 2019. Disponível em: <https://www.nytimes.com/2019/05/28/technology/google-temp-workers.html>. Acesso em: 28 ago. 2024.

WALD, Ellen. “Tesla Is a Battery Business, Not a Car Business”. *Forbes*, 15 abr. 2017. Disponível em: <https://www.forbes.com/sites/ellenrwald/2017/04/15/tesla-is-a-battery-business-not-a-car-business/>. Acesso em: 28 ago. 2024.

WALDMAN, Peter; CHAPMAN, Lizette; ROBERTSON, Jordan. “Palantir Knows Everything about You.” *Bloomberg* 19 abr. 2018. Disponível em: <https://www.bloomberg.com/features/2018-palantir-peter-thiel/>. Acesso em: 28 ago. 2024.

WANG, Yilun; KOSINSKI, Michal. “Deep Neural Networks *Are* More Accurate than Humans at Detecting Sexual Orientation from Facial Images”. *Journal of Personality and Social Psychology* 114, n. 2, 2018, pp. 246-57. Disponível em: <https://doi.org/10.1037/pspa0000098>. Acesso em: 28 ago. 2024.

“**THE WAR** against Immigrants: Trump’s Tech Tools Powered by Palantir”. *Mijente*, ago. 2019. Disponível em: <https://progov21.org/Home/Document/5R6X35>. Acesso em: 29 ago. 2024.

WARD, Bob. *Dr. Space: The Life of Wernher von Braun*. Annapolis, Md.: Naval Institute Press, 2009.

WEIGEL, Moira. “Palantir Goes to the Frankfurt School”. *Boundary 2* (blog), 10 jul. 2020. Disponível em: <https://www.boundary2.org/2020/07/moira-weigel-palantir-goes-to-the-frankfurt-school/>. Acesso em: 28 ago. 2024.

WEINBERGER, Sharon. "Airport Security: Intent to Deceive?". *Nature*, v. 465, 2010, pp. 412-5. Disponível em: <https://doi.org/10.1038/465412a>. Acesso em: 28 ago. 2024.

WEIZENBAUM, Joseph. *Computer Power and Human Reason: From Judgment to Calculation.* San Francisco: W. H. Freeman, 1976.

WEIZENBAUM, Joseph. "On the Impact of the Computer on Society: How Does One Insult a Machine?". *Science*, v. 176, n. 4.035, 1972, pp. 609-14.

WELCH, Chris. "Elon Musk: First Humans Who Journey to Mars Must 'Be Prepared to Die'". *The Verge*, 27 set. 2016. Disponível em: <https://www.theverge.com/2016/9/27/13080836/elon-musk-spacex-mars-mission-death-risk>. Acesso em: 28 ago. 2024.

WERRETT, Simon. "Potemkin and the Panopticon: Samuel Bentham and the Architecture of Absolutism in Eighteenth Century Russia". *Journal of Bentham Studies* 2, 1999. Disponível em: <https://doi.org/10.14324/111.2045-757X.010>. Acesso em: 28 ago. 2024.

WEST, Cornel. "A Genealogy of Modern Racism". Em: *Race Critical Theories: Text and Context*, Philomena Essed e David Theo Goldberg (orgs.), pp. 90-112. Malden, Mass.: Blackwell, 2002.

WEST, Sarah Myers. "Redistribution and Rekognition: A Feminist Critique of Fairness". *Catalyst: Feminism, Theory, and Technoscience*, 2020.

WEST, Sarah Myers; WHITTAKER, Meredith; CRAWFORD, Kate. "Discriminating Systems: Gender, Race, and Power in AI". AI Now Institute, abr. 2019. Disponível em: <https://ainowinstitute.org/discriminatingsystems.pdf>. Acesso em: 15 jan. 2025.

WHITTAKER, Meredith *et al.* *AI Now Report 2018.* AI Now Institute, dez. 2018. Disponível em: <https://ainowinstitute.org/AI_Now_2018_Report.pdf>. Acesso em: 28 ago. 2024.

WHITTAKER, Meredith et al. "Disability, Bias, and AI". *AI Now Institute*, nov. 2019. Disponível em: <https://ainowinstitute.org/publication/disabilitybiasai-2019>. Acesso em: 15 jan. 2025.

"**WHY** Asteroids". *Planetary Resources.* Disponível em: <https://www.planetaryresources.com/why-asteroids/>. Acesso em: 28 ago. 2024.

WILSON, Mark. "Amazon and Target Race to Revolutionize the Cardboard Shipping Box". *Fast Company*, 6 maio 2019. Disponível em: <https://www.fastcompany.com/90342864/rethinking-the-cardboard-box-has-never-been-more-important-just-ask-amazon-and-target>. Acesso em: 28 ago. 2024.

WILSON, Megan R. "Top Lobbying Victories of 2015". *The Hill*, 16 dez. 2015. Disponível em: <https://thehill.com/business-a-lobbying/business-a-lobbying/263354-lobbying-victories-of-2015>. Acesso em: 28 ago. 2024.

WINSTON, Ali; BURRINGTON, Ingrid. "A Pioneer in Predictive Policing Is Starting a Troubling New Project". *The Verge* (blog), 26 abr. 2018. Disponível em: <https://www.theverge.com/2018/4/26/17285058/predictive-policing-predpol-pentagon-ai-racial-bias>. Acesso em: 28 ago. 2024.

WINNER, Langdon. *The Whale and the Reactor: A Search for Limits in an Age of High Technology.* Chicago: University of Chicago Press, 2001.

WOOD, Bryan. "What Is Happening with the Uighurs in China?". *PBS News-Hour*. Disponível em: <https://www.pbs.org/newshour/features/uighurs/>. Acesso em: 28 ago. 2024.

WOOD III, Pat; MASSEY, William L.; BROWNELL, Nora Mead. "FERC Order Directing Release of Information." *Federal Energy Regulatory Commission*, 21 mar. 2003. Disponível em: <https://www.caiso.com/Documents/

FERCOrderDirectingRelease-InformationinDocketNos_PA02–2-000_etalManipulation-ElectricandGasPrices_.pdf>.

WU, Xiaolin; ZHANG, Xi. "Automated Inference on Criminality Using Face Images". *arXiv:1611.04135v1 [cs.CV]*, 13 nov. 2016. Disponível em: <https://arxiv.org/abs/1611.04135v1>. Acesso em: 30 ago. 2024.

YAHOO!. "Datasets". Disponível em: <https://webscope.sandbox.yahoo.com/catalog.php?datatype=i&did=67&guccounter=1>. Acesso em: 28 ago. 2024.

YANG, Kaiyu *et al.* "Towards Fairer Datasets: Filtering and Balancing the Distribution of the People Subtree in the ImageNet Hierarchy". Em: *FAT*'20: Proceedings of the 2020 Conference on Fairness, Accountability, and Transparency*, pp. 547-58. New York: ACM Press, 2020. Disponível em: <https://dl.acm.org/doi/proceedings/10.1145/3351095>. Acesso em: 28 ago. 2024.

"**YFCC100M** CORE DATASET". Multimedia Commons Initiative, 4 dez. 2015. Disponível em: <https://multimediacommons.wordpress.com/yfcc100m-core-data set/>. Acesso em: 28 ago. 2024.

YUAN, Li. "How Cheap Labor Drives China's A.I. Ambitions". *New York Times*, 25 nov. 2018. Disponível em: <https://www.nytimes.com/2018/11/25/busi ness/china-artificial-intelligence-labeling.html>. Acesso em: 28 ago. 2024.

ZHANG, Zhimeng *et al.* "Multi-Target, Multi-Camera Tracking by Hierarchical Clustering: Recent Progress on DukeMTMC Project". *arXiv:1712.09531 [cs.cv]*, 27 dez. 2017. Disponível em: <https://arxiv.org/abs/1712.09531>. Acesso em: 28 ago. 2024.

ZUBOFF, Shoshana. *The Age of Surveillance Capitalism: The Fight for a Human Future at the New Frontier of Power.* New York: PublicAffairs, 2019 [ed. bras.: *A era do capitalismo de vigilância.* Trad. George Schlesinger. Rio de Janeiro: Intrínseca, 2020].

ZUBOFF, Shoshana. "Big other: Surveillance Capitalism and the Prospects of an Information Civilization". *Journal of Information Technology* 30, n. 1, 2015, pp. 75-89. Disponível em: <https://doi.org/10.1057/jit.2015.5>. Acesso em: 28 ago. 2024.

Fonte *Adriane de Marconi Lima/Typefollio*
Papel capa *Supremo alta alvura 250 g/m²*
miolo *pólen natural 80 g/m²*
Impressão *Leograf*
Data *junho de 2025*

FSC
www.fsc.org
MISTO
Papel | Apoiando o manejo florestal responsável
FSC® C075537

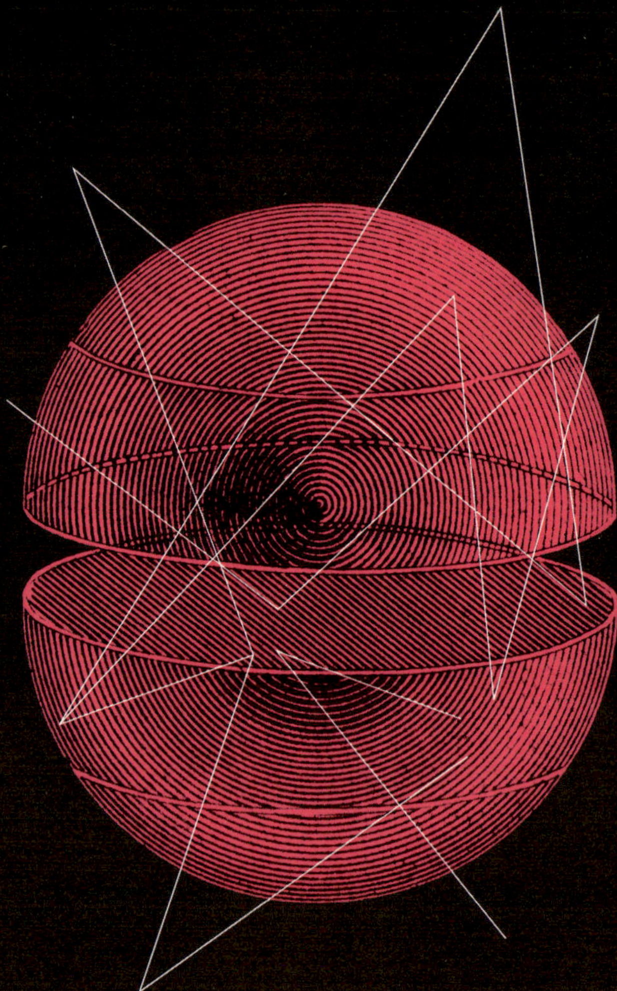